다문화총서 4

동서양 역사 속의 다문화적 전개 양상

Evolvemental Aspects of Multi-Culture in Eastern and Western History

이 저서는 정부(교육과학기술부)의 재원으로 한국연구재단(구 한국학술진흥재단)의 지원을 받아 수행된 연구임(KRF-2007-411-JO2001).

다문화
총서4

동서양 역사 속의 다문화적 전개 양상

Evolvemental Aspects of Multi-Culture in Eastern and Western History

문화콘텐츠기술연구원 다문화콘텐츠연구사업단 엮음

도서출판 경진

발간사

역사 속의 다문화

중앙대학교 문화콘텐츠기술연구원 다문화콘텐츠사업단은 '다문화사회에서의 소통과 공존을 위한 문화콘텐츠 연구개발'이라는 아젠다를 가지고 지난 2007년 12월 한국연구재단(구 한국학술진흥재단) 중점연구소로 선정되어 지금까지 3권의 연구총서를 간행하였고, 본 총서는 그 네 번째 결실이다.

글로벌 시대 범지구적인 인구이동으로 외국인 노동자나 이민자가 증가함에 따라 자국민과 이방인 간의 사회적 통합을 고민해야 하는 국가들이 점점 늘어나고 있다. 다양한 문화적 요소들의 유입과 충돌로 인하여 19세기 민족주의 시대 이후 굳건히 신봉해 온 민족국가 단위의 국제사회의 기능은 점차 쇠퇴하고 있으며, 다문화사회의 도래로 인하여 국가는 새로운 정체성을 수립해야 할 상황에 직면한 것이다. 따라서 한 사회 또는 국가 내에서 다양한 문화적 차이를 가진 집단들이 각자의 차이를 인정하고, 상호 조화와 공존을 모색하려는 노력들은 소위 민족과 국가라는 개념의 근대적 획일성에서 벗어나 "다문화주의Multiculturalism"라는 인식의 틀 안에서 이루어지는 경향을 보이고 있다.

오늘날 한국 사회 역시 일찍이 국민국가를 이룩했던 서유럽의 여러 나라들처럼 지난 2007년 국내 거주외국인 100만 명 시대를 맞이하면서 다문화시대에 돌입했다는 진단이 학계 전문가들로부터 나오고 있다. 2012년 현재 법무부 통계 자료에 의하면 국내 거주 외국인은 142만 명을 넘어섰고, 2050년에 이르면 전체 인구의 10%에 육박하는 403만 명에 이를 것으로 추정된다.

그러한 상황에서 한국이 어떤 형태의 다문화 사회를 형성해나갈 것인가에 대한 해답을 구하려면, 우선 근대적 국민국가의 형성에 있어서 비슷한 패턴을 따랐던 국가들의 이민자통합정책이나 다문화정책에 대하여 살펴보고, 그들이 경험했던 이질적 문화요소를 가진 외국인 이주자들과의 문화적 갈등과 충돌이 어떠하였는가를 분석해 보아야 할 것이다. 국제사회의 추세를 볼 때, 한국과 같이 통일된 소속감과 단일민족이라는 정체성을 근간으로 하는 국가가 다문화·다인종 사회로 변화되는 것은 결코 쉽지 않은 일이지만, 한국이 나아가야 할 길이 다문화사회라면 적극적으로 그에 대한 대안을 준비해야 한다.

아울러 인류의 오래된 역사를 살펴보면 인류는 나만의 문화만이 아니라 다른 문화와의 접촉과 충돌, 그리고 교류와 수용을 통해 '자신들만의 세계문화'를 발전시키고 있었다는 사실을 알 수 있다. 고대부터 현재까지 세계인은 항상 문화교류의 시대에 살고 있었고, 현재와 같은 다문화 시대는 아니더라도 문화교류가 없는 시대는 없었다. 다문화시대로 급속히 접어들고 있는 현재 우리가 '우리'라고 규정하고 있는 '우리' 안에는 이미 오래전부터 '우리'가 아닌 '새로운 우리'가 함께 해왔고 그 '새로운 우리'는 다시 '우리'가 되었다는 것을 기억해야 할 것이다.

다문화콘텐츠연구사업단은 그러한 인식을 바탕으로 이번 총서에서 동서양 역사 속의 다문화적 전개양상을 살펴보고자 하였다. 총서는 이전에 학술지에 발표된 글과 새롭게 쓰여진 글들을 합하여 총 10편의 논문으로 구성되었으며, 구체적으로 한국사 관련 논문 4편, 동양사 관련 논문 3편, 서양사 관련 논문 3편이 실렸다. 제1부 「한국 전통 역사 속에 나타난 다문화 전개 양상」에서는 유구한 한국사의 전개과정에서 선택적 포용과 배제를 통하여 형성된 한민족의 정체성, 통일신라시대 범종梵鐘에 표현된 천인상天人像 연구를 통한 한국 문화의 다양성, 고려시대 이민족의 귀화 유형 및 정책으로 살펴 본 민족적 다양성 등을 규명하는 논문으로 구성되었다. 제2부 「동양사 속의 다문화적 문화변동과 식민지 반응 양상」에서는 동서양 문화의 교류와 융합 과정에서 형성된 다문화성이 가지고 있는 사회 치유적 역할, 중국 근대 다문화의 유입과 그로 인한 정치사상의 중서융합, 일본의 대만·만주지배와 그 영향을 중심으로 식민통치와 다민족·다문화 사회의 반응에 대한 분석 등을 테마로 한 연구 성과들을 다루었다. 제3부 「서구 근대 다문화 형성배경과 재현 양상」은 19세기 유럽의 대표적 다민족국가인 오스트리아-헝가리 이중제국의 형성과정을 살펴 본 논문, 이주로 이루어진 나라인 미국 다문화주의의 역사적 배경을 분석한 논문, 20세기 후반 두드러지게 나타나고 있는 노동력의 국제적 이동과 관련하여 파독 한인여성 이주노동자의 역사를 규명하는 논문으로 구성되었다.

다문화콘텐츠연구사업단은 단일민족과 순혈주의에 대한 비판적 성찰을 통해 다양한 문화가 상호 소통하고 공존하는 다문화사회에 대한 연구를 인문학적 관점에서 지속적으로 추진해 나갈 것이며, 이번 총서는 역사적 시각에서 다문화의 전개양상을 살펴보는 첫 번째 시도라 하겠다. 이번 총서에 실린 연구 성과들이 가지고 있는 주제의 제한적 성격 때문에 시공간을 초월하여 역사 일반에 나타난 다문화적 전개양상을 설명하기에는 역부족이지만 인문학적 측면, 특히 역사적 측면에서 다문화연구에 기여하고자 하는 노력은 앞으로도 계속될 것이다.

끝으로 어려운 출판 환경에도 불구하고 이번 총서의 출판을 기꺼이 맡아주신 도서출판 경진문화의 양정섭 사장님을 비롯하여 출판사 관계자 여러분의 노고에 감사드린다.

중앙대학교 문화콘텐츠기술연구원 다문화콘텐츠연구사업단장
이찬욱 삼가 씀

차 례

1부 한국 전통 사회에 나타난 다문화 전개 양상

2부 동양사 속의 다문화적 문화변동과 식민지 반응 양상

3부 서구 근대 다문화사회의 형성과 재현 양상

1부 한국 전통 사회에 나타난 다문화 전개 양상

선택적 포용과 배제를 통한 한국인의 정체성 형성 | 임형백

통일신라시대 梵鐘에 표현된 天人像 연구 | 최선일

고려시대 異民族의 귀화 유형과 諸정책 | 전영준

關羽信仰의 朝鮮 傳來와 關王廟 建置 | 박경하·한종수

선택적 포용과 배제를 통한 한국인의 정체성 형성

임형백

1. 민족개념의 탄생

전통적으로 우리민족은 "동일한 언어와 문화, 혈통을 가진 단일민족으로서 수많은 전쟁과 이민족의 지배를 받으면서도 공동체 의식으로 단결하여 이웃 민족에게 동화되지 않고 정체성을 유지하고 통일국가를 발전시켜 온 민족"으로 믿어왔다. 학계의 논쟁은 차치하고 우리는 우리민족을 단일민족으로 규정하고 공동체성과 민족적 자긍심을 강조하여 왔고 이는 우리역사의 많은 부분에서 긍정적인 역할을 하여 왔음을 부정할 수는 없다.[1]

그러나 우리는 민족주의를 유서깊은 사조로 인식하고 불변적 요소라고 생각하고 있지만, (적어도) 서구의 민족주의nationalism는 근대의 산물이다. 특히 서구의 민족주의는 미국 독립혁명과 프랑스 혁명을 통하

* 성결대학교 지역사회과학부 교수

** 이 글은 임형백, 「한국인의 정체성의 다문화적 요소: 역사-인류학적 해석」, 『다문화와 평화』 제4권 제2호, 2010, 10~43쪽을 수정·보완한 것이다.

1) 임형백, 「한국과 서구의 다문화사회의 차이와 정책 비교」, 『다문화사회연구』 제2권 제1호, 2009a, 161~185쪽.

여 만개한 18세기 이후의 산물이다. 18세기가 되기까지 민족에 기초하여 국가와 영토가 규정되지 않았고 사람들은 도시국가, 봉토·영주·왕조국가·종교단체·교파 등에 묶여 있었다. 민족국가의 개념은 역사가 짧은 새로운 관념이며, 과거에는 이상적 국가형태로 서술되지도 않았다. 이러한 이유로 19세기는 유럽에서 민족주의의 시대로 불리었다. 이후 남아메리카의 신생국들이 민족주의를 받아들인 뒤 19세기 초엽에는 중부 유럽으로 전파되었고 중반기에는 남·동유럽으로 번져 나갔다.2)

학계에서도 '민족'이라는 개념과 용어자체가 근대의 산물이라는 데에는 큰 의견이 없다. Anderson3)은 민족을 근대 자본주의 발전과정에서 생겨난 역사적 구성물로 인식하고 있고, Hobsbawm4) 역시 민족을 근대의 산물로 인식하고 있으며, 서유럽에서도 19세기까지 대다수의 민족에게는 민족의식이 형성되지 않았다고 보았다. Bruno5)는 특히 현대 민족주의는 유럽 왕조의 독재주의에 대한 반발로서 시작되었다고 주장하였다. Wehler6)는 민족주의, 민족, 민족국가는 분명 18세기 이후 나타난 서양 근대의 현상이라고 하였다.7)

그러나 민족이 근대 이전부터 객관적으로 실재하던 언어·문화 공동체를 규정한 것인지, 아니면 민족주의라는 이념에 맞추어 만들어진 '상상의 공동체communautés imaginées'인지에 대하여는 논쟁이 멈추지 않고 있다.

---

2) 임형백, 위의 책(2009a), 164쪽.

3) Benedict Anderson, *Theory of Nationalism an Imagined Communities* (London: Verso, 1983).

4) Eric Hobsbawn, *Nations and nationalism since 1780: programme, myth, reality* (London: Cambridge University Press, 1991).

5) 브루노 레온(Bruno Leone), 『민족주의』, 김호성 역, 인간사랑, 1993.

6) 한스 울리히 벨러(Hans-Urlich Wehler), 이용일 역, 『허구의 민족주의』, 푸른역사, 2007.

7) 오늘날에도 여전히 강한 영향력을 발휘하고 있는 입장이다. 이에 대하여 D. S. Anthony, *Nationalism* (Cambridge: Polity, 2001)는 이러한 주장이 지나친 단순화와 도식화라고 비판한다. 또 많은 역사가들과 인류학자들은 혈통적 동질성에 기반을 둔 운명공동체라는 관념이 19세기 인텔리겐차(intelligentia)들의 발명품이라는 주장을 실증적 근거를 들어 반박한다(윤비, 「중세 독일 민족의식의 발전」, 곽준혁·조홍식 엮음, 『아직도 민족주의인가: 우리시대 애국심의 지성사』, 한길사, 2012, 65쪽.

근대 민족주의의 뿌리는 18세기 후반의 역사주의historicism이다. 언어·사유·문화·공동체·역사의 견지에서 각 사회의 독특성을 인식하고 이를 민족이라는 공동체 개념과 결부시켰던 역사주의는 민족 사이의 차별성을 인정하지 않았다. 여러 형태의 민족주의에 공통된 구성적 요소들 혹은 특징들은 종족적·언어적 혹은 종교적 동일성의 견지에서 한 집단의 특수성이 의식, 공유한 사회·문화적 태도들과 역사적 기억의 강조, 일종의 공통된 사명감, 타민족에 대한 무시 혹은 적대감이다.[8)]

〈표 1〉 Wehler의 민족주의의 4가지 유형

유 형	내 용	해당국가
'통합하는' 민족주의	• '내부국가적 혁명'을 통해 민족국가 건설(Schieder, 1974)[9)] • 그 과정에서 기존의 통치체제가 새로운 정당화의 근저 위에 변모 • 기존의 종족공동체가 민족공동체로 발전 (영국, 프랑스) • 기존의 민족 경계선 안의 제도들을 민주화하려는 시도를 통해 민족형성(프랑스)(Jenkins, 2011)[10)]	영국, 북미, 프랑스
'단일화하는' 통일민족주의 내지 부흥민족주의	• 여러 국가들로 흩어져 있던 소위 태곳적부터 하나였다는 민족, 물론 실제로는 다양한 종족들이 하나의 민족국가를 건설 • 국가와 민족이 동시에 형성(독일, 이탈리아) • 독일 민족국가라는 목표가 1871년에 달성되면서 통일민족주의는 약화됨	독일, 이탈리아
'분리적' 민족주의	• 1918년 이후 동유럽, 남동유럽의 다민족 제국들의 붕괴를 촉진	–차르제국, 오스트리아–헝가리제국, 오스만 투르크 제국의 붕괴 이후 탄생한 새로운 민족국가
전이민족주의(轉移民族主義)	• 유럽과 미국의 민족주의 모델이 세계의 다른 민족들, 특히 과거 식민지였던 국가들에 이식된 형태	1968년 메이지유신 이후의 일본, 중국, 남아프리카

출처: Wehler, 2007: 91~93를 정리하여 작성.

8) 김기순, 「제8장 자유주의와 민족주의」, 배영수 편, 『서양사강의』, 한울아카데미, 1992, 278쪽.

9) D. Schnapper, *La relation à l'autre, Au coeur de la pensée sociologique*(Paris: Galimar, 1998).

10) 브라이언 젠킨스(Brian Jenkins), 『프랑스 민족주의: 1789년 이후의 계급과 민족』, 김인중·마은지 역, 나남, 2011.

민족주의에 대한 일체의 비판에도 불구하고, 이 세계관이 많은 성공적인 성과물을 보여주고 있다는 사실을 부인할 수는 없다. 서양의 민족주의와 민족국가의 역사적 성공으로 인해 19세기, 20세기 민족주의는 모범적인 사례로 라틴아메리카, 일본, 결국 전체 동아시아, 남아시아, 태평양국가들, 아프리카, 그리고 1945년 이후 탈식민화된 전 세계로 수출되었다.[11]

Hobsbawm[12]도 주된 관심을 19세기와 20세기 초의 민족주의에 두고 있으면서, 한국, 일본, 중국의 동양 삼국을 예외적인 민족주의의 소유자로 보고 있다. 이러한 연유로 한국과 서구의 민족주의는 차이가 있다. 따라서 한국에서는 민족주의가 강한 영향력을 가지고 있으며, 민족정체성에 대하여 서구와는 다른 인식론적 구조를 가지게 된다. 특히 한국의 민족주의는 가부장적이고 배타적인 성격을 가지고 있는 것이 사실이다.

그러나 우리의 일반적인 관념과는 달리 우리 한국인의 정체성에는 다양한 다문화적 요소들이 포함되어 있으며, 이러한 다문화적 요소들이 융합되어 오늘날 우리 한국인의 정체성을 형성하고 있다. 또 우리는 역사적으로 이질적인 것을 배척하기보다는 오히려 선택적 포용과 배제를 통하여 주체적으로 흡수하여 발전시켜 왔다.

2. 한국인의 원류: 북방 유목민

유목민의 특성상 역사적 기록이 남아있지 않을 뿐이지 북방유목민의 역사는 중국보다 오래되었다. 중국은 한무제漢武帝(B.C. 156~B.C. 87)[13]가 흉노[14]에게 우위를 차지하기 전까지 북방민족인 흉노에게 조공을

11) 한스 울리히 벨러(Hans-Urlich Wehler), 『허구의 민족주의』, 이용일 역, 푸른역사, 2007.

12) Eric Hobsbawn, *Nations and nationalism since 1780: programme, myth, reality* (London: Cambridge University Press, 1991).

13) 전한의 제7대 왕으로, B.C. 108년에 고조선을 멸망시켰다.

바치면서 평화를 유지하였다.

중국이 급속히 통일을 향해 가던 B.C. 3세기 후반, 마치 이에 호응이라도 하듯이 북방 초원에서도 통합의 기운이 무르익었다. 그리고 얼마 안 있어 몽골 고원 동부에서 서부에 걸쳐 정립하고 있던 동호東胡, 흉노匈奴, 월지月氏 가운데 흉노가 다른 두 집단을 제압하고, 기타 군소세력까지 규합하여 역사상 초유의 큰 정치 세력을 수립했다.[15] B.C. 209년 흉노 제국이 형성되면서 북방과 중국 사이에 명확히 분리된 정치적 영역이 출현한 B.C. 3세기까지 중국 측 북방 변영은 매우 유동적

---

14) 현재 학술계에서 인정하는 흉노의 조상은 상(商)(B.C. 1600경~B.C. 1046)대의 귀방(鬼方)과 주(周)(B.C. 1046경~B.C. 256)대의 험윤(玁狁)이다. B.C. 4세기경, 전국시대에 이르러서야 흉노의 이름이 중국의 역사에 등장하기 시작한다(張金奎, 2010: 49, 79). 이는 중국 북방에서 처음 유목국가를 건설한 제국의 명칭이지, 단일민족이나 부족의 명칭은 아니다. 기원전 3세기 후반, 월지(月氏)를 공략하고 동호를 패망시키면서, 북방의 패자로 등장했다.

그러나 B.C. 57년경 선우(흉노의 왕, '하늘의 아들'이라는 뜻)의 자리를 놓고 내분이 일어나, 한나라 선제의 도움을 받아 승리한 호한야(呼韓邪)의 동흉노와, 질지(郅支)의 서흉노로 분열되었다. B.C. 44년 서흉노의 질지(B.C. 56~36)선우는 3,000미만의 흉노를 이끌고 강거(康居, 지금의 우즈베키스탄 및 카자흐스탄 일대)로 이주하였다. B.C. 36년 한은 본국으로부터 3,000km 떨어진 강거 땅까지 군대를 보내어 질지를 살해했다. Grousset (1998: 87)는 서흉노가 훈의 한 기원이 되었다고 보았다.

다시 동흉노는 48년 호한야(呼韓邪)선우(B.C. 58~31)가 8부, 4~5만 명을 데리고 후한의 광무제에 투항함으로서 (호한야의)남흉노와 북흉노로 분열하였다. 이후 남흉노는 한을 대신하여 북흉노의 침입을 막는 번병(番兵)으로 전락하였다. 87년에는 북흉노 좌측 땅의 선비 군대가 침입하여 북흉노 북선우 우류(優留)는 토벌당하고 58부, 인구 20만, 정병 8천명이 남흉노가 거주하는 지역으로 내항하였다. 91년에는 한군과 남흉노군이 연합하여 북선우군을 격파하자 북선우는 몽골고원을 버리고 오손(烏孫, 한 대에서 남북조시대에 걸쳐 천산산맥 북방에 살았던 유목민)의 땅에 있는 이리 지역(러시아 서남부의 우파(Ufa), 바시키르(Bashkir) 지방)으로 이주했다. 이후 선비는 동방으로부터 북흉노의 옛 땅에 들어와 남아있던 흉노족 10여만 명을 병합하고 몽골을 지배했다. 이로써 중앙아시아에는 B.C. 1세기에 질지 선우가 다스렸던 서흉노일파가 A.D. 1~2세기에는 북흉노 일파가 정착하게 된다.

151년, 북흉노 호연왕(呼衍王)이 이오려(伊吾盧, 오늘날의 신장위구르자치구(新疆維吾爾自治區)의 하미(哈密))를 공격하고 그 응전으로 후한이 군사를 파견하자 호연왕이 물러났다는 기사를 마지막으로 북흉노는 후한의 기록에서 자취를 감춘다(張金奎, 2010: 456). 결국 북흉노는 A.D. 59~60년 서역에 진출한 이후, 158년경 동투르키스탄(오늘날의 신장위구르자치구)을 버리고 강거방면으로 이주한다.

166년 선비족에 의해 쫓겨날 때까지 북흉노 호연왕의 지배권은 키르기스 초원에서 시르다리야 북안까지 뻗쳤는데, 이는 약 2백년전(B.C. 49년경) 서흉노 질지선우의 영역과 거의 일치한다(장진퀘이(張金奎), 『흉노 제국 이야기』, 남은숙 역, 아이필드, 2010, 195쪽).

이처럼 북흉노가 역사에서 사라진 뒤 200년이 지난 376년, 로마의 역사에 훈(Hun)족이 등장한다. 이 훈족을 북흉노의 후예로 보기도 한다.

15) 고마츠 히사오(小松 久男) 외, 『중앙유라시아의 역사』, 이평래 역, 소나무, 2005, 55쪽.

인 상태였다.16)

조趙나라와 그와 인접한 국가들은 흉노로부터 자신들을 방어하기 위해 북쪽 국경에 초보적인 요새를 짓기 시작하였는데 이를 토대로 진시황제가 연결시켜 축조한 것이 만리장성이 되었다.17) B.C. 214년, 중국을 통일한 진시황제(B.C. 259~B.C. 210)는 제후국의 장성을 연결시키기 시작해 10년에 걸쳐 만리장성을 구축하였다. 그 후, 한나라(B.C. 221~A.D. 220)가 역시 흉노족을 막기 위해 장성을 더 쌓아 연장하였으며, 명대에 이르러서는 몽골의 재침입에 대비하여 확장, 강화시켰다. 그 시기를 전후로 해 200여 년간 장성을 18번 재건축하였고, 지금 남아 있는 장성의 대부분은 명대에 만들어진 것이다.18)

이러한 북방민족은 우리한민족 형성의 근간으로 이해되고 있고 '북방계단일민족'이라는 인식이 받아들여지고 있다. 그러나 실제로는 다수의 북방계 유목민과 소수의 남방계 농경민을 주축으로 하고, 여기에 작은 군소집단이 융화되어 오늘의 한민족을 형성하였다. 한국은 이미 역사 속에서 다양한 다문화적 요소를 선택적으로 포용하고 배제하면서 주체적으로 흡수하여, 한국의 고유한 정체성을 형성하여 왔다. 따라서 근대적 의미의 민족nation 개념을 가지고 한국인의 고대사와 정체성을 바라보아서는 안 된다.

한국인의 조상들은 대부분 북방에서 반도로 흘러들어갔던 것으로 보이며, 만주 지방에서 한반도로 향한 민족 이동은 역사 시대 이후까지도 계속되었다. 오늘날의 한국인은 만주와 북중국, 몽골 등에서 살고 있는 몽골계의 다른 민족들과 체격 면에서 아주 닮았고, 남중국 사람이나 일본인과 비교한다면 키가 좀 더 크고 광대뼈가 더 튀어나왔다. 음절이 많고 굴절이 심한 그들의 언어 역시 북아시아의 알타이 어족과

16) 니콜라 디 코스모(Nicola Di Cosmo), 『오랑캐의 탄생』, 이재정 역, 황금가지, 2005, 71쪽.

17) 르네 그루세(René Grousset), 『유라시아 유목제국사』, 김호동·유원수·정재훈 역, 사계절, 1998, 63쪽.

18) 김종래, 『유목민이야기』 개정판, 꿈엔들, 2008, 36~37쪽; 사와다 이사오(澤田 勳), 『흉노』, 김숙경 역, 아이필드, 2007, 30쪽.

그들의 관련성을 시사한다.19) 유적을 살펴보면, 중국 동북 지방과 한반도, 일본 서북 구주九州 지방을 포함한 동북아시아 지역에서는 돌멘dolmen(지석묘)을 비롯한 특유의 거석 기념물이 적잖이 발견되고 있다.20)

3. 선사시대의 다문화적 요소

한국인의 기원은 선사시대prehistory까지 거슬러 올라가므로 명확히 알 수 없다. 신화를 바로 역사적 사실로 단정할 수도 없고, 역사적 기록도 신화적 요소, 후대의 첨삭添削 등으로 반드시 역사적 사실과 일치하는 것은 아니다. 무엇보다 일제강점기에 일본은 조선의 민족정신을 말살하기 위하여 우리의 역사서를 불태우거나 일본으로 반출하였다.21) 이로 인하여 우리의 역사적 사료는 극히 빈약한 것도 사실이다. 또 다양한 학설이 대립하고 있고, 이 글에서 인용한 학설도 난립하는 학설 중 해당 학자의 학설일 뿐 정설은 아니다. 따라서 이 글에서 논의된 내용을 실증주의positivism적 시각으로 바라보기보다는 개연성으로 보는 것이 바람직하다.22)

한반도에 처음 인종이 살았던 시기는 구석기시대까지 거슬러 올라간다. 이들의 유전자를 많이 이어받은 원한국인(토착 한국인), 몽골고원을 거쳐 B.C. 10세기 한반도로 남하한 단군신화에서 환웅으로 상징되는 천손족(시베리아족), 그리고 양자강 하류 지방에서 벼농사의 기술을 익히고 한반도의 남부지방에 정착한 남방계의 사람들이 융합되어, 단군으로 상징되는 오늘날의 한민족을 형성하였다.23)

---

19) Fairbank, J. K., Reischauer, E. O. and A. M. Craig, *East Asia: Tradition & Transformation* (Massachusetts: Harvard University, 1990).

20) 정수일, 『고대문명교류사』, 사계절, 2009, 82쪽.

21) 이 외에도 일본은 한국인의 민족정기를 말살하기 위하여, 백호로 상징되는 서대문(敦義門)을 도로확장을 핑계로 헐어버렸고, 산맥에는 쇠말뚝을 박았고, 경복궁과 어긋난 방향으로 조선총독부건물(구 국립중앙박물관)을 지었다.

22) 임형백, 앞의 책(2010), 10쪽.

23) 김용운, 『한·일민족의 원형: 같은 씨에서 다른꽃이 핀다』, 평민사, 1987, 23~24쪽.

옛시베리아족Palaeo-Siberians의 한 갈래가 신석기시대에 남하하여 만주를 거쳐 한반도에까지 이르렀고, 그 뒤 청동기시대에 시베리아의 새시베리아족알타이족, Neo-Siberians이 남하하여 역시 만주를 거쳐 한반도에까지 이동하였다.[24] 신석기 시대 이후 한반도에서는 주민의 전면적인 이동이나 대체가 없었다.[25] 고아시아족에는 몽고인의 체질과 백인종Caucasoid의 체질이 섞여 있다는 것이 학자들의 일반적 견해이다. 충청북도 청풍면 황석리 13호 고인돌에서 나온 인골을, 미국 Massachusetts주의 'Geochorn Laboratories, Inc.'가 '방사성 탄소 연대 결정법'으로 측정한 결과 B.C. 410년(2360-370BP)인 청동기 시대 말기 사람이었으며, 백인종의 특징을 나타내었다.[26]

한민족의 기원에 대한 학계의 가설은 크게 세 가지로 귀납할 수 있다. ① 혼혈론混血論 ② 주민교체론住民交替論 ③ 단혈성론單血性論 또는 아래와 같이 구분하기도 한다. ① 중원기원설(-동이족과 직결) ② 시베리아 기원설(-고시베리아족과 직결) ③ 본토 기원설(단혈성기원론-북한의 고고학계)이다.[27]

구석기시대 이래 한반도의 거주민은 몇 차례 바뀌었고, 현재의 한민족은 청동기시대의 시작과 더불어 이주하여 온 퉁구스족의 한 갈래라는 주장[28]이 남한학계의 정설이다. 반면, 북한은 '單血性起源論'을 주장하는데, 이는 일면 일제 시대 이래의 '한민족 이주기원설'에 대한 강력한 반발이라고도 볼 수 있다.[29]

만주와 한반도에서 고대국가의 기틀을 다지는 사람들의 사회는 중국 역사 기록에 보면 연해주 지방의 숙신肅愼이나 함경도 지방의 예맥濊貊이라는 이름으로 나타난다. 이때는 B.C. 500년대 전후이고 B.C. 300년대쯤에는 예와 맥이 분리되고 새롭게 조선朝鮮과 한韓이 등장한다.[30]

---

24) 김연학, 『한국상고사연구』, 범우사, 1990, 65쪽.

25) 한국역사연구회 고대사분과, 『한국고대사 산책』, 역사비평사, 1994, 16쪽.

26) 김병모, 『한국인의 발자취』, 정음사, 1985, 83~86쪽.

27) 장혜영, 『한국의 고대사를 해부한다』, 어문학사, 2008, 235쪽.

28) 김원룡, 『조선고고학개설』 제3판, 일지사, 1986.

29) 이선복, 「민족 단혈성기원론의 검토」, 역사학회 편, 『북한의 고대사연구』, 일조각, 1991, 1~24쪽.

4. 고조선의 다문화적 요소

신화는 생성된 이후 구전되다가 어느 시기에 문자로 정착된다. 신화의 내용이 모두 사실은 아니며, 또한 전면적인 허구만도 아니다. 신화는 이야기이되, 그에는 그 신화가 생성될 당시 사람들의 집단적인 경험과 의식이 반영되어 있다. 그러므로 신화에 대한 구체적인 검토와 이해를 통해 우리는 당시의 시대상을 살펴볼 수 있다. 『삼국유사』는 13세기에 저술되었고, 그 이전 시기의 사서에서는 단군에 관한 직접적인 언급이 보이지 않는다.[31]

건국신화에서 천손신화는 북방계 유목민의 특징이고, 난생신화는 남방계 농경민[32]의 특징이다. 그런데, 한민족의 건국신화를 보면 천손天孫신화와 난생卵生신화가 공존하고 있다. 이는 일반적인 단일민족이라는 우리의 관념과는 달리, 한민족은 중국과는 기원이 다른 북방계 유목민과 남방계 농경민이 융합하면서 형성되었다는 것을 의미한다.

〈그림 1〉에서 나타나듯이 천손신화는 몽골, 부리야트, 에벤키, 스키타이 등 주로 북방 유목민족에게서 나타나고, 난생신화는 타이완(파이완족), 인도네시아(자바족), 태국(타이족), 인도(군다족) 등 남방계 농경민족에게서 나타난다. 또, 천손신화는 적석묘積石墓와 석관모의 분포와 대체로 일치하고, 난생신화는 지석묘, 고인돌과의 분포와 대체로 일치한다. 그런데 한반도 남단의 신라의 왕들의 무덤은 적석묘이다. 한반도는 만주, 일본과 더불어 천손신화와 난생신화가 공존하는 지역이다.[33] 김병모[34]는 제주도의 하르방과 주민이, 인도네시아 → 필리핀 → 대만

30) 김병모, 앞의 책(1985), 55쪽.

31) 노태돈, 「역사적 실체로서의 단군」, 『한국사 시민강좌』 제27권, 2000, 3~5쪽.

32) B.C. 10세기 무렵 한반도와 남만주 일대에서 청동기문화가 시작되고 농경이 시작된다(한국역사연구회 고대사분과, 앞의 책, 29쪽). 벼농사의 전래에 대하여는 북방설(요동반도 경유설, 산동반도 또는 회하(淮河)유역 경유설 등), 남방설(화남(華南)설, 동남아설 등), 절충설이 있다(이현혜, 「한국 고대 농업기술의 연구 현황과 과제」, 한국상고사학회, 『한국상고사』, 민음사, 1991, 174쪽).

33) 김병모, 『고고학여행』 1, 고래실, 2006.

34) 김병모, 「제주문화의 고고학적 성격 고찰」, 『제주도연구』 제5권, 1988b, 43~50쪽.

〈그림 1〉 천손신화와 난생신화의 분포범위

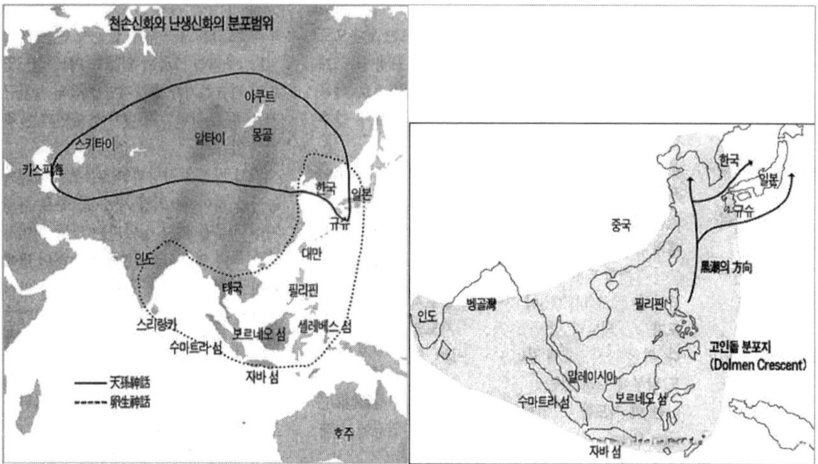

<天孫神話와 卵生神話의 분포. 天孫神話는 북방의 기마민족, 卵生神話는 남족의 농경민족의 신화이다.> <黑潮가 흐르는 方向. 필리핀에서 한국으로 일방통행이다.>

자료: http://k.daum.net/qna/openknowledge

→ 오끼나와 → 한반도와 일본의 흑조문화권黑潮文化圈의 영향을 받았다고 주장하였다. 이를 통해 고대에 동남아인종의 '제주도이주가능성'을 제기하였다.

신화에서 개인은 집단을 표상하는 경우가 많으며, 하늘로부터 내려왔다는 것은 일반적으로 종족의 이동을 반영한다. 그러므로 환웅의 천강天降은 보다 앞선 문화를 가진 종족이 이동했음을 의미한다고 할 수 있다. 또 곰은 토테미즘의 존재, 나아가 토템totem으로 상징되는 집단의 존재를 시사한다. 그러나 이 집단은 토템을 유지하고 있다는 점에서 후진적인 사회였음을 짐작할 수 있다. 그렇다고 할 때 환웅과 곰이 혼인하여 단군을 낳았다는 것은 선진적 이주세력과 후진적 토착세력이 연맹을 구성하여 고조선을 탄생시켰다는 의미로 해석할 수 있다.[35]

결국 고조선의 건국신화를 보면, 천손신화를 가진 환웅으로 대표되는 지배세력이, 호랑이를 토템신앙으로 가지고 있는 부족을 쫓아내고

35) 서영대, 「신화 속의 단군」, 『한국사 시민강좌』 제27권, 2000, 21~39쪽.

곰을 토템신앙으로 가진 피지배세력인 토착민과 융합하여, 단군으로 대표되는 민족을 형성하였다는 것을 보여준다. 한편 호랑이를 토템신으로 가진 또 다른 세력을 축출된 것이다. 그럼에도 우리 한민족의 문화에는 곰보다도 오히려 호랑이가 더 자주 등장하며, 우리도 호랑이를 더 좋아한다. 이는 이때 축출된 호랑이를 토템으로 하는 부족은 그 당시에는 고조선의 영향력이 미치지 않는 한반도의 남부로 이동하였다가, 마한·진한·변한, 가야, 고구려·백제·신라를 거치면서 결국에는 하나로 융화되었기 때문일 것이다.

5. 가야의 다문화적 요소

김해김씨의 시조는 김수로이다. 『삼국유사』[36]의 '가락국기駕洛國記'에 의하면,

"후한(後漢) 광무제 건무(建武 18년: A.D. 42년) 3월 어느날 하늘로부터 황금알 여섯 개가 든 황금상자가 구지봉(龜旨峰)에 내려왔다. 다음날 새벽 이 알들은 사내아이로 변하였고, 그 중 하나가 김해지방에 나라를 세웠다. 가락국의 시조 수로왕이다. 6년이 흐른 후 인도 아유타국의 공주인 허황옥이 바다를 건너오니, 그를 왕비로 맞았다. 허황후는 후한 영제 중평(中平) 6년(A.D. 189년) 3월 1일 157세의 나이로 세상을 뜨고, 수로왕은 후한 헌제 건안(建安) 4년(A.D. 199년) 3월 23일에 158세를 일기로 세상을 떠났다."[37]

36) 『삼국사기』나 『삼국유사』는 조선시대의 목판본이다. 현재는 이것밖에 남아있지 않다. 『규원사회』나 『환단고기』는 모두 20세기 들어서 이루어진 필사본밖에 전하지 않는다(한국역사연구회 고대사분과, 앞의 책, 43쪽). 일본 와세다 대학 졸업생들인 이병도와 손진태는 와세다 대학 교수였던 쯔다 소우키치(律田左右吉)가 『삼국사기』 '신라본기' 중 내물왕(356~402) 이전의 기록을 믿을 수 없다고 한 것을 그대로 따랐고, 결국 신라의 앞부분 수백 년의 역사를 말살시켰다(이종욱, 「쯔다 소우키치(律田左右吉)의 망령이 만들어낸 민족」, 『2009년 신라사학회 추계학술대회 발표자료집』, 2009, 12~13쪽).

37) 한국역사연구회 고대사분과, 앞의 책, 174쪽.

〈그림 2〉 신어사상의 이동 경로

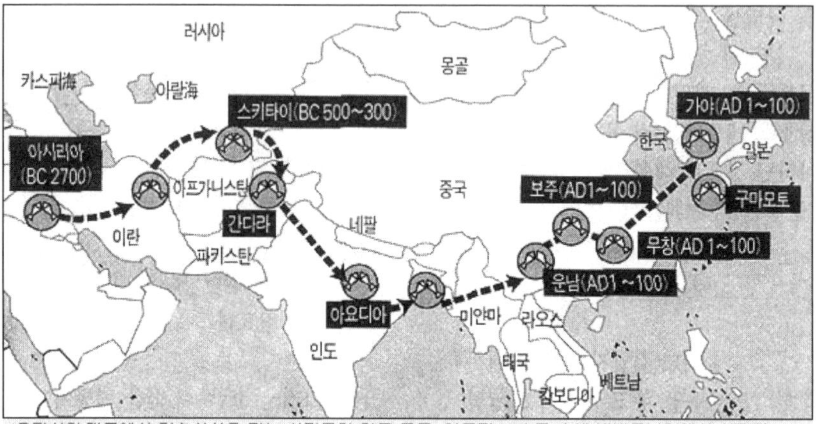

<유라시아 대륙에서 神魚사상을 믿는 사람들의 이동 루트. 한국과 日本도 古代 바빌로니아에서 시작된 神魚사상 문화권에 포함된다.>

자료: http://blog.ohmynews.com/js1029

이후 김수로가 A.D. 42년(後漢 建武 18년) 금관가야의 왕이 되고, 다른 5인도 각각 5가야의 왕이 되었다고 한다. 그리고 이로부터 6년 후인 A.D. 48년 배를 타고 바다를 건너온 아유타국阿踰陁國의 왕녀인 보주태후普州太后 허황옥許黃玉을 왕비로 맞이하였고, 이들의 후손이 오늘날 김해 김씨[38]와 김해 허씨라고 전한다.

여기에서 아유타국이라는 국가명과 보주普州라는 지명은 논란의 여지가 있다. 왜냐하면 아유타국은 인도의 고대왕국이고, 보주는 중국의 지명이기 때문이다. 김병모[39]는 아유타국을 B.C. 6세기~A.D. 1세기에 걸쳐 인도의 북부 산악지대인 갠지스강의 중류에 존재하던 아요디

38) 신화는 생성된 이후 구전되다가 어느 시기에 문자로 정착된다(노태돈, 앞의 책, 1~20쪽). 또 고대신화는 역사적 사실이 반영되어 만들어지므로(이병도·최태영, 『한국상고사입문』, 고려원, 1989, 67쪽), 김수로왕과 허황옥의 신화는 충분한 개연성은 있다. 일부 유물과 유전학적 증거가 이를 지지하기도 한다. 하지만 김수로왕의 수명이 158세라는 『삼국유사』의 기록에서 나타나듯이, 이를 글자 그대로 사실이라고는 보기 어렵다.
1세기경 우리나라에는 중국식 성이나 한자식 이름이 없었다(김연학, 『한국상고사연구』, 범우사, 1990, 46쪽). 통계청(2000)에 의하면 김해 김씨(가야 김씨)는 410만 명이 넘고, 경주 김씨(신라 김씨)는 480만 명이 넘는다. 신화대로라면 김해 김씨도 다문화의 산물이다.

39) 김병모, 「고대 한국과 서역관계: 아유타국고Ⅱ」, 『한국학논집』 제14권, 1988a, 5~22쪽.

아Ayodhya 왕국으로 추정했다. 이 가설은 특히 김해에 남아있는 수로왕릉 정문의 현판懸板 좌우에 있는 네 개의 장식판裝飾板에 그려진 쌍어문雙魚文이 바로 아요디아국의 문장紋章이라는 사실에 근거하고 있다. 고준환[40]도 아유타국을 아요디아로 보면서, 우리나라에서 머리를 받쳐 이는 습관, 소달구지나 키箕를 사용하는 습관, 불교사찰에서 석등을 받들고 있는 원숭이의 모습 등이 아요디아와 동일하다고 하였다.

반면, 지금으로부터 2,000년 전에 허황옥을 태운 배가 인도에서 한국의 가야까지 올 정도로 항해술이 발달하지 않았다는 주장이 제기된다. 더구나 보주라는 지명도 중국 사천성 안악현安岳縣의 옛 지명이다. 보주라는 지명은 허황옥의 후손인 허적許積(1610~80)이 조선시대에 세운 허황옥의 능비에 '보주태후普州太后'로 나타난다.

한편 劉義裳(1969)의 『邊疆民族史』라는 책에 의하면 A.D. 47년경 보주에서는 토착민족인 사족巳族이 허성許聖이란 주모자를 중심으로 한나라에 대항하여 반란을 일으켰다가 진압되었고, 토착민족은 양쯔강변의 우한武漢으로 강제 이주되었다고 한다. 이후 1년 후인 A.D. 48년경에 허황옥은 가야에 도착한다.

김병모[41]는 이를 근거로, 아유타국이 B.C. 7세기경 아리안족Aryans[42]이 세운 인도 코살국의 중심도시 아요디아이고, 중국에서 일어난 한나라와 흉노의 대립에 영향을 받아 아요디아의 지배계급과 지식인들이 동쪽으로 이주해 지금의 중국 사천성 안악현(보주)에 자리잡았으며, 그곳에서 태어난 허황옥이 A.D. 48년 배를 타고 황해를 건너 가야로 왔다고 주장했다. 이러한 이유로, 수로왕릉의 정문에 쌍어문이 그려져 있고,

40) 고준환, 『신비왕국 가야』, 우리출판사, 1993, 43~45쪽.

41) 김병모, 『허황옥 루트: 인도에서 가야까지』, 역사의 아침, 2008.

42) 중앙아시아에서 유목생활을 하던 철제무기를 사용하던 기마민족이었다. 오늘날 인도, 이란, 그리고 백인종들이 이에 속한다. 아리안족의 인도 침입시기에 대하여는 학자들의 견해에 따라 차이가 있지만 대략 B.C. 18~B.C. 17세기로 추정된다. 이 시기는 인더스 문명이 몰락하고 난 뒤 7~8백년이 경과한 시기이다. 아리안족이 원주민인 드라비다족을 예속화하여 지배하는 과정에서 생겨난 사회제도가 카스트제도이다. 카스트제도는 사회적 신분을 미리 고정시켜 놓음으로써 지배계급의 통치를 강화하고 기득권을 유지하기 위한 것이다.

허황옥의 능비에 보주태후라는 칭호가 새겨져 있다는 것이다.

한편 강길운[43]은 가야는 드라비다계 어를, 후기 신라는 투르크Turk계[44] 어를, 고구려는 몽골계 어를 각각 사용했고 백제는 지배층과 피지배층의 말이 서로 달랐다고 주장했다. 하나 지배층은 몽골계 어인 고구려어를, 말기의 지배층은 드라비다어와 동계同系인 가야 지배층어를 썼음이 분명하다고도 주장했다.

또, M. Clippinger의 연구에 의하면 한국어속에는 드라비아어에서만 찾아 볼 수 있는 어휘가 400여개나 있다고 한다. 그렇다면 이는 고대 한국문화와 고대 인도문화의 접촉을 강력히 시사하는 것이다.[45] 강길운[46]도 '가락karak'은 '물고기'를 가리키는 舊드라비다어이고, '가야kaya'는 '물고기'를 가리키는 新드라비다어라고 주장했다. 나아가 '아버지=아바치', '엄마=암마', '도령=도렌' 등 1,300여 개의 어휘에서 한국어와 드라비다어가 유사성을 보이고 있다고 지적했다.

여기서도 김병모는 허황옥을 아리안족으로 보는 반면, 강길운은 드라비다족Dravidian[47]으로 보고 있다. 실제로 근대에 허황후의 후손으로 추정되는 김해 예안리 고분 등의 왕족유골 4구 중 1구를 DNA분석한

---

43) 강길운, 『고대사의 비교언어학적 연구: 가야어와 드라비다어의 비교』, 새문사, 1990, 8쪽.

44) 한국고대사에서 자주 등장하는 돌궐(突厥)이 투르크계 민족이며, 오늘날의 터키(Turkey)의 조상이다.

45) 김병모, 앞의 책(1988b), 47쪽.

46) 강길운, 앞의 책.

47) 고유의 드라비다 어족에 속하는 언어를 사용하는 인종을 말한다. 이들은 주로 남인도에서 볼 수 있으며, 중부 인도의 일부 지방, 스리랑카, 방글라데시, 파키스탄, 이란에도 거주한다. 초기의 많은 인류학자들은 드라비다인들을 명확히 구분이 되는 민족으로 보았으나, 종합적인 유전 연구에서는 그렇지 않음이 입증되었다. 단, 유전연구는 드라비다족이 인도에서 기원했음에도, 북서부 인도인들인 아리안족(Aryans)과는 유전적으로 확연히 다름도 입증했다(Sahoo, S., Singh, A., Himabindu, G., Banerjee, J., Sitalaximi, T., Gaikwad, S., Trived, R., Endicott, P., Kivisild, T., Metspalu, M., Villems, R. and V. K. Kashyap, "A prehistory of Indian Y chromosomes: Evaluation demic diffusion scenarios", *Proceedings of National Academy of Sciences of United States of America,* 103(4), 2006, pp. 843~848. Sengupta, S et al., "Polarity and temporality of high-resolution y-chromosome distributions in India identify both indigenous and exogenous expansions and reveal minor genetic influence of Central Asian pastoralists", *American Journal of Human Genetics,* 78(2), 2006, pp. 201~221). 드라비다족은 모헨조다로와 하라파로 유명한 인더스 문명을 창조한 민족이기도 하다. 그러나 이후 북방에서 아리안족이 침입하면서 인도 남쪽으로 밀려났다.

결과는 백인종의 특징이 나타났다. 이는 가야에 정착한 선주민 중 일부는 인도계일 수 있으며, 결국 가야에 북방계와 남방계가 공존했다는 것을 의미한다. 그렇다면 우리는 '북방계 단일민족'이 아니라 '북방계와 남방계의 이중기원'을 갖는다는 것을 의미한다.

6. 신라[48]의 다문화적 요소

청동기문화의 발달과 철기가 사용되면서, 경기·충청·전라도 지역에는 마한이라고 불리는 50여 개의 작은 소국이, 영남 지방에서는 진한과 변한이라고 불리는 24개의 소국들이 등장하고, 이들은 다시 백제와 신라·가야로 통합되어 갔다. 『삼국사기』 등의 역사책에는 신라 초기에 양부, 사량부, 모량부, 본피부, 습비부, 한지부의 6부部가 있었고, 신라에서 성씨가 사용된 것은 대체로 6세기 중반 이후라고 알려져있다.[49] 『舊唐書』에는 '김씨와 박씨가 많고 그들 끼리만 혼인한다'고 기록되어 있다.

신라의 경우, 초창기에 박, 석, 김의 세 성씨가 돌아가면서 왕을 하였다. 이는 신라가 아직 왕권이 강화되지 못한 채, 6부의 연맹체로 구성되어 있었음을 보여준다. 또, 박혁거세와 석탈해 모두 난생신화를 가지고 있어, 남방계임을 암시하고 있다.

신형식[50]은 김씨와 박씨가 中古의 왕족을 지칭하는 것으로 보았다. 김용운[51]은 한국에서 가장 많은 성이 김씨와 박씨인 반면 중국에는

48) 부여, 가야, 신라에서 모두 순장(殉葬)의 흔적이 발견된다(한국역사연구회 고대사분과, 앞의 책, 307쪽). 반면 부여족이 건국한 고구려나 백제와 달리, 신라는 동명성왕(주몽, 朱蒙)을 시조로 받들지도 않았고, 고분의 주인을 명시하지도 않았다. 이는 적어도 지배층의 구성에 차이가 있었음을 의미한다. 또 가야나 신라에는 해양세력의 유입이 있었다. 『삼국유사』 '가락국기'에 의하면, 석탈해(昔脫解)는 다파나국(多婆那國) 또는 용성국(龍城國)에서 수로를 따라서 경주까지 온 것으로 되어 있어, 이주해온 해양세력임을 보여주고 있다.

49) 한국역사연구회 고대사분과, 위의 책, 37, 213쪽.

50) 신형식, 『신라사』, 이화여자대학교출판부, 1985, 60쪽.

없다고 주장하면서, 김과 박이 원래 토착신과 외래의 신을 나타내는 것이라고 주장하였다. 김철준[52]은 金部族은 토착족이고, 朴部族은 이주민 집단이고, 昔部族은 해양과 관계가 있다고 보았다.

신라의 국민이 형성되는 과정에서 고조선의 유민이 많이 와서 살았다는 기록과 진인辰人은 중국의 진秦에서 이주해온 사람들이라는 기록이 진수의 『삼국지』「위지동이전」에 남아있다. 또 변진(후에 가야)의 풍속이 진한(후에 신라)와 같다고 기록하고 있다.[53] 박영규(2010: 20)는 신라인은 진시황의 중국 통일(B.C. 221)로 인해 고통 받던 연나라 망명객과, B.C. 194년에 위만에게 쫓겨난 고조선의 준왕이 이끌고 온 유민이 마한의 배려로 한반도 동남부 지역에 터전을 잡았다고 했다. 그리고 이것이 신라와 가야의 모태인 진변 24국이라고 하였다.

반면 『삼국지』의 이러한 주장은 이후 『梁書』, 『隋書』 등에 무비판적으로 인용되고 있다. 그러나 秦·漢교체기의 격동기에 많은 중국계 사람들이 한반도로 이주하였음은 사실이다.[54] 따라서 신라인에는 고조선인, 진인 등 북방으로부터 내려온 사람들이 포함되어 있다.[55]

신라의 전신前身은 사로斯盧 六村이었고, 사로는 삼한시대(馬韓, 辰韓, 弁韓)의 진한의 한 부분으로 경북지방에 있던 사회였다.[56] 그런데 송나라의 범엽范曄이 지은 『후한서』 '동이전' 韓條와 『晋書』 '서이전' 辰韓條에도, '진秦나라에서 사람들이 괴로운 역사役事를 피해 한반도로 도망가자, 마한이 동쪽 국경지방을 쪼개서 이들에게 주었다'는 동일한 기록이 보인다.

김병모[57]는 중국을 통일하기전의 진秦은 오늘날의 깐수甘肅성, 산시陝西성 지방을 근거로 했으므로, 깐수성과 산시성에서 한반도로 온 辰韓

---

51) 김용운, 앞의 책, 108쪽.

52) 김철준, 『한국고대사연구』, 서울대학교출판부, 1990, 32~33쪽.

53) 김병모, 「김수로왕 연구」, 『민족과 문화』 제6권, 1997, 224쪽.

54) 신형식, 앞의 책, 60쪽.

55) 김병모, 앞의 책(1997), 224쪽.

56) 김병모, 「신라금관을 통해 본 신조사상과 신수사상」, 『한국민속학보』 제4권, 1994, 220쪽.

57) 김병모, 위의 책(1994).

사람들은 흉노 내지는 유목민적 문화를 갖고 있던 사람들이라고 주장하였다.

역사에서 외국인이 귀화하기 시작한 것은 삼국시대 초기로 보여진다. 처용은 서역인 즉 오늘날의 아랍인으로 묘사된다. 경주 괘릉에 가면 볼 수 있는 무인석은 한국인의 모습과는 거리가 있다. 우람한 체격에 높은 코, 파마를 한 듯한 턱수염 등은 아라비아인의 모습에 가까운데, 이는 직접 왕래의 가능성을 강하게 시사한다.[58]

한편, 7세기 후반 태종무열왕은 중대中代 진골왕실을 개창하면서 자신의 왕실과 기존 왕실의 차별성을 강조하기 위하여 종래의 '알지 출자설'을 부정하고 '소호금천씨 출자설'을 만들었고, 아들인 문무왕 역시 '소호금천씨 출자설'을 정치적으로 이용하였으나 쇠퇴하였다. 이후 9세기 후반 신성족을 표방하던 경문왕가景文王家가 역시 기존왕실 내지 여타 김씨와 차별성을 강조하기 위한 정치적 목적으로 '소호금천씨 출자설'을 다시 등장시킨다.

'소호금천씨 출자설'의 주장을 살펴보자. B.C. 121년 한의 곽거병霍去病은 깐수甘肅 지역에서 흉노를 몰아냈다. 이 지역을 차지하고 있던 흉노의 소규모 집단은 감주甘州 근처의 혼야부渾邪部와 양주涼州 근처의 휴도부休屠部였다.[59] 두 번에 걸친 곽거병霍去病의 공격은 흉노 내부의 충돌과 대립을 심화시켰다. 혼야왕渾邪王과 휴도왕은 한나라에 투항하기로 하였는데, 도중에 휴도왕이 주저하자 혼야왕이 휴도왕을 죽이고 투항했다.[60] 한편 澤田 勳[61]는 혼야왕이 선우로부터의 패전책임추궁을 두려워한 때문이라는 주장도 있다.

이때 흉노족의 번왕인 휴도왕休屠王의 장남인 김일제金日磾(B.C. 134~B.C. 86)는 14세때 어머니 알씨閼氏등 다수의 흉노족(漢書에 의하면 3만명, 史記

58) 한국역사연구회 고대사분과, 앞의 책, 294쪽.

59) Kurakichi Shiratori, "On the Territory of the Hsiung-nu Prince Hsiu-t'u Wang and his Metal Statues for Heaven Worship", *Memoirs of the Research Department of the Toyo Bunko*, I, 5, 1930, pp. 7~21.

60) 장진퀘이(張金奎), 앞의 책, 101쪽.

61) 사와다 이사오(澤田 勳), 앞의 책, 58쪽.

에 의하면 5만명)과 함께 포로가 되었다. 말 기르는 노예가 된 김일제는 우연히 한무제의 눈에 띄어 노예에서 해방되고 마감馬監으로 임명되었으며,[62] 이어 시중侍中, 부마도위附馬都衛, 광록대부光祿大夫에 올랐다. 이후 망하라莽何羅 등의 한무제 암살 시도를 막아 그 공으로 거기장군車騎將軍에 이어 투후秺侯에 봉해졌다. 휴도왕이 금인金人[63]을 가지고 천주天主에 제사지냈던 일에서 비롯하여 김씨金氏를 성으로 하사받았다.[64] 한무제가 죽으면서 김일제와 곽광 등을 함께 어린 아들 유불릉의 후견인으로 지목하여 소제를 보필하기도 했다. 사후 한무제의 묘 옆에 곽거병과 함께 배장되었다. 김일제의 후손들은 산동반도를 거점으로 B.C. 66년 이후에는 단독으로 한나라의 실권을 장악했으나, 왕망王莽[65]과 인척 관계가 있었고 왕망의 찬탈에 협력하였기 때문에 후한後漢 시기에는 쇠락하였다(班固, 漢書).

김일제는 중국에서 최초로 김씨 성을 가졌던 사람이며, 가야의 김수로, 신라의 김알지 보다 시기적으로 150여년 앞선다. 중국에서 김씨 일족은 후한이 건국된 A.D. 25년 이후 사라졌고, 17년 후인 A.D. 42년 가야건국때 한반도에서 김씨가 다시 나타난다.[66]

신라는 내물왕이 즉위한 5세기 이후부터 신라 김씨가 왕위를 계승을

---

62) Wilbur C. Martin, *Slavery in China under the Former Han Dynasty, 206 B.C.~A.D. 25* (Chicago: Field Museum of Natural History, 1943), pp. 306~307.

63) 휴도왕이 하늘에 제를 올릴 때 사용했던 '황금의 상'이다. 곽거병에 의하여 탈취되었다(사와다 이사오(澤田 勳), 앞의 책, 58쪽).

64) 중국 野史의 기록에 따르면, 휴도왕의 성명이 김류(金留)라고 한다. 이 이야기가 사실이라면 한무제가 김일제에게 사성하였다는 것은 사실이 아니게 된다(김정현, 『우리겨레 성씨이야기』, 지식산업사, 2009, 106쪽).

65) 왕망은 한나라 원제의 황후왕씨의 일족으로 전한을 멸하고 신(新)을 건국하였으나, 한나라의 왕족이던 유수(劉秀)가 다시 15년 후에 신을 멸하고 후한을 건국(A.D. 25)하였으니 이가 광무제(光武帝)이다. 漢書에 의하면, 김일제의 증손자인 김당(金當)의 어머니는 왕망의 어머니와 친자매라고 한다. 따라서 김당은 이종사촌인 왕망과 함께 전한을 멸하고 신을 건국하였다가, 후한이 들어서자 광무제의 보복을 피하여 그 일족과 신라로 들어왔다는 주장이다. 오늘날 중국의 요서, 요동, 한반도의 서북, 남쪽 김해, 제주도, 일본의 규슈, 오키나와에 이르기까지 왕망 때 만든 화폐 오수전(五銖錢)이 출토되는 것이, 이때 김씨 일족의 망명의 결과라는 것이다.

66) 그러나 김정현은 중국에도 200만 명 정도의 김씨 성이 존재한다고 주장한다(김정현, 앞의 책, 28쪽).

독점하게 되었는데 이들은 거대한 고분을 만들어 강화된 왕권을 과시하였으며, 종래의 시조묘 대신 김씨시조의 탄생지에 그들의 종묘인 신궁神宮을 설치하고 시조를 '태조성한太祖星漢'이라고 불렀다. 이후 왕권독점을 통해 특권층이 된 신라 김씨는 시조인 태조와 연결되는 계보를 정리하고, 그 기록을 통하여 자신의 위상을 드높이려 하였다. 또 내물왕과의 혈연관계를 밝히는 기사들도 부쩍 늘어나고 있다.[67]

문무왕릉비에는 "투후秺侯 제천지윤祭天之胤이 7대를 전하여, 15대조 성한왕星漢王은 그 바탕이 하늘에서 신라로 내려왔고"라는 구절을 통해 시조인 성한星漢을 칭송하고 있다. 여기서 등장하는 투후[68]가 김일제를 말한다. 1954년 중국 산시성陝西省 시안시西安市 동쪽 교외 곽가탄郭家灘에서 출토된, 9세기 재당在唐 신라인의 '대당고김씨부인묘명大唐故金氏夫人墓銘'의 덮개돌 역시, 이보다도 더 앞서 신라 김씨의 혈통이 소호금천씨에서 비롯되어 김일제로 이어진다고 주장하고 있다.

신라 금관은 신라 이외의 지역에서는 같은 형태의 관이 발견된 바 없다. 중국이나 일본에서도 찾아볼 수 없다. 일부 주장은 신라 금관의 기원을 시베리아 지역과 더 나아가 흑해 동북쪽의 금관과 연결시키고 있다.[69] 기마민족은 땅보다는 핏줄을 중요시한다. 신라의 엄격한 골품제도와 조직적인 지배력은 기마민족적인 사상에서 나왔다.[70] 그러나 신라왕들은 박씨, 석씨, 김씨의 3성이며, 3성의 조상인 박혁거세, 석탈해, 김알지 모두 난생신화계 인물이다.[71] 앞에서 언급하였지만, 난생신화는 남방계의 신화이다. 따라서 신라 김씨와 북방유목민과의 혈연적

67) 이처럼 신라 김씨(김씨왕족)만 하더라도 신라 후대까지 끈질기게 내물왕과의 계보를 강조하고 있지만, 고려시대에 이들의 후예 중 내물왕의 자손임을 밝히는 기록은 하나도 남아 있지 않다. 오히려 그들 대부분은 고려 태조에게 귀부한 경순왕의 후손임을 강조하거나 아니면 저 멀리 김알지까지 소급시키면서, 고려에서 그들의 신분적 위상을 높이려고 하였다(김용선, 「족보 이전의 가계기록」, 『한국사 시민강좌』 제24권, 1999, 1~29쪽).

68) 투후는 한무제가 창안한 새로운 관직으로, 김일제 밖에 받은 적이 없다. 식읍의 이름이며 오늘날 산둥성으로, 김일제의 성을 따라 금성(金城)이라 불렀다.

69) 한국역사연구회 고대사분과, 앞의 책, 333쪽.

70) 우리 역사에서 고려조 때까지는 기마민족적인 경향이 짙었으나 조선조가 되면서 완전히 농경민족적인 체제가 되었다(김용운, 앞의 책, 34쪽).

71) 김병모, 앞의 책(1985), 109쪽.

연관성은 있으나, 후대에 만들어낸 연기설화緣起說話일 가능성도 크다.

한편, 김유신은 532년(법흥왕 19)에 신라에 항복한 금관가야의 마지막 왕인 김구해의 증손자이다.72) 그러나 신라 김씨가 아닌 금관가야 건국 시조 김수로에서 시작된 김해 김씨인 김유신 가문도 그 뿌리를 같은 소호금천씨小昊金天氏에서 찾으려고 하였다. 『삼국사기』 '김유신 열전'은 신라 사람들이 "소호금천씨의 후예이므로 성을 김金이라 한다"고 하면서 김유신의 비문에도 "헌원軒轅의 후예요 소호의 자손이다"(軒轅之裔, 少昊之胤)는 구절이 보인다고 했다. 헌원은 최초의 한족漢族의 국가를 건설하였다는 황제黃帝73)의 이름이다. 각종 중국 고대 문헌에서 소호少昊는 황제의 아들이자 후계자로서 금덕金德으로 나라를 다스린 까닭에 소호금천씨라 불렸다고 나온다.

남·북조시대(이전에 통일신라시대라 불리던 시기) 이후 개인에 대한 전기물이 많이 편찬되고 있었다. 김유신의 5대손인 김장청은 김유신의 『행록』 10권을 지었는데, 김부식이 『삼국사기』를 저술하면서 이 책의 내용을 상당 부분 이용하였다는 사실을 밝히고 있다. 김장청은 당시 몰락의 길을 걷고 있던 김유신계의 복권을 위한 운동으로 그의 조상의 행록을 지은 것으로 이해되고 있다. 이 시대에 새로이 등장하는 가계일수록 그들 가계의 뿌리가 상당히 깊음을 과시하는 사례도 자주 나타나고 있다.74) 이렇다면 이 역시 후대가 만들어낸 연기설화緣起說話인 것이다.

다시 문무왕릉비로 돌아가자. 문무왕릉비의 구절에 대한 해석에는 의견이 통일되어 있지 않다. ① 중국의 "투후의 고사"를 인용한 것으로 보아 문무왕의 선대 7대의 행적을 투후의 고사에 빗대어 표현한 것이며,75) 신라 왕실을 비롯한 고대인들은 가계를 신성시하기 위해 고대의

72) 한국역사연구회 고대사분과, 앞의 책, 189, 249쪽.

73) 학계에서는 그를 실제적 인물이 아닌 신화적 인물로 본다(김정현, 앞의 책, 108쪽. 코린 드벤-프랑포르(Corinne Debaine-Francfort), 『고대 중국의 재발견』, 김주경 역, 시공사, 2000, 53쪽). 더구나 황제 시대는 전설 시대이고, 문자가 없으므로 성(姓)이 없었으며, 모계 씨족 사회였다. 따라서 당시 인물들의 실존성과 부계혈통을 파악하는 것은 불가능하다(위키백과).

74) 김용선, 「족보 이전의 가계기록」, 『한국사 시민강좌』 제24권, 1999, 9~10쪽.

75) 문경현, 「신라건국설화의 연구」, 『대구사학』 제4권, 1972, 1~51쪽; 김창호, 「문무왕릉비

전설적인 제왕 또는 유명한 위인들을 시조로 조작[76]하는 일이 많았으므로 사실로 보기 어렵다는 견해[77]가 있고, ② 신라 김씨 왕실의 선조를 김일제라고 한 것으로 보는 견해,[78] ③ 투후 관련 구절을 그대로 해석하여 투후의 7대손이 성한이라고 해석하여, 신라 김씨를 흉노계로 보고 4세기 무렵에 등장한 적석목곽분 및 금관 문화를 흉노 계열의 문화로 해석한 견해, ④ 통일이후 당과의 전쟁에서 승리한 신라 김씨가 자부심을 갖게 되었고, 한나라로부터도 조공을 받았던 강력한 북방유목민이었던 흉노와의 관계를 설정하고 싶었다는 견해 등이 있다.[79]

한편, 고구려와 백제의 성을 보면 복성複姓[80]이 있었고 어느 대에 가서 성을 다르게 갖거나, 중국의 제후국처럼 나름대로 성을 새로 가지는 일이 있었다. 그러나 신라는 복성이 없었고, 왕으로부터 특별한 성을 받은 경우가 아니면 성을 잇는 관습을 지켰다. 신라인은 중국 당나

에 보이는 신라인의 조상인식: 태조성한의 첨보(添補)」, 『한국사연구』 제53권, 1986, 17~36쪽.

76) 로마인들도 자신들의 조상을 트로이 출신의 아에네아스(Aeneas)라고 생각하였고, 16세기의 프랑스인 장 르메르 데 벨쥬는 트로이의 왕자 헥토르의 장남 프랑쿠스가 피신하여 센 강변에 와서 나라를 건설한 것이 프랑스의 기원이 되었다고 주장하기도 하였다(최혜영, 『그리스 문명』, 살림, 2004: 14쪽). 헝가리('훈의 나라'라는 뜻)인들은 자신들을 훈족의 후손이라고 믿으나, 헝가리에서는 훈의 매장유적이 발견되지 않고 있다.

77) 문경현, 「신라건국설화의 연구」, 『대구사학』 제4권, 1972, 1~51쪽. 문경현의 주장에 대하여 조갑제는 문무왕이 모화사상에 젖어서 족보를 조작하려했다면, 한족이 싫어하는, 더구나 전한에 반역했다가 처형된 흉노족 출신 김일제의 후손을 자처할 이유가 없다며 이에 대한 반론을 제기했다(조갑제, 「기마흉노국가 신라 연구, 조갑제의 심층취재」, 『월간조선』 2004년 3월호).

78) 문정창, 『가야사』, 백문당, 1978.

79) 훈족은 두개골은 길게 늘어나 있다. 이는 당시 북방유목민들의 전통이었다고 전해진다. 재미있는 사실은 이러한 문화가 신라의 유물인 금관에서도 나타난다는 점이다. 둘레가 약 45cm(7~8세 어린아이의 두개골 크기)인 신라의 금관은 머리를 훈족처럼 길게 늘이지 않고서는 착용이 불가능했을 것이다(김종래, 앞의 책, 84쪽). 2009년 7월 18일에 방송된 KBS 역사스페셜 3회 "신라 왕족은 정말 흉노의 후예인가?"에서는 유라시아 지역의 흉노족 유골과 신라 고분에서 출토된 유골의 유전적 상호관계를 실험한 결과, 스키타이와 흉노, 신라의 유전적 유사성이 밝혀졌다고 주장했다. 이러한 주장을 토대로 김일제나 흉노족과 신라 왕실이 관계가 깊다는 결론을 내리고 있다.

80) 고구려에는 을지(乙支), 명임(明臨) 등, 백제에는 부여(夫餘), 사택(砂宅), 사택(沙宅), 사마(司馬), 흑치(黑齒) 등의 복성이 있었다. 이러한 복성은 일본의 지배계층을 형성한 한반도 출신들에 의하여 일본으로 전수되었다. 쿠다라(百濟)라는 성은 일본으로 건너간 백제왕족의 후손임을 보여주고 있다.

라의 성씨문화에 동화되었다. 그리하여 신라인이 동화된 성씨문화가 오늘날 우리 한국인들에게도 그대로 전수되고 있는 것이다.[81]

7. 백제의 다문화적 요소

『魏書』는 백제의 선조가 부여이며, 옷과 음식이 고구려와 비슷하다고 기록하고 있다. 『宋書』, 『南齊書』, 『梁書』, 『通典』, 『文獻通考』, 『資治痛鑑』 등 중국문헌에 기록된 백제에 대한 기록은 크게, 첫째 백제의 요서遼西진출과 둘째 백제의 풍속에 관한 것이다. 이들 문헌에 의하면 백제는 북방의 기마문화와 남방의 농경문화가 결합된 사회였다. 부여의 흰옷과 바지는 신라와 비슷하며, 신라의 저고리와 바지는 고구려와 백제와 비슷하여 혈연적 관계를 엿볼 수 있다.[82] 백제가 요서에 진출하여 식민지를 구축하였다면, 당연히 요서지방의 사람들이 본국인 백제로 유입되었을 것이다.

『삼국지』 '동이전' 辰韓條와 弁辰條에는 백제-고구려말과 가야-신라말이 처음에는 서로 잘 안통했다고 기록했다. 그러다가 『梁書』 '諸夷傳' 신라조에는 삼국시대말기가 되어서는 백제말과 신라말이 잘 통했다는 기록이 나온다.[83]

『수서隋書』의 '거란전'에는 거란족이 시신을 산 속에 있는 나무 위에 안치하여 두고 3년이 지난 뒤 그 뼈를 수습하여 화장한다고 기록되어 있다. 수상장樹上葬, 풍장風葬인 셈이다. 풍장, 수상장법은 북아시아, 고지아시아, 동남아시아, 멜라네시아, 오스트레일리아, 북아메리카 등 여러 족속들에게서 나타나고 있다. 중요한 것은 유사한 장례 풍속을 가지고 있는 이들 부족들은 혈연상 아무런 연관이 없다는 점이다. 이러한 현상은 문화의 동질성이 반드시 혈연이나 민족의 정체성과 직결되

81) 김정현, 앞의 책.

82) 신형식, 『백제사』, 이화여자대학교출판부, 1992, 94쪽.

83) 김병모, 앞의 책(1985), 96쪽.

는 건 아니라는 점을 의미한다.[84] 한편 백제와 근대 한국의 전라도의 섬지방에는 이러한 풍습이 남아 있었으며, 이를 빈殯이라 하였고 여기에서 빈소殯所라는 단어가 파생되었다.

고구려와 백제에서 왕이 아닌 신하들의 성을 보면 그 성씨들은 오늘날 우리가 쓰는 성과는 다르다. 그런 성들은 오늘날 거의 찾아볼 수 없다.[85] 이는 신라가 삼국을 통일하면서 고구려와 백제계통의 성가 신라계통의 성씨로 성을 바꾸었음을 보여준다. 즉 실제로는 고구려와 백제계 유민이 신라인과 융합되어 오늘날의 한국인을 형성하면서도, 표면상으로는 드러나지 않는 것이다.[86]

8. 고구려의 다문화적 요소

만주에는 역사적으로 세 계통의 종족이 살아왔다. 서부 지역에는 동호東胡[87] 계통의 종족이 자리 잡았고, 중부는 예맥족의 터전이었고, 동쪽에는 숙신 계통의 종족이 자리를 잡았다. 예맥족은 한반도 남부의 한족韓族과 더불어 한민족의 근간을 이루었다.[88] 우리민족의 주류는 부여, 고구려로 대표되는 퉁구스계의 부여夫餘족[89]으로 여겨진다. 그러

84) 장혜영, 앞의 책, 181쪽.

85) 김정현, 앞의 책, 70쪽.

86) 반면, 백제 패망 후 귀족층을 중심으로 한 백제인들의 상당수가 일본으로 건너가 일본 고대국가의 지배층을 형성했다. 이러한 이유로 오늘날 일본에는 백제란 이름이 지명, 사찰, 신사, 역, 학교 등 곳곳에 남아 있다.

87) 내몽고 일대에서 활약하던 흉노를 호(胡)라 했기 때문에, 그보다 동쪽의 오랑캐라 하여 동호라 불렀다. 동호의 후예로서 오환, 선비, 거란, 실위가 있다. 그리고 몽올(蒙兀)실위의 후예로부터 칭기즈칸이 나와서 원나라를 세웠다(송기호, 『동아시아의 역사분쟁』, 솔, 2007, 211~212쪽).

88) 송기호, 위의 책, 201쪽.

89) 고구려와 백제는 모두 주몽(동명성왕)의 후예이며, 동시에 부여족의 적자임을 놓고 치열하게 경쟁했다. 고구려가 북부여와 동부여를 통합하자, 백제 28대 성왕(聖王)은 A.D. 538년 수도를 사비(오늘날의 부여)로 옮기고, 국호도 남부여(南夫餘)로 고쳤다. 부여족인 고구려가 지배했던 중국 흑룡강성에는 아직도 부여라는 지명이 있다(임형백, 「한국인의 '민족'개념 형성에서 중화사상의 수용과 변형」, 『다문화와 평화』 제6권 제1호,

나 발해의 멸망 이후 우리민족의 활동범위는 한반도로 제한되어 왔다.[90] 또 (부분적인 동화를 제외하고) 중국과는 혈연관계가 없고, 오히려 동호 계통의 몽고와 숙신 계통의 만주족과 가깝다.

만주족은 한국인과 몽고족과 마찬가지로 흰색을 좋아했고, 남편이 사망하였을 때, 그 부인이 남편의 형제와 결혼하는 풍습이 있었다.[91] 이러한 형사취수제兄死娶嫂制, levirate marriage 또는 취수혼娶嫂婚은 유목 민족에게서 자주 나타났으며, 일례로 흉노와 고구려 그리고 부여에서도 나타났다. 이 제도는 형이 죽으면 재산을 형수가 물려받게 되고, 형수가 혈족이 아닌 다른 사람과 혼인하게 되면 원래 혈족의 것이었던 재산이 혈족의 바깥으로 유출하게 됨을 염려하여 나타난 제도이다. 또한 형수에게 상속권이 없을 경우에는 형수에게 생활능력이 없게 되므로 그 형수를 혈족이 부양해 준다는 의미도 있게 된다(위키백과).

〈그림 3〉 만주의 종족과 국가

지 역	종족과 국가
서 부	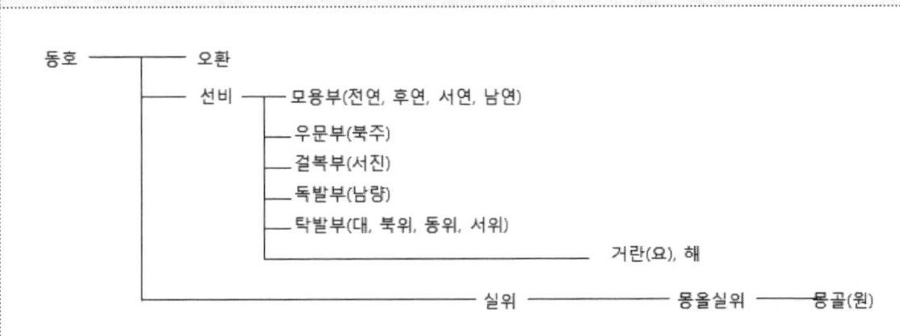
중 부	고조선 ······· 부여 – 고구려 – 발해
동 부	숙신 – 읍루 – 물길 – 말갈(발해) – 여진(금) – 만주(청)

자료: 송기호, 2007: 211.

2012b, 112쪽). 한편 고구려(高句麗)(B.C. 37년~668년)는 현재의 만주와 한반도 북부를 약 700여 년 동안 지배했던 국가이다. 장수왕 이후 정식 국호를 고려(高麗)로 변경했으나, 왕건이 건국한 고려(高麗)와 혼동되기 때문에 후대 사람들이 쉽게 구분할 수 있도록 고구려로 지칭되고 있다(위키백과).

90) 임형백, 위의 책(2012b), 112쪽.

91) Herbert Franke, *Chinese Texts on the Jürchen, in Tractata Altaica* (Wiesbaden: Franz Steiner, 1976), pp. 130~131.

『삼국지』 '동이전' 고구려조에 보면, "고구려의 또 한 이름은 맥이다"라는 기록이 있다.92) 한국에서 발달한 최초의 순수한 원주민 국가인 고구려는, 원래 만주 중부의 퉁구스계 부여夫餘, Fu-yü족에서 갈라져 나온 다섯 부족93)으로 구성되었다.94)

고구려에는 고구려 왕을 중심으로 하는 독자적인 질서 구조가 실재했다. 광개토왕비 여기저기에서 보이는 '조공'이라는 말은 바로 그것을 상징한다. 조공이란 원래 천하의 중심에 군림하는 중국 황제만이 사용할 수 있는 말이다. 그와 같은 용어를 고구려 왕이 사용했다면 고구려 왕은 주관적으로는 자신이 천하의 중심이라는 의식을 가지고 있었다는 것이 될 것이다.95) 고구려의 독자적인 질서세계가 실재했음을 뒷받침하듯이, 1979년에 발견된 '고구려 중원비'(5세기)에는 고구려가 신라를 '동이東夷'라 불러 이러한 개념으로써 신라를 자기의 정치 질서에 자리 매김했음이 판명되었다.96) 여진족과 달리 고구려인은 절대 중국화되는 것을 시도하지 않았다.97)

---

92) 김병모, 앞의 책(1985), 79쪽.

93) 5부족은 소노부(消奴部), 계루부(桂婁部), 절노부(絶奴部), 관노부(灌奴部), 순노부(順奴部)이다. 처음에는 5부족 중 가장 우세한 소노부에서 왕위를 계승하였으나 6대 태조왕(太祖王) 때부터 계루부의 고씨(高氏)가 왕위를 이었으며, 절노부는 왕실과의 혼인을 통하여 왕비족으로 고정화되었다. 고국천왕(故國川王)은 왕위의 형제상속제를 부자(父子) 상속제로 바꾸었으며, 5부족제도를 5부의 행정구역으로 개편하였다.

한편 소노부는 『삼국지(三國志)』 위지 동이전 고구려조에는 연노부(涓奴部)로 표기되어 있고, 『삼국사기』 고구려본기에는 비류부(沸流部)로 나타나 있다. 고구려의 발상지인 압록강 중류지역 일대의 토착세력으로서, 주몽(朱蒙)집단의 계루부(桂婁部)에서 고구려의 국왕이 나오기 전까지는 소노부가 연맹체의 주도권을 장악하고 고구려왕의 지위를 차지하고 있었다. 소노부에서 계루부로 고구려의 왕위가 교체되는 시기는 대체로 태조왕(太祖王) 때로 짐작된다. 『삼국사기』 고구려본기에 2대 유리왕(琉璃王)부터 5대 모본왕(慕本王)까지 왕의 성씨를 '해씨(解氏)'로 기록하고 있어, 이들을 소노부의 왕으로 보는 견해도 있다(daum 백과사전).

고구려(高句麗, B.C. 37년~668년)는 현재의 만주와 한반도 북부를 약 700여 년 동안 지배했던 국가이다. 장수왕 이후 정식 국호를 고려(高麗)로 변경했으나, 918년에 왕건이 건국한 고려(高麗)와 혼동되기 때문에 후대 사람들이 쉽게 구분할 수 있도록 고구려로 지칭되고 있다(위키백과).

94) Fairbank, J. K., Reischauer, E. O. and A. M. Craig, *East Asia: Tradition & Transformation* (Massachusetts: Harvard University, 1990).

95) 이성시, 『만들어진 고대: 근대 국민 국가의 동아시아 이야기』, 박경희 역, 삼인, 2001, 67쪽.

96) 이기백, 「중원고구려비의 몇 가지 문제점」, 『한국문화』 제1권, 1979, 33~39쪽.

독자적인 천문관天文觀을 가지고 있었던 고구려는 영토를 확장하면서 거란, 말갈족[98] 등을 영토 내에 포함하였으며, 수나라와 당나라와의 전쟁에 참여한 고구려군은 고구려인뿐만 아니라 말갈족도 포함하고 있었다. 고구려는 지리적 특성상 북방계유목민과 접촉이 많았을 뿐만 아니라, 이들을 피지배층으로써 적극적으로 활용하기도 하였다. 다민족 국가였던 고구려에서는 고구려인과 다른 피지배 종족간의 교류, 동화, 융화가 이루어졌다.[99] 한편 고구려인들은 돌을 쌓아 만드는 적석총무덤 문화를 가지고 있는 반면 한반도 주민들은 고인돌무덤 문화를 가지고 있었다.[100]

---

97) Johannes Reckel, "KOREA and Manchuria: The Historical Links Between Korea and the Ancestors of the Modem Manchus, 1901~1906", *(KOREA Chronology 76, 2001)*, pp. 1~12.

98) 말갈족은 한반도 동북부 및 만주 일대에 거주하던 퉁구스계 고대 종족이다. Tungus족은 동부 시베리아, 중국 등지에 분포하는 몽골계 종족이다. 말갈이라는 명칭은 중국 역사서에 563년에 처음 등장하며, 숙신(肅愼), 식신(息愼), 읍루(挹婁), 물길(勿吉), 여진은 모두 말갈과 같은 계통의 종족에 대한 이칭으로 추정된다. 말갈은 특정 시기의 만주지역의 거주 종족을 일괄하는 명칭으로, 혈통적으로 단일하지는 않다. 중국의 수·당시대에는 수십 개의 부족 가운데 7개의 부족이 강성하였고, 7개 부족 아래에 각각의 추장이 다스리는 수십 개의 부락이 있었으며 각 부의 인구는 대략 3만명 전후였다.

말갈은 고구려가 강성해지면서 오늘날의 헤이룽 강[黑龍江]과 쑹화 강[松花江] 일대를 근거로 하여 세력을 떨치던 흑수부(黑水部)를 제외한 백똘부(伯咄)·불열부(拂涅)·호실부(號室)·안거골부(安車骨)·속말부(粟末)·백산부(白山) 등의 6부는 고구려에 동화되거나, 직접 지배를 받거나 또는 지배권에 들어갔다. 그러나 발해 멸망 이후에는 고구려·발해의 영향을 받지 않고 독자의 세력을 유지했던 흑수부를 포함한 모든 말갈족이 거란의 지배 아래 들어갔다. 이들의 후신이 고려와 요(遼)의 변경을 침입하면서 그 문화적 영향을 받다가 뒤에 금(金)을 세우고 만주와 북중국을 지배한 여진(女眞)이다. 여진족도 다시 고려와 송의 영향을 받아 농경화된 갈래를 숙여진(熟女眞), 수렵 위주의 전통적 생활방식을 유지하던 부족을 생여진(生女眞)이라 불렀다. 금을 세운 주체세력은 생여진이었다. 그 뒤 이들은 중국 최후의 왕조인 청(淸)을 세운 만주족의 원류가 되었다.

99) 임형백, 앞의 책(2010a), 31쪽.

100) 장혜영, 앞의 책, 181쪽.

9. 고려의 다문화적 요소

9.1. 고려의 귀화 정책

고려시대에 귀화(고려시대에는 귀화를 '투화投化'나 '내투來投'라 불렀음)가 가장 성행하였는데, 이는 고려가 적극적인 귀화인수용책을 편 결과다. 고려는 '내자불거來者不拒', 즉 '오는 자는 거절하지 않는다'는 원칙을 견지했는데, 궁극적 목적은 인재, 군사 등 인력 확보에 있었다. 고려는 튼튼한 국력과 문화적 자신감을 바탕으로 귀화인에게 포용과 우대의 선정을 베풀었다.

특히 건국 초기에는 문신들이 절대적으로 부족해 조정에서는 중국계 지식인들을 적극 유치해 기용했다. 그 대표적 일례가 956년 중국 후주後周의 쌍기雙冀다. 그는 일찍이 과거에 급제해 지방과 중앙의 관청에서 봉직하면서 후주의 개혁에도 참여한 경험이 있는 인물이다. 광종은 그의 건의에 따라 사상 처음 과거제도를 도입했으며, 그를 연거푸 세 번이나 과거제도를 총관하는 지공거知貢擧에 임명했다. 물론, 고려 전기에 유수의 귀화인들을 관직에 등용했지만, 그것은 어디까지나 수요에 의한 선발이었고, 사대주의적인 남용은 아니었다. 고려는 고려에 필요한 우수한 인력을 중심으로 받아들이는 선택적 포용과 배제를 추구하였다. 사실상 쌍기 같은 몇몇 사람을 제외하고는 처음부터 5품 이상의 품계나 고위관직에 기용한 예는 없다. 대부분 봉공奉公과 엄선을 거쳐 승진했으며, 명사를 기록한 『고려사』 열전에도 귀화인은 10명이 올라있는 정도다.

이들은 외교·외국어·문물전래 등 활약했다. 고려 초기 약 100년 동안 출세를 위해 찾아온 중국인들과 유민, 포로 신분으로 온 발해인과 여진족,[101] 거란족을 포함해 귀화인은 약 17만 명에 달했다. 원제국

101) 숙신, 읍루, 물길, 말갈의 이름으로 불리다가, 발해멸망 이후 여진으로 불리었다. 금(1115~1234)을 건국하였으나 몽골에게 멸망하였다. 1616년 누르하치가 후금(後金)을 건국하고 만주족으로 명칭을 변경하였고, 후금은 1636년 청으로 나라이름을 바꾸었다.

간섭기를 전후한 후기에는 주로 파견이나 결혼, 포로처럼 자기 의사와 상관없이 들어와 살다 귀화한 경우가 대부분인데, 중국인의 귀화 기록은 3회밖에 없다. 일본인 귀화는 전기 3회, 후기 19회의 사례가 있는데, 후기의 경우는 모두 포로로 잡혀온 왜구들이다. 원나라의 영향으로, 색목인色目人이라 불리던 아랍인들도 귀화하였다.[102)]

이러한 귀화인들로 인하여 고려는 다문화적이면서도 역동적인 사회가 되었다. 외국사정에 밝아 외교사절에 기용되는 경우가 많았고, 외교문서 작성이나 외국어 교육에도 종사했다. 고종 때 귀화한 동여진인 주한에 의해 여진문자를 가르치는 이른바 '소자지학小字之學'이 생겨났고, 귀화한 거란포로 수만 명 중에는 뛰어난 의관제작자와 토목 기술자들이 1할이나 되어, 그들이 제작된 의상과 기물은 전래의 질박함을 잃을 정도로 화려하고 정교했다고 전해진다. 오늘날까지도 말총으로 의관을 만드는 기술은 유목민 출신의 이들 거란 귀화인들이 남긴 유산이다. 의약과 악무 발전에 기여한 귀화인들도 다수 있었다.

고려는 건국 초부터 북진정책과 북방개척에 필요한 국방인력을 확충하기 위해 발해[103)]유민과 여진계 귀화인들을 받아들이고, 외교나 문반에 필요한 지식인들을 유치했다. 특히 후기에는 대몽전쟁으로 인구부족(『송사』 '고려전'에는 당시 인구를 230만 명으로 추산함)이 심화되자, 외국에 잡혀갔거나 외국으로 흘러간 유민들을 데려오는 이른바 '추쇄

102) 색목인은 위구르, 탕구트, 사라센 등 서방계인을 지칭하는 호칭이다. 몽골은 중국인을 신분제도의 최하위에 놓은 반면, 색목인은 몽골인 다음 신분을 부여하여 중국인을 견제하였다. 위구르족을 중국인들은 회흘(回鶻)로도 불렀는데 이들이 이슬람교로 개종하여, 오늘날 이슬람교를 회교라고 부르게 되었다.

103) 발해의 첫 번째 수도 가까이 육천산(六天山)에 있는 초기 왕실 묘소의 무덤은 비록 고구려 왕들의 규모보다 훨씬 작지만 고구려 무덤의 건축양식을 보여준다. 특히 둥근 지붕모양의 구조에 잘 나타난다. 비록 우리는 발해의 지배家(系)의 기원이 인종적으로 고구려인지 혹은 말갈인지 확실히 말할 수 없지만, 고구려의 문화는 말갈 문화보다 월등히 우수한 문화였었다. 요컨대, 고구려의 문화는 동북아시아 지역의 우수한 문화, 지배자와 왕의 문화였다. 발해에는 발해를 이끄는 두 가문이 있었는데, 大氏가문과 高氏가문이었다. 高씨는 고구려 왕조의 성이고, 大씨는 고구려로부터 모방된 발해 왕조의 성이다. 高씨와 大씨는 중국에서는 거의 찾아 볼 수 없다(Johannes Reckel, "KOREA and Manchuria: The Historical Links Between Korea and the Ancestors of the Modem Manchus, 1901~1906", *KOREA Chronology* 76, 2001).

推刷'정책을 실시했다. 이러한 유민들과 함께 귀화인에 대해서는 반드시 호적에 편입시키고, 성을 하사했다. 성을 하사할 때는 관직을 제수하고 작위를 주며 식읍을 함께 내리기도 했다.

그러면서 고려는 귀화인들을 안착시키기 위한 일련의 사회적 시책도 강구했다. 우선 일괄적으로 주택과 전답, 미곡과 의복, 기물과 가축 등을 나누어주었다. 고려 말엽에 와서는 토지제도 문란으로 토지가 부족해지자 투화전投化田이란 명목으로 전답 사여를 제한했다. 투화전은 생전에 경작하되 죽으면 국가에 반납하며, 관직을 맡거나 다른 전답을 소유할 경우는 가질 수 없게 규제했다. 그밖에 일반 귀화인들은 안전을 고려해 대체로 국경지대에서 멀리 떨어진 곳에 정착시켰으며, 범법자인 경우도 '남계수로南界水路', 즉 남방의 도서지대에 유배시키도록 하는 등 귀화인에 대해서는 배려와 함께 주도면밀한 관리조치를 취했다.

한국에는 다수의 귀화성이 있다. 일반적으로 귀화란 외국인이 국내에 들어와 영주하면서 내국인으로 동화되는 것을 말한다. 귀화는 문명교류의 역사적 배경이 되는 동시에 그 양상이기도 하다. 일종의 인적 교류인 귀화를 통해 이질적인 문명이 전파되고 수용되기 때문이다. 어느 나라 역사에도 정도나 형태 차이는 있어도, 귀화가 배제된 일은 거의 없으며, 그 양상은 나라의 개방성이나 국력과 크게 연관된다. 또 그 당시는 지금과 달리 인구가 국력과도 직접 연결되었기 때문이다.

예를 들면, 화산花山 이씨는 고려 고종 13년(1226년)에 망명하여 왔다. 화산 이씨 시조인 이용상李龍祥은 베트남 첫 독립국가인 리 왕조(1009~1226)의 9대 왕 혜종의 숙부이자 왕자 신분의 군 총수였다. 그는 한 척신의 권모술수로 왕이 폐출되고 왕족이 몰살당하는 난국에서 구사일생으로 탈출한 뒤, 3,600여km나 떨어진 서해안 옹진반도의 화산(지금은 북한땅)에 당도했다. 몽골군이 침입하자, 이 베트남 왕자는 섬사람들과 힘을 모아 몽골군을 물리쳤고, 이 사실이 고려 조정에 알려지자 고종은 행위를 가상히 여겨 이용상에게 화산 일대를 식읍으로 내리고 본관을 화산으로 하는 이씨 성을 하사했다. 그래서 이용상은 화산 이씨의 시조가 되었다. 지금도 화산 인근에는 이용상의 행적을 전해주는 유적이 남아 있다.

정선 이씨도 베트남인 이양혼을 시조로 한다. 이양혼의 6대 손이, 무신의 난을 일으켜 고려 명종 때(1170~1197) 14년간 철권을 휘두른 이의민이다.

1219년(고종 6년)에는 고려·몽골·동진東眞의 연합군이 강동성江東城에 웅거한 거란 유민을 토벌하였다. 이후 몽골은 거란인 포로 700여 명을 고려로 보냈고, 고려는 거란인 포로들을 각 도의 주현州縣으로 보내 사람이 살지 않던 땅에 모여 살게 하였는데, 이를 거란장契丹場이라 한다. 이들 거란인 포로들은 모여 농사를 지으며 살았고, 이후 한민족에 동화되어 사라졌다.

우리는 우리 한민족이 '단일민족'이라고 믿는다. 그러나 성씨 가운에 절반 가까이가 외래 귀화성이라는 사실을 감안할 때, 결코 그렇지만은 않다. 혈통을 따질 때, 우리들 속에서 순혈과 혼혈의 비중이 어느 정도인지는 밝혀진 바가 없으나, 분명한 것은 귀화에 의한 혼혈이 만만찮은 비중이라는 점이다.

9.2. 족보의 등장

가락국기에는 백성들의 성씨 언급이 전혀 없다. 삼국시대의 성은 왕과 특권층에만 주어졌던 신분의 표시였다. 조선시대에는 성이 보편화되었지만, 상인常人에게는 성이 없는 일이 많았다.[104]

현재 전하고 있는 16~17세기의 호적에서 확인되는 사실이지만, 그 당시에는 성씨를 사용하지 못한 노비들이 전체 인구 가운데 30~40%로 추산된다. 그러나 현재 한국에서 가야의 김수로왕을 시조로 하는 김씨, 신라의 박혁거세를 시조로 하는 박씨, 조선의 이성계를 시조로 하는 이씨만 합하여도 인구의 40~50%에 이른다. 참고로 현대 서부

104) 김정현, 앞의 책, 38, 64쪽.

〈표 2〉 한국의 귀화성

출신국	귀화성씨
중국	두릉두씨(杜陵杜氏), 강릉유씨(江陵劉氏), 평해황씨(平海黃氏), 제안(齊安)황씨, 연안이씨(延安李氏), 함양여씨(咸陽呂氏), 결성장씨(結城張氏), 광주안씨(廣州安氏), 안강소씨(安康邵氏), 함양오씨(咸陽吳氏), 진주강씨(晉州姜氏), 晉州東方氏(진주동방씨), 거창장씨(居昌章氏), 풍천임씨(豊川任氏), 신안주씨(新安朱氏), 달성하씨(達城夏氏), 아산호씨(牙山胡氏), 공촌엽씨(公村葉氏), 해주오씨(海州吳氏), 제주좌씨(濟州左氏), 평양조씨(平壤趙氏), 임천조씨(林川趙氏), 배천조씨(白川趙氏), 함안조(趙)씨(당나라), 밀양당씨(密陽唐氏), 태안고씨(泰安賈氏), 수안계씨(遂安桂氏), 광천동씨(廣川董氏), 성주초씨(星州楚氏), 김해해씨(金海海氏), 성주시씨(星州施氏), 임구풍씨(臨眴馮氏), 용강팽씨(龍岡彭氏), 수원백씨(水原白氏), 문경전씨(聞慶錢氏), 청주갈씨(淸州葛氏), 남양제갈씨(南陽諸葛氏), 남양홍씨(南陽洪氏)*, 강화만씨(江華萬氏), 나주정씨(羅州丁氏), 용궁곡씨(龍宮曲氏), 통천태씨(通川太氏), 영산신씨(靈山辛氏), 현풍곽씨(玄風郭氏), 광주노씨(光州盧氏), 회양후씨(淮陽后氏), 휘주요씨(徽州姚氏), 충주매씨(忠州梅氏), 서산정씨(瑞山鄭氏), 진주사씨(晉州謝氏), 연안송씨(延安宋氏), 안산여씨(安山汝氏), 합천마씨(陜川麻氏), 풍덕포씨(豊德包氏), 창원공씨(昌原孔氏), 상주주씨(尙州周氏), 양주낭씨(楊州浪氏), 복산연씨(福山連氏), 태원이씨(太原伊氏), 함열남궁씨(咸悅南宮氏), 고성이씨(固城李氏), 요동묵씨(遼東墨氏), 거창신씨(居昌愼氏), 아산장씨(牙山蔣氏), 압해정씨(押海丁氏)(당나라), 한산정씨(韓山程氏), 충주지씨(忠州池氏), 흥덕진씨(興德陳氏), 수령위씨(遂寧魏氏), 면천복씨(沔川卜氏), 원주변씨(原州邊氏), 온양방씨(溫陽方氏), 상주방씨(尙州方氏), 영양남씨(英陽南氏), 진주소씨(晉州蘇氏), 보성선씨(寶城宣氏), 청주양씨(淸州楊氏), 제주원씨(濟州元氏), 곡산연씨(谷山延氏), 안음서문씨(安陰西門氏), 효령사공씨(孝令司空氏)
위구르	경주설(卨)씨
베트남	화산이씨, 정선이씨
아라비아	덕수장씨
몽골	연안인(印)씨, 대구빈씨(大邱彬氏), 태원(太原)안씨**, 대원(大元)양(梁)씨***, 대원(大元)조(趙)씨****
여진	청해이씨
일본	우록(友鹿)김씨*****

주: 1) 남양 홍씨는 남양에 존재하던 홍씨와 통일신라시대에 중국에서 귀화한 홍씨가 있어, 이를 토홍(土洪)과 당홍(唐洪)이라 불러 구분하기도 한다.
2) **중국 산서성 태원에서 건너온 원나라 사람의 후손이라 한다.
3) ***중국 운남성에서 건너온 원(元)나라 사람의 후손이라 한다.
4) ****다른 조씨의 본관으로 바꾸어 현재에는 대원조씨는 없다.
5) *****우록 김씨는 후에 김해 김씨로 바꾸었다.

유럽에는 귀족의 후손이 전체 인구의 3% 미만이다.[105] 족보의 허구성에 대한 좋은 예로는 『新羅三姓淵源譜』를 들 수 있다.[106]

어쨌든 족보가 발달한 한국의 경우, 275개(1985년 통계) 성씨가 있는데, 그중 귀화성씨歸化姓氏가 무려 136개이며, 현재 한국인구의 약 20%에

105) 백승종, 「위조 족보의 유행」, 『한국사 시민강좌』 제24권, 1999, 67~85쪽.

106) 김정현, 앞의 책, 85쪽.

해당하는 것으로 추측된다. 시대별로 보면, 신라시대에 40여 개, 고려시대에 60여 개, 조선시대에 30여 개인데, 그 가운데 절대다수인 약 130개가 중국계 귀화성이라고 한다.

우리나라의 족보는 고려시대 왕실계통을 기록한 왕대종록王代宗錄이 그 시작이다. 고려 말엽에 해주 신광사海州 神光寺에 보판 판각이 보관되었다는 연안 차씨 족보延安 車氏 族譜가 가장 오래된 족보이며 우리나라 족보의 효시이다.107)

따라서, 족보를 절대적인 것으로 믿고 혈연만을 강조하면서 배타성을 갖는다는 것은 어리석은 일이다. 오히려 족보가 가지는 의미는, 후손들에게 자긍심을 부여하고 유대감을 강화하는 데 있다.

10. 조선의 다문화적 요소

조선시대에 들어서도 귀화인 우대 정책은 일관되게 유지되었는데, 이는 여진족에 대한 포용과 격려, 결혼 정책, 강제 이주, 인질책 등으로 주로 북방 경계를 지켜내기 위한 목적으로 이루어졌다. 귀화인들을 통해 북방의 정보를 얻고 여진과 적당한 교섭, 통상을 계속했으며 유사시에 적절히 대응할 수 있는 방비책으로 귀화인들을 이용하기도 했다. 여진족 이지란은 이성계의 조선의 건국을 도운 공로로 사성賜姓하여, 청해 이씨의 시조가 되었다.

조선시대에는 귀화인들이 유난히 많았다. 조선 15대 광해군 때에 이르면 귀화인들이 조선의 어디든 살지 않는 곳이 없을 정도로 많아졌다는 기록이 있다. 고려시대는 여진족의 귀화를 허용하지 않았지만, 조선은 여진족의 귀화를 허용하였고, 여진족에게는 대부분 김씨성이 하사되었다.108)

107) 한우근·이태진, 『한국문화사』, 일지사, 1993.

108) 김정현, 앞의 책, 184~185쪽.

Savage Landor는 1895년 저술한 『고요한 아침의 나라 조선』에서 조선을 다민족의 혼혈사회로 묘사하고 있다.[109] 그런데도 우리가 굳이 '단일민족'이라고 믿는 것은 오히려 포용성과 융합성이 남달리 강한 한韓민족의 '용광로' 속에서 귀화인들을 '용해'시켜 생활문화나 가치관에서는 동질성이 확보되었기 때문일 것이다.

11. 선택적 포용과 배제를 통한 통일된 정체성의 형성

이미 7세기에 이르면 한국은 지리적 범주나 인종, 언어 및 기초적 문화에 있어서 오늘날의 한국과 본질적으로 동일한 나라가 되었으며, 그 후 한국인들을 줄곧 정치적 연속성에 대한 강렬한 감각을 갖고 있었다. 전 세계의 현존하는 나라들 가운데서, 통일된 정치적 실체로서 한국보다 분명하게 긴 역사를 가진 나라는 중국밖에 없다. 한국인들은 보통 중국의 종주권을 인정하였고 정치·사회적 제도의 모형을 중국의 그것에서 찾았으나, 독립적인 자아에 대한 뚜렷한 의식을 잃은 적은 한 번도 없었다.[110]

다양성이 증가할수록 사회통합은 약화된다. 따라서 단일성만을 고집하는 것도 문제이지만, 다양성이 증가할수록 좋은 것도 아니다. 우리는 역사적으로 수많은 새로운 요소들을 받아들였다. 하지만 오늘날 이로 인한 사회적 대립과 갈등은 없다고 하여도 과언이 아니다. 이는 한민족이 배타적 고립이나 차별적 편견을 하기보다는 선택적 포용과 배제를 통하여 한민족이라는 통일된 정체성을 형성하였다. 이는 물리적 결합이 아닌 화학적 결합을 이루어냈기 때문에 가능한 것이었다.

109) 새비지 랜도어(A. H. Savage Landor), 『고요한 아침의 나라』, 신복룡·장우영 공역, 집문당, 1999.

110) Fairbank, J. K., Reischauer, E. O. and A. M. Craig, *East Asia: Tradition & Transformation*(Massachusetts: Harvard University, 1990).

12. 배타적 고립의 폐해

문명화된 세계로서의 중국의 이상형은 통일된 '하나'의 중국이다. 고문헌은, 하夏왕조[111](B.C. 2000~1600년경), 상商왕조[112](B.C. 1600~1050년경), 주周왕조(B.C. 1050~221년경)를 언급하면서, 그 주변국에 대해서는 전혀 전하는 바가 없다. 그 기록에 따르를 때, 이 세 왕조는 중국의 선사시대 말기와 문명시대 초기를 나타낸다. 결국 전승 사료에 따르면, 청동기 시대는 문명세계의 요람이라는 황하 유역에 자리 잡은 이 세 왕조로 요약된다. 1928년 이후 수차례에 걸쳐 진행된 허난성 안양현安陽懸[113]의 발굴작업은 이들 세 왕조의 중심에 있던 안양현이 문명의 근원지라는 이상적인 시각을 더욱 확신시켜 주었다.[114]

한때는 이 세 왕조가 전 왕조를 계승한 것으로 여겨졌으나, 현재는 이 세 왕조가 시기와 영토에 있어서 서로 중복(overlapped both in time and in territory)되는 것으로 이해되고 있다.[115] 처음 중원의 패권을 차

---

111) 하왕조는 아직도 신화 속 국가라 여겨진다(코린 드벤-프랑포르(Corinne Debaine-Francfort), 2000, 『고대 중국의 재발견』, 김주경 역, 시공사, 2000, 53쪽). 중국의 역사왜곡은 이 하왕조 이전까지를 실재역사로 만들고, 여기에서 오늘날의 중국인뿐만 아니라 북방유목민이 모두 갈라져 나왔다고 왜곡함으로써, 오늘날 중국영토내의 소수민족도 모두 동일한 조상을 가진 중국인(중화민족)이라고 왜곡하려는 것이다. 그리고 그 일환인 동북공정을 위한 기초연구로써 고구려사를 왜곡하는 것이지 고구려사 왜곡이 궁극적 지향점은 결코 아니다.

112) 역사적으로 실재했다고 여겨지는 중국 최초의 왕조이다. 주(周)를 비롯한 다른 나라에서는 은(殷)이라는 이름으로 불렀으므로 은이라는 이름으로 더 잘 알려져 있다. 스스로의 나라 이름을 칭할 때는 은나라를 세운 부족 이름인 상(商)이라는 이름을 더 많이 사용했기 때문에 학계에서는 '상'이라는 이름으로 통일해 부르고 있다. 19세기 말까지 전설상의 왕조로만 다루었으나 20세기 초에 은허가 발굴되고 고고학적 증거들이 나타나 실재하는 왕조였음이 인정되었다(위키백과사전).

113) 상나라는 실재가 증명된 가장 오래된 나라이고, 상나라의 갑골문자가 발견된 곳이 안양현이다. 따라서 한족은 여기서부터 자신들이 문명을 이룩해나가면서 주변의 (한족의 표현에 의하면) 야만족을 흡수하나갔다는 자부심이 강하다. 그런데 상나라가 한족이 아니라 동이족이었다는 주장과 적어도 다수의 동이족의 유입이 있었다는 주장이 제기되고 있다.

114) 코린 드벤-프랑포르(Corinne Debaine-Francfort), 2000, 『고대 중국의 재발견』, 김주경 역, 시공사, 2000, 53쪽.

115) J. A. G. Roberts, *A History of China (2nd ed.)* (New York: Palgrave Macmillan, 2006).

〈그림 4〉 중국의 소수민족

자료: 동아일보, 2011.06.01.

지한 것은 한족의 하夏나라(B.C. 2000~1600년경)였다. 하지만 동이족의 상商나라(B.C. 1600~1050년경)가 일어나 한족의 하나라와 격전을 벌인 끝에 550년 가까이 중원을 지배하였고, 한자의 출발이 된 갑골甲骨문자를 발명하였다. 이후 다시 한족의 주周나라(B.C. 1050~221년경)가 등장해 동이족의 상나라를 몰아내고 중원을 다시 차지하였다. 그 뒤에 중국의 역사는 인구의 다수를 차지하는 한족 중심으로 전개되었고 상나라는 철저하게 폄하되었다.116)

결국 한족의 전신인 화하족華夏族은 동일한 혈연 부락으로부터 기원하지 않았다. 화하족은 춘추 시대에 하족夏族·상족商族·주족周族의 세 부족 후예들이 서로 융합하는 과정에서 탄생한 하나의 혼혈 민족이다. 이들은 자신들을 '제하諸夏'라 칭하고 다른 부락이나 부락군部落群과 구별하였다.117) 이에 대하여 Guy Richard 등은 이처럼 한족으로 규정할 수 있는

116) 이형구·이기환, 『코리안루트를 찾아서』, 성안당, 2009, 221쪽.

117) 류제헌, 『중국역사지리』, 문학과지성사, 1999, 180쪽.

민족이 형성되기 시작한 것은 고작해야 B.C. 2000년 전반에, 황하 강 하류의 황토평야라는 아주 협소한 공간이라고 하였다. 또 이들은 여러 개의 민족 언어집단에 속하는 非균질적 그룹이라고 하였다.118)

그러나 중화사상中華思想, Sinocentrism은 중국인들에게 자긍심을 가져다주기도 하였으나, 폐쇄적이고 배타적인 사상이기도 하다. 이는 오늘날 중국의 맹목적이고 불합리한 애국주의chauvinism의 뿌리가 되었다. 이로 인하여, 오늘날 많은 아시아 국가들이 중국의 경제성장을 부러워하면서도, 중국이 이에 걸맞는 도덕성을 갖추었는지에는 의구심을 버리지 않으며, '중국위협론'에 대한 경계심을 늦추지 않고 있다.119)

중화中華는 세계의 중심인 우수한 나라를 의미한다. 중화사상에 따라 중국인들은 중국을 중심으로 놓고, 중국인 이외의 민족을 동이東夷, 서융西戎, 남만南蠻, 북적北狄으로 부르면서 멸시하였다.120) 이들 민족의 이름에는 벌레 충虫자나 개 견犭자를 집어넣어 명칭을 붙였다. 우리 민족의 근간을 이룬 종족의 하나인 맥貊은 원래 돼지와 비슷한 짐승의 이름이고, 예濊는 더럽다는 뜻을 지니고 있다. 원래의 발음을 표기하되 비루한 글자를 선택한 것이다. 연연蠕蠕이나 흉노匈奴, 선비鮮卑, 말갈靺鞨 등의 이름에도 격을 낮추는 뜻이 들어 있다.121)

또 세계문명론에서 '서구 중심 일원론'을 반대하면서도, 동아시아 문명에 대해서는 (이제는 폐기된) '황하 중심 일원론'을 주장하는 이율배반적인 태도를 취하였다. 이러한 편협한 애국주의는 세계사를 바라보

---

118) 가이 리차드 외(Guy Richard et al), 『인류의 이민 2만년사: 사람은 왜 옮겨 다니며 살았나』, 전혜정 역, 에디터, 2004. 한편 Legges는 중국에서는 고대의 성현과 이방인을 연결시키는 전통이 있었다고 하였다(J. Legge, *The Chinese Classics, Vol. 3: The Shoo King or the Book of Historical Documents (2nd ed.),* (Oxford: Clarendon, 1985, rpt. Hong Kong: Hong Kong University Press, 1960a), p. 301. J. Legge, *The Chinese Classics, Vol. 5: The Ch'un Ts'ew with the Tso Chuen* (London: Tübner, 1872; rpt. Hong Kong: Hong Kong University Press, 1960b), p. 819). 맹자도 순(舜)을 동이족이라고 하였고 문왕(文王)을 서이족으로 보았다. 그러나 동이족이 상(商)나라(=은(殷))를 건국한 것이라면, 이러한 기술은 기술상의 전통이 아니라, 사실일 수도 있게 된다.

119) 임형백, 앞의 책(2010a), 38쪽.

120) 임형백, 위의 책(2010a), 12쪽.

121) 송기호, 앞의 책, 177쪽.

는 균형잡힌 시각을 방해하고, 중국인들의 지적성장을 방해하고 있다. 그러다가 이제는 오히려 소수민족의 분리·독립이 두려워 소수민족의 역사도 중국의 역사에 포함시키는 역사왜곡을 하고 있다.

동북공정으로 우리에게도 알려진 중국의 이른바 '통일적 다민족 국가론[122]'이라는 허구의 논리가 바로 그것이다.[123] 기존의 세계 4대 문명 중 황하문명은 인더스 문명, 이집트 문명, 메소포타미아 문명 문명보다 뒤늦은 B.C. 2000년경에 발생했다. 그래서 중국은 이러한 열등감을 극복하기 위하여 다른 문명보다 더 앞선 시기의 문명을 찾으려고 노력했다. 그런데 中原이 아닌 중국이 변방이라 여겨온 요하에서 기존의 4대 문명보다 시기적으로 앞선 요하문명遼河文明, The Liao River Civilization이 발견되었고, 이 문명이 한족이 아닌 북방유목민의 것으로 밝혀지고 있다. 더구나 요하지역에서는 갑골문의 초기 형태가 발굴되었다. 또 우하량牛河梁 근처에서 발견된 100m의 거대한 적석총은 이집트의 계단식 피라미드보다도 시기적으로 앞선다. 한족이 오랑캐夷族라 부르며 멸시해온 소수민족이 한족보다 더 오래된 문명을 가지고 있고, 한자도 한족의 발명품이 아닌 소수민족의 발명품이라는 결론이 도출된다. 이제는 세계 4대 문명에 황하 문명만을 채택하지도 않는다. 중국은 요하문명이 현재는 중국의 소수민족이 된 북방유목민(내몽고, 만주족, 조선족 등)의 민족의식을 일깨우고 독립의 요구로 이어지는 것을 두려워하였고, '통일적다민족국가론'이라는 역사왜곡을 시작하였고 그 과정의 하나가 '동북공정'이다.[124] 우하량에서는 수장首長의 것으로 보이는 큰 적석총과 27개의 석관묘가 발굴되었다. 이 양식은 우리나라 청동기시대를 비롯해 고구려·백제의 적석총으로 이어진다.[125]

122) 이에 대한 자세한 내용은 우실하, 『동북공정 너머 요하문명론』, 소나무, 2007과 우실하, 「요하문화권 연구의 어제와 오늘」, 국제교과서연구소 편, 『고대 동북아 연구: 어제와 오늘』, 백산자료원, 2008, 13~40쪽을 참고 바람.

123) 임형백, 「유럽 다인종사회의 빛과 그림자: 영국, 프랑스, 독일의 경험과 갈등」, 『한국학중앙연구원 한민족공동체연구소/한민족학회 공동학술대회 자료집』, 2012c, 29쪽.

124) 임형백, 「중국의 패권주의와 對한반도 전략: 역사 분쟁, 영토 분쟁, 對북한투자의 함의」, 『한국정책연구』 제12권 제1호, 2012a, 164~165쪽.

125) 이형구·이기환, 앞의 책, 24쪽.

과거 고구려의 영토도 몽골의 영토도 오늘날 중국의 영토가 되었다. 그렇다고 과거의 고구려인이나 몽골인까지 중국인이라고 주장할 수는 없다. 역사도 마찬가지이다. 이는 지식인까지 정치에 동원된 환부역조換父易祖일 뿐이다.

13. 결론

물론 단일민족사회가 다문화사회보다 장점이 많다. 다양성이 증가할수록 좋은 것도 아니다. 다양성의 증가는 필연적으로 사회통합을 약화시키기 때문이다. 개방은 필연이지만 다양성은 필연이 아니다. 그렇다고 배타적 고립이 올바른 것도 아니다.

또, 많은 나라들이 우리와 경우가 비슷하지만, 다민족사회[126]를 방치한 나머지 전근대적 민족갈등을 빚고 있는 사정을 감안할 때, 우리는 겨레의 역사에 자부심을 느끼지 않을 수 없다. 역사적으로 한민족은 불교, 도교, 유교 등 새로운 것을 배척하기보다는 이를 주체적 구심력을 바탕으로 적극적으로 수용하였다. 또 이것은 주체적 구심력이 강할 때만이 인간을 포함한 외래의 문물을 순기능적으로 수용할 수 있다는 귀중한 역사적 경험을 가르쳐 주었다.[127]

민족은 분명히 인종과는 다르고, 민족주의의 가치마저 부정되어서는 안 된다. 그러나 한국인의 일반적인 관념과 달리 우리의 정체성 속

126) 김영명은 현재 한국에서 사용되는 다문화사회는 가치 중립적인 용어가 아니고 가치 편향적인 용어라고 주장한다. 즉 다민족사회에 비하여 긍정적인 느낌을 주기 때문에 다문화사회라는 용어를 사용한다는 주장이다. 나아가 한국에서는 '다문화사회'를 '다민족사회'로, '다문화정책'을 '외국인정책'으로 용어를 변경하는 것이 타당하다고 주장하였다(김영명, 「다문화 담론의 문제점」, 『제17회 한글문화토론회 자료집』, 2012a, 3~21쪽; 김영명, 「다문화 담론 및 정책의 문제점과 개선 방향」, 『한국학중앙연구원 한민족공동체연구소/한민족학회 공동학술대회 자료집』, 2012b, 1~12쪽).

127) 임형백, 앞의 책(2010a), 38쪽. 단군신화에서 가장 중요시되는 것은 '한국인은 모두 같은 단군의 자손'이라는 사실이다. 그러나 (일본의 단군격인 天照大神이지만) 일본인은 천황가의 사람 이외에는 아무도 자기가 천조대신의 후손이라고 하는 사람이 없다. 일본의 고문서를 보면 일본은 정복자들이 원주민을 무자비하게 전원학살(genocide)했다(김용운, 앞의 책, 60, 79쪽).

에는 다양한 다문화적 요소가 포함되어 있고, 현실적으로 한국인의 순혈주의pure-blood doctrine와 단일민족의 신화는 변화하고 있다. 우리의 자긍심은 우리의 단일민족이라는 믿음보다는 우리가 역사 속에서 지금까지 이루어 온 자랑스러운 유산에 있다.

최근에 들어 마치 다양성이 증가할수록 좋은 것처럼 여기고, 무분별하게 문호를 개방하는 것은 위험하다.[128] 이것은 정체성을 상실한 21세기의 새로운 사대주의이다. 그러나 이제는 '민족'과 '민족주의'의 존재가치를 인정하면서, 동시에 우리 민족 속에 다른 인종의 동화와 하위문화의 존재를 인정하는 현실적인 접근을 고려하여야 할 때이다. '차별'과 '차이'의 차이점을 인식하고, '배척'보다는 차별적인 '포용'과 선택을 통한, 현실에 기초한 새로운 정체성의 창조가 필요하다. 이질적인 것에 대한 무조건적인 기피는 두려움에서 나오지만, 주체적인 수용은 자신감에서 나온다. 다양성의 증가라는 물리적 결합이 아닌, 새로운 정체성의 창조라는 화학적 결합이 필요하다.

128) 오늘날 유럽에 거주하는 외국인의 약 75%가 영국, 프랑스, 독일, 스페인, 이탈리아의 5개국에 거주한다. 그리고 이들 국가는 '선택과 배제'를 통한 사회통합정책을 추구한다. 특히 영국, 프랑스, 독일의 사회통합정책은 '다문화주의 모형'보다는 '동화모형'이나 '차별적 배제/포섭 모형'에 가깝다. 그럼에도 한국에는 이들 국가가 '다문화주의 모형'을 추구하는 것처럼 잘못 이해되고 있다. 이는 서유럽 국가에서 극우주의자들이 이민에 대하여 강력하게 저항한 이유로, 다문화주의가 관용의 상징으로 인식되는 경향이 있기 때문이다(임형백, 앞의 책(2012c), 13~34쪽).

통일신라시대 梵鐘에 표현된 天人像 연구

崔宣一

1. 머리말

불교에서 天人은 天界에 거주하는 인간有情을 통칭하는 명칭이다.[1] 이들은 불교미술에서 불·보살을 莊嚴하기 위하여 악기를 연주하거나 持物을 공양하는 모습으로 표현되고 있다. 불교미술이 발생한 인도에서는 천인상이 불·보살의 상단 좌우에서 등에 날개가 달려 있거나 양어깨에 천의를 두르고 비행하는 형태로 표현되었다.[2] 이러한 천인상은 불교의 東傳과 더불어 중앙아시아와 중국을 거쳐 형태가 변화·발전하였다. 특히, 중국의 돈황이나 운강석굴 등에 표현된 천인상은 천정과 벽면 상단에 불·보살을 향하여 奏樂이나 供養하며 날아다니는 모습을 하고 있다. 불교가 전래된 초기 중국의 석굴에서는 천인상이 仙人思想과 결합되어 有翼獸를 탄 仙人像이 나타나거나 천인의 밑에 구름을 삽입하여 날고 있는 자세를 강조한 경우도 나타난다.

---

* 문화재청 문화재감정위원

1) 『望月佛教大辭典』 四, 東京, 世界聖典刊行協會, 1935, 3815~3816쪽.

2) 와다나베 소슈(渡邊素舟), 『東洋文樣史』, 東京, 富山房, 1971, 323쪽.

우리나라에서 고구려 고분벽화에 천상에서 날고 있는 飛行像은 仙人像과 天人像으로 구분할 수 있다. 이 비행상은 중국과 마찬가지로 고분의 천정이나 벽면 상단에 그려져 천상세계에 거주하는 모습을 표현되었다. 통일신라시대에는 唐代 굽타양식을 바탕으로 성립된 불상 양식의 유행으로 중국이나 일본과 유사한 형태의 천인상이 제작되었다. 그러나 이 시기 천인상은 중국이나 일본의 불교미술품보다 독자적인 영역을 구축하여 단독 문양으로 표현되었다. 특히, 범종의 鐘身에는 天衣와 瓔珞을 휘날리면서 악기를 연주하거나 持物을 공양하는 천인상이 조각되었다. 이와 같은 천인상은 공중에서 날고 있는 자세를 취하여 飛天像이라 부르고 있다.[3] 그러나 飛天像은 하늘을 나는 天人을 造形한 것에 불과하여 佛敎經典에서 볼 수 있는 천인상으로 부르는 것이 바람직하다.[4]

동양 삼국의 불교미술에 표현된 천인상은 조형적인 아름다움으로 많은 연구자들이 관심을 가졌던 문양이다.[5] 우리나라에서도 통일신라시대 범종에 표현된 천인상의 형태와 유형을 분류한 논문까지 발표되었다.[6] 그럼에도 불구하고 불교미술사에서 천인상을 飛天像으로 부르면서 상위 계급인 菩薩像과 圖像的인 차이를 밝히지 못하여 유물에 표현된 尊像을 연구자마다 보살상이나 비천상으로 달리 보는 경우가 많다. 뿐만 아니라 통일신라시대 불교미술사에서 차지하는 천인상의 의미와 변천 과정을 밝히지 못하여 미적으로 아름답다는 정도의 논의밖에 하지 못하고 있다. 따라서 천인상의 연구는 통일신라시대 불교미술품의 제작시기와 변천과정을 밝힐 수 있는 단서로 활용할 수 있다.

---

3) 불교미술 등에 표현된 天人像이나 飛天에 관한 연구 성과는 나가히로 토시오(長廣敏雄), 『飛天の 藝術』, 東京, 朝日新聞社, 1949; 요시무라 레이(吉村怜), 『中國佛敎圖像·の研究』, 東京, 東方書店, 1983; 하야시 온(林溫), 『日本の美術 330: 飛天と神仙』, 東京, 至文堂, 1993을 참조할 만하다.

4) 요시무라 레이(吉村怜)는 飛天은 經典에서 볼 수 없는 명칭이라 天人으로 불러야 한다고 주장하였다(「南朝的天人の日本への傳播」, 『日本美術全集 2: 法隆寺から藥師寺』, 東京, 講談社, 1990.6, 171쪽).

5) 동북아 불교미술에 나타난 천인상은 『法隆寺金堂壁畵 飛天』, 奈良國立文化財研究所, 京都, 1988과 『敦煌飛天』, 中國旅行出版社, 北京, 1993 및 鄭汝中 外, 『中國飛天藝術』, 安徽美術出版社, 安徽, 2000 등을 참조할 만하다.

6) 文明大, 「新羅梵鐘 飛天像의 考察」, 『梵鐘』 10, 1987, 85~98쪽.

본 발표에서는 통일신라시대 천인상이 중국이나 일본과 달리 범종에 중심 文様으로 표현된 사실을 바탕으로 천인상의 자세와 형태 등을 살핀 후, 無紀年銘 범종의 천인상과 비교하여 범종의 제작시기를 검토하여 보겠다. 그리고 이러한 연구를 바탕으로 통일신라시대 불교조각, 공예, 석조미술 등에 표현된 천인상과 비교하여 유형 분류와 변천 과정 등을 알아보고자 한다.

2. 기년명 범종의 천인상

寺刹에서 사용하는 鐘은 法堂이나 鐘樓에 걸어놓고 소리를 내는 악기로, 불교를 의미하는 梵字를 붙여 梵鐘이라 부른다.[7] 범종의 사용 목적은 소리를 내어 지옥 중생을 구제한다는 象徵性과[8] 대중에게 시간을 알리거나 의식을 진행하는 實用性으로 나눌 수 있다.[9] 이 가운데 후자는 경덕왕 때 만들어진 假山인 萬佛山과[10] 중국 산동성에 있었던 신라사찰인 赤山院에서 의식을 진행한 기록을 통하여 확인할 수 있다.[11]

아직까지 우리나라에서 범종이 언제부터 사용되었는지 많은 연구가 진행되었음에도 불구하고 단정할 수 없다. 이는 현존하는 삼국시

---

7) 범종에 관해서는 쯔보이 료헤이(坪井良平), 『朝鮮鐘』, 東京, 角川書店, 1974; 염영하, 『韓國의 鐘』, 서울대학교출판부, 1991; 곽동해 글, 안장헌 사진, 『범종: 생명의 소리를 담는 장엄』, 한길아트, 2006, 22~80쪽; 成樂胄, 「'新羅鐘' 양식의 '용종기원성' 비판: '新羅鐘' 양식 확립에 대한 史的 고찰 (1)」, 『新羅史學報』 7, 2006.8, 125~172쪽과 「'新羅鐘' 양식의 기호학적 해석: '新羅鐘' 양식 확립에 대한 史的 고찰(2)」, 『新羅史學報』 9, 2007.4, 117~168쪽을 참조할 만하다.

8) 신종을 매달아 일승의 둥근소리를 깨지는 것이다(縣擧神鍾悟一乘之圓音, 聖德大王神鐘의 명문 일부).

9) 홍사준, 「奉德寺梵鍾考」, 『梵鐘』 1, 1978, 13쪽.

10) 아래에는 자금종(紫金鐘) 셋을 벌여 놓았는데, 모두 종각(鐘閣)이 있고 포뢰(蒲牢)가 있으며 고래 모양으로 종치는 방망이를 만들었다. 바람이 불어 종이 울면 돌아다니는 중들이 모두 엎드려 머리를 땅에 대고 절한다("…下列紫金鐘三簴 皆有閣有蒲牢鯨魚爲撞 有風而鐘鳴 則旋遶僧皆仆拜頭至地 隱隱有梵音 盖關捩在乎鐘也…"(『三國遺事』 권4, 四佛山 掘佛山 萬佛山條)).

11) 엔닌(圓仁), 신복룡 역, 『入唐求法巡禮行記』, 정신세계사, 1991, 119~122쪽.

대 범종이 남아 있지 않고, 문헌을 통해서도 구체적인 사용 시기를 밝힐 수 없기 때문이다. 그러나 『三國遺事』에 桃花女 鼻荊郎條와[12] 原宗興法 猒髑滅身條,[13] 부여 定林寺址五層石塔 塔身에 새겨진 기록을 통하여 삼국시대부터 범종이 사용되었음을 알 수 있다.[14]

현존하는 가장 오래된 통일신라시대 범종은 강원도 평창 상원사에 소장된 범종으로 상단에 龍鈕와 音筒 및 天板을, 鐘身에 上帶, 乳廓, 乳, 撞座, 天人像, 下帶를 구비하여 전형적인 韓國鐘으로 여겨지고 있다. 이러한 한국종의 형태와 세부 문양은 鐘身을 袈裟襷로 구획한 중국과 일본의 범종과 확연히 구별된다.[15]

〈표 1〉 통일신라 紀年銘 범종

조성연대	유물명	소장처	현상	비고
725년	上院寺梵鐘	平昌 上院寺	완품	
745년	无盡寺銘梵鐘	日本 國府八幡宮	망실	명칭유신 때 망실
771년	聖德大王神鐘	國立慶州博物館	완품	
804년	禪林院址梵鐘	國立中央博物館	파손	한국전쟁 때 파괴
833년	蓮池寺銘梵鐘	日本 常宮神社	완품	
904년	松山村大寺銘梵鐘	日本 宇佐神宮	완품	

2.1. 8세기 범종의 천인상

강원도 평창군 오대산 상원사에 소장된 범종은 천판 위에 음각된 "開元十三年乙丑三月"이라는 명문을 통하여 725년에 제작되었음을 알

12) "…鬼衆聞諸寺曉鍾各散…"(『三國遺事』 권1, 桃花女 鼻荊郎條).

13) "…寺寺鴈行竪法幢縣梵鍾…"(『三國遺事』 권3, 原宗興法 猒髑滅身條).

14) "…疏鍾夜鏗 淸梵晨通…"(洪思俊, 「新羅鐘形考」, 『李弘植回甲記念論叢 韓國私學論叢』, 韓國史學會, 1969, 636쪽).

15) 한국의 범종에 대한 연구서는 쯔보이 료헤이(坪井良平), 앞의 책, 1974; 염영하, 앞의 책, 1991이 대표적이다. 개별 범종에 대한 논문은 한국범종학회에서 발간한 『梵鐘』 1-10(1978~1987)을 참조할 만하다.

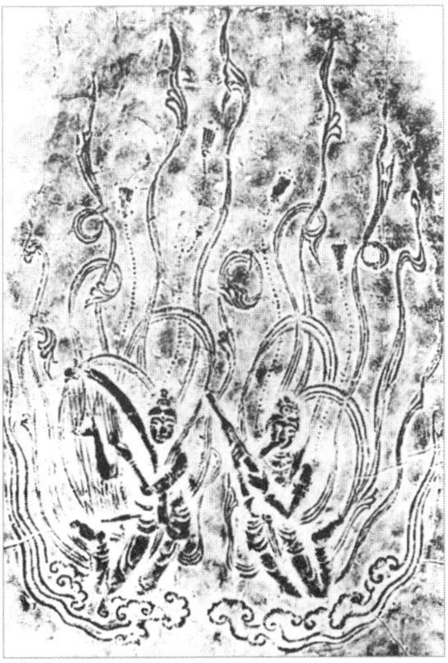

〈사진 1〉 주악천인상 탁본, 상원사범종 종신, 725년(『新羅의 神鐘』)

〈사진 2〉 주악천인상, 상원사범종 종신(『國寶』 5)

수 있다.[16] 천인상은 鐘身과 上·下帶에 다양한 자세로 악기를 연주하는데, 鐘身에 조각된 천인상은 전체 높이가 48.5cm로 하늘에서 내려오며 箜篌와 笙簧을 연주하고 있다〈사진 1〉. 천인상은 커다란 花冠을 쓰고, 타원형의 얼굴에 가늘게 뜬 눈, 뭉뚝한 코, 작은 입이 표현되었다. 자세는 상반신을 곧게 세우고, 무릎 이하를 허벅지 방향으로 붙인 飛行坐로 하늘에서 내려오고 있다. 생황을 부는 천인상은 벗은 상반신에 두 줄의 목걸이와 팔찌를 차고, 허리에서 치마를 끈으로 묶어 U자형의 옷주름이 늘어져 있다〈사진 2〉. 한 겹으로 접힌 천의는 머리 위와 등 뒤에서 커다란 圓弧를 형성하고 서로 교차하여 二重交叉圓弧를 이루고, 천의 사이에 술을 매단 두 가닥의 영락이 천의와 같은 방향으로 날린다. 범종의 상대와 유곽 및 하대에는 상하로 連珠帶, 花文, 如意頭文으로 각각 반원권을 두르고, 그 안쪽에 결가부좌한 자세로 악기를 연주하는

16) "開元十三年乙丑三月八日 鍾成記之 都合鍮三千三百鋌□□普衆 都唯乃孝□ 直歲都直 衆僧忠七沖安貞應 旦越有休大舍宅夫人 休道里德香舍上安舍 照南宅 匠仕□大舍"(秦弘燮 編, 『韓國美術史資料集成』 1, 一志社, 1987, 552쪽).

〈사진 3〉 주악천인상, 상원사범종 하대(『新羅의 神鐘』)

주악천인상을 배치하였다. 상대에 새거진 2구의 친인상은 橫笛과 琴, 하대에 새겨진 4구의 천인상은 簫笛(또는 鷲篥), 橫笛, 腰鼓, 唐琵琶를 연주하고 있다〈사진 3〉. 이 주악천인상들은 조각된 면적이 작아 천의가 머리 뒤에서 單圓弧를 이루고 양 겨드랑이를 지나 날리고 있다. 유곽 죄우에는 遊戱坐로 한 손에 화반을 든 공양천인상과 결가부좌로 당비파를 연주하는 천인상을, 하단에는 笙簧과 腰鼓를 연주하는 주악천인상을 배치하였다. 따라서 상원사범종에는 다양한 악기를 연주하는 주악천인상이 조각되어 8세기 전반에 다양한 천인상의 자세와 악기를 알 수 있다.

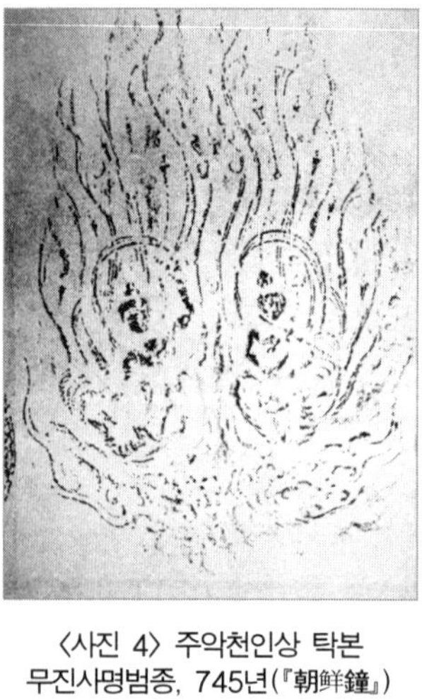

〈사진 4〉 주악천인상 탁본 무진사명범종, 745년(『朝鮮鐘』)

상원사범종의 鐘身에 표현된 천인상과 거의 유사한 형태를 볼 수 있는 범종은 745년에 제작되어 일본 대마도 國府八幡宮에 소장되었던 无盡寺銘梵鐘이다〈사진 4〉.[17] 이 범종은 明治維新 때 파괴되었으나, 일본 동경국립박물관에 소장된 拓本과 『津島紀事』에 그려진 묘사도를 통하

17) "天寶四載乙酉思仁大角干 爲賜夫只山村无盡寺鍾成敎受內成記時願助在衆師 僧村宅方一切檀越幷成在 願旨者一切衆生若離樂得敎受成在節唯乃秋長幢主"(秦弘燮 編, 앞의 책, 552쪽).

〈사진 5〉 주악천인상 도해,
무진사명범종 종신(『朝鮮鐘』)

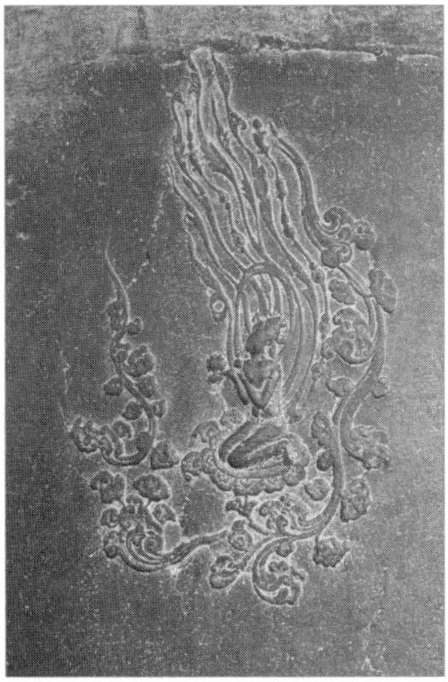

〈사진 6〉 공양천인상, 성덕대왕신종
종신, 771년

여 전체적인 접근이 가능하다〈사진 5〉.[18] 鐘身에 조각된 천인상은 전체 높이가 30cm로, 橫笛과 腰鼓를 연주하고 있다. 요고를 치는 천인상은 왼손을 치켜세우고 오른손을 요고의 측면에 놓았고, 횡적을 부는 천인상은 긴 笛을 대각선 방향으로 내리고 있다. 두 가닥의 천의가 머리 위와 등 뒤에서 二重交叉圓弧를 이루고, 천의 사이에 술을 매단 긴 영락이 휘날린다. 천인을 받쳐 든 구름은 상원사범종에 표현된 형태와 유사하다.

국립경주박물관에 소장된 聖德大王神鐘奉德寺鐘, 에밀레종은 종신에 1000여자에 달하는 명문이 새겨져 있고,[19] 『三國遺事』를 통하여 조성연대와 목적 등을 구체적으로 알 수 있다.[20] 鐘身에 표현된 천인상은 명문을 중심으로 좌우에서 1구씩 마주보는 雙天人像이다. 천인상은 전체

18) 쯔보이 료헤이(坪井良平), 위의 책, 45쪽(圖15).

19) "大曆六年歲次辛亥十二月十四日鑄鐘 …"(秦弘燮 編, 위의 책, 552쪽; 김희경, 「聖德大王神鐘銘의 解析」, 『梵鐘』 10, 1987, 76~83쪽).

20) 『三國遺事』 권4, 皇龍寺鐘 芬皇寺藥師 奉德寺鐘條.

〈삽도 1〉 무용천인상, 약사정토도 세부, 돈황 막고굴 220굴, 642년

높이가 108cm로, 柄香爐와 塔型香盒으로 추정되는 지물을 들고 있다〈사진 6〉. 천인상은 상반신을 세우고 손을 어깨 높이까지 올려 供養具를 잡고, 하반신을 跪坐하여 몸의 중심을 잡으려는 듯 발가락까지 구부리고 있다. 이러한 자세는 통일신라시대에 천인상보다 마애불이나 석불의 대좌 등에 공양보살상으로 표현된 예가 많이 남아있다. 얼굴의 이목구비는 희미하여 알 수 없고, 상반신에 목걸이와 팔찌를 차고 있다. 하반신에 입은 치마는 배꼽 밑에서 띠로 묶어 꿇어앉은 양 다리 사이에 옷주름이 사선으로 자연스럽게 흘러내리고 있다. 한 겹으로 접은 천의가 머리 위에서 둥근 單圓弧를 이루고, 천의 사이에 영락은 연주문과 花文으로 이루어져 천의와 같은 방향으로 휘날리고 끝부분에 술을 매달았다. 천인이 앉은 연화좌 위에 깐 타원형 가장자리에 두른 細線은 다른 범종의 천인상에서 볼 수 없는 표현으로 唐代 조성된 정토변상도에 표현된 奏樂像이나 舞踊像이 깔고 있는 카페트일 가능성이 매우 높다〈삽도 1〉.[21] 연화좌와 보상화형 구름은 앞서 살핀 상원사범종에서 볼 수 없다.

21) 돈황 벽화의 정토변상도 하단에 춤을 추고 있는 보살상이나 천인상의 발 밑에는 가장자리에 짧은 세선을 두른 카페트가 깔려 있다(642년에 그려진 막고굴 220굴 약사정토도 등).

2.2. 9세기 범종의 천인상

〈사진 7〉 주악천인상, 선림원지범종 종신, 804년(『新羅의 神鐘』)

9세기 전반의 기년명 범종은 1948년에 강원도 명주군 신서면 선림원지에서 출토되어 월정사에 보관되다가 한국전쟁 기간 중에 파괴된 禪林院址 梵鐘이 있다.22) 범종에 기록된 "貞元廿年" 명문을 통하여 804년에 제작되었음을 알 수 있다. 鐘身에 조각된 천인상은 전체 높이가 29.5cm로, 연화좌 위에 결가부좌한 자세로 횡적과 요고를 연주하며 하늘에서 내려오는 자세를 하고 있다〈사진 7〉.23) 천인상은 머리에 무진사명범종과 같이 三山冠을 쓰고, 벗은 상반신에 치마를 입고 있다. 천의는 머리 위에 타원형으로 單圓弧를 이루고, 몇 가닥의 천의만이 날리고 있다. 구름은 성덕대왕신종에서 볼 수 있었던 보상화형 구름을 배치하였다. 천인이 연주하는 악기는 橫笛과 腰鼓로, 양손으로 횡적을 잡아 45도 각도로 비스듬히 내리고, 腰鼓는 앞서 살펴본 천인상과 같이 왼손을 치켜세우고 오른손을 내리고 있다. 범종의 下帶에는 19구의 頭光과 身光을 가진 菩薩像이 연화좌에 앉아 있고, 좌우에 하강하는 천인상을 배치하였다〈사진 8〉. 천인상은 상반신을 反轉하여 수직비행하

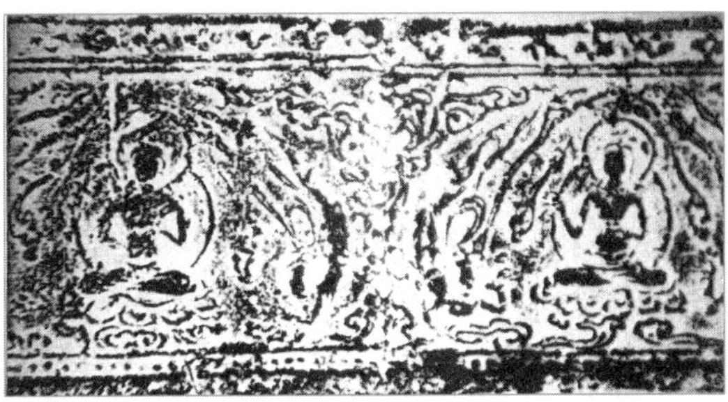

〈사진 8〉 공양천인상, 선림원지범종 하대(『朝鮮鐘』)

22) 이홍직, 「貞元二十年在銘 新羅梵鐘: 襄陽雪山出土品」, 『白樂濬博士回甲紀念國學論叢』, 1955(『韓國古代史의 硏究』, 신구문화사, 1971 재수록).

23) 文明大, 앞의 논문, 93쪽.

고, 천의는 머리 위에서 單圓弧를 그리며 휘날리고 있다.

〈사진 9〉 주악천인상, 연지사명범종 종신, 833년(김리나 교수님 제공)

이외 일본 福井縣 敦賀市 常宮神社에 소장된 蓮池寺銘梵鐘은 명문을 통하여 833년에 제작되었음을 알 수 있다.[24] 鐘身에 표현된 천인상은 전체 높이가 18.7cm로 腰鼓를 연주하는 奏樂像이다〈사진 9〉. 천인상은 상반신을 곧게 세우고, 왼쪽 무릎을 앞으로 세우고 오른쪽 다리를 뒤로 뻗고 있다. 이 자세는 구례 화엄사 四獅子三層石塔 기단석에 조각된 舞踊天人像과 유사한 자세이다〈사진 10〉. 머리카락은 위로 올려 끈으로 묶어 두 단을 이루고, 벗은 상반신에 큰 원형 장식을 매단 목걸이를 하였으며, 하반신에 치마를 입어 다리 사이로 수직의 옷주름이 늘어져 있다. 천의는 머리 위에 單圓弧를 이루며 겨드랑이를 지나 뒤로 날리고, 발목에 묶은 천의까지 4가닥만이 휘날리고 있다. 이 범종은 앞서 살펴본 범종에 표현된 천인상과 달리 鐘身 한 면에 單獨像을 조각하였고, 몸에 걸친 천의의 숫자도 줄어들면서 요고를 치는 손의 위치가 동일한 높이에 놓여 있다.

〈사진 10〉 무용천인상, 구례 화엄사 사사자삼층석탑

24) "太和七年三月日菁州蓮池寺 成內節傳合入金七百十三廷 金四百九十八廷加入金百十廷…" (秦弘燮 編, 위의 책, 555~556쪽).

2.3. 10세기 범종의 천인상

10세기 전반의 기년명 범종은 일본 大分縣 宇佐市 宇佐神宮 博物館에 소장된 904년에 제작된 松山村大寺銘梵鐘이다.[25] 이 범종은 전체적으로 상원사범종을 따르면서 천인상과 당좌 사이에 명문구가 양각되어 있다. 鐘身에 표현된 천인상은 전체 높이가 28.7cm로, 앞서 살핀 833년 연지사명 범종과 같이 양 손을 치켜 올려 腰鼓를 연주하고 있다〈사진 11〉. 천인상은 앞서 살펴본 8~9세기 범종에 표현된 것에 비하여 각이진 얼굴에 耳目口鼻에서 강한 인상을 느낄 수 있다. 벗은 상반신에 천인상은 두 가닥의 목걸이를 걸고 하반신에 치마를 걸치고 있다. 한 겹으로 접힌 천의가 머리 위에서 二重圓弧를 이루지만, 8세기에 제작된 범종에 조각된 천인상의 자연스러운 이중교차원호가 아니라 층을 이루면서 휘날리고 있다. 범종에 비하여 천인상이 차지하는 비율이 커지고, 범종을 제작할 때 지문판이 커서 천의 끝단이 잘려져 나갔다. 구름은 상원사범종에 보이는 형태에서 양감이 줄어들면서 간략화된 것으로 보여진다.

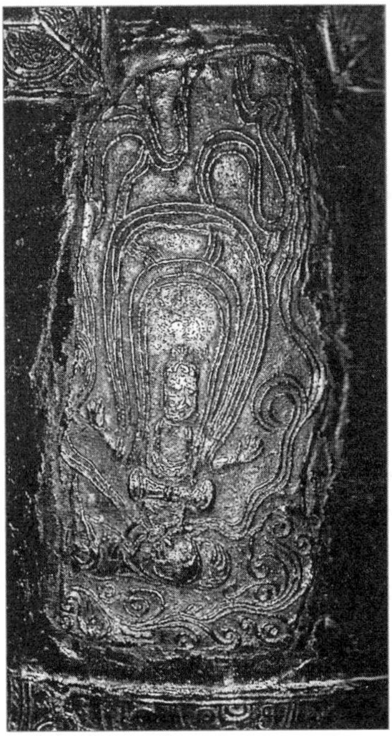

〈사진 11〉 주악천인상 탁본,
송산촌대사명범종, 904년
(『新羅의 神鐘』)

25) "天復四年甲子二月卄日松山村 大寺鍾成內文節本和上能與本村主 連筆一合入金五千八十方□□成(秦弘燮 編, 위의 책, 556~557쪽).

3. 무기년명 범종의 천인상과 제작시기 추론

현재까지 통일신라시대에 제작된 것으로 추정되는 무기년명 범종은 총 5점이다. 이 가운데 3점은 완형이고, 2점은 파손품이다. 이 범종들은 많은 연구가 진행되었음에도 불구하고 제작시기에 관하여 연구자마다 다른 의견을 제시하고 있다.

〈표 2〉 무기년명 범종

유물	소장처	현재상태	비고
雲樹寺梵鐘	일본 운수사	完	
實相寺梵鐘	동국대학교 박물관	破損	828년 실상사 창건
淸州雲泉洞梵鐘	국립청주박물관	完	
光明寺梵鐘	일본 광명사	完	
梵鐘 下帶	동국대학교 박물관	破損	

일본 島根縣 安來市 雲樹寺에 소장된 범종은 일본에 건너가 추가된 명문에 의하면 1374년(應安7, 공민왕23)에 종순이 소장 사찰에 기증하였음을 알 수 있다.[26] 범종의 제작 시기는 연구자에 따라 8세기 전기 또는 중기로 추정하고 있다.[27] 운수사범종은 형태에서 725년 상원사범종을 따르면서 상대와 하대의 폭이 넓어지고, 771년 성덕대왕신종 같이 乳가 돌출되지 않았다. 鐘身에 조각된 천인상은 전체 높이 30cm로, 비행좌의 자세로 횡적과 요고를 연주하고 있다〈사진 12〉. 이 자세는 725년 상원사범종과 745년 무진사명범종의 종신에 조각된 천인상과 같은 자세이다. 요고를 치는 천인상이 한쪽 팔을 들고 다른 팔을 내린 점도 8세기에 제작된 요고를 치는 주악천인상과 같다. 그러나 천의가 머리 위에서 단원호를 이루고, 천인상을 받친 구름의 형태가

26) "捨入雲州瑞塔山天長雲樹興聖禪寺 十月一日 願主宗順"(최응천, 일본에 있는 한국문화재 12, 박물관신문 252, 1991.8.1).

27) 이 범종은 쯔보이 료헤이(坪井良平, 「無銘朝鮮鐘資料」, 『朝鮮學報』 21·22, 1961, 84쪽)와 문명대(위의 논문, 96쪽)가 8세기 전반에 제작된 것으로 보았고, 최응천(위의 신문)이 8세기 중반으로 추정하였다.

〈사진 12〉 주악천인상, 일본 운수사범종(『금속공예』)

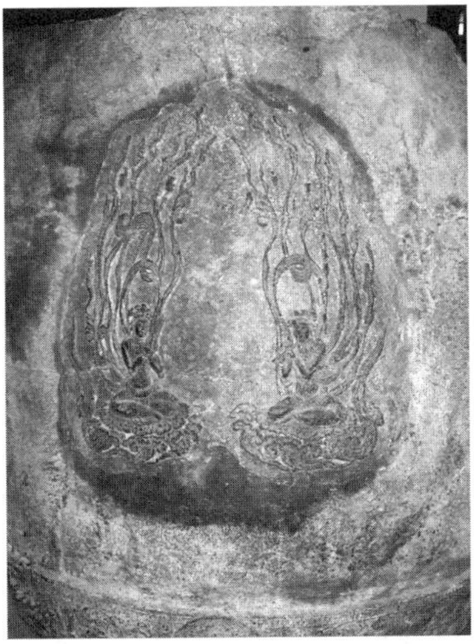

〈사진 13〉 주악천인상, 실상사범종 종신, 동국대박물관 소장

단순하고 도식화가 진행되어 8세기 전·중반보다 후반에 범종이 제작된 것으로 추정된다.

동국대학교 박물관 소장 범종은 1967년에 전라북도 남원 실상사 약사전 동남쪽에서 출토되었다.[28] 종신에 조각된 천인상은 전체 높이가 40.5cm로, 나란히 연화좌 위에 결가부좌한 자세로 笙簫과 橫笛을 연주하고 있다〈사진 13〉. 천인상은 머리 위에 화려한 관을 쓰고, 벗은 상반신에 화려한 목걸이와 팔찌 등을 차고 있다. 하반신에는 치마를 입어 결가부좌한 다리 위에 반원형의 주름과 다리 사이에 앞치마 같은 치마단이 늘어져 있다. 천의가 머리 위에 타원형의 단원호를 이루고, 천의가 서로 엉키고 뒤집힌 가운데 한 가닥의 천의가 둥근 단원호를 통과하여 날리는 것은 일본 운수사 소장 범종에서 볼 수 있었다. 연화좌는 복엽으로 연잎마다 각각 자방을 가지고, 연화좌를 받친 구름이 여러 가닥으로 갈라져 양감이 표현되었다. 이 범종은 실상사가 828년을 근거로 9세기 전반에

28) 황수영, 「新羅梵鐘의 新例: 智異山實相寺出土」, 『歷史學報』 34, 1967, 171~181쪽.

〈사진 14-1〉 주악천인상,
청주운천동범종 종신(『新羅의 神鐘』)

〈사진 14-2〉 주악천인상,
청주운천동범종 종신(『新羅의 神鐘』)

제작된 것으로 추정하고 있다.[29]

국립청주박물관에 소장된 범종은 1970년에 충북 청주시 운천동에서 金鼓, 菩薩像 등과 함께 출토되었다.[30] 이 범종은 형태와 천인상을 통하여 9세기 중반이나 후반, 10세기 전후에 제작된 것으로 추정하였다.[31] 천인상은 833년 연지사명범종과 같이 단천인상이 조각되었지만, 천인의 자세와 종신의 전·후면에 각각 다른 악기를 연주하는 천인상을 배치하였다〈사진 14-1, 14-2〉. 비파를 연주하는 천인상은 타원형의 얼굴에 머리카락을 위로 묶고, 상반신을 옆으로 돌려 ㄴ자를 이루는 비행좌를 취하고 있다. 상반신은 벗고 하반신에 치마를 입어 양 무릎

29) 조범환은 남원 실상사의 개창을 홍척선사에 의하여 새로 조성된 것이 아니라, 이미 건립되어 있던 사찰일 가능성을 제시하였다(「신라 하대 洪陟선사의 實相山門 개창과 鐵佛 조성」, 『新羅史學報』 6, 신라사학회, 2006.4, 50쪽).

30) 김영배, 「청주운천동출토 금동보살입상과 동종」, 『考古美術』 105, 1970.3, 19~20쪽.

31) 이 범종은 黃壽永(「新羅·高麗 梵鐘의 新例 12」, 『考古美術』 113·114, 1972.6, 21쪽)과 문명대(위의 논문, 96쪽)는 9세기 중엽에 제작된 것으로 보았고, 김영배(앞의 논문, 20쪽)는 고려시대로 추정하였다.

〈사진 15〉 주악천인상 탁본, 일본 광명사범종(『朝鮮鐘』)

에 U자형의 옷주름이 늘어져 있다. 천의가 머리 위에서 두 원호가 교차하는 이중교차원호를 이루고, 일본 운수사 범종이나 실상사 범종의 천인상과 같이 한 가닥의 천의가 머리 뒤쪽의 원호를 통과하여 휘날리는 형태가 주목된다. 이 천인상과 유사한 형태가 조각된 범종이 일본 島根縣 大原郡 加茂町 大足山 光明寺에 소장되어 있다.[32] 鐘身에 표현된 천인상은 전체 높이 24.1cm로, 腰鼓와 阮咸을 연주하고 있다〈사진 15〉. 양 면에 천인상을 다르게 배치한 점이나 비행 형태 및 천의 표현 등이 청주 운천동범종과 유사하다. 특히 양 손을 같은 높이까지 치켜들어 요고를 연주하는 자세는 833년 연지사명범종의 천인상과 동일하여 제작연대를 추정할 수 있는 단서이다. 하대의 폭 6cm에 상·하 연주문을 두르고, 半圓圈 안에 결가부좌로 腰鼓를 치는 천인상을 3곳에 배치하였다. 천의가 머리 위에서 간단한 단원호를 이루고 겨드랑이를 지나 날린다. 이와 같은 천의의 표현은 앞서 살핀 청주 운천동범종의 유곽 좌우에서도 볼 수 있었다. 따라서 청주 운천동범종과 광명사범종은

32) 최응천, 일본에 있는 한국문화재 13, 박물관신문 256, 1992.12.1.

천인상의 형태로 보아 9세기 중반에 제작된 것으로 추정할 수 있다.

4. 천인상의 유형 분류와 변천 과정

이제까지 통일신라시대 기년명 범종 6점과 무기년명 범종 5점에 표현된 천인상에 대하여 살펴보았다. 이를 바탕으로 통일신라시대 불교미술에 표현된 천인상을 포함하여 천인의 복식(천의, 영락, 장신구)과 자세 및 구름 등으로 나누어 시기적인 차이를 밝혀 보겠다.

4.1. 유형분류

불교경전에 천인은 불이나 보살이 법문을 하거나 상서로운 일이 벌어질 때 장엄하는 역할을 한다. 그 역할에 따라 천인상은 악기를 연주하는 奏樂天人像,[33] 공양물을 받치거나 꽃을 뿌리는 供養天人像,[34] 양손을 합장한 合掌天人像, 춤을 추고 있는 舞踊天人像 등으로 나눌 수 있다.[35]

4.1.1. 천인상의 분류

천인상의 유형 가운데 통일신라시대 범종에는 악기를 연주하는 주악천인상과 공양구를 든 공양천인상만이 조각되었다. 그러나 석조미술에는 합장을 하거나 춤을 추고 있는 천인상도 볼 수 있다.

---

33) 此室常作 天人第一之樂 絃出無量法化之聲(「維摩詰所說經」 中 觀衆生品第七 『新修大藏經』 14(T.no.475, 548쪽 中))과 其樓閣中 有無量諸天 作天伎樂 又有樂器 懸處虛空 如天寶幢 不鼓自鳴(「佛說觀無量壽佛經」, 『新修大藏經』 12(T.no.365, 342쪽 下).

34) 維摩詰室有一天女 見諸大人聞所說法 便現其身 卽以天華散諸菩薩 大弟子上 華至諸菩薩卽皆墮落 至大弟子便著不墮 一切弟子神力去華 不能令去 爾時(「維摩詰所說經」 中 觀衆生品第四 『新修大藏經』 14(T.no.475, 547쪽 下).

35) 최선일, 「統一新羅時代 天人像 硏究」, 홍익대학교 석사청구논문, 1994.12, 87~93쪽.

(1) 악기

범종에 표현된 주악천인상이 연주하는 악기는 타악기, 관악기, 현악기로 구분할 수 있다.

〈표 3〉 범종에 표현된 주악천인이 연주하는 악기

조성 연대	유물명	腰鼓	笛			笙簧	箜篌	琵琶		阮咸	玄琴
			橫笛	縱笛	簫笛			唐琵琶	鄕琵琶		
725년	上院寺梵鐘	上帶 乳廓	下帶	上帶	下帶	鐘身 乳廓	鐘身	下帶 乳廓			上帶
745년	无盡寺銘梵鐘	鐘身		鐘身							
804년	禪林院址梵鐘	鐘身	鐘身			鐘身					
833년	蓮池寺銘梵鐘	鐘身	鐘身								
904년	松山村大寺銘梵鐘	鐘身									
8세기 후반	雲樹寺梵鐘	鐘身	鐘身								
9세기 전반	實相寺梵鐘		鐘身			鐘身					
9세기 중반	清州雲泉洞梵鐘			鐘身				鐘身			
9세기 중반	光明寺梵鐘	鐘身 下帶								鐘身	
8세기 후반	梵鐘 下帶							下帶			

〈표 3〉을 통하여 범종에 표현된 천인상이 연주하는 악기는 요고, 적, 생황, 공후, 비파, 완함, 현금이다. 이 가운데 주로 鐘身에 조각된 천인상은 타악기인 요고를 치고 있다. 이는 범종의 목적이 종을 울려 法音을 전달하는 것이라 소리가 가장 크게 울리는 타악기를 표현한 것으로 볼 수 있다.

725년 상원사범종, 745년 무진사명범종, 804년 선림원지범종에 표현된 요고를 치는 천인상은 한쪽 팔을 어깨 높이까지 치켜들고, 다른 팔을 요고의 측면에 놓은 자세를 취하고 있다. 이는 676년 감은사지 서삼층석탑 출토 사리기와 682년 계유명전씨아미타불비상 등에 표현된 천인상의 연주 자세와 동일하다. 그러나 833년 연지사명범종과 904년 송산촌대사명범종에 조각된 천인상은 양팔을 같은 높이에 놓인

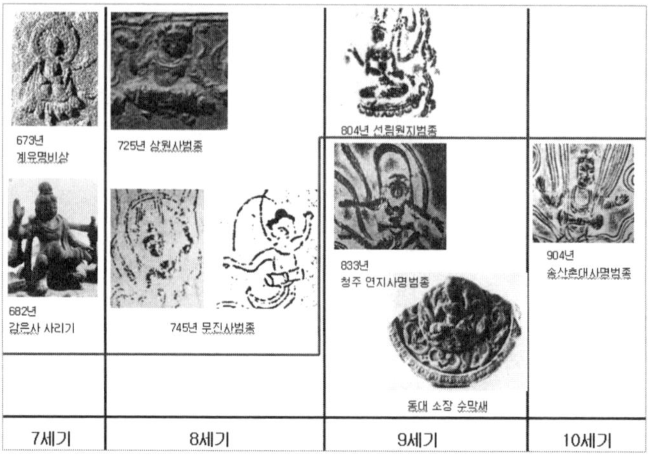

〈도표 1〉 요고를 치는 주악천인상의 자세 변화

자세를 취하고 있다〈도표 1〉. 따라서 이러한 자세의 변화는 천인상의 제작시기를 추정할 수 있는 중요한 요소이다.

요고 다음으로 많이 연주한 악기는 관악기인 笛이다. 적은 길이와 부는 방법에 따라 횡적, 종적, 소적 등으로 나눌 수 있다. 이렇게 다양한 笛이 불교미술에 표현된 이유는 신라의 三寶 가운데 하나인 萬波息笛과 관련이 있는 것으로 추정된다. 천인이 연주하는 笛은 신체에 비하여

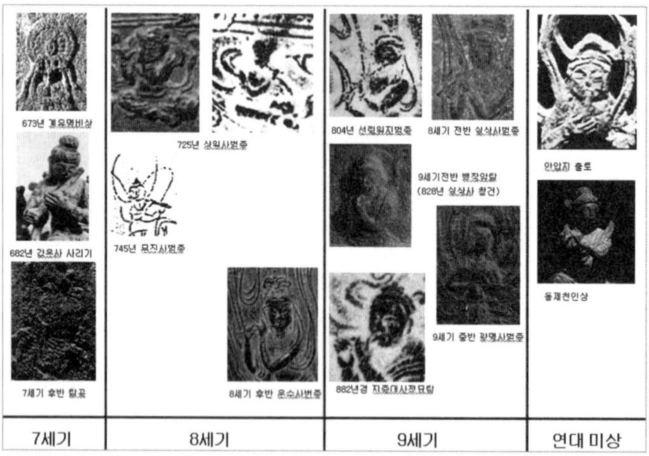

〈도표 2〉 적을 불고 있는 주악천인상의 현황

〈사진 16〉 주악천인상, 중국 돈황 285굴, 서위

〈사진 17〉 약사정토변상도, 중국 돈황 막고굴 220굴, 642년

길이가 각기 다르고, 부는 방향이나 얼굴과 손의 위치 등을 바탕으로 종류에 대하여 접근할 수 있다. 또한 관악기인 笙簧은 『三國史記』를 통하여 삼국시대부터 연주되었다는 것을 알 수 있다. 笙簧을 연주하는 천인상은 상원사범종의 鐘身에만 표현되었지만, 석탑에는 구례 화엄사 四獅子三層石塔 등에 나타나고 있다〈도표 2〉.

箜篌는 서역에서 발생하여 동서로 전파된 악기로 삼국시대 이전부터 연주되었고, 상원사범종의 종신에 유일하게 표현되었다. 상원사범종에 조각된 공후는 윗부분에 봉황 머리가 장식된 13현으로 천인의 상반신보다 크게 표현되었다. 이와 같은 공후는 구례 화엄사사자삼층석탑, 진전사지 삼층석탑, 선림원지 삼층석탑 등의 기단부에 조각된 천인상이나 팔부중 가운데 긴다라가 연주한 예가 많이 남아 있다. 공후를 연주하는 자세는 중국의 북위시대에 건립된 맥적산 석굴 127굴 불상 광배와 서위시대에 그려진 돈황 285굴 남벽상단 등에 천인상이 공후를 앞으로 내밀어 연주하지만〈사진 16〉, 8세기 전후에 그려진 것으로 추정되는 唐代 정토변상도 하단에는 결가부좌한 자세로 공후를 감싸고 연주하는 주악상이 대부분이다〈사진 17〉.

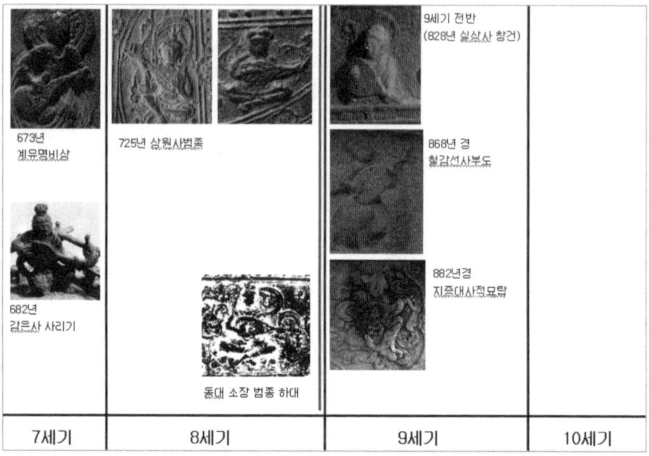

〈도표 3〉 비파를 연주하는 주악천인상의 변화과정

이외 현악기 가운데 비파는 형태와 현의 수에 따라 鄕琵琶와 唐琵琶로 나눌 수 있다. 향비파(直徑琵琶, 五絃琵琶)는 삼국시대에 서역으로부터 유입되어 고구려 고분벽화에서 仙人이 연주한 예가 남아 있고, 당비파(曲頸琵琶, 四絃琵琶)는 통일신라시대에 당나라에서 유입된 비파를 부르는 명칭이다. 당비파가 표현된 가장 이른 유물은 682년 감은사 서삼층석탑에서 발견된 사리기이다. 비파를 연주하는 천인상은 결가부좌하고 비파를 수평으로 든 자세와 비파의 목을 위와 아래로 든 자세로 구분할 수 있다〈도표 3〉.

이외에도 범종에 나타나는 악기는 玄琴, 觱篥, 銅腰, 拍 등으로, 현금은 계유명아미타불비상과 상원사범종에, 동요는 감은사지 삼층석탑 사리기 등에 표현되었다.

(2) 공양구

통일신라 범종에 표현된 공양천인상은 불·보살 등의 좌우에서 花盤과 香爐를 받쳐 들고 비행하는 자세를 취하고 있다. 771년 제작된 성덕대왕신종은 성왕을 추모하기 위한 목적으로 조성되어 명문을 중심으로

〈사진 18〉 가섭존자의 공양구, 중국 사천성 광원 황택사 대불굴, 670~689년

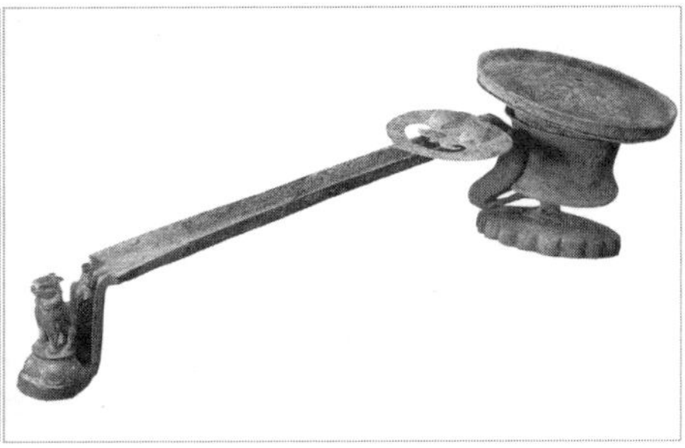

〈사진 19-1〉 병향로, 하택 신회묘 출토, 684~758년(『黃河文明展』)

좌우에 柄香爐와 塔型香盒을 든 천인상을 조각하였다. 이러한 공양구는 唐 고종(670~689) 연간에 조성된 황택사 대불굴 오존불입상 가운데 가섭존자가 들고 있으며〈사진 18〉, 하택 신회묘(684~758)에서 塔型香盒과 柄香爐 등이 발굴되었다〈사진 19-1,19-2〉. 또한 7세기 후반에 제작된 것으로 추정되는 경주 탑곡 마애불 중 羅漢像 등이 들고 있는 예가 있고〈사진 20〉, 최근 인각사지에서 완벽한 형태의 병향로와 탑형향합이 발견되었

〈사진 19-2〉 탑형 향합, 하택 신회묘 출토, 684~758년(『黃河文明展』)

〈사진 20〉 공양상 탁본, 남산 탑곡(『慶州 南山 塔谷의 四方佛巖』)

〈사진 21〉 출토유물, 군위 인각사지
(불교문화재연구소 보도자료 참조)

〈사진 22〉 공양상, 玉蟲廚子 세부, 일본 법륭사(『飛天』)

다〈사진 21〉. 일본에는 奈良 法隆寺 博物館에 전시된 玉蟲廚子에 그려진 승려와 나라 정창원에 동일한 형태의 공양구가 소장되어 7세기 후반부터 동북아 불교미술에서 흔히 볼 수 있는 공양구이다〈사진 22〉.

804년 선림원지 범종 하대에는 보살상 좌우에서 花盤을 들고 수직으로 하강하는 천인상이 조각되어 있다. 비행형의 공양천인상은 673년에 제작된 경주 감은사지삼층석탑 출토 사리기의 천개장식 등에서 볼 수 있다. 이러한 천인상의 형태는 중국 남북조시대 석굴 천정이나 벽면에 주로 표현되었지만, 통일신라시대에 조각된 공양천인상은 704년 중국 서안 보경사 불상이나 당대 중기로 추정되는 돈황 158굴 열반변상도 등에 그려져 있다〈사진 23〉.

〈사진 23〉 공양천인상, 중국 돈황 158굴 763~831년(『敦煌飛天』)

4.1.2. 자세

불교미술에 나타난 천인상은 주로 하늘에서 내려오는 자세를 취하고 있다. 천인상은 자세에 따라 坐像, 飛行像, 立像으로 나눌 수 있다. 좌상은 결가부좌, 궤좌, 반궤좌, 유희좌, 비행좌로, 비행상은 수직비행과 수평비행으로 세분할 수 있다. 범종에 표현된 천인상은 주악과 공양상으로 결가부좌, 궤좌, 비행좌, 수직비행이 주로 표현되었다. 특히, 725년 상원사범종과 745년 무진사명범종의 천인상은 상체를 세우고 무릎 이하를 뒤로 꺽은 꺾은 자세를 취하여 비행좌를, 771년 성덕대왕신종에는 궤좌를, 804년 선림원지범종에는 결가부좌를, 833년 연지사명범종에는 왼쪽 다리를 세우고 오늘쪽 다리를 뒤로 뻗은 자세를 하고 있다.

4.1.3. 천의와 영락

범종에 표현된 천인상은 대부분 상반신을 벗고, 하반신에 치마를 입어 허리에서 腰帶로 묶었다. 하늘을 날고 있어 천의가 머리 위에서 頭光같이 圓弧를 그리고 있다. 8세기에 전·중반에 제작된 천인상은 자연스러운 二重交叉圓弧를 가진 반면에, 8세기 후반부터 천인상은 單圓弧를 두르고 있다. 9세기 전반으로 추정되는 청주 운천동범종이나 일본 광명사 소장 범종에 이중교차원호가, 904년 송산촌대사명범종은 이중원호가 층을 이루어 표현되었다. 이를 기준으로 천인상에 새겨진 천의가 두 유형으로 구분될 수 있고, 이중교차원호가 먼저 유행하다가 8세기 후반부터 단원호가 등장하여 통일신라 말기까기 공존하였음을 알 수 있다. 이러한 천의 표현은 중국에서 이중교차원호를 두른 천인상이 북위시대에 제작된 석굴에 주로 표현되어 삼국시대 고분벽화에 유입된 천의 표현이 통일신라까지 계승되었음을 알 수 있다.

〈표 4〉에서 알 수 있는 바와 같이, 술을 매단 영락은 8세기에서 9세기 전반까지 제작된 기년명 범종에서만 볼 수 있다. 이러한 영락장식은 중국이나 일본에서 제작된 천인상에서 거의 표현된 예가 없지만, 고구

〈표 4〉 천인상의 착의와 영락 장식

조성연대	유물명	雙天人像		單天人像		瓔珞	頭光	비고
		二重圓弧	單圓弧	二重圓弧	單圓弧			
725년	上院寺梵鐘	鐘身	上下帶 乳廓			有	無	
745년	无盡寺銘梵鐘	鐘身				有	無	
771년	聖德大王神鐘		鐘身			有	無	
804년	禪林院址梵鐘		鐘身			無	無	
833년	菁州蓮池寺銘梵鐘				鐘身 下帶	無	無	
904년	松山村大寺銘梵鐘			鐘身		無	無	
	雲樹寺梵鐘		鐘身 上帶			有	無	
	實相寺梵鐘		鐘身			有	無	
	淸州雲泉洞梵鐘			鐘身			無	
	光明寺梵鐘			鐘身	下帶		無	
	梵鐘 下帶				下帶		無	

려 고분벽화 가운데 안악2호분 현실 동벽의 두광을 두른 공양상이 걸친 천의 사이로 끝부분에 연화를 매단 영락이 날리는 경우가 있다〈사진 24〉.

또한 범종에 조각된 천인상은 모두 頭光이 표현되지 않았다. 이는 중국 수·당대 그려진 정토변상도 중에서도 보살상은 두광을 두르고 있지만, 하늘에서 내려오는 천인상은 두광이 없이 천의가 날리면서 자연스럽게 圓弧를 이루고 있다. 중국에서 수대 이전에 건립된 석굴에서는 시기와 지역에 따라 보살상과 천인상이 명확하게 구분되지 않다가 경전의 한역 과정을 통하여 수대 이후부터는 보살과 천인의 표현을 의도적으로 다르게 나타낸 것으로 보인다. 이는 9세기 문헌에서 보살과 천인을 구분한 것으로 보면 唐代에 보살상과 천인상(天女, 天童 등)을 구체적으로 구분하였음을 알 수 있다.[36] 이러한 근거를 바탕으

36) 일본의 승려 엔닌(圓仁, 794~864)의 『入唐求法巡禮行記』는 840년 5월 20일 일기에서 오대산 서대에 있던 상에 대하여 "대의 남쪽 끝에는 문수보살상이 모셔져 있고, 두 마리의 사자를 타고 있다 … 그의 자리 앞쪽 서쪽가에는 한 天女가 있고, 동쪽가에는 한 보살이 있는데 가득한 발우를 손으로 받들고 서 있다"라는 적어놓았다.

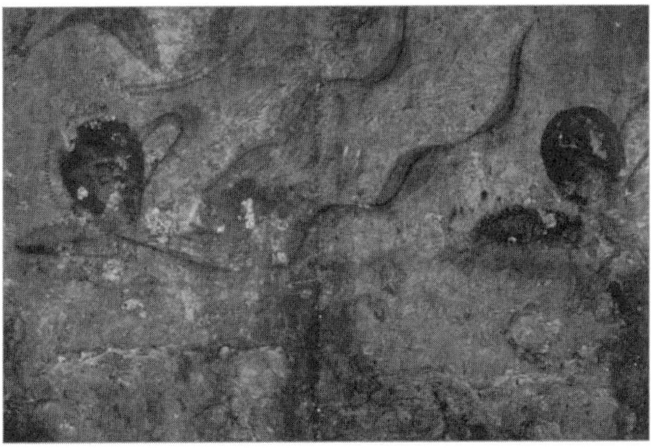

〈사진 24〉 공양천인상, 안악2호분

로 경주 삼릉계 마애삼존불 중 果盤을 든 공양상과 석조광배 일부에 표현된 합장상은 보살이고〈사진 25〉, 합천 청량사 석조불좌상과 진주 금불암에 봉안된 단성석조여래좌상 등의 광배 상단에 천의만 날리는 공양상은 천인으로 볼 수 있다〈사진 26〉.

〈사진 25〉 공양보살좌상, 경주 남산 삼릉계(『飛天』)

〈사진 26〉 공양천인상, 단성 석조여래좌상 광배

4.1.4. 구름

통일신라 범종에 표현된 구름의 형태는 여의두형 구름과 보상화형 구름으로 나눌 수 있다. 여의두형 구름은 고구려 고분벽화에서 나타난 실타래를 풀어놓은 형태와 차이가 난다. 그러나 661년경에 제작된 경주 태종무열왕비의 귀부에 새겨진 구름과 유사하여 통일신라 직후에 당대 불교미술의 영향으로 형태가 변화된 것으로 볼 수 있다〈사진 27〉. 그러나 시간이 흐르면서 구름의 양감은 줄어들면서 점차 선각으로 변화하였다. 또한 보상화형 구름은 771년 성덕대왕신종에서 나타나기 시작하여 9세기 전반에 제작된 범종에서 꾸준히 표현되었다. 따라서 9세기까지 두 종류의 구름 형태가 공존하면서도 시간이 지남에 따라 雲頭와 雲尾의 표현이 점차 약화되거나 생략되는 형태로 바뀌었음을 알 수 있다.

〈사진 27〉 무열왕릉 귀부의 운문, 661년

4.2. 천인상의 변천 과정

통일신라 범종에 표현된 천인상은 자세, 천의, 영락, 지물, 구름 등에서 시기적으로 차이가 있다. 천인상의 변천 과정을 살펴보면, 8세기 범종의 鐘身에는 두 구가 대칭을 이루는 있는 쌍천인상으로, 비행좌와 결가부좌를 취하고 있다. 비행좌는 중국 남북조시대 천인에서 볼 수 있는 자세로 수·당대 천인상에서는 거의 표현되지 않았기 때문에 삼국시대 유입된 천인상의 자세가 통일신라시대까지 전해졌음을 알 수 있다. 또한 성덕대왕신종에 보이는 천인상의 공양자세는 수·당대 석굴벽화에 그려진 정토변상도 하단에 위치한 보살상의 자세와 유사하다. 그리고 8세기에 제작된 천인상은 천의가 머리 위에서 이중교차원호와 단원호를 이루면서 여러 갈래의 천의와 술을 매단 영락장식이 화려하게 휘날리고 있다.

9세기 천인상은 833년에 조성된 연지사명범종을 시점으로 많은 변화가 이루어졌다. 우선 종신에 커다란 單天人像이 조각되면서 양 면에 다른 형태를 배치되고, 천인상 밑에 연화좌가 생략되었으며, 요고와 비파 등을 연주하는 자세가 변화되었다. 천의는 8세기 범종에 조각된 천인상이 걸친 천의 자락에 비하여 확연히 숫자가 줄어들고, 영락장식도 생략되었으며, 구름의 표현도 선으로 새겨지거나 없어져 단순화되는 경향을 보인다.

5. 맺음말

지금까지 통일신라시대 제작된 제작연대를 알 수 있는 범종을 중심으로 천인상의 유형과 변천 과정을 살펴보았다. 통일신라 범종에 천인상이 새겨진 이유는 범종의 쓰임과 밀접한 관련이 있는 것으로 추정되는데, 이는 성덕대왕신종의 명문 중에 "신종을 높이 달아 一乘의 圓音을 깨닫게 하였다 … 속은 텅 비었으나 능히 울려 퍼져 그 메아리는 다함이 없으며, 무거워서 굴리기 어려우나 그 몸체는 구겨지지 않는다. 그러므로 임금의 으뜸가는 功勳을 표면에 새기니 중생들의 離苦得樂 또한 이 종소리에 달려 있다"라는 문구를 통하여 통일신라에서 범종의 소리가 진리의 소리이면서 모든 중생이 괴로움에서 벗어나 즐거움을 얻으라는 의미를 가지고 打鐘되었음을 알 수 있다. 이러한 상징적인 의미가 범종의 문양으로 천계에 거주하는 천인상을 시각적으로 배치하여 소리가 사회 전체에 퍼져나갔으면 하는 의도로 여겨진다. 이러한 사실은 범종의 종신에 표현된 악기 가운데 소리가 가장 큰 타악기인 요고가 가장 많이 조각된 것을 보아도 알 수 있다. 결국 삼국시대부터 내려오는 佛國土思想이 불교공예품인 범종까지 반영되어 天界에 살고 있는 天人들이 신라 사회 전체에 내려와 깨달음의 소리를 전파하여 사회 전반에 불교를 유포하려는 의도에서 종신에 천인상이 조각된 것으로 볼 수 있다.

그리고 통일신라 천인상의 특징을 살펴보면, 첫째 이 시기 천인상은 중국이나 일본과 달리 독자적인 영역을 구축하면서 중심 문양으로 사용되었다. 둘째 중국 수·당대 정토변상도 등에 표현된 것과 같이 천인상은 두광이 없고, 벗은 상반신에 치마를 입고 있으며, 천의가 머리 위에서 단원호와 이중원호를 두르고 있다. 셋째 천인의 자세는 역할과 밀접한 관련성이 있어 주악천인상은 비행좌와 결가부좌 등을, 공양천인상은 궤좌와 수평·수직 비행형으로 표현되었다. 넷째 천인의 유형과 악기를 연주하는 자세 등의 변화를 통하여 제작연대를 알 수 없는 불교미술품의 제작시기를 추정할 수 있다.

이러한 천인상은 불·보살의 주변에 조각되는 문양이기에 크기도 작고 오랜 기간 마모되어 세부적인 형태까지 정확하게 검토할 수 없는 경우가 많다. 그러나 통일신라 범종에 중심 문양으로 천인상이 배치된 이유와 유형 분류 및 변천 과정을 밝힌 것은 이 논문의 성과라고 생각한다. 이러한 결과를 바탕으로 무기년명 범종과 공예품들의 제작시기를 새롭게 접근해 본 것은 제작연대를 알 수 있는 불교문화재가 많지 않은 상황에서 통일신라시대 불교조각사를 이해하는 데 하나의 단서로 사용할 수 있을 것이다.

고려시대 異民族의 귀화 유형과 諸정책

전영준

1. 머리말

한국사에서 고려의 대내·외 정책은 주로 전제왕권의 강화를 위한 제도의 시행과 국가의 위상을 提高하는 팔관회의 개최나 賜姓, 編戶制, 投化田을 활용한 이민족의 고려 편입을 확대하여 갔다. 이러한 정책 시행의 직접적인 원인으로는 나말여초의 혼란기를 거치면서 감소한 인구의 보충이라는 점에 있었다. 통일신라 후기의 末期的 현상과 후삼국 시기의 잦은 兵亂은 인구의 대폭적 감소로 이어졌고, 이는 사회문화적인 것은 물론 경제적 분야에서도 눈에 띄는 변화를 가져왔기 때문이다. 때문에 고려 정부는 국가정책의 최우선으로 인구 증대정책에 박차를 가했을 것이다. 그러나 국가가 아무리 노력한다 해도 인구의 증가는 급속도로 이루어지지 않았고, 특히 고려시대 같은 전근대 사회에서는 병란과 질병, 기아 등의 이유로 인구의 증대는 급속히 이

* 제주대학교 사학과 교수

** 이 논문은 2007년 정부(교육과학기술부)의 재원으로 한국연구재단의 지원을 받아 수행된 연구임(KRF-2007-411-JO2001).

루어질 수 없었다.

때문에 고려는 건국 초기부터 인구 증대를 위한 적극적인 정책의 시행을 독려했던 것으로 보이며, 이는 고려시대 전 기간에 걸쳐 끊임없이 투화해온 異民族에 대한 정책적 배려와 경제적 처우의 개선에 노력하였다. 그 과정에서 民戶에 충당될 귀화인에게 고려인의 자격을 부여하고 租稅·徭役·貢賦의 의무를 주어 고려인으로 흡수하려는 적극적인 귀화정책을 시행하였다. 그 결과 고려에 투화했던 이민족들을 賜姓名이나 관직 수여 및 투화전 지급 등의 각종 정책의 시행을 통하여 고려인으로의 호구 편성으로 유도하는 데 성공하였다. 더욱이 투화인들을 적극적으로 활용하여 국가 재정이 근본이 되는 호적 편성과 그에 따르는 編戶제도의 활용은 군대 편성으로도 이어져 국경 수비나 공적인 임무의 수행을 가능하게 하였다.

본고에서는 고려시대 지속되었던 이민족의 투화 기록을 토대로 이들의 신분과 유형을 파악하고, 고려인으로 흡수하고자 하였던 고려정부의 노력을 諸정책의 시행 과정에서 확인하고자 한다. 이를 통해 궁극적으로는 고려 정부가 시행한 귀화 관련 각종 제도의 마련이 대외관계의 개방성과 역동성을 지향하는 고려사회의 성격을 규명하는 데 도움이 되고자 한다.

2. 고려시대 귀화인의 신분과 유형

고려의 건국 직후 주변 민족의 歸附는 불안한 동북아시아의 정세와 깊은 연관성을 갖는다. 중국 내부의 정치적 혼란과 북방민족의 융성, 발해의 멸망 등이 원인으로 작용하였던 당시의 현실과 밀접한 관련을 갖는다. 때문에 고려는 건국 초기부터 이민족의 편입 확대의 대외정책과 왕권 강화라는 내부의 정치적 입장과 맞물려 다양한 분야에서 이민족에 대한 귀화정책이 전개되었다.

고려 초기에 집중되었던 漢人들의 귀부는 대체로 五代人들이 중심이었으며, 이들은 중국 내부의 잦은 왕조 교체로 인한 정치적 혼란과 북방에서 흥기한 거란족의 정치적·군사적 압박에서 벗어나고자 하였다.[1] 漢人 지식층의 적극적인 귀화 유도를 통해 새로운 정치질서를 마련하고자 하였던 고려 정부의 관심과도 그 맥락을 같이할 뿐만 아니라 광종 대에 이르러서는 한인 지식층의 귀화가 절정을 이룰 정도였다.[2] 아울러 한인 지식층에 대한 고려 정부의 정치·경제·사회적인 처우에서도 일정한 수준 이상의 보장을 통해 적극적인 귀화 유도를 이끌어냈던 것을 확인할 수 있다.[3]

고려 정부의 이민족에 대한 특히 한인 지식층에 대한 인식 자체는 이전의 왕조보다 더욱 확대되었을 뿐 아니라, 통일전쟁으로 잃은 백성의 확보라는 관념도 작용하였던 것이라 생각된다. 고려 정부의 이 같은 인식 확대로 귀부한 한인 지식층들은 왕권을 강화하려는 광종의 개혁정치에서 괄목할 만한 역할의 수행을 통해 고려 초기의 왕권 강화와 중앙집권화에 일정 정도의 기여가 있었다.[4]

한편, 건국 이후 꾸준한 한인 지식층의 귀화는 고려의 적극적인 유치 노력도 있었지만, 한인들 스스로가 고려에 投化하여 벼슬을 구하는 모습이 동시에 나타난다는 점에서[5] 당시 동북아시아의 정세와 무관하지 않은 것으로 보인다.[6] 때문에 귀화의 주축이었던 宋初의 예비관료인 進士와 사대부들은 본국에서의 상업 활동을 통한 경제적 富의 축적과 중앙정계의 진출을 도모하였을 것이나, 당시 송의 상황하에서

1) 南仁國, 「高麗前期의 投化人과 그 同化政策」, 『歷史敎育論集』 8, 역사교육학회, 1986, 86쪽.

2) 『高麗史』 卷2, 「世家」 2 광종 7년, "周遣將作監薛文遇 來加冊王…前大理評使雙冀 從文遇來".

3) 『高麗史』 卷2, 「世家」 2 광종 10년, "周侍御雙哲來 拜爲佐丞.".

4) 『高麗史』 卷2,「世家」 2 광종 9년, "夏五月始置科擧 命翰林學士雙冀取進士. 丙申 御威鳳樓放枋賜崔暹等及第".

5) 『高麗史』 卷13, 「世家」13 예종 5년, "辛未 御乾德殿 召見宋明州所歸女樂二人"; 『高麗史』 卷13 「世家」13, 睿宗 5년, "辛巳 宋遣王襄張邦昌來. 以叅知政事李瑋殿中少監左承宣韓皦如爲館伴"; 睿宗 7년, "潼州人林完 隨商舶 到京求仕".

6) 태조 이후 예종대까지만 하더라도 지속적인 한인 지식층이나 문인들의 投化는 중국 대륙의 잦은 왕조 교체와 북방 민족의 발흥으로 인한 정치적 혼란의 현실에서 선택한 정치적 망명의 성격이 강하게 보인다.

는 쉽지 않은 일이었기 때문에 오히려 국초부터 한인 지식층을 우대하였던 고려의 상황을 염두에 두고 官界進出이라는 명분을 충족시키는 투화가 중심을 이루었다.[7]

이와 함께 고려 정부는 국초부터 발해유민의 적극적인 유치 정책을[8] 상당 기간 유지하였는데, 934년(태조 17) 발해국 세자인 大光顯의 귀화로 절정을 이루었다.[9] 이에 따라 고려는 주변의 이민족 入境과 관련하여 官爵을 수여하거나, 賜姓 또는 編戶제도를 활용하여 고려 백성으로 적극 유치함으로써 인구의 증가를 꾀하고자 하는 정책적인 노력이 지속되었다. 아울러 거란·여진의 북방민족의 歸附도 증가하고 있음을 볼 수 있다. 고려와 거란의 접촉은 건국 초기부터 상당히 우호적이었으나, 발해가 거란에 의해 멸망하면서부터 양국관계는 악화되었다.[10] 더구나 태조가 후대에 남긴 『訓要十條』에는 거란에 대한 배제정책이 수록될 정도로 발해 멸망의 직접적인 원인으로 규정하였던 사실은 적대국이었음을 증명하는 것이었다. 더욱이 993년(성종 12) 10월에 있었던 양국 간의 군사적 충돌은 태조 이후 계속되었던 고려 정부의 북진정책에 대한 거란의 견제였으며, 이 기간 동안 거란인의 投化가 없었던 것도 고려의 거란에 대한 적대적 정책 유지에 그 원인이 있었다.[11]

그러나 현종대에 이르러서 거란인의 來投가 증가하였는데, 이 시기는 북방지역을 제압한 遼의 강력한 통제책에 반발하여 발생한 투화였고, 거란인의 고려 투화는 女眞에 의해 멸망될 때까지 계속 이어졌다.[12]

7) 南仁國, 앞의 글, 1986, 87쪽.

8) 태조 8년만 보더라도 발해인의 귀화가 잦았다. 『高麗史』 卷1, 「世家」 1 태조 8년 9월, "丙申 渤海將軍申德等 五百人來投"; 9월, "庚子 渤海禮部卿大和鈞均老 司政大元鈞 工部卿大福謩 左右衛將軍大審理等 率民一百戶來附"; 12월, "戊子 渤海左首衛小將冒豆干 檢校開國男朴漁等 率民一千戶來附".

9) 『高麗史』 卷2, 「世家」 2 태조 17년 7월, "渤海國世子大光顯 率衆數萬來投 賜姓名王繼 附之宗籍 特授元甫 守白州以奉其祀. 賜僚佐爵軍士田宅有差".

10) 韓圭哲, 「後三國時代 高麗와 契丹關係」, 『釜山史叢』 1, 1985, 24쪽.

11) 南仁國, 앞의 글, 1986, 90쪽.

12) 權兌遠(「高麗初期社會에 미친 歸化人의 影響에 관한 小考」, 『忠南大學校 人文科學論文

3. 고려시대 異民族 정착을 위한 諸정책의 시행

3.1. 賜姓名과 職牒 수여를 통한 회유

고려와 국경을 접하는 북방민족인 거란과 여진인의 귀화는 대체로 생활의 안정을 목적으로 이루어지는 경우가 많았다. 특히 여진인의 投化는 그들에 의해 金國이 세워질 때까지 계속되었는데, 그들은 자신들이 거주하는 지역을 고려의 州縣으로 삼아 줄 것을 청하기도 하였다. 이민족의 귀화와 그에 대응하는 고려의 대처방식에 대한 사례는 많지만, 다음의 기사는 여진인들의 귀부와 관련하여 고려의 이민족 통합 정책을 확인할 수 있는 내용이어서 주목할 만하다.

> A-① 동여진 귀순주의 도령인 대상 古刀化와 부도령인 古舍, 익주와 창주의 도령인 귀덕장군 高舍와 도령 黔夫, 전주와 성주의 도령인 봉국장군 耶好와 귀덕장군 吳沙弗, 공주의 도령인 봉국장군 多老와 번장 巴訶弗, 은주와 복주 도령인 원보 阿忽과 도령 那居首, 온주 도령인 三彬과 阿老大, 성주의 도령인 尼多弗 등이 무리를 이끌고 귀부하면서 고려의 군현으로 편입해 줄 것을 간청했다.
>
> 이에 고도화에게는 孫保塞, 고사에게는 張誓忠이란 이름을 내리고 각각 회화대장군 벼슬을 주었다. 야호에게는 邊最, 다로에게는 劉咸賓이란 이름을 내리고 각각 봉국대장군 벼슬을 주었다. 오사불에게는 魏蓄이란 이름과 회화장군 벼슬을, 아홀에게는 揚東茂라는 이름과 귀덕장군 벼슬을 주었다. 고사에게는 文格民, 금부에게는 康績, 파아불에게는 盧守, 나거수에게는 張帶垣, 삼빈에게는 韓方鎭, 아로대에게는 高從化, 이다불에게는 趙長衛라는 이름을 내리고 각각 大常 벼슬을 주었으며, 차등을 두어 물품을 하사했다.13)

集』 제VII권 제2호, 1981, 5쪽)과 南仁國(앞의 글, 1986, 91쪽)은 고려에 투화한 거란인의 동기가 끊임없이 추진된 정복전쟁의 수행으로 인한 병역의무에서의 도피와 이 시기에 자주 발생한 旱魃로 인한 경제적 궁핍을 해소하고자 하였던 데 있었다고 보았다.

13) 『高麗史』 卷9, 「世家」 9, 문종 27년 2월, "東女眞歸順州都領 大常古刀化 副都領古舍 益昌州都領 歸德將軍 高舍 都領黔夫 氈城州都領 奉國將軍 耶好歸德將軍吳沙弗 恭州都領奉國將軍多老 番長巴訶弗 恩服州都領 元甫阿忽 都領那居首 溫州都領三彬·阿老大 誠州都領尼多弗等 率衆內附 乞爲郡縣. 賜古刀化名孫保塞·高舍名張誓忠 各授懷化大將軍 耶

A-② 국왕이 制하기를 “동북 국경지역 15개 주 외곽에 사는 오랑캐들이 계속 귀부해 오면서 우리 행정구역에 편입시켜 줄 것을 간청하고 있으니, 이는 실로 종묘와 사직의 신령들 덕분이다. 재상들을 시켜 종묘와 사직에 이 사실을 먼저 고하게 한 뒤, 멀고 가까운 오랑캐들이 완전히 귀부해 와서 행정구역을 결정짓는 절차가 끝난 다음 내가 친히 종묘와 사직에 감사하려 한다. 이 행사에 따르는 의식과 태자의 대행 가부에 대하여 해당 관청에서 상세히 의논하여 보고하도록 하라.”[14]

A-①은 고려와 국경을 접하는 지역의 여진인들이 대거 고려 귀부와 동시에 군현 편입을 요청하는 내용이지만, 고려 정부의 대처 또한 이들의 편입 요청에 준하는 대응으로 이루어지고 있다. 즉, 귀부 여진인들에게 賜姓名과 함께 武散階의 벼슬을 하사함으로써 고려인의 정체성을 부여하려고 했다는 점이다. 정부의 이러한 대응 방식은 초기부터 고려에 투항하거나 귀부한 여진인에게 원칙적으로 우대하고 그들의 정상에 따라 포상하였다.[15] 投化나 向化 여진인에 대한 고려의 우대정책에서 보다 큰 의의를 지니는 것은 그들에게 職牒을 수여하는 회유책에 있었다.

A-②의 기사 또한 동북면 방면의 여진인들이 지속적으로 고려에 편입되었던 사례와 그에 대한 정부의 대처 방향을 잘 말해주는 내용으로, 고려인의 數的 증가와 함께 획득된 영토에 행정구역 정리와 편입 절차에 대한 정부의 입장을 말하고 있다. 고려 건국 직후 시행되었던 귀화

好名邊最·多老名劉咸賓 各授奉國大將軍 吳沙弗名魏蓄 授懷化將軍 阿忽名揚東茂 授歸德將軍 古舍名文格民·黔夫名康績·巴阿弗名盧守 那居首名張帶垣·三彬名韓方鎭·阿老大名高從化·尼多弗名趙長衛 各授大常 仍賜物有差”.

14) 『高麗史』 卷9, 「世家」9, 문종 27년 4월, “制曰 東北邊十五州外蕃人 相繼歸附 願置郡縣于今不絶 此實賴宗廟社稷之靈 其令宰臣 先告事由 待遠近畢納款 拓定州縣而後 親行恭謝其行禮及太子攝事之儀 有司詳議以聞”.

15) 포상의 종류는 ‘賜物’과 授職하는 ‘職賞’이 있었으며 여러 무리를 이루었을 때는 각기 차등을 두었다. ‘사물’이나 ‘직상’은 모든 來附者에 해당하는 것은 아니었으며, 그들의 慕義忠效에 따라 來附蕃族 중에서도 극히 일부의 蕃酋가 은전을 입을 수 있었다. 하사물의 품목은 銀子, 金帛, 金絹, 絹紬, 衣服, 器皿, 貨物, 酒食, 司牛, 田宅 등이었다. 특히 투화 여진에 대하여는 주로 江南, 畿內, 嶺東의 내륙에 분산하여 거주케 하였으나, 渤海古城地에 살게 한 예도 있고 東界 山南에 분처한 예도 있다(全海宗, 「귀족정권의 대외관계」, 『한국사』 4, 1981, 292~296쪽).

정책의 한 단면을 보여줄 뿐 아니라, 여러 국왕들에 의해 정책적으로 계승되어 왔음을 의미하는 것이기도 하였다. 이러한 고려의 적극적인 대처는 투화인들에게 고려와 인접한 지역에서 성장하는 세력들에 대한 군사적 견제의 역할을 부여하면서도, 새로 편입된 고려인들에 대한 생활 안정을 도모하는 데 더 큰 목적이 있었던 것으로 보인다.

한편, 앞에서 언급한 바와 같이 발해인의 귀화는 926년(태조 8) 9월 장군 申德 등 500인의 내투를 계기로 시작되어 고려 예종 대까지 계속되었다. 특히 발해국의 세자가 수 만 명을 이끌고 고려로 귀부하자 賜姓名하고 북계 지역을 다스리는 관리로 임명하였을 뿐 아니라, 관작에 따라 차등 있게 田土를 지급하여 경제적·신분적 안정을 도모하는[16] 본격적인 귀화정책의 하나였음이 재확인된다.

3.2. 戶籍 編成을 통한 이민족 同化

高麗의 제도 개편은 국초부터 시작되지만 본격적으로 이루어진 것은 成宗年間(982~997)의 일이다. 이러한 제도 개편의 결과로 이루어지는 戶部의 설치는 戶口, 貢賦 및 錢穀을 관장하는 기능을 담당하게 되었다. 호부의 기능을 단적으로 설명하는 기사는, 「식화지」에서 표현한 바와 같이 16세에서 60세까지의 '丁'을 대상으로 국역에 복무하게 하고 해마다 호구조사를 하며 그 호적대장을 戶部로 보내고 徭賦의 징수를 위한 호적제의 실행을 말하며, 1135년(인종 13)의 호적제에 관한 기록에서는[17] 이미 고려 초기부터 백성을 대상으로 하는 3稅의 부과가 있었음을 파악하게 하는 단서이다.[18]

고려시대의 백성은 모두 國役의 부담을 지고 있었다. 국역이란 국

16) 『高麗史』 卷2, 「世家」 2, 태조 17년 7월, "渤海國世子大光顯 率衆數萬來投 賜姓名王繼 附之宗籍 特授元甫 守白州以奉其祀 賜僚佐爵軍士田宅有差".

17) 『高麗史』 卷79, 「食貨志」 2 戶口條. "仁宗十三年二月 判 居京大小人員子弟 謀避徭役 各於本貫親戚戶籍類付 以致名實混淆 自今京人付外籍者 痛禁".

18) 崔弘基, 「高麗時代의 戶籍制」, 『韓國戶籍制度史硏究』, 博士學位論文, 서울대, 1973, 211쪽.

가에 대한 국민으로서의 의무를 말하며, 丁[19]의 연령층에 있는 모든 백성이 대상이 되었다. 관인이나 군인·향리 등은 국가에 대해 특정한 職役을 부담하는 계층이었으며, 그 이외의 백성들은 徭役·貢賦·軍役 등을 부담하였다. 요역은 국가의 여러 공사에 필요한 노동력을 징발하는 것이었으며, 공부는 지역의 토산물을 정부에 공급하는 것으로 역시 공물의 확보를 위한 노동력의 제공을 의무화하였다.[20] 이러한 役의 부과는 戶를 매개로 이루어졌는데, 『고려사』「형법지」에는 役의 수취와 '편호'의 용어와 관련된 주목할 만한 기사가 보인다.

> B-① 호구를 편성함에 人丁의 다과로 9등급으로 나누고 그 역의 부과를 정하였다.[21]

이라 하여 편호의 편성과 기준에 따라 役의 부과를 정한다는 기사이다. 즉, 일반 백성을 대상으로 하여 호구의 편성과 함께 국가재정 확충을 위한 역의 징발이 목적이라는 점에서 戶等制[22]의 시행과 관련하여 주목 받는 기록이기도 하다.

위의 기사에 대한 정확한 이해는 먼저 9등호제로 수취되는 '부역'의 실체가 무엇인가 하는 것과,[23] 다음으로 9등으로 나누어지는 대상이 무엇인가 하는 점이다. 두 번째의 문제는 편호에 대한 해석과도 관계

---

19) 16세 이상 60세 이하의 연령층에 해당하는 백성들을 말한다.

20) 朴恩卿, 「高麗前期의 移住」, 『高麗時代 鄕村社會研究』, 一潮閣, 1996, 29쪽.

21) 『高麗史』 卷84, 「刑法志」 1 戶婚條 "編戶 以人丁多寡 分爲九等 定其賦役".

22) 戶等制의 성립에 관한 연구는 주로 신라의 9등호제와 관련하여 나타나고 있는데, 金琪燮은 「新羅 統一期의 戶等制와 孔烟」, 『釜大史學』 17, 1993에서 개별 자연호의 소유토지와 人丁 및 그 외 牛馬 등 재산의 규모에 따라 戶를 9등급으로 나누어 설명하고 있다. 반면 李仁哲은 「新羅 統一期의 村落支配와 計烟」, 『韓國史研究』 54, 韓國史研究會, 1986에서 신라의 9등호제는 토지소유의 차이만을 반영한 것으로 파악하고 있다. 이와 관련하여 고려의 호등제는 人丁의 多寡에 의한 9등호제라고 보아 왔다. 특히 姜晋哲은 "고려의 賦役은 인정의 다과에 따라서 편성된 호등제에 기준을 두어 수취하는 것을 원칙으로 삼았다"라고 하면서 貢賦와 徭役은 이 9등호제에 의하여 과정된 것이라고 보고 있다(『高麗土地制度史研究』, 1980).

23) 金載名, 「高麗時代 役의 收取와 戶等制」, 『青溪史學』 12, 韓國精神文化研究院, 1996에서 賦役의 실체를 기본 세목으로 분류하여 力役(正役)의 徵發로 보고 있다.

되는 내용으로 이에 대한 해석이 호등에 대한 편성, 또는 호등제 자체 인지와,[24] 편호 자체가 인정의 다과에 따라 9등으로 나누어졌는지에 대한 해석이다.[25]

이에 대한 보다 구체적인 검토는 『고려사』에 보이는 편호의 기사에서 살필 수 있다.

B-② … 마땅히 너희들 公卿將相으로 國祿을 먹는 사람들은 내가 백성을 사랑하기를 아들같이 여기고 있는 뜻을 잘 알아서 너희들 녹읍의 백성[編戶]들을 불쌍히 여겨야 할 것이다.[26]

-③ 감찰하는 관리가 금품을 훔치거나 또는 감찰할 때에 재물을 받고서 법을 어긴 경우에는 도형과 杖刑은 논하지 말고 그의 職田을 회수한 다음 시골로 돌려보낼 것이며 승려로서 절간의 미곡을 훔친 자는 시골로 돌려보내 보통 호구에 편입하고 관가의 물품을 매매한 자는 시골로 돌려보내는 외에 법에 의하여 죄를 줄 것이다.[27]

-④ 향, 부곡, 진, 역과 양계, 주진의 백성들은 승려가 되는 것을 금한다.[28]

-⑤ 秋 7월 丙子에 도병마사가 주청하기를 '于山國 백성으로 여진의 虜掠을 입어 도망하여 온 자는 예주에 두고 官에서 식량을 급여하여 아주 編戶를 삼으소서.'하니 이를 따랐다.[29]

24) 崔弘基, 「高麗時代의 戶籍制」, 『韓國戶籍制度史硏究』, 博士學位論文, 서울대, 1973에서 編戶를 戶等制 자체로 이해하고 있다.

25) 金載名은 위의 논문에서 '編戶'를 인정의 다과에 따라 9등으로 구분되는 대상으로 파악하고 있다. 이와 함께 朴恩卿은 앞의 논문(1992)에서 編戶를 호적에 편입되어 부역을 담당하는 戶를 의미한다고 파악하고 있다.

26) 『高麗史』 卷2 世家2 태조 17년 詔, "夏五月乙巳 幸禮山鎭 詔曰 … 宜爾公卿將相 食祿之人諒予愛民 如子之意 矜爾祿邑 編戶之氓".

27) 『高麗史』 卷84, 「刑法志」 職制條, "官吏臨監自盜 及臨監內受財枉法者 徒杖勿論 收職田歸鄕. 僧人 盜寺院米穀 歸鄕 充編戶 貿易官物者 除歸鄕 依律科罪".

28) 『高麗史』 卷85, 「刑法志」 禁令條, "禁 鄕部曲津驛 兩界 州鎭 編戶人 爲僧".

위의 기사는 편호에 대한 기사로 B-②는 백성을 긍휼히 여기는 임금의 마음을 표현한 것으로 백성을 지칭하는 일반적인 사례이다. B-③은 지배계층이었던 관리들이 官의 물건을 빼돌리거나, 뇌물을 받았을 때 이를 경계하기 위한 방법으로 전시과에 부여된 職田을 회수하고 本貫으로 되돌리는 것을 말하고 있다. 아울러 승려 또한 국가로부터 면세의 특권을 부여받았던 계층이었다는 점에서 이들의 행위에 대한 단속을 전제로 하는 내용이다. 다만 이 기사에서 관리들을 귀향으로 그치는 반면, 승려들은 귀향 후 편호한다는 점에서 관리들보다 더 무겁게 형벌을 부과하는 셈이다.30) 특히 편호를 설명하면서 구체적인 신분을 들었다는 것이 특징으로 사료 자체가 『고려사』「형법지」의 내용이라는 점에서 사회경제적인 기반을 활용한 법제의 적용이라 볼 수 있지만, 편호가 호등제 자체였다는 것은 설명하기가 어렵다. 따라서 편호는 戶等 編成의 의미라기보다는 '編籍된 戶口'의 의미가 합당한 표현이겠다.

B-④의 기사는 피지배계층이나 특수 행정구역에 속한 백성들이 면세의 혜택을 받는 승려로 출가하는 것을 제한하는 내용이다. 고려사회에서 승려로 출가하는 것에 대한 국가의 법률은 귀족의 자제나 향리의 손자로 출가를 제한함으로써,31) 국가재정을 담당하는 일반민이나 피지배계층의 이탈을 방지하여 국가재정의 손실을 보전하려는 목적이 더 크다고 볼 수 있겠다. B-⑤는 월경한 여진을 피해 들어온 우산국의 백성들을 백성으로 편적하는 내용을 담고 있다. 우산국의 복속은 이미 신라 때의 일이긴 하나 고려 성종과 현종대에 이르러 지방

29) 『高麗史』 卷4 世家4 현종 13년, "秋七月丙子 都兵馬使奏 '于山國民 被女眞虜掠 逃來者 處之禮州 官給資糧 永爲編戶.' 從之".

30) 文炯萬은 常戶를 編戶의 의미로 보았으며 따라서 充常戶는 編戶에 충당시키는 것으로 해석하고 있다(文炯萬, 「麗代「歸鄕」考」, 『歷史學報』 23, 歷史學會, 1964, 29쪽). 北村秀人은 常戶를 鄕의 民으로 보고 充常戶는 단순한 鄕으로의 流配에서 나아가 해당자를 鄕의 호적에 등록해서 그 지역의 民으로 깍아 내리는 것으로 보았다(北村秀人, 「高麗時代の歸鄕刑·充常戶刑について」, 『朝鮮學報』 81, 1976, 108~109쪽). 蔡雄錫은 充常戶는 형벌적 의미를 갖는 것으로 充編戶와는 무관한 것으로 이해하였다(蔡雄錫, 「高麗時代 歸鄕刑과 充常戶刑」, 『韓國史論』 9, 서울대, 1983, 10쪽).

31) 『高麗史』 권6, 世家6, 정종 2년 5월 辛卯.

에 대한 행정체계가 완성되어 간다는 점을 볼 때, 당시의 상황은 수군의 보호를 받지 못하는 지역민의 이동이라는 차원에서 해석될 만하다. 때문에 이미 고려 정부가 백성을 편적하고 있다는 사실을 염두에 둔 도병마사의 주청이라는 점을 고려하여야 할 것이다. 즉, 고려 정부의 호구 편성은 국초부터 진행되어 온 편호제도에 대해 충분히 숙지하고 있다는 이야기이므로, 형법지의 행형체계 또한 동시에 이루어졌다고 볼 수 있다.

고려시대의 호적제는 自然戶를 대상으로 하여 戶와 口를 파악하고 이를 통해 徭役의 징발을 위한 중요한 수단으로 이용했다는 점이다. 또 당시의 호적이 戶主를 중심으로 하는 현실적인 생활공동체인 家를 단위로 하여 口를 파악하기 위해서 각 호마다 편성되었음을 의미하는 것이다.[32] 이와 함께 생각해 볼 수 있는 것은 고려의 호적제가 갖는 기능의 변화이다. 원래 호적제의 기본적인 기능은 徭役의 부과를 위한 호구의 조사에 있었다. 그러나 고려사회가 士族層과 庶人層을 기반으로 하는 신분제에[33] 뿌리를 둔 봉건적인 지배체제였으며, 이러한 제도적인 장치가 확립되어 감에 따라서 호적제는 기본적인 기능과 함께 점차 봉건적인 신분을 확인하는 기능으로 확대된다는 점이다. 즉, '나라의 제도에 백성이 나이 열여섯이 되면 丁이 되어 비로소 국역에 복무하고…'라 한 기록과 1134년(인종 12) 2월의 기록[34] 중 '서울에 거주하는 대·소인원의 자제들이 요역을 회피하려고…'는 고려 초기의 국역 부담이 大小間에 걸쳐 모든 人民이 다같이 服役한 것으로 생각해 볼 수 있겠다. 그러나 1325년(충숙왕 12) 10월의 下敎[35]와 1371년(공민왕 20)의 下敎[36]중에서 '아울러 옛 제도에 따라 양인·천인을 분간하

32) 崔弘基, 앞의 논문, 219쪽.

33) 고려의 신분제에 대한 재검토가 요구된다.

34) 『高麗史』 卷79, 「食貨志」 2 戶口條, "仁宗十三年二月判: 居京大小人員子弟 謀避徭役 各於本貫親戚戶籍類付 以致名實混淆 自今京人付外籍者 痛禁".

35) 『高麗史』 卷79, 「食貨志」 2 戶口條, "開城府五部及外方州縣 以百姓爲兩班 以賤人爲良人 僞造戶口者 據法斷罪".

36) 『高麗史』 卷79, 「食貨志」 2 戶口條, "恭愍王二十年十二月 下敎 本國戶口之法 近因播遷

여 호적을 작성하고…'한 것은 모두 服役을 수행함에 있어서 지배층과 良賤의 신분을 호적에서 구분하고 있음이 확인된다. 이처럼 고려의 호적제도는 국초부터 말엽에 이르기까지 사회를 이끌어가는 주요한 제도로 작용하였으며, 국역의 부담 또한 이를 근거로 하고 있음이 확인된다.

이러한 호적제의 시행은 궁극적으로 고려 태조의 인구증대정책을 적극적으로 시행한 것에 있었다. 고려정부의 인구증가책에 대한 해법 중 하나는 귀화인 유인책을 적절히 구사함으로써 실현가능한 이민족 동화정책의 일환이었다. 이 과정에 적용된 '編戶策' 또는 '充編戶策'은 이민족을 고려의 국민으로 충원하여 국가에 대한 국역의 의무를 주고 고려민으로 융화시키는 병합과정의 하나로 활용되었다.[37] 그리고 이것은 불안정한 北界지방의 防守와 함께 고토회복을 위한 북방개척의 시책으로 병행되었다.[38]

民戶에 충당될 귀화인에게 고려인의 자격을 부여하고 租稅·徭役·貢賦의 의무를 주어 고려 주권국민으로 흡수하려는 적극적인 귀화정책을 시행하였다. 이는 나말여초의 혼란기를 거치면서 감소한 인구의 보충이라는 점에서 더욱 필요하였다. 통일신라후기의 末期的 현상과 후삼국 시기의 잦은 兵亂은 인구의 대폭적 감소로 이어졌고, 이는 사회문화적인 것은 물론 경제적 분야에서도 눈에 띄는 변화를 가져왔기 때문이다.[39]

이러한 이유로 고려 정부는 국가정책의 최우선으로 인구 증대정책에 박차를 가했을 것이다. 그러나 국가가 아무리 노력한다 해도 인구의 증가는 급속도로 이루어지지 않는다. 특히 고려시대 같은 전근대사회에서는 병란과 질병, 기아 등의 이유로 인구의 증대는 급속히 이루어질

皆失其舊 自壬子年爲始 幷依舊制 良賤生口 分揀成籍 隨其式年 解納民部 以備叅考".

37) 전영준, 「高麗時代 '編戶'의 行刑體系 적용과 사회적 활용」, 『인문학연구』 13, 제주대학교 인문과학연구소, 2012, 30~38쪽.

38) 『高麗史』 卷2, 「世家」 2 태조 17년 7월, 발해국 세자의 귀부 기사 참조.

39) 김순자, 「고려시대의 전쟁, 전염병과 인구」, 『이화사학연구』 제34집, 2005.

수 없었다. 이 같은 사정은 『宋史』, 「高麗傳」의 기사로 확인되는데, 『송사』에서는 고려 전기의 인구를 2백 10만 여 명으로 추산하였다.[40] 때문에 당시 고려는 인구를 증가하기 위한 수단으로 귀화인을 적극 유치해서 편호에 충당하는 방법을 동원하였다. 이는 고려의 국익을 최대로 확장하려는 정부의 시책이기도 하였지만, 936년 후백제에 대한 공세를 펼칠 때에는 일정 정도 효과를 거두었던 것으로 보인다.[41]

위와 같은 사실로 미루어 본다면 고려는 후삼국 통일이전에 이미 북방민을 위무하고 귀화시킨 것으로 해석할 수 있다. 당시에 1만 여명의 말갈인 부대를 동원할 수 있다는 것은 그 보다 훨씬 더 많은 귀화인이 존재했음을 반증하는 사례가 아닐까 생각된다. 각국 출신의 인적구성 속에서 말갈인만으로 구성된 부대가 별도로 편제된 것은 고려 전기 이전부터 이미 대량의 북방민의 귀화가 시작된 것으로 생각된다.[42] 다음의 기사들은 고려가 초기부터 광범위하게 받아들인 이민족과 그들을 호적에 편제하였던 사례로, 북방민족은 물론 일본인들의 귀화도 적극적으로 받아들인 것으로 볼 수 있다.

B-⑥ 日本國人 道要彌刀 등 20호가 들어와 의탁하였으므로 利川郡에 살게 하고 編戶하였다.[43]

-⑦ 10월 甲申에 西北女眞의 仍化老 등 13인이 투항하여 옴에 課戶에 충당함을 命하였다.[44]

---

40) 『宋史』 卷487, 「外國」 3 '高麗傳', "總之 凡三京四府八牧 郡百有十八 縣鎭三百九十 洲島三千七百 郡邑小者 或只百家 男女二百十萬口 兵民僧各居其一" 한편, 박옥걸은 『고려시대 귀화인 연구』에서 고려인구의 수가 1340년 『송사』가 편찬된 해의 것보다 앞선 고려 전기의 인구로 추정하였다.

41) 『高麗史』 卷2 世家2 태조 19년 9월 "大相 庾黔弼 元尹 官茂 官憲等 領黑水達姑鐵勒 諸蕃勁騎九千五百"

42) 이러한 사례는 고려 이전에도 확인할 수 있는데, 신라 왕실 호위기구인 9서당은 新羅人과 高句麗人으로 구성된 각각의 3개 부대와 百濟人의 2개 부대 그리고 靺鞨人으로 구성된 1개 부대로 조직되었다(『三國史記』 卷40 잡지9 직관 하 무관 조).

43) 『高麗史』 卷3, 世家3, 목종 2년, "日本國人 道要彌刀等二十戶 來投 處之利川郡 爲編戶".

44) 『高麗史』 卷6, 世家6, 정종 6년 10월, "冬十月甲申 西北女眞 仍化老等十三人 來投 命充

-⑧ 丙寅에 동여진의 正甫, 馬皮 등 48인이 정주관 밖에 들어와서 編戶되기를 청하거늘 토지와 집을 내려 內地에 살게 하였다.45)

-⑨ 8월 을미에 서여진의 漫豆 등 17인이 가족을 거느리고 들어와 의탁함에 예빈성이 주청하기를 '舊制에 본국의 변방민으로 일찍이 蕃賊에게 납치되었다가 고국을 생각하여 스스로 돌아온 者와 宋人으로 재주와 기능이 있는 자 이외에 黑水女眞과 같은 자는 모두 入住를 허락하지 않았사오니 지금 漫豆 등도 돌려보내소서' 하니, 예부상서 盧旦이 주청하기를 '漫豆 등은 비록 무지한 사람들이라 할지라도 義를 사모하여 왔으니 거절할 수 없습니다. 마땅히 山南州縣에 머물게 하여 編戶를 삼게 하소서' 하니 따랐다.46)

-⑩ 戊午에 여진의 氈工 古舍毛 등 6인이 들어와 의탁하거늘 집과 밭을 주어 編戶에 채워 넣었다.47)

-⑪ 8월 대장군 최동수를 보내어 吾都止를 따라 몽고에 가게 하였는데 奏에 대략하여 이르기를 '돌아보건대 小邦이 비록 전성한 때에도 인민이 오히려 적었는데 하물며 신묘로부터 30년 동안 兵疫이 서로 잇달아 죽어서 喪 당하는 일이 매우 많았고, 비록 이제 編戶의 孑遺[遺民]가 겨우 농사의 생업을 회복하였으나 그 兵衛(군대)에 예속한 것도 또한 장정과 날쌔고 용감한 자가 없습니다. 그러나 황제의 칙령을 重曉하게 여겨 다방면으로 조사하고 징발하여 겨우 1만인을 얻었고 그 舟艦은 이미 沿海의 관리에게 위임하여 자재를 동원하여 만들게 하였나이다'라고 하였다.48)

爲課戶".

45) 『高麗史』 卷7 世家7 문종 6년, "丙寅 東女眞 正甫馬波等 男女四十八人 請入定州關外 爲編戶 賜田宅 處之內地".

46) 『高麗史』 卷9 世家9 문종 35년, "八月己未 西女眞 漫豆等十七人 挈家來投 禮賓省 奏曰 '舊制 本國邊民 曾被蕃賊 所掠懷土 自來者與宋人有才藝者外 若黑水女眞並 不許入 今漫豆亦 依舊制 遣還.' 禮部尙書 盧旦 奏曰 '漫豆等 雖無知之俗 慕義而來 不可拒也 宜處之山南州縣 以爲編戶.' 從之".

47) 『高麗史』 卷11 世家11 숙종 6년, "戊午 女眞 氈工 古舍毛 等六人 來投 賜田廬以 充編戶".

48) 『高麗史』 卷26 世家26 원종 9년, "八月 遣大將軍崔東秀 隨吾都止 如蒙古 奏略曰: '顧惟

이들 기사들은 대부분 변방 이민족의 고려 국적 취득이나,[49] 일본 정벌 당시의 백성의 곤궁함을 설명한 것 등이다. 그러나 이들 중 B-⑩의 기사에 보이는 '충편호'는 형법지에서 말하는 의미와는 다른 것으로 이해된다. 형법지에서 표현하는 편호는 어디까지나 지배계층에 속한 이들에 대한 통제장치로 이해된다는 점을 전제할 때, 이 기사는 이민족 모직수공업자의 입경을 통해 고려의 수공업 분야에 편호로 충당한다는 의미라 생각된다.

수공업자의 고려 정착에 대한 기사는 『宋史』에서도 확인되는데, 이는 고려가 국초부터 귀화 漢人을 우대하였던 사실에 비추어 볼 때 주목할 만하다. 즉, 쌍기나 왕융 같은 한인 지식인들을 활용하였던 사실은 왕권강화를 위한 정책적 판단이라고 볼 수 있기 때문이다. 다음의 기사는 『송사』에서 밝히는 수공업자의 고려 정착과 관련한 기사이다.

C-① 희녕 7년(1074년, 문종 28) 과거에 고려 사신들이 오갈 적에는 모두 등주를 경유하였는데, 희녕 7년에 그의 신하 김양감을 보내어 아뢰기를 "거란을 멀리하고 싶으니 길을 바꾸어 명주를 경유하여 대궐에 이르겠습니다." 하니 그렇게 하도록 하였다.

徽(고려 문종)가 또 표를 올려 의약 및 고려 사람을 가르칠 畵工·塑工 등을 보내 달라고 요구하니 羅拯에게 조칙을 내려, 가기를 희망하는 사람들을 모집하도록 하였다.

-② 慶元 연간(1195~1200년, 명종25~신종3) 조칙을 내려 상인들이 동전을 가지고 고려로 들어가는 것을 금지시켰다. (고려) 왕성에는 중국 사람이 수백 명 있었는데, 장사 때문에 배타고 간 閩지방 사람들이 많았다. (고려에서는) 비밀리에 그들의 재능을 시험해 보고 벼슬을 주어 유혹하거나 강제로 체류시켜 일생을

小邦 雖在全盛之時 人民尙寡況 自辛卯三十年來 兵疫相仍喪亡太多 惟玆編戶之孑遺 僅復農畦之生業 其隷于兵衛 亦未有丁壯驍勇者 然 重違帝勅 多方調發 僅得萬人 其舟艦則 已委沿海官吏 方始庀材 營造".

49) 姜性文, 「高麗初期의 北界開拓에 대한 硏究」, 『白山學報』 27, 白山學會, 1983, 39~57쪽에서 호구증식에 관한 논지를 펴면서 이민족의 국적 취득에 관해 論하고 있다.

마치도록 하기도 하였다. 조정에서 사신이 갔을 적에 (그들 중에) 첩을 올려 하소연하는 사람이 있으면 데리고 귀국하였다.

C-①과 ②는 고려가 송과의 무역을 전개하는 과정에서 대두되었던 고려인의 송에 대한 기술 인력의 송출 등에 관한 문제들을 지적하는 내용이다. 이들은 국초부터 고려에 일정한 역할을 하였던 귀화 한인들과 같은 입장도 있었겠지만, 고려의 적극적인 인재 유치도 한 몫 하였을 것이다. 그러나 앞의 B-⑥~⑪의 기록은 여진과 일본인들의 적극적인 귀화 의사와 맥을 같이 한다는 점에서는 그 의미가 다르지만, 고려의 수공업자 유치는 고려의 국익에 도움이 된다는 판단 때문에 즉각적인 조치가 취해진 것이라 볼 수 있겠다.

한편, 고려후기에는 비판의 대상이 되었던[50] 사원의 창건과 관련한 기록에서도 원의 기술자를 초빙하였는데, 齊國大長公主가 元의 공장을 초청하여 전각을 짓는 토목공사의 내용이다. 이 공사는 이듬해까지 진행되었는데, 이에 대한 공주의 관심은 각별하였다.

C-③ … 이때에 公主가 工匠을 元에 청하여 크게 토목의 役을 일으킬 때 木匠提領 盧仁秀가 한 큰 나무를 택하여 方慶·柳璥과 印侯·張舜龍에게 각각 톱을 잡게 하고 그 두 끝을 꺾게 하면서 깨우쳐 말하기를, "人臣이 임금에게 힘을 다함이 마땅히 이와 같을지라"고 하였다.[51]

위의 인용문에서 주목되는 내용은 '木匠提領 盧仁秀'이다. 그러나 盧仁秀를 귀화인으로는 볼 수 없으나 원에서 초청된 木匠이나 梓人 등 건축 관련 종사자들의 동원으로 볼 때, 당시 고려에서도 이들의 역사에 참여한 工匠層이 존재하였을 것으로 보이기 때문에 양국 간의 기술적 교류를 추정해 볼 수 있을 것이다. 다음의 사료는 충렬왕 3년

50) 李齊賢, 「重修開國律寺記」, 『益齋亂藁』 권6.

51) 『高麗史』 卷104 列傳17 金方慶條.

의 기사로 이에 대한 구체적인 내용을 담고 있다.

> C-④ … 공주가 일찍이 원에 공장을 청하였는데 이에 이르러 木匠提領 盧仁秀가 三哥로 하여금 공주에게 告하여 말하기를, "宮室의 役事를 이미 罷하였는데 어찌 우리를 돌려보내지 아니 하나이까" 라고 하니 공주가 大怒하여 宰樞들을 힐책하여 말하기를, "내가 다만 役徒들만 쉬게 하였는데 어찌 또한 工匠을 보내려 하느냐" 라고 하매 宰樞가 말하기를, "役事를 罷한다 함은 이는 日官의 말이니 臣 등이 어찌 알리요"라고 하였다. 공주가 더욱 怒하여, "어찌 나를 멸시하느냐. 반드시 한 宰樞를 징계하여 그 나머지들을 경계하리라"고 하므로 재추들이 그 대답이 어려웠는데 李褶이 말하기를, "向者에 신 등이 왕의 병이 위독하므로 役事를 罷하고 修省하기를 청하여 다행히 허락되었는데 工匠들이 망녕되게 役事를 파하였다고 말하고 돌아가겠다 한 것이오니 지금 불러 다시 시작하여도 또한 늦지 않나이다"라고 하니 공주의 노여움이 풀렸다. 얼마 후에 日官이 또 3층閣은 짓지 말 것을 面請하였으나 듣지 않고 諸道의 役夫를 징발하여 독촉하기를 더욱 급히 하였다.[52]

인용문은 元에서 초청된 工匠들이 궁실의 역사를 마치고 원으로 돌려보내 주기를 요청하는 내용으로 이들 공장들은 木匠이나 梓匠 등의 숙련된 기술을 소지한 계층으로 보인다. 더욱이 役徒와 役夫라고 따로 칭하는 것으로 보아 이때에 동원된 使役層은 민정과 사원에 소속되었던 僧匠이나 工匠僧 등의 토목기술자들이 함께 동원되었을 개연성이 높다. 또한 원나라에서는 3층의 전각을 구성했을 정도의 기술을 보유했었던 점으로 보아 원에서 초청된 기술자들과 고려의 공장들과는 어느 정도 기술적 교류가 있었을 것으로 보이지만, 구체적인 자료는 아직 찾을 수 없다. 다음의 사료 또한 고려에 파견되었던 토목기술자들의 존재를 알려주는 내용으로,

52) 『高麗史』 卷89 列傳2 후비2 齊國大長公主條.

C-⑤ 그 때에 왕이 元朝의 梓人 元世를 濟州에서 불러 올려 影殿을 경영케 하니 元世 등 11인이 家率하여 왔다. 원세가 宰輔에게 이르기를, "원나라의 皇帝가 土木 일으키기를 좋아하여 민심을 잃고 스스로 마침내 四海를 보전하지 못할 줄을 알고 이에 우리들에게 詔하여 宮殿을 耽羅에 經營케 하고 避亂의 계책을 삼고자 하더니 준공을 보지 못하고 원나라가 망하였나이다. 우리들이 衣食을 잃었다가 이제 부름을 입어 다시 衣食을 하게 되니 진실로 萬幸입니다. 그러나 원나라는 큰 천하를 가지고도 인민을 함으로써 멸망하였으니, 비록 高麗가 크다 하더라도 민심을 잃지 아니한다 할 수 있겠습니까. 원컨대 여러 宰相은 왕에게 奏啓하소서"라고 하였으나 宰輔들이 감히 聞奏치 못하였다.[53]

원이 멸망하기 직전 고려의 영도인 탐라에 새로운 궁궐을 조영하고 후일을 도모하고자 하였던 원 황제의 의도가 내포된 기술자의 파견을 알게 하는 내용이다. 탐라가 원나라의 방목장이었던 점과 바다에 접해 있다는 점이 고려된 것으로 보인다. 이때 탐라에 파견된 梓人 元世 등이 궁전을 채 조영하기 전에 이미 원나라의 멸망이 있었다는 것을 기술하고 있다. 공민왕이 원세를 불러서 전각을 구성하게 하고 그를 귀화하게 하였던 점으로 볼 때, 고려의 지속적인 귀화정책은 잘 유지되고 있음을 확인할 수 있다.[54] 특히 이들은 몽골과의 교류가 시작된 이후 고려에 들어온 木匠, 梓人들로 실제로 토목공사나 전각의 營繕에 직접 영향을 주었던 것으로 보인다.[55]

따라서 사료를 통해 알 수 있는 이민족의 귀화와 이를 활용한 편호는 이미 고려인들에게 적용되었던 常戶나 課戶와 내용상 동일하다는 것이므로, 백성의 호적에 편성되어 국가에 대한 力役의 부담을 담당하는 戶의 편성을 의미하는 것이라 볼 수 있다. 더욱이 북계 지역을 중심으로 하는 거주지 제한 규정과 함께 본다면 거란이나 여진인의 귀화는 국경에 대한 수비와 3稅의 부과를 동시에 취하면서도 그들에

53) 『高麗史』 卷41 世家41 공민왕 18년 9월 辛酉.

54) 『高麗史』 卷41 世家41 공민왕 18년 9월 辛酉.

55) 박옥걸, 「고려시대 귀화인의 역할과 영향」, 『白山學報』 70, 2004, 374~375쪽.

게 고려의 정체성을 강조하려는 의도에서 귀화정책으로 채택하였을 것이라 생각된다.

3.3. 경제적 안정을 위한 投化田의 지급

越境이나 투화를 통해 고려로 귀화한 이민족에 대한 고려의 정책은 앞에서 살펴본 바와 같지만 이들이 고려 백성의 의무를 다하기 위해서는 최소한의 경제력을 갖추어야 했다. 때문에 정부는 이들에 대하여 投化田의 명목을 빌어 토지를 지급하였다.

> D-① 7월 대사헌 趙浚 등이 상서하여 말하기를, … 投化田은 귀화한 사람이 이를 종신토록 먹게 하며 죽으면 나라에 반납하게 한다. 관직을 받아 구분전을 받은 사람에게는 지급하지 않는다.[56)]

위의 기사는 1388년(우왕 14)에 조준이 올린 상서문의 내용 중 일부로 조준은 토지제도를 바르게 하여 國用을 넉넉히 할 때, 국가의 위신을 바로 세울 수 있다고 하면서 고려 말엽의 토지제도 문란으로 토지가 부족해지자 투화전의 명목으로 전답 사여를 제한해야 한다고 주장하였다. 여기서 확인되는 투화전의 내용은 귀화인에게 종신토록 주는 토지이며, 귀화인이 죽거나 관직 진출을 이루었을 때는 이를 국가에 반환해야 함을 강조하고 있다. 즉, 고려 초기부터 있었던 이민족의 귀화와 정착에는 일괄적으로 주택과 전답, 미곡과 의복, 기물과 가축 등을 나누어주는 사례가 있었음은 앞에서 살핀 바와 같지만,[57)] 이와 같은 공식적인 토지제도가 있었음은 귀화인들에 대한 경제적 보상을 꾀하고 있는 것이며, 아울러 관계 진출 등을 이룬 한인 지식층이나 그 밖의 귀화인의 사례를 반영하여 公的으로 토지를 받았을 때는 반환한

56) 『高麗史』 卷78 志32 食貨1 田制 신우 14년, "七月 大司憲趙浚等上書曰…投化田 向國之人食之終身 身歿則還 公受官職 有口分田者 不許".

57) 앞의 각주 15) 참조.

다는 이전의 규정을 재확인하게 한다. 다음의 기록은 고려에 투화하여 丁이 된 사람들에 대한 내용을 담고 있어 주목된다.

D-② … 또 양계의 亡丁과 投化丁에게는 토지 각 4결을 지급하고 교대하는 자가 이어서 그 토지를 받도록 하며, 몽골어와 한어에 능통한 자 각 2명을 뽑아 그들을 데리고 가서 관리시키도록 하십시오. 그 관리인에게는 각자 은 1근, 백저포 1필, 폭이 넓은 모시베 각 15필, 명주 5필, 솜 3근, 쌀 15석, 말 3필을 하사하고 해마다 그 집에서 쓰는 비용으로 명주, 모시베 3필과 쌀 10석을 주도록 하십시오.58)

위의 기록은 충렬왕 대의 기사이기는 하나, 고려 초기부터 행정구역으로 편제된 지역인 양계에서 역참의 역을 수행하는 수직자에 대한 보상을 담은 내용이다. 직역에 해당하는 토지를 지급하고 그에 대한 관리자에게도 일정한 보상을 내리고 있다. 토지 4결이 비록 많지는 않지만, 앞에서 언급한 투화전보다는 많을 것으로 판단되기 때문에 투화인들에게 지급되었던 투화전의 총액이 많다고 볼 수는 없을 것 같다.59) 또 조준이 상서에서 지적한 바와 같이 관계 진출이나 公的으로 토지를 지급받게 될 때는 투화전의 국가 반납을 명시하였기 때문에, 투화인들의 國役 등의 업무에 종사하거나 軍役 등의 업무에 투입되었을 경우를 상정한다면 투화인들에게 지급되었던 토지는 극히 제한된 상태에서 순환되었을 가능성이 크다. 때문에 투화인들에 대한 고려 정부의 경제적 처우 개선 정책은 크게 영향을 받지 않았을 것이라 생각된다.60) 다음의 기록도 투화인을 군대에 편성한 내용이다.

---

58) 『高麗史』 卷82 志36 兵2 站驛, "忠烈王 五年 六月 都評議使言 …又給兩界亡丁投化丁 田各四結 令更者遞受 擇能蒙漢語者各二人 押去管領. 其管領人 人賜銀一斤 白苧布一匹 廣苧廣布各十五匹 紬五匹 緜三斤 米十五石 馬三匹 歲資其家 紬苧布各三匹 米十石".

59) 南仁國, 앞의 글, 1986, 99~100쪽에서는 투화인의 수가 어림잡아 수십만에 이른다고 보아서 이들에게 지급된 토지결수인 17결을 곱하여 백 만결 이상을 상회한다고 하였는데, 이는 당시 역참에 주어졌던 토지결수 4결보다 적은 양이 지급되었던 사실을 미루어 보면 잘못된 표현이 아닐까 생각된다.

60) 투화전 등에 대한 조준의 상서는 고려 후기 여러 명목으로 토지를 탈점하는 권세가들의

D-③ 東界. 高州; 도령 1명, 낭장 3명, 별장 7명, 교위 15명, 대정 32명이 있다. 초군·좌군은 각 1대이고, 우군은 8대이다. 영새는 2대이고, 投化·田匠[61]은 각 1경이다.[62]

위의 기록에 따르면 투화인들이 강한 활을 쏘는 梗弓軍에 편성되어 있음을 말하는 것으로 이 또한 앞의 D-①·②와 같이 해당하는 직역에 포함되고 있음이 확인된다. 즉, 東界 지역이 국경이라는 점에서 고려 정부는 북방에서 투화하는 대부분의 사람들을 변경에 재배치함으로써 국경 수비와 전쟁을 대비한 전략적 차원의 활용을 보여준다는 점에서 특징을 보여준다. 이처럼 투화인의 직역 배치는 북방의 국경에만 그치는 것이 아니었다.

D-④ 임진일에 해당 관청을 시켜 송나라에서 귀화해 온 張琬이 연구한 遁甲三奇法과 六壬占을 시험해보게 한 후 太史局監候로 임명하였다.[63]

-⑤ 여름 4월 … 康滌 등을 급제시키고, 귀화해 온 송나라 진사 章忱을 불러 그 재능을 시험해 본 후 別頭及第를 주었다.[64]

-⑥ 왕이 중광전의 서루에서 귀부해온 송나라 사람인 낭장 陳養과 역관 陳高·兪坦을 불러 무예를 시험해 본 후 각기 물품을 내려 주었다.[65]

행태를 바로잡으려 한 것이기 때문에 직접적으로 투화전에 대한 문제는 아니었다고 생각한다.

61) 공장들이 여진정벌의 목적을 위해 조직된 별무반 소속의 특수 兵種에 나타난 강한 활을 쏘는 군인들로 편성된 梗弓軍에 포함되는 것을 말한다. 경궁군은 1梗 단위로 편성된다.

62) 『高麗史』 卷83 志37 兵3 州縣軍, "東界. 高州 都領一 郎將三 別將七 校尉十五 隊正三十二 抄軍左軍各一隊 右軍八隊 寧塞二隊 投化田匠 各一梗".

63) 『高麗史』 卷8 世家8 문종 11년, "壬辰 命有司 試宋投化人 張琬所業 遁甲三奇法 六壬占 授太史監候".

64) 『高麗史』 卷11 世家11 숙종 7년, "夏四月丁酉…以進賜康滌等及第 幷召試投化宋進士章忱 賜別頭及第".

65) 『高麗史』 卷12 世家12 예종 원년, "癸丑 御重光殿西樓 召投化宋人 郎將陳養 譯語陳高兪坦 試閱兵手各賜物".

고려 초기부터 중국 내부의 혼란상을 틈타거나 송에서 귀화하여 고려의 관리로 임명된 사례는 많지만, 위의 기록 또한 송에서 귀화한 이를 시험한 후 해당 관청에 배치하였다는 기록이다.[66] 이는 D-⑥처럼 고려 정부가 한인 지식층의 귀화를 권장하였다고 전하는 『宋史』나 蘇軾, 徐兢의 『高麗圖經』의 지적처럼 그들의 재능을 시험하여 관료로 채용한다는 기록을 증명하는 것이기도 하였지만, 고려가 원하는 인재의 확보는 당시에 치열하게 전개되었던 동북아시아의 정세와 무관하지 않은 것 또한 사실이다.

여기에서 제시한 D-①~⑥의 기록들은 고려 정부가 투화인에게 취했던 경제적 처우와 관련한 내용이다. 논지의 핵심이 되는 投化田의 지급은 어디까지나 투화 또는 향화인들에게 생활 안정을 위한 기반으로 귀화 초기의 일정 기간 동안만 지급되었을 가능성이 높다. 왜냐하면 귀화인들의 능력을 시험해보고 임용한다는 여러 기록들에서 확인이 되지만, 대체로 한인 지식층이나 宋人들은 중앙 정계나 관료로 진출하는 경우가 많았던 것으로 파악된다. 반면 거란인이나 여진인 등은 그들의 거주 지역을 양계는 물론 개경 이남에도 두어 그 지역에서 필요로 하는 업무에 투입되었을 가능성이 높기 때문이다. 실제로 역참이나 군대 편성에 직접 투입됨으로써 그들이 귀화 초기에 지급받았던 투화전 4결의 반납과 동시에 군인전이 지급되었을 것이고, 이들을 위한 통역인이 상주하였다는 것을 염두에 둔다면 귀화인들의 고려 사회에 적응하는 기간이 그리 길지 않았을 것으로 생각된다. 이러한 기록들로 미루어 볼 때 고려사회는 이민족에 대해 개방적이었으며, 이는 결국 고려를 다원적 천하관의 중심에 설 수 있는 지향점을 마련하는 계기였다고 판단된다.

66) 이 경우에는 귀화인에게 직역을 부여함과 동시에 田柴科 체제에 따르는 토지지급과 사회적 처우가 보장되었을 것으로 생각되기 때문에, 투화전 자체가 고려 사회에 큰 부담으로 작용하였을 것이라 보기 어렵다.

4. 맺음말

동북아시아의 국가들이 추구했던 변화 양상은 고려의 정치적·대외적 관계에 지대한 영향을 미쳤다. 특히 후삼국을 통일한 직후 줄어든 인구는 국가 재정의 확충이라는 중차대한 사안에 직면하였던 고려는 이를 극복하기 위한 수단으로 내부적으로는 중앙집권을 강화하고 외부적으로는 이민족의 귀화에 적극적으로 대처하였다. 특히 내부 정치력의 확대를 위한 한인 지식층의 귀화 유도는 고려 정부의 정치 개혁에 신호탄으로 작용할 정도로 시급히 해결해야 할 문제였다.

고려 초기에 집중되었던 漢人들의 귀부는 대체로 五代人들이 중심이었으며, 이들은 중국 내부의 잦은 왕조 교체로 인한 정치적 혼란과 북방에서 흥기한 거란족의 정치적·군사적 압박에서 벗어나고자 하였다. 漢人 지식층의 적극적인 귀화 유도를 통해 새로운 정치질서를 마련하고자 하였던 고려 정부의 관심과도 그 맥락을 같이할 뿐만 아니라 광종 대에 이르러서는 한인 지식층의 귀화가 절정을 이룰 정도였다. 아울러 한인 지식층에 대한 고려 정부의 정치·경제·사회적인 처우에서도 일정한 수준 이상의 보장을 통해 적극적인 귀화 유도를 이끌어냈다.

그러나 한편으로는 귀화 한인들 스스로가 고려에 投化하여 벼슬을 구하는 모습이 동시에 나타난다는 점에서 당시 동북아시아의 정세와 무관하지 않았음을 확인할 수 있었는데, 宋初의 예비 관료인 進士와 사대부들은 본국에서의 활동보다 한인 지식층을 우대하였던 고려에서 官界進出이라는 명분을 충족시키고자 하였다는 특징도 함께 확인되었다. 아울러 거란·여진의 북방민족의 歸附도 증가하고 있음을 볼 수 있었다.

다양한 신분의 투화인들은 지속적으로 고려를 향했으며, 이에 대한 고려의 대응도 보다 적극적이어서 제도적 배려는 물론 실질적으로 고려의 경제력이나 군사력의 확충에 활용될 수 있는 정책을 시행하였다. 賜姓名과 職牒 수여를 통한 회유는 宋人은 물론 북방민족에게도 예외

없이 적용되었고, 중앙의 관직은 물론 鄕職이나 武散階에 해당하는 관직 수여를 통해 고려인의 정체성을 각인시키고자 하였음이 특색이다. 또 戶籍 編成을 통한 이민족 同化政策의 시행은 고려의 편호제도를 적극 활용한 것이었지만, 궁극적으로는 국가 재정 확보를 위한 본질적 의미에서 출발하였다는 것을 확인할 수 있었다. 3稅의 확보를 위한 다각도의 노력이 없었던 것은 아니지만, 투화인들을 편호함으로써 추가적인 귀화를 적극 유도하는 정책이었다는 점이 특징이다. 아울러 경제적 안정을 위한 投化田의 지급을 통해 귀화인의 생활을 안정시키고, 더 나아가 관계 진출이나 國役을 수행하는 데 토대를 제공하였다는 점이다. 이는 결국 귀화인들의 안정적 정착을 위한 정책적 결정이었지만, 북방 민족의 대거 투화를 통한 북방 영토의 편입에도 일정한 영향으로 작용하였다는 점에 그 의의를 둘 수 있겠다.

關羽信仰의 朝鮮 傳來와 關王廟 建置

박경하·한종수

1. 序言

關羽에 대해서는 단지 民間信仰으로만 인식하는 경향이 있다. 실제 수많은 무속인들이 '義勇忠節'의 상징적 존재인 關羽를 모시고 있기 때문에 민간에서 숭앙하는 것이 아주 오래 전부터라고 생각하고 있는 것이 사실이다. 그러나 壬辰倭亂 이전에 關羽에 대한 관심은 陳壽의 『三國志』나 羅貫中의 『三國志演義』를 접할 수 있었던 사대부 계층에 한정되었을 것이다. 그 후 明軍指揮府에 의해 수입되고 건립된 關王廟를 통해 전국적으로 關羽信仰이 나타났다.

주지하듯이 임진왜란은 일본이 "征明假道"를 구실로 朝鮮을 침략하여 조선이 커다란 위기에 봉착하였고, 이에 명나라가 군대를 파견함으로써 朝鮮과 明·日本 간의 국제적인 전쟁의 양상을 띠게 되었다. 壬

* 중앙대학교 역사학과 교수

* 중앙대학교 교양학부 강사

** 이 논문은 2007년 정부(교육과학기술부)의 재원으로 한국연구재단의 지원을 받아 수행된 연구임(KRF-2007-411-JO2001).

辰倭亂 이전의 朝鮮과 明의 관계가 동아시아의 국제질서 속에서 '책봉-조공 체제'[1]에 기반한 '事大關係'를 중심으로 朝鮮이 明을 섬기는 상황이었기 때문에 明의 軍事援助와 明軍의 長期 駐屯은 조선사회에 정치·사상·문화적으로 많은 영향을 끼치게 되었다. 정치적으로 明이 조선을 구원하여 일으켜 세웠다는 의미에서 '邦國再造'의 개념이 형성되는 동시에 宣祖를 비롯한 臣僚들 사이에서 武備에 대한 강조, 나아가 尙武的 분위기가 확산되는 계기가 되었다. 문화적으로는 몽고족의 유럽원정이 동서 문화 교류에 공헌했듯이, 조선에서는 이러한 전쟁을 통하여 軍事關係 문물을 수용하려고 노력했다. 또한 사상적으로는 明軍指揮府를 비롯한 중국인들은 조선의 '文弱'과 주자학 일변도의 학풍을 비판하고 그 대안으로 明의 문물을 수용하라고 요구하였다. 이에 따라서 壬辰倭亂 당시 朝鮮에서는 전혀 생소했던 關王廟[2]가 명군지휘부의 요구에 의해 건립하게 되었다.

宣祖는 관왕묘의 建置 이후 명군의 강요에 의해 關羽의 생일인 5월 13일에 致祭하게 된다. 또한 지방에서도 안동, 성주, 강진 및 남원 등지에 왜군과의 격전지를 중심으로 건치되었다. 이는 명군에 의해 단순히 신앙의 대상으로 관왕묘가 만들어진 것이었다. 이후 명군의 철수 이후 방치되어 오던 關王廟의 改修와 致祭가 숙종대에 이르러 집중적인 관심을 받게 되었고, 英·正祖를 거쳐 高宗 대까지 계속 親祭하여 조선후기 政治史에 있어서 중요한 의미를 띠고 있다. 한 나라의 國王이 外國의 일개 武臣에게 나아가 致祭하는 이유는 왕의 행위 자체가 정치적인 행동이기 때문에 개인적인 숭배나 신앙으로 파악할 수는 없는 것이다.

특히 또 다른 이민족인 만주족의 침략으로 '丁丑和約'을 맺고 난 이후 조선에서는 淸에 대해서 복수해야 한다는 對淸復讐論, 다시 말해 北伐論이 '內修外攘'의 自强 형식으로 나타났다. 그리고 명이 멸망한

---

1) 전해종, 「한중 조공관계 개관」, 『한중관계사연구』, 일조각, 1970.

2) 關王廟는 관우의 廟堂의 이름이다. 이외에 武安王廟, 關聖廟, 誕報廟, 關帝廟 顯聖廟, 聖帝廟라고 등으로 불린다. 神號로는 關聖帝君(關帝), 關雲將, 關王, 關聖, 武安王 등이 있다.

후에는 壬辰倭亂 당시 신흥의 여진족과 요동지방에서 팽팽하게 대립하던 상황에도 불구하고 군대를 파병하여 원조해준 明에 대해 의리를 지켜야 한다는 對明義利論이 제기되는 동시에 明이 멸망한 동아시아의 유교문화권에서 유교문화의 정통을 朝鮮이 가지고 있다는 '朝鮮中華主義'가 점차적으로 성숙되었다. 아울러 이 시기는 두 차례 일어난 禮訟論爭[3]으로 인해 西人과 南人의 朋黨間의 대립[4]이 점차 치열해지고, 그로 인해 王의 正統性과 王室權威가 손상되었던 시기이기도 하다.

기존에 關王廟에 관한 연구 성과로는 일찍이 金龍國은 「關王廟建置考」에서 關王廟의 建置 動機와 經緯 및 中央과 각 지방 관왕묘의 沿革 등을 소개하였고,[5] 일본학자 中村榮孝가 조선에서의 關羽信仰과 그 祠廟에 대해서 언급한 것을[6] 비롯하여, 민간신앙으로서 關王廟에 대한 수편의 연구 성과가 발표되었는데 그 중 대표적인 것으로 李慶善은 한국과 중국의 關羽信仰과 그것이 민속신앙에 끼친 영향 및 관왕묘의 行禦에 대해서 서술하였고,[7] 김필래는 關羽信仰이 유입된 원인과 중국과 조선에서의 關羽信仰을 소개하고 '壬辰錄'을 중심으로 關羽說話의 변이양상을 서술하였고,[8] 李在崑은 그의 저서에서 특히 서울

3) 柳正東, 「禮訟의 諸學派와 그 論爭」, 『韓國哲學史 研究』(中), 東明社, 1978; 李成茂, 「17世紀의 禮論과 黨爭」, 『朝鮮後期 黨爭의 綜合的 檢討』, 韓國精神文化研究院, 1992; 李迎春, 「朝鮮後期 王位繼承 研究」, 集文堂, 1998; 鄭玉子, 「17世紀 思想界의 再編과 禮論」, 『韓國文化』 10, 1989; 池斗煥, 「朝鮮後期 禮訟研究」, 『釜大史學』 11, 1987; 黃元九, 「己亥服制論案始末」, 『東亞世亞史研究』, 일조각, 1976; 黃元九, 「所謂 己亥服制問題에 대하여: 李朝 禮論 研究의 一齣」, 『延世論叢』 第2 輯, 1963.

4) 朴光用, 「朝鮮後期 政治勢力 研究現況」, 근대사연구회 연구회 엮음, 『朝鮮中世社會解體其의 諸問題』(上), 1987; 吳洙彰, 「朝鮮後期 政治運營 研究의 現況과 課題」, 『역사교육』 21, 1977; 李銀順, 『朝鮮後期 黨爭史 研究』, 一潮閣, 1988; 李泰鎭, 「黨爭을 어떻게 볼 것인가?」, 『朝鮮時代政治史의 再照明』, 범조사, 1985; 李泰鎭, 「조선시대의 정치적 갈등과 그 해결」, 『朝鮮時代政治史의 再照明』, 범조사, 1985; 李泰鎭, 『朝鮮後期의 政治와 軍營制變遷』, 韓國研究叢書 53, 韓國研究院, 1985; 李泰鎭, 「朝鮮王朝의 儒教政治와 王權」, 『韓國史論』 23, 1990; 鄭玉子, 「17c 思想界의 再編과 禮論」, 『韓國文化』 10, 1989; 洪順敏, 「肅宗初期의 政治構造와 換局」, 『韓國史論』, 1986.

5) 金龍國, 「關王廟建置考」, 『향토서울』 25, 서울시편찬위원회, 1965.

6) 中村榮孝, 「朝鮮における關羽の祠廟について」, 『天理大學報』, 24~25쪽, 1977.

7) 李慶善, 「關羽信仰에 대한 考察」, 『한양대 논문집』 8, 1974.

8) 김필래, 「관우설화연구」, 『漢城語文學』 17, 1998.

지역의 각 관왕묘의 建置沿革과 제사의식에 대해서 서술하였다.[9] 그리고 중국에서는 2001년에 중국에서 “中國歷史文化上的關羽” 학술토론회에서 關羽에 관하여 전면적으로 연구한 18편의 논문이 발표되었는데 특히 그중 2편의 논문에서 조선에서의 關羽信仰과 그의 流入에 대해서 간략하게 서술하였다.[10] 필자 또한 關羽崇拜思想이 조선으로 전래되는 사회적 배경과 조선에서의 관우숭배 상황에 관하여 중국에서 발표한 바 있다.[11] 선조대 처음으로 관우 사당인 관왕묘가 건설된 후 숙종대에 이르러 왕권강화 측면에서 남관왕묘와 동관왕묘를 치제하는 과정 및 내용에 대해 역사적으로 밝힌 논문이 있다.[12]

論者는 이러한 중국의 武神으로 추앙받는 關羽 즉 關王廟 信仰의 朝鮮 전래 과정과 의미를 다문화적 관점으로 파악하여 기존의 연구 영역을 확대하고자 한다. 특히 關王廟 信仰의 경우 戰爭을 통한 문화 접변의 대표적 산물로 다문화적 특성을 잘 가지고 있기에 현재 대두되고 있는 다양한 다문화관련 정책 및 현상 분석에도 일정한 도움을 줄 수 있으리라 판단된다.

이러한 연구를 위하여 본문에서는 기존의 연구 성과를 바탕으로 『朝鮮王朝實錄』, 『備邊司謄錄』, 『文獻備考』, 『增補文獻備考』 및 『太學志』 등의 원사료를 주로 분석하고 『國朝五禮儀』와 『國朝續五禮儀』 등의 法典資料와 각종 文集類·地方誌를 참고로 하여 논술해 가고자 한다.

9) 李在崑, 『서울의 民間信仰』, 白山出版社, 1996.

10) 王學泰, 「關羽崇拜的形成」에서는 임진왜란 당시 朝鮮에서의 관우신앙에 대해서 언급하였고, 施哲雄, 「從臺北行天宮看關公在臺灣民間社會的影響」, 以上 『“中國歷史文化上的關羽”學術硏討會稿本』, 2001에서는 몽고와 베트남 및 일본과 한국의 관우신앙을 비교하여 서술하였다.

11) 朴京夏, 「朝鮮傳來的關羽崇拜背景和傳存現況」, 『現代社會與民俗文化傳統』, 中山大學民俗叢書, 中國民俗學硏究所前沿論叢, 黑龍江人民出版社, 2002.

12) 한종수, 「朝鮮後期 肅宗代 關王廟致祭의 性格」, 『역사민속학』 21, 2005.

2. 中國에서의 關羽崇拜 背景과 現況

陳壽의 『三國志』「關羽傳」을 보면 關羽가 수많은 적병 가운데서 顔良을 참수하고, 劉備와 曹操의 은혜에 감사하며 보답하고자 한 점과 화살에 맞자 뼈를 깎아 독을 제거하면서도 태연자약했던 고사 등을 서술하여 보통 사람과는 다른 면을 묘사하였지만 기본적으로는 張飛와 竝稱하는 위치에 있었다. 즉 魏晉南北朝時期에는 關羽가 사상계나 문학계에서는 여전히 正史에 나타나는 일반적 將軍의 한 명이지만 종교와 신앙의 측면에서는 이미 사람들이 숭배하는 지위에 있었다. 隋唐時期에 이르면 지식인과 일반인들 사이에서 關羽를 계속 미화하고 신격화하면서 그의 영향력이 점차 정치적인 영역으로 확대되었다.[13)]그러한 측면에서 역대의 제왕들은 여러 차례 관우를 封贈하였다. 樊城의 전투에서 孫權에게 잡혀 처형되기 직전인 後漢 獻帝 建安 24年(219)에 '前將軍漢壽亭侯'에 봉하고, 蜀漢 後主 景耀 3年(260)에는 '壯繆侯'의 시호를 내리고, 蜀漢 後主 炎興 2年(164)에는 '忠惠公'을 加封하였다. 隋文帝 開皇年間에는 關羽가 湖北省 當陽縣의 玉泉山에 顯靈하여 그 지역 佛寺의 開闢道場을 위하여 致意하여 伽藍의 신을 세웠는데, 이때부터가 關羽가 宗教傳說에 등장하는 萌芽期라고 할 수 있다. 唐代에 關羽가 직접적으로 정치적인 영역에 영향을 끼쳐서 唐德宗 貞元 18年(802)에 大理評事 董侹이 "重建關帝廟記"라는 문장에서 關羽가 玉泉寺에서 顯靈한 일을 기록할 때 '關帝'나 '聖帝'라고 칭호를 사용하기도 하였다.[14)]

宋太祖 趙匡胤은 乾德元年(963)에 周代의 姜尙을 제사하는 武成王廟를 시찰하면서 漢代의 灌嬰과 後漢의 耿純과 王覇 등 23명의 戰功이 혁혁한 무장들을 양쪽 회랑으로 승격시켜 配享하고 關羽와 張飛

---

13) 朱浤源, 「"關公"在政治思想上的地位」, 『關羽·關公和關聖』, 北京, 社會科學文獻出版社, 2002, 190~191쪽.

14) 武聖關壯繆遺蹟圖誌』 권4, 12쪽.

등 22명을 축출한 기록[15]을 보면, 宋代의 초기에는 關羽의 지위가 강등되어 역사상의 일반적인 武將의 한 사람으로 보이고, 심지어 그가 功業을 이루지 못하였다고 하여 경시되기까지도 하였다. 그러나 北宋 中葉에 이르러 關羽는 원래의 지위를 회복하였고, 불교의 세력이 팽창하던 徽宗代에는 關羽의 정치적인 지위도 재평가되어 侯의 지위에서 崇寧元年(1102)에는 '崇寧眞君忠惠公'을 追封하였다. 大觀 3年(1109)에는 '公'에서 다시 '武安王'으로 加封하였다가 宣和 5年(1124)에는 '義勇武安王'에 追封하였다. 南宋代에는 金과의 전쟁으로 애국의식이 고취되어 高宗 建炎 2年(1128년)에 '壯繆義勇武安王'으로 加封하고, 孝宗 淳熙 14年(1187)에는 英濟를 加封하여 '壯繆義勇武安英濟王'으로 하였다. 이처럼 宋代에 關羽에 대한 평가가 제고된 것은 兩宋의 군사력이 미약하고 북방에서는 遼가 건국되어 날로 강성해지고, 이후에 金과 元이 건국되어 宋에 커다란 위협이 되었기 때문에 宋代에는 關羽에 대한 평가가 점차 높아졌다고 볼 수 있다.

明代에는 洪武元年에 順天府 正陽門에 廟를 세우고 帝王의 諸廟와 병렬하였고, 神宗 萬曆 10年(1582)에는 關羽를 '協天大帝'로 책봉하고, 임진왜란 중인 萬曆22年(1594)에는 道士 張通元의 요청으로 關羽를 帝에 책봉하여 關帝廟를 '英烈廟'로 하였다. 그리고 萬曆 42年(1614)에는 關羽를 '三界伏魔大帝 神威遠震天尊關聖帝君'으로 책봉하여 神鬼人의 三界를 관장하게 하였으며,[16] 太守 李恩을 파견하여 제사를 드리게 하고, 赤兎馬를 追封하여 追風馬라고 하였다. 그 후 思宗 崇禎 3年(1630)에는 '眞元顯應昭明翼漢大天尊'으로 加封하였다.

淸代에는 順治 9年(1652)에 題를 지어 '三界伏魔大帝神位威遠震動天尊'으로 하고, '忠義神武關聖帝君'으로 책봉하여 봄과 가을에 제사를 지내도록 정했다.[17] 그리고 康熙元年에는 '協天伏魔大帝'에 책봉하였

15) 續資治通鑑』 권3, 「太祖乾德元年 六月 癸巳」, 中華書局本, 62쪽.

16) 王學泰, 「關羽崇拜的形成」, 盧曉衡 主編 『關羽·關公和關聖』 北京, 社會科學文獻出版社, 2002, 85쪽.

17) 關文榜, 「關氏家譜」, 魯愚等編, 『關帝文獻彙編』, 8冊, 北京, 國際文化出版公司, 1995, 關文

고, 雍正 3年(1725)에는 關帝3代를 光昭公·裕昌公·成忠公으로 책봉하였다. 乾隆年間에는 '山西關夫子'로 칭하였고, 乾隆 31年(1766)에는 靈佑를 加封하였다. 仁宗 嘉慶 18年(1813)에는 仁勇을 加封하고 宣宗 道光 8年(1828)에는 '忠義神武靈佑仁勇威顯關聖大帝'를 加封하였고, 文宗 咸豊年間에는 翊贊을 加封하고, 德宗 光緖 5年(1879)에는 宣德을 가봉하였다.[18] 이처럼 관우 생전에는 일개 侯에 불과했지만, 魏晉·隋唐시기에 불교와 도교의 성행에 따른 종교적 분위기와 宋·明代에는 북방민족과의 대립에 따른 애국의식 내지는 尙武的 분위기에 따라 계속해서 제고되었다. 특히 壬亂을 전후한 시기에 關羽의 정치적·종교적 지위가 대단히 높아졌다. 예를 들면 明末의 사람인 劉侗은 "關羽를 京畿에서 제사지내는데 북소리와 종소리가 서로 들리며 또한 해마다 증가하고 또 달마다 증가한다"[19]고 하였다. 실제로 萬曆年間의 통계에 따르면 단지 宛平縣에만 關帝廟가 51個所가 있었다. 당시 北京城의 내외는 大興과 宛平의 두 縣에 分屬되었는데 大興縣의 關廟를 합하면 明末 北京城 내외에 있는 關帝廟는 최소한 100個所에 이른다.[20]

한편, 조선에서는 선조 31년(1598)에 南關王廟가 최초로 建置되었는데, 이것은 조선의 필요에 의해서라기보다는 明代의 이러한 시대적 분위기와 明軍들의 숭배사상 때문에 세워진 것이다.[21] 당시 明에서는 關羽의 忠烈을 표창하는 동시에 關羽에게 '神'과 '氣'가 있음을 긍정하여 '神明'이 성립되었으며, 나아가 倭寇의 침략이 잦은 浙江省 일대에서는 倭寇의 침략을 방어할 필요성에 의해서 滸墅關에 關帝廟를 重修하기도 하였다.[22] 중국에서와 마찬가지로 조선에서도 壬亂 당시 倭軍과 싸울 때마다 關王의 顯靈이 나타나 明軍을 도왔기 때문에 그 靈驗

榜은 關羽의 58代孫으로 이 글은 淸 嘉慶丁巳에 쓰여졌다.

18) 關文榜, 「關氏家譜」, 魯愚等編 『關帝文獻彙編』, 8冊, 北京, 國際文化出版司, 1995, 107~108쪽.

19) 劉侗, 「帝京景物記略」 卷3, 『關帝廟』.

20) 朱大渭, 「武將群中獨一人」, 盧曉衡 『關羽·關公和關聖』, 19쪽.

21) 金龍國, 「關王廟建置考」, 『향토서울』 25, 서울시편찬위원회, 1965, 5쪽.

22) 朱浤源, 위의 책, 201~202쪽.

에 감사하여 關王廟를 建置했다는 기록이 있다.[23] 또한 欽差管理朝鮮備倭軍務·直隷永平府通判 陶良性이 쓴『關公廟記』를 보면 明軍들이 關王의 顯靈事實을 믿고 조선의 군사들에게 宣傳하였음을 알 수 있다.[24] 이 밖에도『王朝實錄』기사에서는 明軍의 經理를 비롯한 諸公들이 關王廟에 나아가 焚香하고 朝鮮의 國王에게 禮를 행하도록 요청하기까지 하였다.[25] 南關王廟를 건립할 당시 주도했던 陳寅의 接伴官으로 있던 李忔의 書啓를 보면

> 대체로 遊擊(陳寅)이 祠堂을 건립하는 일에 매우 열성적이고 몸소 監督까지 하면서 關王의 영험에 대해서 많은 이야기를 하였는데, 말이 너무 虛荒되어 일일이 아뢸 수는 없으나 그의 뜻은 대개 宣祖께서도 經理가 하는 것처럼 좀 해수었으면 하고 바라기는 하지만 분명하게 말을 하지 않은 것뿐이었습니다.[26]

라고 하였다.

여기서 陳寅은 關王廟를 건립하는 데 열성적이었고, 關王의 靈驗性을 신뢰하고 있다는 점을 알 수 있고, 福建출신으로 불교를 신봉했던 遊擊 許國威는 선조 32년(1599)에 時御所에서 宣祖를 만난 자리에서 關王廟를 尊敬하기를 청하였다.[27] 이처럼 遊擊將의 職責으로 丁酉再亂 당시 戰場 一線에서 功을 세운 장수로서 조선에까지 학식이 알려졌던[28] 陳寅이나 許國威는 관우에 대한 숭배가 대단히 지극했던 것이다.

---

23) 關羽의 神明에 의지해서 倭寇를 방어하고자 한 문헌기록으로는『文獻備考』卷 61, 禮考 11 "宣祖三十一年 創建關王廟于崇拜禮門外 初 壬辰丁酉之亂 關王 屢顯其靈以神兵助 戰 明陣將士 皆言 平壤之捷 島山之戰 三路驅倭之役 臨戰 關王輒顯靈來助 至是 天將 遊擊陳寅 於所寓 崇禮門外山麓 初起一廟 堂中 設神像以安之…"이 있고, 그 외에도『燃藜室記述』別集, 卷4, 諸祠條와『朝野會通』卷16, 宣祖紀가 있다.

24)『海東聖蹟誌』卷2, 藝文考,「朝鮮創建漢前將軍 關公廟記」.

25)『宣祖實錄』권100, 宣祖 31년 5월 丙申, "弘文館 啓曰…此經理諸公 所以趨廟燒香 而又欲自上行禮也".

26)『宣祖實錄』권99, 선조 31년 4월 己卯, "大槪 遊擊 於立廟一事 極其誠悃 親自監董 多言關王廟靈驗之事 而涉於虛誕 不 敢一一陳達矣 觀其意則盖欲自上如經理所爲者 而但不明言之爾".

27)『宣祖實錄』권111, 선조 32년 4월 丙寅, "國威曰 關王廟甚多靈異 國王須加尊敬".

또한, 明軍뿐만 아니라 중국에서 關羽를 崇拜하는 모습을 볼 수 있는 기록이 많은데, 예를 들면 陶良性의 「關公廟記」에는 “深山窮谷 四裔要荒”이라고 하여 중국 전체에 關王廟가 없는 곳이 없을 정도[29]라고 하여 조선에 파병된 明軍指揮府에 국한된 신앙이 아니라 중국 전역에서 숭배되고 있음을 알 수 있다. 이러한 모습들은 중국을 다녀온 朝鮮의 燕行者들의 눈에 비친 關王廟의 모습을 통해서도 알 수 있는데 西厓 柳成龍[30]은 壬亂 전에 燕京에 가서 關王廟를 보고 쓴 「記關王廟」에서

> 遼東에서 北京에 이르는 數 千里에 各城·大邑과 人家가 모여있는 곳 어디에나 關王廟를 세우고 漢將壽亭侯公(關羽)에 제사를 지냈다. 일반 민가에서도 關公의 畫像을 벽에 걸어놓고 焚香을 하는 것이 보통이었으며 음식을 먹기 전에 항상 기도하는 풍속을 직접 목격하였다. 관원이 처음으로 赴任할 때 關王廟로 가서 숙박하며 참배하는데 그것이 대단히 엄숙하고 경건하였다. 내가 이것을 괴이하다 생각하여 그 곳 사람들에게 물으니 이는 북방만이 이런 것이 아니라 명나라 어디에서나 모두 그러하다고 말했다.[31]

이 기록은 柳成龍이 壬亂前인 선조2년(1569)에 聖節使 書狀官으로 明에 다녀오면서 關羽崇拜의 모습을 보고 느낀 점을 사실적으로 기록하고 있다. 그는 明 어느 곳을 가더라도 關王廟를 신봉하는 모습이 괴

---

28) 『宣祖實錄』 권111, 선조 32년 4월 丙寅, “上曰 不穀閑文學 聞大人文章甚高 若以一言相贈 則小國之寶也”.

29) 『海東聖蹟誌』 권2, 藝文考, 「朝鮮創建漢前將軍關公廟記」, “我皇明 驅逐胡元 奄有寰于文敎既盛 武備益修 凡大小郡邑 各建文廟 以祀孔子 而武安王廟 不啻郡邑一建 雖深山窮谷 四裔要荒 無處無之 此其所感動於人心 關 繫於地方者 良有在也.

30) 柳成龍(1542~1607)의 본관은 豊山, 字는 而見, 號는 西厓, 謚號는 文忠으로 명종 19년(1564) 司馬試를 거쳐, 1566년 別試文科에 丙科로 급제하여 承文院 權知副 正字가 되었다. 이듬해 藝文館檢閱과 春秋館記事館을 겸하였고, 선조2년(1569)에는 聖節使의 書狀官으로 명나라에 갔다가 관왕묘를 보고 느낀 점을 기록으로 남겼다.

31) 柳成龍, 「記關王廟」, 『西厓先生文集』 권16, 雜著, “自遼東至帝京數千里 各城大邑及閭閻衆盛處 無不立廟宇 以祀漢將壽亭侯公 至於人家 亦私設畫像掛壁置香火 其前飮食必祭 凡有事必祀禱 官員新赴任者 齊宿謁廟其肅虔 余怪之 問於人 不獨北方爲然 在如此遍於天下云”.

이하다고 느꼈는데, 이를 통해서 그 당시 조선에는 關羽숭배의 모습이 없었음을 알 수 있다. 또한 尹國馨[32]의『甲辰漫錄』에는 明朝廷에서 關廟를 설치하여 致祭하는 외에 家家戶戶에 關羽像을 모시고 있고, 특히 軍兵이 出兵할 때 더욱 恭敬한다고 하였다.[33] 그들은 窮村僻地에서 都城까지 民家가 있는 곳이면 어디나 關王廟가 있는 것에 놀랐으며, 그들은 또한 관왕묘를 보고 佛敎와 道敎의 양식이 혼합되어 구별하기 힘든 것이 특색이었다고 전하는데, 儒學만을 尊崇했던 燕行者들의 입장에서는 당연한 것이었다. 그리고 關王廟의 건축에서도 조선에서는 볼 수 없는 것이었고, 朝夕朔望으로 焚香 제사하는 것도 이상한 것이었다. 그러므로 異端적인 종교를 신봉하는 것으로 여기게 되었다.

3. 壬亂 後 朝鮮에서의 關王廟 傳來背景과 建置

임진왜란 시기 명군의 참전과 주둔을 통해 조선에 알려진 중국문물 가운데 특이한 것이 바로 關王廟이다. 關王廟는 사당의 중앙에는 관우의 塑像을 두고 좌우에 그의 양자인 關平과 부하 周倉을 配享한다. 명에서는 이를 關帝廟라고도 부르는데 軍神이자 財神 등 다양한 영험을 지닌 신으로 숭배하였다. 조선의 關王廟는 壬辰倭亂 당시 명나라 군사들에 의해 처음 세워졌다. 관왕묘의 建置에는 상술한 바와 같이 중국전역에 걸친 관우숭배 상황과 명나라 군사들의 關羽崇拜 사상이 중요한 역할을 하였다.

32) 尹國馨(1543~1611)이 선조37년(1604) 甲辰年에 쓰기 시작하였기 때문에『甲辰漫筆』이라고 하였다. 저자가 선조 초기부터 수필체로 적은『聞韶漫錄』의 속편으로 서술한 것인데, 주로 임진왜란 후 명나라의 援軍處理에 관한 내용과 그 후의 나라 使臣의 동태 및 科擧·分黨 등에 관한 사실을 단편적으로 기술하였다. 이 책은『大東野乘』에『聞韶漫錄』과 함께 수록되어 있다.

33)『大東野乘』 제55권,「甲辰漫錄」, “中朝人 尊敬關王 國家建廟之外 家家戶戶 無不設像 起居飮食必祭 至於出兵馬 尤致敬焉”

조선에 최초로 關王廟가 建立된 것은 宣祖 31년(1598) 4월에 명나라 遊擊將 陳寅에 의해 崇禮門 밖에 南關王廟가 세워졌다. 陳寅은 그가 거처하는 뒤뜰에 낡은 집을 이용하여 關王廟를 건립하고 塑像을 봉안하였는데[34] 최초에 關王廟가 설립되는 과정에 대해서 李孟休[35]는

> 선조 30년(1597) 겨울에 명나라의 여러 장수가 병력을 모아 蔚山에 있는 왜적의 陣壘를 공격하다가 戰勢가 불리하게 되어 遊擊將軍 陳寅이 力戰을 거듭하던 도중에 탄환에 맞았다. 이에 그 이듬해(1598)에 서울로 옮겨 병을 調攝하게 되었는데 이에 그가 자신이 묵고 있는 崇禮門 밖 산기슭에 廟堂 한 채를 건립하고 廟堂 안에다 神像을 설치하여 關王과 여러 장수를 봉안하자 經理 楊鎬 以下가 각기 銀兩을 내어 그 경비를 도왔고 조선에서도 銀兩을 내어 도왔으며 관왕묘가 준공된 뒤에는 主上도 친히 가서 참관하였다.[36]

라 하여, 陳寅이 전장에서 부상을 입고 서울로 이송된 후 스스로 祠廟를 세우고 關羽를 봉안한 것이 건립의 계기가 되었다. 이를 보면 明軍은 關羽를 軍神으로 신봉하고 있었고, 아울러 관왕묘의 구조에 대해서는 "그 신상은 흙을 塑造하여 만들었고, 좌우에 소조로 만든 두 장수는 大劍을 가지고 侍立하였는데, 關平과 周倉이라 한다. 祠堂 앞에는 두 개의 길다란 장대를 세우고 두 폭의 旗를 달았는데, 한 폭에는 '協天大帝'라 쓰고, 또 한 폭에는 '威振華夏'라 썼다"[37]라고 기록하고 있다. 이때부터 명나라의 여러 장수가 출입할 때마다 참배하면서

---

34) 『宣祖實錄』 권99, 선조 31년 4월 己卯, "政院以陳遊擊接伴官李忔書啓 啓曰 前日陳遊擊於下處後園上 仍舊家 立關王廟 設塑像".

35) 李孟休(1713~1751)는 성호의 외아들로 영조 20년(1744)에 禮曹銓郎으로 있으면서 英祖의 王命에 의해 禮曹의 관장업무 및 사항에 관한 준거가 되는 法例와 史禮를 모아 『春官志』를 편찬하였다. 『春官志』는 필사본으로 4권 4책으로 구성되어 있다.

36) 『春官志』 권1, 「歷代諸君廟」, "宣祖丁酉冬 皇明諸將 合兵進攻蔚山倭壘不利 有遊擊將軍陳寅者 力戰中丸 戊戌載還漢都調病 迺於所寓崇禮門外山麓 創起廟堂 一堂中設神像 以奉關王 諸將楊 經理以下 各出銀兩助其費 我國亦助出銀 廟成 上亦往觀之".
『五洲衍文長箋散稿』 제20집, 「關壯繆辨證說」에도 같은 기사가 보인다.

37) 위의 책, "其像塑土爲之…左右塑二將 持大劍侍立 謂之關平周倉 儼然如生 廟前 立長二竿懸兩旗 一書 協天大帝 一書威振華夏".

'조선을 위하여 神助를 받아 왜적을 물리치기 바란다'고 하면서 관우의 생일인 5월 13일에 廟 안에서 大祭를 지낸다'고 하였다.[38] 이처럼 明軍은 일찍이 關羽를 武神으로 신봉하였는데, 이는 왜적과의 전투에서 그의 神助를 통해 왜적을 물리치기 위한 의도였다.

한편 許筠은 『惺所覆瓿藁』에서

> 우리나라에 온 중국 將士들이 모두 말하기를 '전투가 있는 날이면 번번이 關王(關羽)의 神靈이 나타났기 때문에 평양에서의 승리, 閑山島의 싸움과 三路에서 왜구를 쫓는 싸움에서 모두 그 이적을 드러내어 황제의 위엄을 선양하고 왜구들을 크게 겁내주고 악한 기운을 소탕하여 마침내 三韓 옛 땅을 조선에게 돌려주게 되었으니, 제사지내어 보답하지 않을 수 없습니다.'라고 하였다.[39]

라 하여 關羽는 明軍에게 戰場의 심리적 護衛神으로 신봉된 것으로 보인다. 그런 점에서 관우의 祠廟配享은 평상시보다 오히려 사회적 불안 시기 즉, 왜군과의 전쟁을 치르고 있는 상황에서 더욱 관심을 불러 일으켰을 것이다.

그런데 陳寅이 관왕묘를 건립 경위에 대해서는 선조 31년(1598)에 定院에서 陳寅의 接伴官 李忔이 올린 狀啓를 보면 자세히 알 수 있는데, 遊擊이 불러 말하기를

> 내가 어제 楊鎬를 만나 사당 건립 문제를 물었더니 楊鎬가 좋다고 하면서 즉시 와 보고는 하는 말이 '廟殿이 너무 낮고 좁으니 전각을 새로 짓고 좌우에 長廟를 세울 것이며, 앞뜰에는 重門을 세워 영원히 존속되도록 해야지 이렇게 조잡해서는 안 된다.'고 하면서, 이어 報施로 銀 50냥을 내놓고 갔다. 麻貴도 오늘 50냥을 보내왔고, 邢玠·陳寅·梁元도 반드시 그 정도는 보내올 것이다. 또 말하기

38) 위의 책, "諸將每出入參拜皆曰 爲東國求神助却賊".

39) 『惺所覆瓿藁』 권16, 「勅建顯靈關王廟碑」, "東征將士皆言 戰日輒有關王神 來現其靈 故平壤之捷 閑山島之戰 三路驅倭之役皆著其異 協宣皇威 以大讐卉面 而蕩其氣 卒□三韓舊壤歸之屬國 不可不祀以酬之".

> 를, 다른 나머지 공역들이야 마땅히 우리 군사들을 시킬 것이나 木手와 泥匠 등은 조선의 솜씨 좋은 자들을 불러 써야 할 것이다. 이 일은 우리를 위해 하는 것이 아니라 바로 조선의 大事를 위하여 한 것이므로 그 뜻을 국왕께서도 꼭 아셔야 할 것이다"고 하였습니다.[40]

당시 明의 萬曆帝(神宗)도 일찍이 四千 金을 明臣 萬世德에게 내려 조선 서울에 사당을 지어 제사 지내게 하였다. 그러자 만세덕은 天子의 命으로 詔書를 전하기를 "關公의 魂靈은 본래 중국에 나타났었는데 왜구를 평정하는 싸움에도 참여하여 조선을 위해 수고하였으니, 당연히 제사지내어 숭배해야 한다"[41]고 하였다. 이는 명의 조정에서 명나라 군사들의 사기를 진작시키기 위한 수단이자 중국에서 武神으로 추앙 받고 있는 關羽의 신령스런 힘을 받고자 하는 의도였던 것이다. 당시 명나라에 군사적 지원을 받고 있던 조선 조정으로서는 이러한 명의 요구에 따를 수밖에 없었다. 명나라 군사만을 위한 일이 아니라 조선을 위해서도 중요한 일이라는 陳寅의 주장에 따라 조선 조정에서 건축비용을 보조하였으며,[42] 關王廟의 건립을 맡아보는 都監官을 정하여 그 功役을 協助 監督하게 하였다.[43]

南關王廟의 건축공사는 선조 31년(1598) 4월 25일 이후 '正殿은 수일 내로 완성하고, 門과 곁채와 담장도 이번 기회에 만들어야 한다'[44]는 기록과 같이 明軍과 조선의 木手·泥匠 등 숙련된 工匠들에 의해 진

40) 『宣祖實錄』 권99, 선조 31년 4월 己卯, "卽者遊擊 招謂臣曰 俺昨日拜楊(鎬)老爺 禀以立廟之意 則楊(鎬)爺稱善 卽爲來見曰 廟殿甚爲卑隘 當改構新殿 左右設長廟 前庭立重門 以爲永遠之圖 不可如是草草 仍給報施銀五十兩而去 廐(貴)爺今日亦送五十兩 邢(玠)軍門陳(寅)御史梁(元)按察 亦必依此送之 且曰 他餘功役 當以我軍使喚 至於木手泥匠等 則必得貴國善手者用之 此事非爲我也 正爲貴國大事 此意國王不可不知云".

41) 『惺所覆瓿藁』 권16, 「勅建顯靈關王廟碑」, "天子曰然 亟以四千金 付撫臣萬世德 立祠於朝鮮王京 以享之 世德 以天子命詔之曰 關公之靈 素著於中國 平倭之役 亦與有勞 本國固當尸祝之".

42) 『西厓文集』 권16, 「記關王廟條」, "諸將楊經理以下 各出銀兩 助其費 我國 亦以銀兩助之". 『文獻備考』 권61, 禮考11, 「關帝廟條」에도 비슷한 기록이 있다.

43) 『宣祖實錄』 권99, 선조 31년 4월 己卯, "傳曰 付之都監 定都監官 一依分付 不輕爲之".

44) 陶良性, 「關王廟記」, "正殿 成於不日 而門廡垣堵 次第經營".

척되어, 그 해 5월 13일 관우의 생일에는 宣祖를 비롯한 兩國의 신료들이 참여하여 축하연을 베풀었다.

그 이후 關王과 관련된 일화들이 사회저변에 확산되면서 關王信仰도 더불어 확산되었다. 특히 조선의 歷代 國王들도 각별한 관심을 표명하였다. 이는 將士들이 모두 關王의 忠義와 勇節을 본받아 호국의 임무를 다하는 것이 곧 국왕에 대한 충성과 직결될 수 있었기 때문이다.

關王廟가 건립되자 楊鎬 등 명나라 장수들이 關王의 생일인 5월 13일에 祭禮를 지낼 때, 국왕인 宣祖의 참례를 강요하였다. 그러나 宣祖 이전에는 관왕묘가 중국에는 있으나 조선에는 없기 때문에 그 의식이 조선전기의 祀典체계인 『國朝五禮儀』의 吉禮에는 포함되어 있지 않았다. 따라서 당시에는 관왕묘에 참배하는 문제에 대한 儀節의 체계, 제사의 대상, 시기, 제물, 절차들을 상고할 만한 典範이 없었다. 그리하여 선조는 關王의 생일 전날에 群臣들과 함께 關王廟에 참배하는 문제에 관해서 논의하였다. 이 때 黃應陽 等은

> 지금은 난리를 당하여 어지러운 시국이어서 이곳에 온 중국의 小官에게도 國王께서 禮節을 차리는 실정이니, 조선을 위해 새로이 세운 祠堂에 國王께서 한 번 往臨하시는 것도 불가할 것 없다.[45]

고 하였다. 그러나 李德馨은

> "彭友德 등은 명군들은 반드시 四拜禮를 행할 것이니, 국왕께서는 그들이 禮를 어떻게 행하는지 보고 똑같이 행하면 될 것이다."고 한 것이나 여기에서 그들이 行禮하는 것과 똑같이 따라서 할 수는 없습니다.[46]

45) 『宣祖實錄』 권100, 선조 31년 5월 丙申, "但今當板蕩奔遑之時 中朝小官來此者 國王亦禮貌之 爲朝鮮新立之廟 國王一番降屈 未爲不可云云".

46) 『宣祖實錄』 권100, 선조 31년 5월 丙申, "諸老爺必行四拜禮 國王看他行禮何樣 一樣行之爲可云 此則不可一遵其禮".

하였다. 備邊司와 禮曹에서는 비변사의 啓辭대로 단지 焚香과 致敬만이 가능하다고 하였고,[47] 弘文館에서는

> 우리나라에서는 준거할 만한 禮節이 없음을 들어 경솔히 關王廟에 나아갈 수 없음을 밝히고 있다.[48]

위의 기사와 같이 關王廟의 건치 이후 왕의 親禮의 可否에 관해 많은 논란이 있었다. 특히 명군의 강요에 의해 부득이 親祭를 행하였지만 明將들의 行禮를 끝내고 雜戲를 베푼 것에 대한 반발은 더욱 심하였다.

宣祖는 一國의 왕인 자신이 어찌 중국의 일개 將帥에 불과한 관우에게 拜禮를 하겠느냐며 반발하였으나, 결국에는 중국 經理의 강요로 14일에 직접 南關王廟에 나가 焚香하고 잇달아 三爵을 올리고 제사의 前後에 각각 再拜를 하였다.[49]

이 일로 말미암아 조정의 대신들은 關王廟의 祭禮에 대해 비판을 하게 되었고, 이 같은 논쟁은 이후에도 계속되었다. 그러나 "南關王廟가 건치 뒤 軍門에서는 關王과 海神 등에 제사를 지내고 있었다"[50]는 기사를 통해 軍神에 대한 靈驗性을 軍門부터 받아들였음을 알 수 있다. 그 후 선조 32년(1599) 4월에는 遊擊 許國威와의 대화에서 關羽에 대한 관심을 표명하였고,[51] 그 해 關羽의 생일을 맞아 承政院 禮曹의

---

47) 『宣祖實錄』 권100, 선조 31년 5월 丙申, 備邊司의 狀啓에서 "關王廟行禮事 我國前者 未有此等禮節", 禮曹의 狀啓에서 "關王廟致祭之義 我國前所未有 而禮節未講 固難率爾處之 但天將固請 則勢不得已 姑依備 邊司啓辭 只行焚香致敬之儀何如".

48) 위의 책, 弘文館의 狀啓에서 "但以我國言之 無此等祀禮 雖欲求其近似相倣之規 而亦未得考".

49) 『宣祖實錄』 권100, 선조 31년 5월 戊戌, "上 親祭于關王廟 上進跪焚香 連奠三爵 上 前後各行再拜禮".

50) 『宣祖實錄』 권104, 선조 31년 9월 辛丑, "政院 啓曰 古者行師 必先期受脤于廟社 虔禱于山川 至於旗神馬祖 無不祭焉 目今 大兵齊集 剋日進討 存亡成敗 在此一着 近觀軍門於關王海神等處 躬行禱祀 其在 我國 廟社山川祈告之事 有不可廢者 而邈然不行 殊似未安 請令該司 商議急速擧 行".

51) 『宣祖實錄』 권111, 선조 32년 4월 丙寅, "國威曰 太祖朝 有陰助之力 故封武安王 萬曆十

관원을 보내 焚香하도록 건의하자 선조는 이 의견에 따랐다.52) 이는 직접 宣祖가 關王廟에 정성을 다하겠다는 의지를 표현한 것이다.53) 이는 宣祖도 처음에는 關王信仰을 의심하고 있었으나 차차 이해하게 되었던 것으로 보인다.

그런데 여기서 한 가지 주목할 만한 점은 倭亂의 전반기인 선조 27년(1594)에 備邊司에서 狀啓한 내용에

> 대체로 戰功이란 大將이 혼자서 이루는 이치는 없는 것이기 때문에 예로부터 祠堂에 像을 설치하는 곳에는 반드시 당시에 같이 출전한 副將 등을 左右에 함께 두었습니다. 이를테면, 關王廟에 周倉이나 關平의 무리도 그 중에 참여한 것과 같습니다. 더구나 세 大將은 이미 神位를 전하여 왔는데 이제 만일 같이 設位하지 않는다면 信義를 잃은 듯하여 역시 미안하니, 臣들의 생각으로는 아울러 畵像을 만들어 左右에다 나누어 거는 것이, 公에 대한 보답의 뜻으로는 지나치게 厚하기는 하지만 그렇게 해로움이 있기까지는 않을 것이라 여겨져 감히 啓稟합니다 라고 하였다.54)

위의 내용으로 關王에 대한 숭배가 없었던 것이 아님을 알 수 있다. 다만 정식 祠堂을 만들지 않고 임시로 畵像奉安所를 설치하고 거기에서 敬拜 기원하였다. 또한 明陣에서만이 아니라 조선에서도 명이 말하는 顯靈剿倭의 공을 보답하는 의미에서 關王의 畵像을 걸고 받들었는데, 關王의 裨將이던 周倉과 關平을 함께 設位하는 與否에 대한 意見이 일치하지 않았던 것이다.

三年 封協天大帝也".

52) 『宣祖實錄』 권113, 선조32년 5월 庚申, "政院 啓曰 關王廟天祖將官 皆已焚香 茅遊擊如是言之 今日遣禮曹官員 焚香爲當 傳曰 依啓".

53) 『宣祖實錄』 권118, 선조 32년 10월 甲申, "盖前日 予與陳遊擊面約 旣去之後 若不依彼之言 而盡吾之誠 則是予當面而約 背 面而背也".

54) 『宣祖實錄』 권56, 선조 27년 10월 辛酉에 備邊司 狀啓中에서 "凡戰功 無大將獨成之理 故古之祠宇像設處 必使當時行陣褊裨之當屬 同在左右 如關王廟 周倉關平輩 亦預其中 況三大將 即爲傳神以來 今若不爲 則有似失言 亦 爲未安 臣等之意 幷爲畵像 分掛左右 其於報功之意 過厚而不至有害 敢稟".

명군지휘관들은 이후에도 조선의 君臣에게 關王의 靈驗性을 역설하였고 서울에 또 하나의 관왕묘를 건설하라고 종용하였다. 그리하여 南關王廟가 건립된 이듬해인 1599년에 또 하나의 關王廟인 東關王廟를 세울 계획이 수립되었다. 이에 宣祖는 海平府院君 尹根壽가 東關王廟 건립에 대해 의논할 일로 입궐하자 "南關王廟가 이미 세워져 있는데 다시 세우는 이유에 대해 물으니 尹根壽 또한 이유를 모른다"고 하였다.[55] 그러나 선조 34년(1601) 6월에 司憲府에서는 東關王廟 건립하는 것이 중국의 요구에서 나왔으니, 어쩔 수 없음을 알리는 狀啓를 올렸고,[56] 明 皇帝 神宗은 巡撫使 萬世德에게 內帑金 4천금을 교부하면서 倭軍과의 전쟁에서 顯靈하여 도움을 준 關王廟를 건립하고 제사를 지내도록 命하였다.[57] 南關王廟에 이어 東關王廟 건립도 明의 요구에 의해서 시작되었음을 알 수 있다.

명의 요구에 의해 東關王廟가 건치되는 과정에서 많은 문제가 제기되었다. 그중에 하나는 關王廟의 건립 장소에 대한 문제였다. 明은 처음에는 興仁門 밖에 關王廟를 설치한다고 하였다가 다시 崇禮門 안에 설치하겠다고 하여 조선 조정을 괴롭혔던 것이다. 이에 宣祖는 32년(1599) 4월에 政院에 비밀전교를 보내

> 關王廟의 건립에 관한 일을 前日 주선하도록 하여 興仁門 밖의 造山근처에 설립하도록 하였다. 그런데 지금은 南大門 밖에 설립하겠다고 하니, 前日의 下敎대로 도모할 수 없어서인가, 어찌 분명하게 못하는가? 南大門 밖에는 이미 關王廟가 있는데 다시 세우는 것은 합당치 않다. 모름지기 東大門 밖에 세워야 하는데 그렇게 하는 것은 생각이 있어서이다. 일찍이 중국 사람에게 들은 말이 있다. 지금 다시 세울 곳을 고르는 일은 애초 葉靖國으로부터 나왔으니, 만일 靖國에게 이 일을 도모한다면 일이 어쩌면 될 듯싶다. 卿이 꾀할 수 없다면 靖國을

---

55) 『宣祖實錄』 권112, 선조 31년 윤4월 乙酉, "上曰 關王廟何以更建乎 (尹)根壽曰 未知其意".

56) 『宣祖實錄』 권138, 선조 34년 6월 乙酉, "東關王廟之作 出於天朝分付 斯乃不得正之擧".

57) 『五洲衍文長箋散稿』 上, 「關壯繆辨證說」, "庚子(宣祖 33년) 皇帝以四千金 付撫臣 萬世德命立關王祠於王京 以享之 時東征 將士 皆言平壤之捷 島山之戰 二路驅倭之役 關王輒現靈來助故也".

> 海平이 잘 알고 있으니 만일 海平으로 하여금 葉靖國을 찾아가 만나 잘 설득하여 東大門 밖에 설립하는 것이 어떻겠는가? 혹시라도 東大門 밖이 不可할 경우에는 訓鍊院 근처가 좋겠다. 本院은 바로 武士들을 연습시키는 곳이니, 관왕묘를 그곳에 설립하는 것은 곧 옛날 武成王廟를 설립하는 遺志이다. 東方이 吉한 곳이라고 하니 성안이나 성밖이나 아울러 헤아려 아뢰도록 禮曹에 이르라."[58]

고 하였다.

宣祖는 關王廟를 東大門 밖에 건립하도록 명나라 군사와 협상하도록 지시하였다. 그 이유는 서울이 지리적으로 동쪽이 약하다는 풍수지리적인 이유로 동대문 밖 造山之傍을 잡은 것이다. 이것은 표면적인 이유에 불과하고 명의 요구대로 들어주기 싫었던 宣祖와 朝廷의 자존심 싸움이었다고 볼 수 있다. 宣祖는 南關王廟가 있는데 다시 건립해야 하는지를 의아하게 생각하고 있으며, 명과의 담판이 계속되는 동안 宣祖는 東大門 밖이 안 된다면 차라리 龍山에 있는 訓鍊院에 건립하라고 지시하였다. 訓鍊院은 武士를 연습시키는 곳이니 옛날 武成王廟를 설립했던 뜻과 부합된다는 것이다.

이러한 秘密傳敎가 있은 후 尹根壽의 工作에 의하여 明陣의 남대문 建置에 대한 입장은 선조32년(1599) 7월에 명과의 합의를 통하여 동대문 밖 造山부근에 建置하기로 확정하였다.[59]

南關王廟의 建置가 "不日成之"라고 할 만큼 빠른 시일에 이루어진 반면, 東關王廟의 建立은 선조 32년(1599) 8월에 始役[60]하여 선조 35

---

58) 『宣祖實錄』 권112, 선조 32년 4월 戊寅, "以秘密 傳于政院曰 關王廟設立事 前日使之周旋 令設於興仁門外造山近處 而今 使設於南大門外 前日之敎 不能圖之乎 何無黑白耶 南大門外 旣有關王廟 不宜疊 建 須於東大門外爲之 基所以然者 有微意 予曾聞天朝人之言矣 今次卜地 初出於 葉靖國 若圖之於靖國 則事或可就 卿不可圖之 則靖國海平知之 若令海平往見靖 國 善爲辭說 令於東大門外 說立如何 倘東大門外 爲不可 則訓鍊院近處可矣 本院乃鍊習武士之地 而設立關王廟於其處 卽古者立武成王廟之遺意也 旣以東方爲吉 則城內城外 並爲叅商議啓 言于禮曹".

59) 『宣祖實錄』 권115, 선조 32년 7월 辛酉.

60) 東關王廟의 建置時日에 대하여는 문헌에 따라 다르다. 『惺所覆瓿藁』 권16 "自庚子冬 始其役 越二年春 竣工", 『燃藜室記述』 別集, 권4, 諸祠條, "於是 擇地於興仁門外 命大臣董之 庚子始役 越三年春 告訖工", 『朝野會通』 권16, 宣祖紀, "庚子 天朝 以四千金 附萬世

년(1602) 봄까지 약 3년이나 걸린 大役事였다. 이렇듯 役事의 진행이 지지부진한 이유는 南關王廟의 경우는 陳寅을 비롯한 關王에 대한 崇拜가 지극한 明陣 將兵들의 自進出力에 의하였던 반면에, 東關王廟의 建造工事는 明軍이 대개 撤收한 후 아직 關王崇拜에 대하여 異議가 많았던 조선 官吏들에 의하여 진행되었던 사실과 관련이 있다.[61]

東關王廟의 始役은 선조 32년 6월에 尹根壽의 啓請에 의해 兵曹에서 軍人을 出動시켜 賦役하기로 하고, 그 해 8월부터는 매월 2백 명씩 軍人을 동원하여 工役을 진행하였다. 앞에 건립된 南關王廟 때보다 群臣들의 이해는 좋아졌으나 여전히 불만이 남아 있었다.

東關王廟는 중국의 모양을 그대로 모방하여 지었는데 關羽의 塑像에 금도금을 하는 등 사치스러움을 보여 임란 이후 피폐해진 조선의 재정을 더욱 어렵게 만들었다. 國難 중에 거행된 役事이었기 때문에 특히 明軍에 의해 조성되는 만큼 잡음이 많았다. "塑像과 그림모양과 本殿, 곁채, 창문, 鼓樓와 鐘樓 등 백 여간을 모두 중국의 형식을 따르게 하고 이를 완성하자 크게 제사를 올려 낙성식을 거행"하였다. 그리고 "춘하추동의 제사와 초하루 보름의 香火는 禮官이 엄수하게 하고 校尉 1명을 파견하여 이곳의 경비를 담당하게 하였다. 그리고 明에 賜額을 요청하여 황제의 뜻을 받들어 '顯靈昭德王關公之廟'라는 현판을 문에 달게 하고 제물을 내렸다".[62]

실록의 기사에서 볼 수 있듯이, 선조 32년(1599) 6월에 經理都監堂上 尹根壽가 關王廟를 동대문 밖 永渡橋에 정해진 내용과 軍人들로 하여금 기일에 맞춰 賦役하게 하는 것에 대하여 史臣은

德建祠", 『文獻備考』 권61, 關帝廟條, "三十五年 創建關王廟于興仁門外 先是 明朝 以四千 金附撫臣萬世德 命立關王廟…至是訖役".

61) 金龍國, 「關王廟建置考」, 『鄉土서울』 25, 서울시편찬위원회, 1965, 17쪽.

62) 『惺所覆瓿藁』 권16, 「勅建顯靈關王廟碑」, "其塑像圖繪之容 殿堂廡宇門廠鼓鐘之樓 凡百餘間 悉依中國制 乃大享以落之 春 秋烝禴 朔望香火 禮官修之 而差一校尉守之 請額於朝今年奉聖旨 令以勅建顯靈 昭德王關公之廟 牓之門 仍賜祭一壇焉".

> 關王廟의 役事는 매우 虛誕한 일로 한 번 짓는 것도 그릇된 일인데 금지하지 못하였고 이제 또 東郊에 토목 공사를 크게 일으키니, 전쟁으로 인해 살아남은 백성들이 어떻게 살아갈 수 있겠는가?[63)]

라고 하여, 東關王廟의 建立 초반부터 전란 후 피폐해진 경제상황에도 불구하고 대형 토목공사를 일으킨 것에 대한 반대가 끊이지 않았다. 이어 關王廟에서 水陸齋를 지내는데 芙蓉香 6병을 들이라고 하자 史臣이

> 雲長은 부처가 아닌데, 중국인이 關王廟에 道場을 설치하니, 그 荒誕하고 망령됨이 이와 같다.[64)]

라고 하며 관왕묘에서 불교의식을 거행한다는 것을 비판하였다. 또한 東關王廟 築造에는 매달 200여 명의 軍士가 동원되었고, 兵曹에서는 上番하는 軍人이 부족하여 京畿·江原·忠淸 등의 道에서 군사를 데려다 쓸 수 있도록 請하였으나 農事를 시작할 즈음에 外方의 군사를 불러오는 것이 온당하지 않다고 지적하였다. 더 나아가 關王廟를 축조하기 시작한지 오래되도록 준공이 되지 않았다고 지적하였다.[65)] 또한 重臣들은 工役이 너무 거창하다고 하면서, 農事를 시작할 때이기 때문에 민심을 걱정하여 東關王廟 役事를 중지시킬 것을 건의하였다. 宣祖도 그와 같은 생각을 가지고 있었으나 衙門에서 허락하지 않아 뜻을 이루지 못하고 있었다.[66)] 동관왕묘의 役事를 완공한 이후에도 인력징발 과정의 민폐와 시일이 지연되면서 民力을 고갈시킨 것 등에

63) 『宣祖實錄』 권114, 선조 32년 6월 己亥, "史臣曰 關廟之役 大是虛誕 一之己非 而不能禁 又於東郊 大興土役 孑遺之民 安 得以爲生乎".

64) 『宣祖實錄』 권117, 선조 32년 9월 癸亥, "雲長非佛也 而華人設道場於關廟 其荒誕謬妄如是矣".

65) 『宣祖實錄』 권121 선조 33년 1월 癸亥, "以關王廟造成軍徵用事 回啓 傳曰 民怨極 則不可徵役 農時値 則不可違奪 春迅 至 則不可他用 予意關廟之役 不如姑請停止 抑且經始已久 而告成尙遠 徵來之軍 得毋歸於虛處乎 更與備邊司 議處".

66) 『宣祖實錄』 권121, 선조 33년 1월 甲戌.

대한 비판이 거듭 제기되었다.[67]

선조 34년(1601) 6월에 사헌부에서 올린 狀啓에서는 明軍指揮部의 요구에 따라서 행해진 東關王廟 役事를 맡은 郎廳과 監役官 등의 관원에 대한 파직과 추고에 관한 논의가 제기되었고,[68] 經理가 陞職시키기를 요청한 사람에 대한 恩賞[69]을 거두어 줄 것을 건의하는 狀啓도 잇달았다. 司憲府에서도 關王廟 監督官員들에 대한 施賞이 不可함을 논하면서 還收成名을 할 것을 狀啓文에서는

> 關廟를 조성하는 일은 애초 國事와는 관계없는 일이고, 3년 동안 원망을 사면서 이 廟 하나를 이루었는데, 무슨 기록할 만한 공이 있다고 이처럼 명분 없는 상을 받는단 말입니까. 망설이지 마시고 성명을 도로 거두소서.[70]

라고 하였다. 이에 대하여 선조는 3년 동안 지은 것은 비록 완만하였지만 勞苦를 인정하였고, 經理가 陞職을 원하는 사람에 대해서는 어쩔 수 없다는 반응을 보였다.

東關王廟의 준공에 대해서는[71] 선조34년(1601) 6월 司憲府 狀啓에서 보듯이 선조 32년(1599) 8월에 역사를 시작하여 20개월이 지난 지금에도 완공한 건물이 그 수를 채우지 못했기 때문에 아직 준공하지 못하였고, 여러 문헌의 기록에 보이는 「壬寅春 竣工」의 기록에 따라

---

67) 『宣祖實錄』 권135, 선조 34년 3월 乙巳, "戶部漸復貢物而民怨 關廟役軍 年年徵發而民怨".

68) 『宣祖實錄』 권138, 선조 34년 6월 乙酉, "爲任官事者 何敢務私蔑公 欺國蠹民 至於斯乎 若諉以已遆其任 而不爲施罰 則無 以懲後人而戒將來 今年以後 則日予淺少 庚子以前 郎廳監役官 請命罷職 都廳堂 上 亦不無不能檢飭之失並".

69) 恩賞을 환수하는 문제에 대해서는 『宣祖實錄』 권140, 선조 34년 8월 壬辰; 권140, 선조 34년 8월 癸巳; 권140, 선조 34년 8월 甲午; 권141, 선조 34년 9월 乙未; 권141, 선조 34년 9월 丁酉; 권141, 선조 34년 9월 戊戌; 권141, 선조 34년 9월 己亥; 권141, 선조 34년 9월 庚子; 권 141, 선조 34년 9월 辛丑.에 각각 보인다.

70) 『宣祖實錄』 권141, 선조 34년 9월 丁酉, "關廟之役 初非關係國事 築怨三年 成此一廟 有何可紀之功 而獲此無名之賞乎".

71) 『宣祖實錄』 권138, 선조 34년 6월 乙酉, "東關王廟之作 出於分付 斯乃不得之擧 而始役於己亥八月 于今二十餘朔 一朔役 軍 至於二百餘名 其間 或有若干未及到者 而該計各朔之軍 則其數凡幾何 至如材 木鐵物等 應入雜物分定之數 罔有其極 而旣已營造間架無多 呼耶載路 尙未告落".

선조 35년(1602) 봄에 준공되었을 것으로 보여진다.

선조 35년(1602)에는 허균에게 關羽의 德을 기리기 위해 조선에 사당을 지어 후세에 길이 제사를 지내게 한다는 것과 天子의 은혜와 關王의 德을 후대에 보여주기 위하여 관왕묘를 건립하였다는 내용의 碑文을 작성하게 하였다.[72)]

이렇듯 많은 비판에도 불구하고 선조가 東關王廟의 건립에 순순히 찬성을 한 이유는 우선 명나라 장수들의 강력한 요청을 쉽사리 뿌리칠 수 없었던 당시 분위기를 고려해야겠지만, 그 건립 배경에는 선조 나름의 또 다른 의도가 있었다.

첫째, 그것은 전란을 겪으면서 선조가 강조했던 尙武的인 분위기와 관련이 있다. 선조는 관왕묘를 건립하여 그것을 무사들의 정신적인 歸依處로 삼으려 했던 것이다. 선조 자신은 명군지휘관들이 여러 차례 강조했던 關王의 神妙함에 조금은 관심을 가졌지만, 그들이 關王에게 깍듯이 경배하는 것을 보고 關王을 일종의 武神으로 파악했다. 위에서 언급했듯이 선조 32년(1599) 4월에 東關王廟를 세우는 장소를 두고 논란이 벌어지자 선조는 訓鍊院 근처를 후보지로 제시하였던 것이다. 그 이유로 武士들의 연습장인 訓鍊院 근처에 關王廟를 세워 옛날 중국에서 武成王廟를 세운 遺志를 계승해야 한다고 강조했던 것이다.

둘째, 전란을 겪으면서 형성된 선조의 불안한 심리상태에서 풍수지리나 周易등을 신봉했던 태도와 관련이 있었다. 동대문 근처에 관왕묘를 세우기로 결정하면서 그것을 통해 도성 동쪽의 지맥을 다스리겠다는 의도를 비친바 있었다.[73)] "都城 동쪽의 地氣가 虛하다"는 劉黃裳의 지적에서 비롯된 선조의 미신적인 태도는 內變에 대한 우려와 동시에 명군에 대한 의존 심리를 드러내었던 것과 동일한 맥락이었다. 또한 선조는 播遷길에서 돌아와 죽을 때까지 經筵에서 신료들과 講論

72) 『惺所覆瓿藁』 권16, 「勅建顯靈關王廟碑」, "又能拯屬國之難 以紓我 聖天子東顧之憂 而東土百萬生靈 受社以安 宜東民之願 崇廟宇 以俾祀於無窮也已 予仰惟 天子之恩王之德 不敢忘乎懷思 所以文之 以示 後代 倫職是視草臣也 其以予意刊之石 俾永不朽".

73) 『宣祖實錄』 권112, 선조 32년 윤4월 乙酉, "前見劉黃裳 則我國都城東邊似虛 建立屋宇 深鑿池溝 以鎭地脈云 此言與我國 所 言相合 若不得已說之 則設於東大門之外可矣".

을 오로지 周易 한가지로만 했던 사실에서도 엿볼 수 있다. 이 때문에 趙緯韓은 경연에서 '周易'만을 강론하는 선조의 태도를 비판하고 '周易'만을 강론하지 말고 四書나 六經 등도 신경 써야 한다고 주문한 바가 있었다.[74] 이러한 양상은 비단 선조에게만 나타난 것이 아니라 사대부들에게도 나타났는데, 왜란 이후 術士들을 굳게 믿거나 명당을 갈구하여 조상의 묘를 여러 차례 移葬하는 것도 꺼리지 않았다.[75]

관왕묘는 서울뿐 아니라 명군이 장기간 주둔했던 星州와 安東·古今島·南原에도 건립되었다. 지방 관왕묘의 건치연혁은 다음과 같다.

〈表 1〉 宣祖代 地方 關王廟의 建置沿革[76]

場所	年度	創建者	形態	配享者	備考
安東	31년(1598)	薛虎臣	石像		
星州	31년(1598)	茅國器	塑像		『燃藜室記述』別集(1597년)
康津	31년(1598)	陳璘		陳璘 李舜臣	『燃藜室記述』別集(1597년)
南原	32년(1599)	劉綎	木像	摠府中軍 (李新芳·蔣表·毛承先)	『海東聖蹟誌』藍芳威가 創建(1597년)

위와 같이 安東의 관왕묘는 선조 31년(1598) 明의 眞定營都司 薛虎臣이 성내 北山의 정상에 세우고 돌을 깎아 관우의 모습을 새겼고, 선조 39년(1606)에 西岳寺 東臺로 옮겼다.[77] 北山의 정상에 있던 관왕묘를 8년 만에 西岳寺 東臺로 옮기게 되었는데, 그 이유는 안동향교 앞에 관왕묘가 대치하고 있었기 때문에 명군이 철수한 후에 儒林들의

74) 趙緯韓, 『玄谷集』 권12, 「策」, "…必須熟讀四書 以求聖賢之微 言微旨而見效於躬行心得之餘 然後方可以下功六 經 以廣其聖德也…".

75) 高尙顔, 『太村先生文集』 권4, 「效嚬雜記」 上, 「叢話」, "再造之後 士大夫崇信術士 雖久遠祖墳 更擇吉地 遷葬安厝 至於父母之墓 則雖得 吉地 若他山稍勝云則不憚移葬 再三不已".

76) 위 표는 『朝鮮王朝實錄』, 『燃藜室記述』, 『海東聖蹟誌』, 『林下筆記』, 『五洲衍文長箋散稿』, 각 지방 『邑誌』를 기본 자료로 삼았다.

77) 『肅宗實錄』 권50, 숙종 37년 1월 壬辰, "安東關帝 萬曆戊戌 眞定營都司薛虎臣所建 有石像 初在府城內北山之頂…丙午移 安西岳寺東臺…", 『林下筆記』 권16, 『五洲衍文長箋散稿』, 「關壯繆辨證說」; 『永嘉誌』 권4, 十四 關 王廟條에서도 이와 같은 기사가 보인다.

요구에 의해서 옮겨지게 되었다.[78]

星州 관왕묘는 명장 茅國器가 선조 31년(1598)에 창건하여 영조 3년(1727)에 현재의 자리로 移建되었고 서울의 관왕묘와 마찬가지로 塑像을 안치했다.[79]

古今島 관왕묘는 정유재란 이후 明將 陳璘에 의하여 鎭北 湧金山 아래에 세워졌다.[80] 숙종 10년(1684)에는 觀察使 李師命이 增修하였고 그 주위에 사당을 세워 陳璘을 享祀하고 李舜臣을 배향하였다.[81] 관왕묘 祭日은 서울의 例와 같이 驚蟄과 霜降의 春秋로 할 것과 고금도의 東·西廡에는 따로 祀告할 것이 없이 關王廟 祝文 末端에 陳都督과 李舜臣을 添入하기로 하였다.[82] 그 후 정조 5년(1781)에는 御筆 賜額을 내렸다.[83]

南原의 관왕묘는 선조 32년(1599)에 명나라 제독 劉綎이 주도하여 남원 읍성 동문밖에 세웠다.[84] 그 후 숙종 42년(1716)에 南原縣監 朴乃

---

78) 『永嘉誌』 권4, 關王廟條, “萬曆戊戌明將眞定營都事薛虎臣所建 初在城西門內北麓止堅營內 鄕人嫌其與文廟 對峙 啓稟于朝 移建于西嶽東臺”.

79) 『肅宗實錄』 권50, 숙종 37 1月 辛卯, “星州關廟左東門外 萬曆丁酉 天將茅國器所建 有塑像 廟宇二間 庭廣二間”, 『海東聖蹟誌』 卷1, 廟祠考, “宣祖三十年丁酉 天將遊擊茅國器 創建于慶尙道星州牧 奉安塑像 初在州城東門外 英廟三年丁未 移建于南亭下 以皇明摠兵祖承訓遊擊茅國器盧得功配享 正廟十六 年牧使徐有重重修”, 『林下筆記』 卷16, “在城州牧宣祖三十年 天將茅國器創建有塑像 甚著靈異 初在州城西門外 英祖三 年 移建于南亭下”, 『五洲衍文長箋散稿』 上, 「關壯繆辨證說」, “星州關王廟 萬曆丁酉 天將茅國器建 有塑像甚著靈異 王考寒竹堂涉筆 星州府所 有 關侯廟金冠緣袍據椅而坐 右手持槍左手執 右有一將白 踞坐 右有二將 一將 兩手持槍椎 一將四臂一手持 三手 所執 二將俱赤顔號怒 竟不識其何名也”.

80) 『海東聖蹟誌』 권1, 廟祠考, “宣祖三十一年丁酉 天將都督陣璘創建于全羅道康津縣古今島鎭北湧金山下 顯廟七 年丙午 節度使柳斐然募僧天輝重修 以都督陣璘 副摠兵鄧于龍 本朝統制使李舜臣 配享 肅廟十年甲子 觀察使李帥命增修 三十六年庚寅歷任議政李頤命 請秋祀典歲 以驚蟄霜降之節 具性弊遣官享祀 正廟五年辛丑御筆揭額”.

81) 『肅宗實錄』 권49, 숙종 36년 12월 庚寅, “陳都督璘及忠武公李舜臣 祀宇賜額事陳達蒙台”.

82) 『肅宗實錄』 권49, 숙종 36년 12월 庚寅, “京中關王廟祭日 用驚蟄霜降 春秋各以此日設行之意 亦爲知委 饌品 一依宣武祠 香祝 則當自京下送 而雖以聖廟規例言之 東西廡 無別爲祝告之事 關廟祝文末端 添入陳都督李舜臣配食之意 似當”.

83) 『海東聖蹟誌』 권1, 廟祠考, “宣祖三十一年丁酉 天將都督陣璘創建于全羅道康津縣古今島鎭北湧金山下 顯廟七 年丙午 節度使柳斐然募僧天輝重修 以都督陣璘 副摠兵鄧于龍 本朝統制使李舜臣 配享 肅廟十年甲子 觀察使李帥命增修 三十六年庚寅歷任議政李頤命 請秋祀典歲 以驚蟄霜降之節 具性弊遣官享祀 正廟五年辛丑御筆揭額”.

84) 『燃藜室記述』 別集, 권4, 題詞條, “在南原府城西門外 宣祖己亥年間 都督劉綎創建”.

貞이 關王廟를 동문 안으로 옮겨 중건하면서 武安王廟라 칭하고 그 사실에 대한 重建碑를 세웠다. 이때 중국의 祠廟제도를 모방하여 廟堂 안에 정유재란에서 전사한 명나라 장수인 摠府中軍 李新芳·蔣表·毛承先 등을 配享하였다.[85)]

한편, 관왕묘 건립 이후에는 그에 대한 관리에도 힘을 기울였다. 선조 33년(1600) 10월에 선조는 관왕묘의 관리를 맡은 훈련원 관원들이 임무를 제대로 수행하지 못한다고 질책한 뒤, 參奉을 두어 관리를 맡길 것과 致祭할 때 필요한 비용의 마련을 위해 田畓을 사들여 지급하라고 지시하였다.[86)] 이 같은 추세는 光海君代에 들어서도 계속되어 광해군 4년(1612)에 東·南關王廟 관리를 태만히 했던 관원들을 推考하도록 하고 벽에 낙서된 곳은 지우고 손상된 곳은 수리하도록 조처하였다. 이에 대한 禮曹의 보고에 의하면 관왕묘의 제례는 纛所의 禮[87)]에 따라 매년 驚蟄·霜降日 두 차례 관원을 보내 거행하고 있다.[88)]

光海君代 이후 조선에 왔던 명의 사신이나 관원들에게는 관왕묘를 방문하는 것이 하나의 관례처럼 굳어졌던 것으로 보인다. 광해군 10년(1618)에는 遼東에서 명의 관원이 온다는 소식을 접한 광해군이 東關王廟와 南別宮, 太平館, 宣武祠, 楊御史碑閣을 서둘러 수리하라는 命을 내렸던 것으로 보면[89)] 명나라 사신과 관원들 역시 임진왜란 당시 자신들이 조선에 참전하면서 만들어진 기념물이라 할 수 있는 이

85) 『五洲衍文長箋散稿』, 「關壯繆辨證說」, "南原廟未詳何世所建 纛廟丁酉 重建而三天將李新芳 蔣表 毛承先配享 王考 炯菴 公寒竹堂涉筆 南原府西有明王廟 辛丑春 今上正廟御筆 誕報廟 三字 命 監書齎往 揭之 壬寅秋 余於公行歷謁焉 關王木像甚怪大 金冠紅袍 前有三將侍立 庭有碑 萬 曆己亥 都督劉綎所創而碑皆剝落 文亦綎所製 語甚野掘 筆亦荒仄", 『靑莊館全書』, 「寒竹堂筆記」 권68, 誕報廟에도 비슷한 기사가 보임.

86) 『宣祖實錄』 권130, 선조 33년 10월 庚寅, "於神 可敬而不可慢 或至於凟其職 不如差出叅奉 以奉香火…速買田畓 屬于關王 廟 以供其香火".

87) 纛所의 예란 중국고대의 전설적인 蚩尤를 纛神으로 하여 뚝섬(纛島)에서 지내는 國家祭禮를 말한다.

88) 『光海君日記』 권54, 광해군 4년 6월 甲子, "關廟祭祀 列依纛所例 每年春秋 驚蟄霜降日 遣官設行矣".

89) 『光海君日記』 권134, 광해군 10년 11월 癸卯, "劉都督差官上來 東關王廟及楊經略碑閣 焉焉摘奸 修理以待 而允接待等事 着令 該曹 預爲議處".

들 건물들의 보존 상황에 상당한 관심을 보였던 것으로 여겨진다.

명군이 철수한 뒤에도 관왕묘는 계속 남아있었다. 일반 백성들이 관왕묘를 어떻게 인식했는지는 자세히 알 수는 없으나 현종 12년(1671) 10월, 관왕묘의 塑像에 물기가 젖어 흘러내린 자국이 있었는데 그것을 본 서울 백성들이 피눈물을 흘러 내렸다고 앞 다투어 전했다고 한다.[90] 이것은 설립 당시 명군지휘관들이 關王이 신비하고 영험한 능력을 지녔다고 강조해도 별 반응을 보이지 않았던 상황과는 다른 것이라 할 수 있다. 즉 명군이 철수하고 세월이 흐르면서 관왕묘 자체가 조선인들에게도 '신이한 존재'이자 '숭앙의 대상'으로 자리를 잡아가고 있는 양상을 보여주는 것으로 생각된다. 이러한 전쟁을 통한 문화접변 중 신앙의 보급과 정착과정을 다문화적 관점으로 본다면 지속적인 정책적 의지가 이후 자발적인 민간신앙으로 확대 발전할 수 있다는 시사점을 주고 있다.

4. 結言

본고에서는 壬辰倭亂時 참전한 명군에 의해 建置된 관왕묘가 임란 후에 조선에 전래된 배경과 의미에 대하여 정치사적 관점뿐만 아니라 문화접변의 현상으로서 다문화적 시선으로 살펴보았다.

먼저 關羽는 중국에서 그의 생전에는 일개 侯에 불과했지만, 魏晉·隋唐시기의 종교적 환경과 이후 宋·明代에는 북방민족과의 대립에 따른 尙武的 분위기에 따라 계속해서 제고되었다. 특히 중국의 明末에는 만주족과의 대립과 왜구의 창궐로 인하여 關羽의 정치적·종교적 지위가 대단히 높아졌다. 明代의 이러한 시대적 분위기와 明軍들의 숭배에 따라서 조선에 출병한 明君指揮部의 요구에 따라서 한편 조선에서는 선조 31년(1598)에 南關王廟가 최초로 建置된 이후 東關王廟와

90) 『顯宗實錄』 권19, 현종 12년 10월 乙未, "南關王廟塑像 水氣潤濕 有流下之痕 京城民爭傳 血淚流下云".

지방의 안동, 성주, 강진 및 남원 등지에 왜군과의 격전지를 중심으로 잇달아 건치되었다.

조선에서 關羽信仰에 생소했던 조정신료들에 의해 건립 초기에는 많은 비판이 제기하기도 하였지만, 전란의 위험에 처해있던 조선을 명이 다시 세웠다는 '再造之恩'의 관념으로 인해 어쩔 수 없이 받아들였다. 그 이면에는 宣祖가 관왕묘를 건립한 나름대로의 이유가 있었는데 그것은 전란을 겪으면서 선조가 강조했던 尙武的인 분위기를 고양하고 또한 전란을 겪으면서 형성된 선조의 불안한 심리상태에서 풍수지리나 周易등을 신봉했던 태도도 작용했던 것이다. 이렇게 해서 건립된 關王廟는 명군의 철수 후 關羽崇拜 사상이 희박해짐에 따라 補修와 致祭도 소홀하게 되었다.

한편 명말청초에 급변하는 동아시아의 국제관계 속에서, 광해군은 대외정책에서 明·淸에 대하여 절충적인 양면정책을 취하였지만, 反正으로 즉위한 仁祖는 反正을 합리화시키고 明으로부터 인정을 받기 위해 明에 대한 사대에 충실할 것을 立國의 근본으로 삼아서 淸의 침입을 초래하였고, 胡亂후에도 조선의 對明事大는 한층 심화되면서 北伐論이 대두하였다. 그러나 1644년 명의 멸망과 北伐을 준비하던 孝宗이 일찍 승하하게 됨으로써 大明義理論으로 사상적 전환을 하였다. 이에 조선에서는 兩亂에 희생된 전사자나 忠臣·烈士에 대한 顯彰事業을 진행하게 되었고 그에 따른 國家祀典 자체도 많은 변화를 가져오게 되었다. 명이 망하고 60년 되는 영조 20년(1704)에 명 황제 神宗·毅宗을 모시는 大報壇이 국가제의가 되었고 啓聖祠·宣武祠와 함께 關王廟가 英祖代 간행된 『國朝續五禮儀』에 小祀로 편입되었다. 이와 함께 사적인 祠宇·書院의 남설로 인해 院宇疊設禁止令이 내려지게 되었다. 또한 이 시기에는 관우의 영위를 모시고 있는 관왕묘의 보수와 치제 문제가 정부로부터 자주 논의되었는데. 서울 동·남관왕묘와 함께 지방의 관왕묘도 官에서 이를 보수하고 치제하도록 하였다.

顯宗의 嫡子로서 그 繼位한 肅宗은 王位繼承에 아무런 문제가 없었으나 祖父인 孝宗이 仁祖의 長子가 아니라는 데서 그 正統性에 문제가 제기되었고, 이는 禮訟論爭으로 나타나 西人과 南人의 朋黨間의 대립이 심화되는 동시에 王의 正統性과 王室의 權威가 심각하게 손상되었다. 이에 숙종은 왕권을 강화하기 위하여 노론·소론·남인을 번갈아 가며 '換局'을 감행하였지만 '庚申換局' 이후 남인들이 실권을 잃고 그들의 견제기능은 사라지면서 노론정권의 一黨獨走는 숙종에게 많은 정치적 부담으로 작용하였다.

이러한 시대적 상황에서 肅宗은 충성스런 신하의 전형이 필요했고, 이를 통하여 조정 신료들에게 의식적으로 왕실에 대한 충성심을 고취시키고자 하였다. 그러한 맥락에서 숙종은 鄭夢周의 후손인 鄭鎬가 죽자 그의 조카 道濟를 후사로 세우라고 명하고 그에게 官職과 給料를 주어 제사를 받들 수 있게 하고, 死六臣의 관작을 회복시키고 관원을 보내 치제하게 하였다. 또한 南關王廟와 東關王廟에 자신이 직접 지은 關羽에 대한 思慕의 詩를 걸어두게 할 정도로 관우나 관왕묘에 대해 깊은 관심을 나타내었다. 이와 같이 숙종의 충의에 대한 생각은 關王廟에 대한 致祭뿐 아니라 역대 충신들의 祠廟를 건립하거나 친히 崇慕의 마음을 담은 賜額을 내림으로써 개인적인 崇慕를 넘어 신하들에게 의식적으로 충의를 고취시키고 나아가 왕권강화의 계기로 삼고자 하였다. 즉, 신하들로 하여금 붕당간의 정쟁만 할 것이 아니라 '義勇忠節'의 장수인 關羽를 본받아 왕과 왕실에 대한 충성하라는 의미에서 東·南關王廟의 현재 상태를 파악케 하여 파손된 곳은 고치게 하고, 官員을 보내 致祭를 하게 하였던 것이다.

이처럼 숙종이 왕권을 신장시키고 신하들에게 關羽의 義勇과 忠節을 본받게 하기 위해 관왕묘에 치제할 당시에는 關王廟에 臨御 時 行禮 절차가 정해지지 않았었다. 이 때 弘文館에서는 임란 중에 宣祖가 關王廟에서 행한 의식은 알지 못하지만 그 때는 어쩔 수 없는 상황이었기 때문에 法式이 될 수 없고 一國의 國王이 일개 장수에게 親臨하여 拜禮하는 것은 맞지 않다고 주장하였지만 숙종은 선조대 관왕묘에 친림하여 행한 舊例를 찾아 揖禮로 행하던 例를 고쳐 拜禮를 행하도록 하고 이때부터 拜禮가 행해지게 된 것이다. 그 이유는 당시 노론이 서원을 매개로 많은 유생들을 동원한 儒疏정치에 대해 염증을 느껴서 서원의 첩설금지 조치를 강화하는 동시에 소론의 거두인 최석정을 옹호하는 소론을 왕권을 약화시키는 행위로 간주하여 관왕묘 치제를 통해 노론과 소론의 입지를 약화시키고자 하는 의도를 실행하였던 것이다. 뿐만 아니라 숙종은 關羽가 비록 조선 사람은 아니지만 그 정신을 숭배하는 것은 害가 없다고 하면서 서울만이 아니고 각 지방 儒生들의 歡迎을 받지 못해 관리가 제대로 되지 못하고 荒廢한 狀態에 놓인 지방의 關王廟에 대해서 改修하고 致祭하게 하고 국가에서 공식적으로 관왕묘의 의례에 필요한 물품을 지급하며 관리하였다.

그 이후로도 조선후기 국왕들은 계속해서 關王廟에 치제하였다. 영조는 先祖의 禮로 관왕묘에 항상 甲冑를 입고 親祭하였으며 東·南關王廟에 두 번이나 賜額을 내렸다. 이어서 정조는 계속된 先王의 능 참배 이후 환궁 길에 관왕묘에 展拜를 함으로써 당시 신료들에게 상당한 부담을 주었다. 정조는 조선후기 왕 중에서 가장 많이 관왕묘에 展拜를 하였다. 또한 고종 33년(1896)에는 『大韓禮典』에 명문화되지 않았던 大報壇이 大祀로, 關王廟가 小祀에서 中祀로 격상시켜 국가의례에 편제시켰다.

이처럼 壬辰倭亂이라는 전쟁을 거치면서 中國의 신앙인 關王廟가 朝鮮에 전래되었고, 文治 위주의 국정 운영의 방향을 이를 통해 환기시키면서 國王權 강화에 직접적으로 활용한 것은 상당한 시사점이 있다고 하겠다. 특히 전쟁을 통한 문화접변의 현상 중 신앙의 보급 및 전파를 다문화사적 관점에서 보면 국가 정책의 일환으로 문화를 의도적으로 접합시킴으로써 초기에는 단순한 제례의 위상이었지만, 이후 자발적인 민간신앙으로 확대 발전할 수 있다는 시사점을 주고 있다. 이러한 종교적인 형태의 문화접합은 고대로부터 현재에 이르기까지 한국 사회에 수용되고 적용된 다양한 문화적 층위 중 가장 저변에 깔리는 것으로 다문화 연구와 정책입안에도 상당한 도움을 줄 수 있을 것이다. 앞으로 關王廟 致祭와 관련된 종교나 제의와 같은 다양한 관점에서의 다문화적 연구는 이후의 과제로 삼고자 한다.

2부 동양사 속의 다문화적 문화변동과 식민지 반응 양상

다문화사회에서 문화교류사의 사회 치유적 역할 | 최병욱

중국 근대 다문화의 유입과 정치사상의 중서융합 | 이춘복

식민통치와 다민족·다문화 사회의 반응 | 손준식

다문화사회에서 문화교류사의 사회 치유적 역할

최병욱

1. 머리말

지구상 많은 나라들 중 비교적 동질적이며 단일적이라고 가정되는 한국사회에도 최근 들어 다문화라는 심상치 않은 바람이 불고 있다. 유럽과 정치·사회적 환경이 다르고, 이주민의 성격도 다르지만, 한국사회도 점차 다문화사회로 접어들고 있다. 그런데, 최근 영국·프랑스·독일 등 유럽 국가들이 잇따라 다문화주의 실패를 선언하고 있다. 이들 국가들은 지난 몇 십 년 동안 이주노동자들을 받아들여 각각의 특성에 따라 다문화정책을 시행했지만, 이주민 특히 이슬람 이민자들과의 통합에 실패하였던 것이다.

법무부 통계에 의하면 2012년 7월 현재 한국사회에는 전체인구의 3% 가까이 되는 약 145만 여명의 외국인 주민이 거주하고 있는 것으로 나타났는데(〈표 1〉 참조), 이는 서구의 다문화사회 성립과 비교도 안

---

* 강원대학교 인문과학연구소 HK연구교수

** 이 글은 중앙대학교 문화콘텐츠기술연구원에서 간행하는 『다문화콘텐츠연구』 제13집, 2012.10, pp. 435~466에 게재되었던 논문을 수정한 것이다.

되는 대단히 빠른 속도로 전개된 양상이다. 이미 19세기 말부터 외국인 인구이동이 진행되어온 서구와 달리 짧게는 10년 길어야 15년 동안에 일어난 한국사회의 압축적인 이주의 전개는 세계적으로 매우 특수한 현상이다. 한국은 1980년대 초까지만 해도 아시아의 다른 여러 국가들처럼 세계 각지로 노동력을 송출하는 국가였다. 그러나 1988년 올림픽 이후 해외 이주노동력의 유입이 급격하게 증가했으며, 2007년 8월에는 단기체류 외국인을 포함한 외국인 수가 100만 명을 넘어섬으로써 주민등록인구의 2%를 차지하게 되었다. 또한 2000년대 이후 빠른 속도로 증가하는 국제결혼 역시 한국사회의 다문화화를 촉진하는 요인으로 작용하고 있다. 이러한 추세라면 외국인 비율이 2020년에는 5% 그리고 2050년에는 9.2%에 이를 것으로 추산하고 있다.[1)]

〈표 1〉 체류외국인 연도별 증감추이[2)] (2012.7.31. 현재, 단위: 명)

연도	총계	등록	단기체류	거소신고
2002년	629,006	252,457	357,340	19,209
2005년	747,467	485,144	236,958	25,365
2007년	1,066,273	765,746	266,011	34,516
2010년	1,261,415	918,917	258,678	83,825
2012년 7월	1,455,611	982,461	277,596	135,020

물론 선진국의 경우 2000년을 기준으로 평균 8.7%, 북미지역의 경우 12.9%인 서구사회에 비하면 그 비율이 낮지만, 다문화사회에 대한 대응경험이 적고 민주주의의 역사도 짧기 때문에 갑작스런 외국인의 증가는 심각한 문제를 유발할 수도 있다.[3)] 우리나라에서는 아직 그렇게 심각한 문제로 대두되지는 않았지만, 이와 같은 이주 속도로 본다면 자민족과 자문화를 보호하기 위해 극우세력이 등장하여 유럽과 같

1) 정영근, 「한국사회의 다문화화에 대한 교육학적 성찰」, 『교육철학』 44, 2009, 115~116쪽.

2) 법무부 출입국·외국인정책 통계월보 2012년 7월호. 거소신고는 외국국적동포 국내거소신고 현황을 말함.

3) 홍성식, 「한국 사회의 다문화주의와 그를 둘러싼 환상」, 『새국어교육』 85, 2010, 547쪽.

은 민족주의로 발전할 수 있다는 우려도 있다. 전통적 이민국가로 분류된 미국이나 호주, 캐나다 등은 제외하고라도 마지못해 이민을 허용하고 있는 영국·독일·프랑스 등에서의 다문화주의 포기 선언은 한국에서의 다문화에 대해 다시 한 번 생각해 보는 계기가 될 것이다.[4)]

현재 우리 인구의 3%를 차지하고 있는 이주민들은 이제 우리 사회의 이방인이 아니라 새로운 구성원으로써 우리와 함께 이곳에서 새로운 한국 사회를 형성하고 있는 중요한 사람들이다. 다문화사회가 점차 진전되고 있는 현재, 우리는 단일민족의 '신화'에서 벗어나 그들을 '우리'로 받아들이는 자세가 필요하다. 이와 더불어 그들 문화를 이해하고, 우리 문화 속에 포용하는 모습이 절실히 요구된다. 이러한 자세야말로 현재 점차 사회적 문제로 대두되고 있는 이주노동자에 대한 혐오, 동남아 결혼 이민자들을 바라보는 부정적 인식 등을 불식시킬 수 있을 것이다.

필자는 그 예방적 치유의 한 방법으로 문화교류사를 다문화적 시각에 입각하여 살펴볼 것이다. 이 연구를 통해 필자는 우리 학생들이 미래 한국의 다문화사회에서 나타나는 다양한 사회적 병리현상에 대처할 수 있는 다문화 인식을 가질 수 있는 역사적 접근 방법을 제시해 주고자 한다. 학생들이 역사교육 혹은 역사인식을 통해 문화라는 것이 한 사회의 구성원, 하나의 민족이 공유하는 것으로서의 문화, 곧 문화민족주의의 문화 개념이 아니라 세계시민이 함께 공유하는 말 그대로 '세계문화'에 대한 인식을 스스로 깨닫게 하고, 그들이 이주민과 타문화에 대한 상호문화주의적 관점을 가지고 미래 한국의 다문화사회에서 함께 '우리'로서 더불어 살아가는 방법에 대해 논의하고자 한다.

4) 유럽의 다문화주의가 용광로(melting pot)주의적 관점이라면 본문에서 얘기하고자 하는 다문화주의는 흔히 샐러드 볼(salad bowl) 이론이나 모자이크 이론이라고 칭하는 다문화주의를 말한다. 다문화주의는 다양성이 단일성으로 통합되는 방식이 아니라, 다양성을 유지하면서 상호 유기적으로 연계되어 있는 '공존'의 형식을 말한다. 즉, 한 국가 내에 각 구성원들과 집단들 간의 다양성을 존중하고 인종, 민족, 사회계층, 성별 등 특수한 집단에 대한 이해와 수용을 촉진함으로써 차별이나 편견을 줄이고 균등한 교육의 기회와 문화적 선택을 제공하는 것을 목표로 한다(김경식 외, 『다문화사회와 다문화교육』, 신정, 2012, 64쪽).

다문화에 대한 역사교육은 일반적으로 세계사 교육을 중심으로 논의가 활발하지만,[5] 자국사 교육에서도 현재 다문화에 대한 논의가 이루어지고 있다.[6] 그러나 기존의 연구들은 세계사를 다문화교육의 관점에서 바라보고 있지만 일관되게 문화교류적 관점을 가지고 서술되고 있지 못하고 있다. 자국사 논의도 문화사적인 시각보다는 대외관계에 많은 초점이 맞추어 있거나, 교류사적 측면보다는 다문화적 관점에서 미시사에 초점을 맞추고 있다. 따라서 자국사에서 논의를 하되, 반드시 세계 교류사 속에서 다루어져야 한다고 본다.

또한 기존의 연구는 대부분 초중등 역사교육에 치중되어 왔다. 물론 미래 다문화사회를 준비하기 위해서는 당연히 가장 우선시되어야 할 교육대상은 어린 학생들일 것이다. 이미 다문화주의를 반영하는 교과교육개정이 이루어지고 있으며, 초중등 역사교육에도 조금씩 그 결과가 나타나고 있다. 하지만, 대학생들을 대상으로 다년간 문화교류를 다문화적 시각에서 수업한 결과, 현재 대학생들의 다문화에 대한 인식이 왜곡되거나 우리 사회를 구성하고 있는 이주민에 대한 부정적 인식이 팽배해 있다는 것을 확인할 수 있었다. 이들은 기존의 '국사' 중심의 교육을 받고 자라난 세대로서 '국사'를 우리 역사로, 세계사를 '타자'의 역사로 구분하는 이분법에 익숙해져 왔다.

따라서 초중등 역사교육도 중요하겠지만, 기존 역사교육을 받고 자라난 대학생들에 대한 다문화 역사인식도 변화되어야 할 것이다. 따라서 본 논문에서는 다문화사회에서 대학생들을 대상으로 문화교류사에 대한 수업 모델을 제시하고, 그러한 모델이 다문화사회에서 소

5) 이지영, 「다문화교육을 통한 세계사학습의 현장사례연구」, 『사회과교육』 41-3, 2002; 김선미, 「중등사회과교과에 나타난 한중일 관계분석: 다문화교육의 관점에서」, 『사회과교육』 42-1, 2003; 김한종, 「다문화사회의 역사교육: 캐나다 BC주의 경우, 『역사교육연구』 4, 2006; 정선경, 「지구적 시각에 기초한 세계사 교육에의 접근 방안」, 『역사교육』 85, 2003; 나혜심, 「탈국경화 시대의 역사교육」, 『사회과교육』 49-3, 2010.

6) 최근 한국사에서 대외관계 및 교류를 통한 다문화 역사교육에 대한 여혜경, 「다문화교육을 위한 역사교육 방안: 한국사의 '대외 관계 및 교류'를 중심으로」, 한국교원대 석사논문, 2011의 연구가 있으며, 국가나 민족에서 벗어나 생활사, 가족사, 지역사를 활용하여 다문화역사교육의 가능성에 대해 논의한 최용규·이광원, 「초등학교 다문화 역사교육의 방안 탐색」, 『사회과교육연구』 18-1, 2011이 있다.

통의 부재로 인한 다양한 사회적 문제를 미리 예방하고 치유하는 역할에 대해 논의하고자 한다.[7)]

2. 다문화사회에서 역사교육의 역할

우리 사회에서 다문화에 대한 논의의 출발은 결혼이민자와 이주노동자의 유입이 본격화되면서부터이다. 그러나 이를 대하는 우리의 태도는 매우 이중적이다. 결혼이민자의 경우는 우리 사회의 지속성과 관련하여 장려했던 측면이 있고, 이주노동자의 경우도 노동력부족이라는 절박한 상황에서 필요에 의해 제기되었지만 한시적이고 제한적 영역에서 진행되었다. 그리고 결혼 이민자의 경우도 다문화가정이라는 이름 아래 그들을 우리 사회에 안정적으로 정착시키기 위한 동화주의정책으로 진행하고 있어 진정한 의미의 다문화와는 거리가 있다(결혼 이민자의 증감 추이에 대해서는 〈표 2〉 참조). 동서문화교류사 수업을 수강했던 대부분의 학생들도 다문화를 결혼이주여성들과 관련하여 생각하고 있었으며, 다문화정책 역시 이들과 관련한 정부나 지자체의 시혜정책쯤으로 생각하는 경향이 많았다(〈표 4〉 참조).

〈표 2〉 결혼이민자 연도별 증감 추이[1)] (2012.7.31. 현재, 단위: 명)

연도	2007년	2008년	2009년	2010년	2011년	'11년 7월	'12년 7월
인원	110,362	122,552	125,087	141,654	144,681	143,915	147,630
전년대비증감률	-	11.0%	2.1%	13.2%	2.1%	-	2.5%

이에 더하여 우리 사회에서 다문화를 둘러싼 논의를 더욱 모호하게 하는 것은 중국 조선족과 탈북자 문제이다. 이들은 분명 같은 민족이

7) 이 논문은 강원대학교에서 2011년 1학기부터 2012년 1학기까지 3학기 동안 실시된 동서문화교류사 수업의 결과이며, 논문에 있는 설문조사와 결과는 수강학생들의 조사결과를 종합한 것이다.

〈표 3〉 이주민에 대한 호감도

구분	호감도	2011년 1학기 비율; 47명(100%)		2011년 2학기 비율; 54명(100%)		2012년 1학기 비율; 47명(100%)	
외국인 노동자	매우 그렇다	6.4%	38.3%	3.78%	39.66%	2.13%	45.68%
	대체로 그렇다	31.9%		35.85%		42.55%	
	별로 그렇지 않다	61.7%	61.7%	60.37%	60.37%	53.19%	56.32%
	전혀 그렇지 않다	0%		0%		2.13%	
여성결혼이민자	매우 그렇다	2.2%	46.9%	1.86%	44.45%	0%	51.06%
	대체로 그렇다	44.7%		42.59%		51.06%	
	별로 그렇지 않다	48.9%	53.1%	50%	55.55%	48.94%	48.94%
	전혀 그렇지 않다	4.2%		5.55%		0%	
북한이탈주민	매우 그렇다	6.5%	58.7%	7.4%	57.4%	8.51%	59.57%
	대체로 그렇다	52.2%		50%		51.06%	
	별로 그렇지 않다	41.3%	41.3%	38.88%	43.6%	31.91%	40.43%
	전혀 그렇지 않다	0%		3.72%		8.52%	
중국동포(조선족)	매우 그렇다	4.3%	40.5%	0%	35.18%	2.13%	38.3%
	대체로 그렇다	36.2%		35.18%		36.17%	
	별로 그렇지 않다	57.3%	59.5%	57.42%	65.82%	36.17%	61.7%
	전혀 그렇지 않다	2.2%		7.4%		25.53%	

지만, 현실적인 맥락에서는 이방인보다 훨씬 먼 타자일 뿐이다. 다문화주의와 관련하여 우리 사회가 가장 먼저 고민해야 하는 것은 바로 탈북자와 조선족 문제이다. 그런데 다문화주의를 다루는 과정에서 이 문제를 상대적으로 소홀하게 다루고 있는 것은 소위 말하는 같은 민족 사이에도 내면화된 오리엔탈리즘이 작용했거나 과도한 정치적인 잣대 때문일 것이다. 한 핏줄 안에도 우월과 열등의 이분법이 작동해 편견이 가해지고 있는 것이다.[8] 이러한 면에서 필자는 이주민에 대한 호감도를 파악하기 위해 수강학생들에게 아래와 같은 조사를 선행하였다. 또한 이주민 중에서도 탈북자와 조선족을 따로 구별하여 일단 그 단순 호감도를 비교하여 보았다(〈표 3〉).

이주민에 대한 학생들의 호감도는 상당히 부정적이었다. 단순 호감

8) 홍성식, 앞의 논문, 549쪽.

〈표 4〉 다문화와 다문화정책에 대한 대학생들의 의견

의견 \ 질문	다문화	다문화정책
다수 의견	다양한 문화와 인종이 서로 어울리는 것, 여러 민족이 차별 없이 지내는 것, 여러 민족과 함께 살아가는 것, 각 나라의 개성 있고 특색 있는 문화가 서로 견제하고 비하해야할 것이 아닌 함께 어우러져야 할 문화, 여러 문화가 섞여서 다채로운 것, 세계의 여러 민족들이 국경을 초월하여 어우러져 사는 것	외국인들을 위한 정책, 결혼이주민들을 위한 한국어교육, 결혼이주여성 자녀에 대한 복지 정책, 다문화가정이 소외되지 않도록 돕는 정책, 국제결혼 가정을 위한 정책, 이주민들을 위한 직업교육, 한국사회에 동화시키기 위한 정책
소수 의견	저임금, 노동자 수입정책, 국제결혼, 농촌총각과 혼인으로 이루어진 부부, 유색인종, 불법 이민, 혼혈	다양한 문화의 사람들에게 평등한 정책을 실시하는 것, 문화의 다양성을 존중하며 배려하고 위하는 정책, 민족·인종에 편견 없는 눈높이 인식

도로 다문화인식을 평가할 수 없지만, 우리사회에서 점차 중요한 구성원으로 자리 잡고 있는 이주민에 대한 평가가 상당히 부정적이라는 데에 놀라웠다. 탈북자는 긍정적 인식이 약간 높은 편이지만, 중국 조선족에 대한 호감도는 조사 대상자 중에서 가장 낮은 수준이었다. 다른 민족보다 차이점보다 공통점이 훨씬 더 많은, 그래서 어느 민족보다 공감할 수 있는 여지가 클 것 같지만 현실은 전혀 그렇지 않다.

물론, 우리 사회에서의 결혼이주여성, 이주노동자, 중국 조선족, 북한이탈주민을 단순히 호감도 측정의 대상에서 비교 평가한다는 것은 잘못된 것일 수 있다. 하지만, 다문화사회로 나아가고 있는 한국에서 현재 이들에 대한 부정적 인식이 팽배해 있고, 이들이 한국사회에서 안정적으로 정착해 그들 문화를 유지하면서 한국에 통합하여 살아가는 데 있어서 한국인들의 상호문화적인 태도가 필요하다고 본다. 이와 더불어 학생들에게 다문화와 다문화정책은 무엇인가에 대해 물어보았다(〈표 4〉).

학생들은 다문화에 대해 제각각 다른 표현을 쓰고는 있지만, 비슷한 견해로 다문화에 대해 자신의 의견을 얘기했다. 하지만 다문화에 대한 그들의 의견과는 달리 다문화정책은 정반대의 의견이 대부분이었다. 다문화에 대한 학생들의 생각과는 달리 이를 실행하려고 하는 정책은 분명히 이주민 동화정책에 초점이 맞춰져 있다.

일반적으로 다문화사회란 좁게는 "인종과 민족, 그리고 문화가 다양한 사회" 넓게는 "동등한 여러 문화들이 공존하는 사회" 정도로 정의될 수 있겠는데, 이는 기본적으로 서로 다른 문화를 가진 이들이 어떻게 갈등상황들을 슬기롭게 해결하고 평화롭게 공존할 수 있는가에 대한 윤리적·도덕적 그리고 교육적 고민이 깔려 있는 개념이라 할 수 있다.[9] 그렇기 때문에 다문화 학습의 궁극적 목적은 다문화인을 육성하는 것도 다문화를 이해하는 것도 아니라 자신의 이해이며 자아의 성장이다. 집단적 의식과 제도를 만들거나 수용되도록 하는 것이 아니라 개개인이 서로 다른 문화적 배경을 지니고 살아가는 독립적 자아이면서 독립적 문화형성자이기에 누군가를 가르치고 만들어갈 것이 아니라 우리 모두가 다문화인이 되어야 한다. 따라서 다문화교육은 배려와 시혜의 교육이 아니라 인권과 인간 보편성의 교육이어야 한다.[10]

다문화교육에서 중요시하는 것은 문화적 다양성을 가치 있는 것으로 보고, 문화적 다양성을 증진시키는 데 역점을 두는 교육으로서 민족정체성 교육, 국제이해교육, 세계교육을 포괄적으로 아우르는 지구촌 다문화교육의 성격을 띠는 것이 바람직하다. 또한 다문화교육은 문화적 다양성, 국가와 민족정체성과 세계시민의식을 함양한 다문화적 시민양성에 두어야 할 것이다.[11] 다문화교육의 대표적 학자인 뱅크스Banks는 '어떤 시민을 길러낼 것인가'의 문제가 다문화교육의 핵심이라고 본다. 다양성이 증대하는 다문화 시대의 시민은 기존의 법과 관습을 준수하는데 머무르지 않고 보다 민주적이고 정의로운 사회를 위해 적극적으로 행동하는 전환적 시민이라는 것이 뱅크스의 견해이다.[12]

결국 말하자면, 다문화교육의 핵심은 내국인 교육이다. 한국에 이주해 온 사람들에게 다문화교육이 얼마나 필요할까. 실상 이주민은 다문화를 작정하고 온 사람들이다. 이미 다문화세계에 프로데뷔를 한

9) 천선영, 「'다문화사회' 담론의 한계와 역설」, 『한·독사회과학논총』 14-2, 2004, 373쪽.
10) 최용규·이광원, 앞의 논문, 72쪽.
11) 김경식 외, 앞의 책, 67쪽.
12) James A. Banks, 모경환 외 공역, 『다문화교육입문』, 아카데미프레스, 2008 참조.

사람들이라는 뜻이다. 이들에게는 약간의 한국적응 프로그램이 필요할 것이다. 문제는 한국인이 다문화적 인식과 소통능력을 갖는 것이다. 그것을 역사적인 시각으로 풀어보자는 것이 본 논문의 취지이다.

우리 사회가 이주자들의 한국 적응에 대해 노력하는 것과 마찬가지로 한국인들은 이들의 유입과 국경을 넘어온 다양한 것들에 대해 적응하는 교육을 받아야 한다. 그리고 이런 것들의 당연성에 익숙해져야 한다. 더 이상 이주자들을 추방하는 일도 할 수 없고, 해서도 안되며, 세계는 점점 이주화현상이 당연시되고 강화되어간다. 그리고 무엇보다 이주와 섞임, 공존은 역사일반의 현상이었기 때문에 이주민 증가로 인한 소위 다문화 사회를 특별하고 문제 있는 현상으로 인식되지 않기 위해서 이 시대가 필요로 하는 역사교육이 고민되고 시도되어야 한다.[13] 그렇다면, 다문화시대를 맞이해서 역사교육이 해야 할 역할은 무엇이며, 어떠한 역사적 접근방법으로 다문화사회를 설명하고, 미래에 도래할 다문화사회에서의 다양한 병리적 현상을 예방할 수 있을 것인가?

그동안 우리의 역사교육은 국사와 세계사로 분리되어 가르쳐 왔다. 국사는 '한민족'의 역사로 구성되어 있으며, 세계사는 '한민족'과는 분리된 다른 나라의 역사를 다룬다. 그렇기 때문에 국사는 필수였고, 세계사는 선택이었다. 국사 중심의 역사교육은 자국이나 민족 중심으로 역사를 바라보기가 쉬워서 세계사적 맥락에 바탕을 둔 자국사 교육을 어렵게 하며, 다원적 관점에서 역사를 이해하는 것을 힘들게 한다. 그 결과 세계사의 흐름이 한국사와 관련이 없다고 생각하며, 자신의 관점에서 세계사를 보지 못할 수도 있다.

한국의 역사가들은 해방 이후 식민사관에서 탈피하여 한국사의 독자성과 자주성을 재인식하는 민족주의 한국사학을 정립하는 것을 제1과제로 삼았고, 이 같은 요청에 부응해서 만들어진 것이 한국사를 세계사와 분리시켜서 서술하는 '국사' 패러다임이다. 20세기 한국 사학

13) 나혜심, 앞의 논문, 177쪽.

자들의 화두는 민족을 코드로 한국인 정체성을 만들어내는 '국사' 패러다임을 정립하는 것이었다. 이에 따라 종래의 우리 역사교육은 '국사'를 우리 역사로, 세계사를 타자의 역사로 구분하는 이분법에 입각해서 이뤄졌다.[14] 한마디로 그것은 민족이라는 '상상의 공동체'를 배타적인 소재로 하고 있는 민족주의 역사관을 만들어내었다. 우리 한국인들은 아득한 반만 년 전의 단군 할아버지 이래 단일한 역사공동체로서의 한민족이었으며, 그 문명 수준은 세계사에서 으뜸이었다. 지금까지 많은 한국인들은 그렇게 배워왔고, 여전히 그러한 사실을 자랑스럽게 생각하고 있다.

랑케Ranke 이래 근대 역사학이 누려온 학문적 지위는 그것이 국가권력과 같은 결로 짜여졌기에 가능했다. 근대 역사학이 자부한 '과학성'과 '객관성'은 사실상 현존하는 민족국가의 역사적 신화를 과학의 이름으로 정당화했을 뿐이다. 역사와 과학이 민족과 결합한 계몽주의 이래의 근대 역사학에서 '국사'의 패러다임은 굳건한 것이었다. 물론 제국주의를 정당화하고자 했던 제국의 '국사'와 그에 대항하는 이념적 기제로서의 주변부 '국사'가 동일시될 수는 없다. 자본주의 세계체제 내에서 제국의 국가권력과 주변부의 국가권력 혹은 저항운동이 갖는 비대칭성이 존재하기 때문이다. 그러나 이 비대칭성이 제국의 '국사'에 대해 저항의 '국사'를 자동적으로 정당화해주는 것은 아니다.[15]

이제 세계화시대 다문화사회를 맞이해서 한국사는 민족사나 국가사로 서술하는 '국사'가 아니라 세계 속의 한국을 인식할 수 있는 문명교류사의 패러다임으로 전환해야 한다. 한 민족과 국가의 문화는 태초부터 있었던 것이 아니라 긴 세월 동안 역사적 경험이 축적되어 주조된 것이다. 문화는 다양성으로 만들어지고 진화한다. 한국사는 문명교류사로 전개되었다. 대표적인 한국의 전통문화인 불교와 유교는 고유문화가 아닌 외래문화를 우리가 전유한 것이다. 문화적 소통으로

14) 김기봉, 「세계화시대 다문화사회를 위한 역사교육」, 『철학과 현실』 89, 2011, 150쪽.

15) 임지현, 「국사의 안과 밖: 헤게모니와 '국사'의 대연쇄」, 임지현·이성시 엮음, 『국사의 신화를 넘어서』, 휴머니스트, 2004, 15~24쪽.

오늘의 한국문화가 생겨났고, 이러한 문화를 '문화적 기억'으로 해서 한국인 정체성이 생겨났다. 한국사의 '문화적 전환'을 위해서는 무엇보다도 먼저 민족을 주체로 역사를 '我와 非我의 투쟁'으로 보는 '국사' 패러다임에서 벗어나야 한다.[16)]

신채호의 민족주의 역사학은 한국사의 주체성을 정립하는 성과를 낳았다. 하지만 이를 통해 보편적 문명과의 연관 속에서 자국사를 문명교류사로 파악하는 역사인식 태도는 사대주의 내지는 식민사관으로 폄하되어 비판받았다. 다문화사회에서 문명교류사의 중요성이 대두되지만, 또 다른 문제점이 바로 한국인과 한국사의 정체성이 희석되지 않을까하는 부분이 바로 이런 논의를 불러일으키기도 한다.

근대에 창조된 정체성은 점차 역사적 성찰의 대상이 되어가고 있다. 19세기에 활동했던 대부분의 서구 역사가들—그리고 20세기 대부분의 한국 역사가들—은 민족이라는 집단 정체성에 지나치게 집착했는데, 그들은 민족의 과거에 민족의 정체성이 놓여 있다고 생각하여 그것을 객관적으로 재현해내는 데 모든 노력을 쏟아 부었다. 정체성이 객관화된 기억의 산물이라기보다 권력관계가 반영된 기억과 망각의 특수한 결합의 산물에 불과하다는 점을 역사가들이 깨달은 것은 비교적 최근의 일이다.[17)]

한국인과 한국사의 정체성을 찾는 것은 다른 나라 국민이나 역사와 구별되는 본질적 성격을 뜻한다. 그러나 민족 정체성이 수천 년을 변하지 않고 내려온 고정된 것은 아니다. 집단의 정체성은 고정된 것이 아니라 역사적 맥락에 따라 변화한다. 단일민족의 정체성 또한 일제 강점기라는 역사적 상황 속에 강화되어 오늘날까지 이어진 것이지 한국사의 전 시기를 관통하는 것은 아니다. 고대부터 다양한 종족과 인종이 정착하는 과정에서 이주민과 토착민 사이에 융합과 문화 교류 등이 나타났다. 이런 현상은 해양세력과 대륙세력이 교차할 수밖에

16) 김기봉, 앞의 논문, 152쪽. 실제로 학생들에게 우리만의 문화는 무엇인가에 대해 조사를 했더니, 많은 학생들이 불교문화 혹은 유교문화라고 답하였다.

17) 전진성, 『역사가 기억을 말하다』, 휴머니스트, 2005, 76쪽.

없는 한반도라는 지정학적 위치를 고려하더라도 매우 자연스러운 것이다.[18]

다문화시대 서로 다른 기억과 서로 다른 문화를 가지고 살아가는 이들이 과거 선조들의 삶의 모습을 통해 어떻게 함께 했고, 또 어떻게 어울려 살아왔는지를 기억하고 이해할 수 있다면 전통적 역사교육이 생각했던 사회통합의 길을 오히려 더욱 가속화 시킬 수 있는 새로운 방안이 될 수 있을 것이다. 이제 우리는 국가와 민족 중심의 전통적 역사교육에서 벗어나 세계의 여러 사람들과 공존할 수 있는 문화다원주의적 의식을 가지고 역사를 다시 바라보아야 한다. 그러한 자세야말로 다문화시대에서 역사가 할 역할인 것이다.

3. 예방적 치유를 위한 문화교류사적 접근방법

다문화화되어 가는 우리 사회에서 문화는 특정한 집단의 고정된 속성이라기보다 다양한 집단이 역동적으로 상호작용한 결과로 생긴 산물이라는 사실을 받아들일 필요가 있다. 문화적 정체성은 서로 다른 문화 간의 대화에서 생성되고 서로 다른 문화와의 관계 속에서 존재하며 갈등과 절충, 자기형성 및 재형성의 과정에서 끊임없이 변모하기 때문이다. 따라서 다양한 문화 간의 유동적인 균형을 보장하며 불완전한 균형 속에서 충돌과 대화를 통해 그 모습을 끝없이 변형시켜 나가고자 시도해야 하는 것이다.[19] 그러나 실제로 이러한 모습들은 단기간에 나타나는 것은 아니며, 꾸준한 문화교류의 과정 속에서 나타난다. 따라서 이러한 모습을 살펴보려면 긴 역사적 과정에서 나타난 문화적 교류의 결과를 살펴보고, 그 속에서 현재 우리가 취해야 할 것은 무엇인가 함께 논의하는 것이 다문화사회로 나아가는 한국사회

18) 여혜경, 앞의 논문, 41~42쪽.

19) 홍성식, 앞의 논문, 551쪽.

의 예방적 모습이라 할 것이다.

필자는 문화교류사 수업을 통해 학생들이 '나와 우리'만의 문화에서 벗어나 문화교류의 역사 속에서 '그들'의 문화를 이해하고 우리가 어떻게 '그들'의 문화를 받아들여 우리의 문화로 창출했는가를 살펴보고자 한다. 또한 역사가 가지는 다원적 가치를 중심으로 자신과 타인, 자국과 다른 나라 역사와 문화의 다른 측면에 주목하고자 한다. 이러한 과정을 통해 학생들이 다문화사회에서 보다 다원적이고 상호문화적인 인식에 대해 생각해보는 계기를 마련하도록 할 것이다. 세 학기 동안 학생들과 함께한 수업의 전체적 내용과 논의과정을 정리해보면 다음과 같다.

3.1. 그리스-페르시아, 그들 문명 충돌에 대한 논의

페르시아 전쟁은 서양사에서 언제나 중요한 자리를 차지해왔는데, 그 이유는 유럽인들이 그들이 이룩한 근대적 제도의 원형을 고대 그리스에서 발견하고자 했기 때문이다. 유럽인들에게 고대 그리스 세계는 그들이 오늘날 향유하고 있는 근대문명의 원천으로써 마땅히 칭송받을만한 시대였다. 오늘날 우리가 알고 있는 페르시아 전쟁도 이 같은 의도 아래 유럽인 자신이 만들어낸 이미지가 덧칠해져 있어, 전쟁의 당사자 중 한쪽의 얘기가 지나치게 부각돼 있는 것이 사실이다. 당대 오리엔트의 빛은 제국 페르시아에서 빛났고, 그 빛을 영양분으로 삼아 문명을 형성하고 있었던 것이 그리스 세계였음에도 불구하고 페르시아 제국과 전쟁에 대한 설명은 문명의 선·후진이 심하게 뒤바뀌어 있음을 확인할 수 있다. 이러한 뒤바뀜은 근대 유럽중심주의의 결과이다. 문화와 문명이란 다양한 모습과 서로 다른 수준 속에서 교류를 통해 성장하기 때문에 영원한 선진도 영원한 후진도 없다.

우리는 유럽인이 아니면서 유럽인의 시각으로 사물을 보고 역사를 바라본다. 영화 〈300〉이 그러한 시각을 대변해준다. 실제로 이 영화는 기원전 480년 다리우스를 계승한 크세르크세스 1세 시기 벌어진 전쟁에서 스파르타왕 레오니다스Leonidas가 이끄는 300명의 정예보병부대가

데르모필라이Thermopylai 협곡을 지키며 결사 항전한 사건을 배경으로 하였다. 그런데, 우리는 영화 〈300〉을 보면서 페르시아 군대를 혼혈잡종 군대로 보고, 근육질의 스파르타 군인들을 보며 그들이 페르시아 군대를 제압하는 모습에 승리의 환호를 지른다. 또한 영화 〈알렉산더〉 속의 '자유와 영광'을 외치는 알렉산드로스의 모습에 승리의 응원을 보내지는 않았는가. 만약 우리가 페르시아 후예인 이란이었다면 어떠했겠는가. 우리는 2천 5백 년 전에 일어난 페르시아 전쟁은 항상 그리스 시각에서 보아왔다. 우리 입장에서는 페르시아의 그리스 원정은 '페르시아-그리스 전쟁'이고, 알렉산드로스의 페르시아 원정은 '그리스-페르시아 전쟁'이 아니겠는가?[20]

우리는 그동안 서아시아 역사 그 자체에 대해 관심이 있었는가? 그리스·로마, 유럽 역사의 대립적인 측면에서 바라보지는 않았는가? 우리는 고대 그리스와 그 문화에 심취하지만, 고대 문명의 젖줄인 서아시아의 역사와 문화는 외면한다. 그리스 신화는 우리 신화보다 어쩌면 더 많이 알고 있지만, 서아시아 신화에 대해 우리는 무엇을 알고 있는가? 또한 페르시아-그리스 전쟁 이후 평화 시기에 헤로도토스와 데모크리토스 등 그리스 지식인들이 페르시아 제국을 여행하여 새로운 세계에 대한 지식을 그리스인들에게 전하고 그리스 미술양식이 오리엔트에 전래됨으로써 지중해와 오리엔트 사이에 문화교류가 이루어지기도 했는데, 문명 충돌의 역사와 아울러 평화로운 시기의 문화교류의 모습도 알아야 한다.

우리는 페르시아 전쟁을 함께 이야기하면서 '나'와 '타자'에 대한 경계 짓기가 역사를 바라보는 우리의 시각조차도 고정시키고, 그것이

20) 한국인이라면 임진왜란은 '정벌'이 아니라 '침략'이며, 강화도조약은 '협력'이 아니라 '강요'이다. 그렇지만 직접 당사자가 아닌 제삼자간의 관계를 어떻게 해석해야 할지 결정하는 것은 그리 쉽지 않다. 팔레스타인과 이스라엘 사이에 계속되는 분쟁을 우리는 어떻게 서술하고 이해해야 할까? 같은 한국인이라도 팔레스타인 사람들을 거주지에서 몰아낸 이스라엘의 행위에서 원인을 찾는 사람도 있고, 팔레스타인의 테러 활동을 부각시켜서 비판하는 사람도 있다. 아랍과 이슬라엘 간의 전쟁을 '중동전'이라고 부르는 사람과 '아랍-이슬라엘 전쟁'이라고 부르는 사람 사이에도 역사해석의 차이가 있다(김한종, 「다원적 관점의 역사이해와 역사교육」, 『역사교육연구』 8, 2008, 255쪽).

이주민, 특히 동남아시아 이주민에 대한 오늘날 우리들의 오리엔탈리즘으로까지 확산되고 있는 것은 아닌가에 대해 논의하였다. 이와 더불어 우리 역사 속에서도 이러한 사실을 확인하고, 이에 대해 비판적으로 사고할 수 있는 인식이 필요함을 알 수 있었다.

고대부터 존재한 문화적 우월의식은 본질적으로 자국, 자민족, 자문화를 중심으로 설정하여 상대를 소외, 배척하는 관념이다. 다문화교육은 문화의 공존과 평등을 중요하게 보기 때문에 이러한 중심적 관념을 경계한다. 주변국을 오랑캐로 보는 중국의 중화사상, 그와 같은 방식으로 주변국을 보았던 한국 역사 왕조의 우월의식, 착한 미개인으로 조선을 바라보는 서양의 오리엔탈리즘은 모두 자민족중심과 인종우월주의에 따른 것이다. 따라서 타자에 대한 부정적이고 왜곡된 시각을 확인할 수 있는 자료를 활용하여 역사적 상황을 파악하고, 중심적 세계관에 대한 문제점을 비판적으로 사고할 수 있는 역사적 내용구성이 다문화 사회를 준비하는 역사교육에 필요할 것이다.[21]

3.2. 한국 속의 '세계문화'에 대한 논의

알렉산드로스는 기원전 334년~324년의 10년이라는 매우 짧은 기간에 헬레니즘이라는 새로운 세계질서를 수립했다. 그는 정복하는 곳마다 그리스의 모든 것, 도시·언어·철학·가치관, 삶의 방식·종교·예술·과학 등 그 모든 것을 전파했다. 또한 그는 정복하는 모든 지역마다 그 지역에서 존숭하고 있는 가치관이나 문화·종교·예술을 존경해주었다. 따라서 알렉산드로스의 동방원정은 그리스 문화의 전파와 동시에 좁은 폴리스공동체에 갇혀있던 그리스 도시국가문명의 종식을 의미하게 되었으며 거꾸로 동방으로부터의 모든 종교나 예술이나 가치관, 새로운 문명의 요소들이 역류되어 왔다.

동서문명의 대거 융합으로 코스모폴리타니즘이 등장하고 다양한

21) 여혜경, 앞의 논문, 45~46쪽.

가치관의 용인과 함께 보편주의적 사고가 생겨났다. 최초의 코스모폴리탄, 즉 '세계시민주의자'로 일컬어지는 알렉산드로스 자신도 그리스인들의 우월의식에서 본다면 야만적이기만 했던 이방인의 두 공주와 결혼했으며, 그의 마케도니아 장수들도 이방인의 여자들을 아내로 맞아들여야 했다. 이러한 융합으로 비로소 사색하는 사람들의 마음속에 '인류보편'이라는 새로운 관념이 생겨나기 시작했던 것이다. 헬레니즘 문화는 후일 로마 제국과 기독교 세계화에 큰 영향을 미쳤고, 동방에서는 간다라 문화라는 종교예술의 형태로 표출되었다.

간다라 문화의 특징인 조형문화는 동서문화의 교통로인 실크로드를 통해 중국과 한국의 불상조형에 큰 영향을 미쳤다. 간다라 문화의 흔적들은 중국 북부를 통해 한국과 일본의 불상에서도 확인되는데, 특히 석굴암은 간다라 문화가 동아시아에 안착하여 예술성으로 승화시킨 최고의 걸작품으로 손꼽힌다. 석굴암이 1996년 유네스코의 '세계문화유산'에 등재된 이유는 바로 이 인공구조물이 독창성과 더불어 간다라 불상의 보편성을 함께 지니고 있기 때문이다. 불교적 주제와 신라인들의 종교관, 간다라 미술과 신라인들의 미의식을 잘 융화시킨 창조적 결정체가 곧 석굴암인 것이다.

2011년부터 2012년까지 3학기동안 수강한 학생들에게 '우리만의 문화'는 무엇이라고 생각하는가에 대해 조사했더니 크게 "세시풍습(설날, 추석 등), 전통놀이(사물놀이, 탈춤 등), 유교문화(충, 효, 제사, 족보 등), 불교문화(사찰, 불상, 호국불교 등), 주거문화(한옥, 온돌 등), 음식문화(김치, 된장, 비빔밥 등), 의복문화(한복 등)"로 나누어 볼 수 있었다.

학생들은 헬레니즘과 간다라 문화, 그리고 석굴암을 통해 우리의 고유한 전통문화도 고대 문화교류의 현장 속에서 나타난 것이며, 그것이 우리의 토착문화와 충돌, 융합하는 과정 속에서 우리만의 독창적 문화가 형성되었다는 사실을 알게 되었다. 그것은 비단 불교문화만을 얘기하는 것은 아니다. 고대로부터 끊임없이 이어진 문화교류와 융합은 그 자체로 창조적이고 독자적인 또 하나의 문화를 생성시키는 힘이다. 이 수업을 통해 학생들은 현재 우리가 향유하는 우리만의 문화란 실은 동서 문화교류의 결과와 그에 대한 독창적 수용의 결과였음을 확인할 수 있었다.

3.3. 문화 창조의 역동적 공간, 실크로드

동서문화교류의 대표적 고유명사인 실크로드는 유라시아 대륙을 횡단하는 거의 모든 교통로를 총칭하는 광범위한 개념이다. 그것은 초원길, 사막의 길, 바닷길 등 크게 세 가지로 나눌 수 있다. 초원의 길을 통해 스키타이, 흉노(훈족), 월지, 돌궐, 거란, 몽골, 위구르 등 많은 유목민족들이 유럽과 아시아, 즉 유라시아를 아우르며 문명의 이동과 새로운 시대의 창조적 역할을 담당하였다. 역사는 '기록'에서 시작되었다고 해도 과언이 아니다. 따라서 역사가는 '기록' 중심의 역사에 집착해 왔다. 인류의 4대 문명은 곧 정착문명이고, 그곳을 중심으로 성을 쌓고 자신들을 중심으로 세계를 파악하며 바깥에 있는 타자를 자신과는 다른 '야만인'이나 '오랑캐'로 기록해 버렸다. 유목민은 기록을 거의 남기지 않았다. 그것은 그들이 야만인이 아니라 그들 자신의 유목적 삶과 가치관에 따른 결과일 뿐이다. 유목민에 대한 기록은 대부분 그들과 대립되는 역사를 가진 정착민들이 썼기 때문에 오해와 곡필이 많다. 우리는 흔히 동서양을 나눌 때 동양은 중국, 서양은 유럽을 중심으로 나눈다. 유목민은 사실상 동서양을 나누는 기준에도 배제된다. 그러나 유목민은 동서양 모두에 소속되어 두 문명권의 간극을 메워가며 동서문화교류에 큰 영향을 미쳤다.22)

사막의 길을 통해 제지법이 서아시아에 전파되어 이슬람 문화를 꽃

22) 유목민족은 과거 우리 역사 속에서 많은 차별과 가혹한 희생을 치르면서 한반도에 정착했다. 조선왕조실록에 따르면, 북방 유목민족의 후예인 백정이 조선 초기 전체 인구의 1/3 내지 1/4 정도를 차지할 만큼, 유목민족은 기록상 고려 때부터 연이어 한반도로 이주해 왔다. 가령 백정의 주력인 거란인은 고려와 거란간의 세 차례 전쟁 동안 투항하거나 포로로 잡힌 숫자만도 수만 명에 이를 정도의 대규모로 한반도에 와서 살았다. 몽골인의 후예인 달단도 조선 초에 백정이 되는데, 이 달단은 고려와 원나라간의 강화 이후 고려에 왔던 관리와 그 시종, 군인 및 군속 그리고 목동 등으로서 그 상당수가 한반도에 그대로 정착했다(이희근, 『우리안의 그들 역사의 이방인들』, 너머북스, 2008, 6쪽).

피웠고, 우수한 중세 이슬람 문명은 고립된 중세 유럽에 끊임없이 문명의 입김을 불어넣어 르네상스 시대를 열게 했다. 인도에서 태어난 불교는 그리스 문화와의 오랜 접촉 과정을 통해 새롭게 대승불교로 나타나고 중앙아시아를 거쳐 중국, 한국, 일본의 불교문화에 큰 영향을 미치게 된다. 신라 출신으로 알려진 혜초는 바닷길로 인도 천축국 순례를 갔다가 사막의 길로 왔고, 인도순례여행기 『왕오천축국전』을 남겨 인류에게 당시 인도와 페르시아에 대한 소중한 기록을 남겼다. 또한 서역의 문화가 신라로 들어와 우리의 전통문화를 형성하는데 일정부분 영향을 미쳤다. 몇 가지 예로, 피리와 공후 그리고 횡적같은 서역 악기나 우리의 전통놀이로 사랑받고 있는 탈춤가면극이나 사자춤도 쿠차·호탄·소그디아나 등 서역지방을 통해 들어온 것으로 알려지고 있다.

흔히 도자기의 길이라는 바닷길을 통해 인도의 허황옥이 가야에 와서 김수로왕과 결혼하였고, 신라시대에는 아랍·페르시아 상인들이 중국을 거쳐 신라 경주에 방문하기도 하는 등 중세 동서문화교류의 가교 역할을 담당하였다. 유럽의 대항해로 바닷길이 더욱 확대 연장됨으로써 드디어 유럽과 아시아가 바닷길을 통해 직접 교섭하게 되었다. 그리하여 바닷길은 유라시아와 아프리카만을 동서로 연결하는 한정된 길에서 신대륙까지를 포함하는 범지구적 바닷길로 새로운 동서교류의 전기를 마련해주었다.

우리가 알고 있는 실크로드는 단순히 동양과 서양의 문물을 실어나르는 교통로의 개념에 머물렀던 것이 아니라 새로운 문화가 창조되는 역동적인 공간이었다. 그것은 이후 전개되는 다양한 문화 교류의 현장에서 직접 체험할 수 있을 것이다. 또한 교통과 통신이 발달한 20세기 이후 세계는 더욱 확대된 문화교류의 현장에 들어섰고, 우리는 현재 문명의 루트이자 창조적 공간인 실크로드가 여전히 현재진행형임을 알 수 있었다.

3.4. 종교와 다문화

종교만큼 한 울타리에서 살아가는데 효율적이고 통합의 매개체도 없을 것이며, 종교만큼 다름과 차이를 극대화시키면서 공동체를 산산조각 내는 역기능적 요소도 드물 것이다. 게다가 종교가 일신교인 경우에는 폐쇄성과 자기 종교 절대주의의 성향이 훨씬 강하다. 2001년 9월 11일, 미국 세계무역빌딩 폭발사건은 흔히 기독교와 이슬람교의 충돌이라고 여겨지고 있다. 좀 더 솔직히 말해서 기독교 근본주의자들과 이슬람 원리주의자들의 충돌이라고 하지만, 종교문명의 충돌로 설명할 수 없는 요인들이 너무나 많은 것이 사실이다.

나의 소중한 가치만큼 다른 믿음들을 향해서도 최소한의 예의와 존중을 표할 수 있는 다문화적 덕목이 종교에서는 어떻게 발현될 수 있을까? 그것은 인간에 대한 무한대의 사랑과 힘들고 지친 자에게로 향하는 종교적 초심을 되찾는 것으로부터 출발해야 하지 않을까? 다문화사회에서 상생과 공존을 위한 종교의 역할은 다른 종교에 대한 기존 인식의 늪을 박차고 나오는 일로부터 시작되어야 한다.[23)]

한국은 해방 이후 50여 년간 중동·이슬람 사회와 역사, 정치, 그리고 군사적으로 대결구도를 그려왔던 적대적 이해당사자인 미국과 이스라엘 중심의 정보와 논리, 시각을 통해서만 중동지역과 이슬람을 보아온 것이 사실이다. 다문화사회에서 종교 간 대화란 상대의 가치를 있는 그대로 이해하고, 다른 방식의 가르침에 최소한의 예의와 존중을 표하는 일에서부터 출발한다.[24)] 종교, 특히 한국사회에서 이슬람과의 진정한 대화는 왜곡된 질곡을 걷어내는 작업으로부터 출발해

---

23) 이희수, 「종교에서의 다문화 정신: 이슬람을 중심으로」, 오경석 외 지음, 『한국에서의 다문화주의』, 한울아카데미, 2007, 296쪽.

24) 종교적 절대주의와 극단주의로 치닫고 있는 오늘날 타종교, 타문화에 대한 상대성을 생각하는 데 좋은 역사적 사례는 마테오 리치이다. 그를 비롯한 예수회 선교사는 일방적인 선교가 아니라 토착문화에 대한 상대적 이해를 바탕으로 한 문화적응주의적 선교방법을 진행하여 중국에서 성공적인 선교의 토대를 마련하였다. 예수회 선교사들의 적응주의 선교방법은 오늘날 다문화시대에서 많은 귀감이 된다.

야 한다.

일반적으로 학생들은 이슬람이 과격적이고 폭력적인 종교라는 인식을 가지고 있었다. 이슬람하면 생각나는 이미지로는 '전쟁', '테러', '알카에다', '부정적', '남성우월주의', '폭력성', '지하드', '종교적 배타주의', '불평등', '자유가 없는' 등의 부정적인 용어들이 떠오른다고 생각하였다. 히잡이나 터번을 쓴 무슬림들을 보여주었더니, '강압적', '폐쇄적', '답답하다', '여성들이 불쌍하다', '억압적이고 부정적', '여성에 대한 차별', '거부감', '두려움' 등 보수적인 이슬람 문화에 대한 이미지가 떠오른다고 하였다. 그러나 사실 이슬람 내에서는 오히려 여성들의 인권을 상징하는 의미에서 여성들 스스로 페미니즘적 시각에서 여성을 보호하는 의미로서 히잡을 쓰는 경우도 많다. 점차 서구화되어가는 이슬람을 지켜내기 위한 차원에서 히잡이나 터번을 쓰면서 자신들의 전통문화를 지켜나가고자 하는 의미를 상징하기도 한다. 물론 전통문화의 회복이나 유지가 잘못 해석되어 극단적인 이슬람 원리주의로 변질되거나 여성 억압의 기제로 작용되는 것은 민주주의와 인권이라는 대명제 앞에서는 당연히 비판받아 마땅하다.

학생들은 오늘날 우리에게 낯선 이슬람이 아주 먼 우리 선조들과도 함께하고 있었다는 사실을 모르고 있었다. 처용설화의 이야기나 경주 외동읍의 괘릉 앞에 있는 무인석상의 모습을 보아 신라시대 때에도 무슬림들이 경주에 와서 정착했을 것으로 추정되며, 고려시대에는 국제무역항 벽란도를 통해 아랍·페르시아 상인들이 고려와 무역을 하였다. 또한 원나라 간섭기를 거치면서 많은 무슬림들이 고려에 이슬람 공동체를 형성하고 살았다.

"回回教徒는 衣冠이 보통과 달라서, 사람들이 모두 보고 우리 백성이 아니라 하여 더불어 혼인하기를 부끄러워합니다. 이미 우리나라 사람인 바에는 마땅히 우리나라 의관을 좇아 별다르게 하지 않는다면 자연히 혼인하게 될 것입니다. 또 大朝會 때 回回徒의 기도하는 의식도 폐지함이 마땅합니다."[25]

위의 기록은 조선 세종 9년의 기록이다. 조선 초기에는 이슬람이 왕실의 안녕을 위해 기도도 하였고, 집단으로 공동체를 이루어 살았다는 증거이다. 과거 무슬림들이 동과 서를 이어주는 문명의 교차로 역할을 담당했으며, 중세시대 유럽에 고대 그리스 지식을 전해주었으며, 중국이나 우리나라와도 활발한 문화교류를 담당했던 장본인이었다는 사실은 이슬람 문화가 낯선 문화라는 인식을 어느 정도 불식시키는데 좋은 방법이었다.

이슬람은 차지하고서라도 힌두교는 우리에게 더욱 낯설다. 이슬람에 대해서는 부정적이든 잘못된 상식이든 알고 있는 경우가 대부분이지만, 학생들은 힌두교와 인도에 대해서는 거의 무지하였다. 인도는 아리안인의 인도 진출과 그에 따른 브라만교 및 카스트 제도의 성립, 알렉산드로스의 인도 원정에 따른 그리스 문화와의 접촉, 7세기 이후부터 수없이 이어졌던 무슬림의 침입이나 근대 이후 영국 제국주의의 침탈 등을 겪으면서 인도는 그야말로 다양한 문화, 인종, 언어, 종교 등의 복합성을 가진 나라가 되었다.

힌두교는 말 그대로 인도의 모든 종교의 종합체라고 할 수 있다. 힌두교 내에는 실제로 3억 개가 넘는 신이 존재하고 있다. 그것은 인도의 다양성을 그대로 보여준다고 할 수 있다. 그런 반면 힌두교는 일신교적인 종교를 표방하고 있다. 그것은 인도의 통합성을 보여준다고 할 수 있다. 인도는 힌두교라는 용광로적인 종교 영향 때문에 종교나 문화에 대한 상대성을 보여주고 있다. 인도는 고대부터 동서 간의 문화적 교류의 중간지이기도 했으며, 동서양 문화의 집산지이기도 했다. 한마디로 인도 역사 자체가 거대한 역사적 교류의 현장이면서 다양함이 공존하는 사회임을 학생들과 함께 이야기하면서 인도가 어느 하나의 이미지로만 설명하기에는 복잡하고 다양한 사회임을 느끼게 하였다.

25)『세종실록』 세종 9년 4월 4일(壬戌).

3.5. 음식문화의 교류

학생들에게 설문조사를 한 결과, 우리 음식이라고 생각하는 것을 써보라고 하니, 김치가 압도적이었다.[26] 그런데 오늘날처럼 고추를 비롯한 갖은 양념을 버무린 김치는 적어도 18세기 이후에나 나타났고, 한국식 배추 포기도 1세기 전에 개량된 것이라고 하니 학생들은 상당히 놀라워했다. 절임 종류의 김치는 이미 고대 동아시아의 오래된 음식이었다. 그것은 각 나라의 특성에 맞게 변화되었고, 한국은 고추의 유입과 함께 새로운 형태의 김치로 발전된 것이었다. 물론 일본에서 고추가 전래되기 전부터 한국에는 고추가 있었다는 새로운 연구 결과도 있지만, 일반적으로는 고추의 원산지는 아메리카 대륙의 멕시코 고원과 안데스 고원으로 알려져 있다. 1492년 콜럼버스에 의해 아메리카 대륙이 발견된 이래 두 곳의 고추 품종은 점차 서유럽 대륙에 전해졌다.[27] 고추가 한반도에 전래된 것에 대해 기록한 조선시대 문헌(이수광의 『지봉유설』)에도 일본에서 전해졌다는 주장이 지배적이다. 일반적으로 고추는 16세기 중반 이전에 중국과 일본에 도착했고, 일본에 도착한 고추가 다시 한반도로 들어온 것으로 알려지고 있다.[28] 이후 고추는 한국인의 음식문화에 큰 영향을 미쳤고, 고추가 지닌 붉은색으로 인해 辟邪의 의미를 지니고 각종 의례에서 의미 있는 소비가 이루어지는 등 일정부분 한국인의 인식에도 영향을 주었다.

새로운 음식의 유입과 변화에 대한 좋은 예로서 짜장과 짬뽕을 들 수 있다. 이것은 19~20세기에 일본이나 한국으로 이주한 화교들에 의해 생성된 새로운 형태의 음식문화이다. 현재 이것은 중국 음식도 아닌 새로운 한국 음식이라고 할 수 있다. 또한 그것은 단순한 한국 음

---

26) 몇 학기를 조사한 결과 90%이상이 김치라고 하였으며, 중복적으로 된장과 불고기, 그리고 비빔밥 등이 많이 나왔다.

27) 16세기 이후 아메리카에서 구대륙으로 전해진 고추가 어떻게 이들 지역에 전해졌는지에 대해서는 문헌자료가 충분치 않은 이유로 명확하게 밝히지 못하고 있다. 주영하, 『음식 인문학: 음식으로 본 한국의 역사와 문화』, 휴머니스트, 2011, 106쪽.

28) 주영하, 앞의 책, 108~110쪽.

식이라기보다는 퓨전 문화의 상징이라고 할 수 있다. 이것이 중국의 화교들이 만들었다고 해서 중국 음식 문화는 아닌 것이다. 현재 결혼 이민자 중 조선족을 포함한 중국인이 전체의 43%를 차지한다(〈표 5〉).

또한 체류 외국인 국적별 현황에서도 중국인(조선족 포함)이 전체의 과반수를 차지하고 있다.[29] 이들이 21세기 한국에서 또 다른 새로운 한국 음식문화를 선도하는 코스모폴리탄이 될 수도 있을 것이다.

〈표 5〉 결혼 이민자 국적별·성별 현황[30] (2012.7.31. 현재, 단위: 명)

구분 \ 국적	계	중국	한국계	베트남	일본	필리핀	캄보디아	타이	몽골	기타
전체	147,603	63,723	28,649	38,931	11,505	9,255	4,610	2,618	2,403	14,645
여자	127,167	51,975	20,933	38709	10431	8999	4604	2572	2339	7,598
남자	20,463	11,748	7,716	222	1,074	256	6	46	64	7,047

한국과 중국은 역사, 사회, 문화적으로 오랜 기간 교류를 해왔고 19세기 말부터 조선과의 무역조약에 의해 화교들이 한국 땅에 살게 되었는데, 일제 강점기에는 억압을 받았고, 광복 이후에도 정책적 차별을 받게 되었다. 화교들은 외국인토지소유금지법(1961)에 따라 소유했던 부동산을 처분할 수밖에 없었으며, 그 이후 수가 점차 줄어들어 현재는 2만 명 정도가 남아있는 것으로 알려졌다. 한국인의 삶에 중국의 식문화와 언어를 친숙하게 해줌으로써 사회의 문화적 다양성에 기여했던 화교는 우리 곁에 있었으나 철저하게 소외되었으며, 이들이 정치·사회적 차별로 인해 고통을 받았음에도 대부분의 한국인들은 이에 무관심하였다. 다문화주의 논의가 전개되는 최근에 이르러서야 비로소 한국사회의 다문화화와 연관되어 화교들이 주목을 받게 된 것 역

29) 법무부 출입국·외국인정책 통계월보 2012년 7월호. 전체 체류 외국인(1,411,013명)에서 710,081명이 중국인이다.

30) 법무부 출입국·외국인정책 통계월보 2012년 7월호. 여성 86.1%, 남성 13.9%. 중국 43.1%, 베트남 26.3%, 일본 7.8%, 필리핀 6.2% 순임.

시 한국인이 사회 안의 소수자에 대한 인식이 얼마나 인색했는가를 반성하게 한다.31)

한편, 한국으로 이주한 유목민족들도 우리 식생활 문화에 큰 영향을 끼치는 등 문화의 다양화에도 크게 이바지했다. 고려시대까지만 하더라도 일부 왕족이나 귀족 등 일부 계층만이 육식을 할 정도였고, 도축 기술 역시 형편없었다. 그런데 거란인들이 이주해온 후에는 이들이 도축을 주도함으로써 육식 문화도 널리 보급되기에 이르렀다. 거란인의 후예인 禾尺과 몽골인의 후예인 韃靼 등이 소 등의 도축을 주도함으로써 고려 후기에 와서는 각 참의 모든 곳에서 손님 접대에 소고기를 이용할 정도로 육식이 일반화되었다. 한마디로 이주 거란인은 이주 몽골인과 함께 도축업을 주도함에 따라 육식의 보급에 기여하여 고려사회의 식생활 문화 변화에 큰 영향을 끼쳤다.32)

이제 우리는 옥수수와 감자, 호박과 고추를 외래의 것으로 여기지 않는다. 외국에서 들여온 지 얼마 되지 않은 낯선 작물들도 지금은 신기하게 여기고 새롭겠지만, 시간이 흐르면 감자나 호박, 고추처럼 본디부터 있던 것으로 여길 것이다. 지금 우리가 늘 먹는 것들의 유래를 따져보면 원래부터 우리 것이었던 것은 지극히 일부에 지나지 않는다.

이제 세계 어디를 가더라도, 사람이 먹는 것은 대동소이하고 다만 기후와 토양에 따라 몇몇 특산물이 눈에 띌 뿐이다. 세계 어느 곳이든 농사짓고 가축을 길러 먹는 곳이라면 모두, 인류와 함께 여행하며 종자를 개량해온 외래종을 먹는 것이고, 본디부터 제 땅에서 자란 작물은 거의 없다고 봐야 한다. 모든 것은 서로 전파하고 전해 받으면서 개량하고 다시 기나긴 여행을 겪는다. 일방적으로 전해만 주거나 전해만 받는 것은 없다. 다만 그것이 들어온 시기와 재배하기 시작한 역사만 있을 뿐이다. 지금 세상에서 자기 땅에서 자생하는 '우리 것'만으로 살아가는 사람은 오지에 고립된 원주민밖에 없다.33)

31) 정영근, 앞의 논문, 118쪽.

32) 이희근, 앞의 책, 119~120쪽.

33) 장인용, 『食傳』, 뿌리와이파리, 2010, 47쪽

음식문화를 포함하여 우리나라에서 새로이 형성된 문화를 이주민들의 출신국적과 결부시키는 것은 또 다른 스테레오 타입, 문화민족주의적 인식을 강화할 우려가 있다. 이주민들은 출신국 문화 또는 한국문화 중 어느 한 쪽에 소속되는 존재가 아니라 이주민으로서 새로운 문화를 창출하는 주체라고 할 수 있다. 이제 우리는 한국인과 이주민이 '동시대인'으로서 소통하는 동태적인 문화에 더 많은 관심을 기울여야 한다.

4. 맺음말

인류의 오래된 역사를 살펴보면 인류는 나만의 문화만이 아니라 다른 문화와의 접촉과 충돌, 그리고 교류와 수용을 통해 '자신들만의 세계문화'를 발전시키고 있었다는 사실을 알 수 있다. 고대부터 현재까지 세계인은 항상 문화교류의 시대에 살고 있었고, 현재와 같은 다문화 시대는 아니더라도 문화교류 없는 시대는 없었다.

다문화시대로 급속히 접어들고 있는 현재 우리가 '우리'라고 규정하고 있는 '우리' 안에는 이미 오래전부터 '우리'가 아닌 '새로운 우리'가 함께 해왔고 그 '새로운 우리'는 다시 '우리'가 되었다는 것을 기억해야 할 것이다.[34] 우리의 선조들이 낯선 이들과의 투쟁을 통해 우리를 지켜온 것도 사실이지만, 낯선 이들을 통해 우리의 문화를 성장시킨 것도 사실이며, 그러한 문화교류과정은 더 평화적이고 더 오래 지속되었다.

문화교류의 역사 수업을 통해 학생들의 타문화에 대한 부정적 인식을 단번에 불식시킬 수는 없을 것이다. 다만, 이러한 훈련을 통해 우리들은 차이에 대한 존중을 실제의 인간에 대한 존중과 조화시키며, 민족공동체에서처럼 인류 공동체 차원에서도 함께 살아가기의 습성을 길러

34) 최용규·이광원, 앞의 논문, 77쪽.

야 할 필요가 있다.[35] 문화는 존재들이 관계 맺으며 자연스럽게 형성해 가는 것이다. 그것은 기나긴 문화교류의 역사에서 확인할 수 있다.

다문화사회에서는 새로운 역사인식의 변화가 요구된다. 우리는 세계인의 역사를 통해 우리의 삶뿐만 아니라 우리와는 다른 이들의 삶에 관하여 폭넓은 이해와 안목을 키울 수 있다. 역사인식이 가지고 있는 다양한 관점과 해석은 다문화교육이 지니고 있는 다원적 가치의 핵심이라고 할 수 있다. 다원적 가치를 바탕으로 한 역사적 해석과 문화교류사를 통한 상호문화주의적 관점의 배양은 다문화사회에서 우리가 가져야 할 모습이다. 문화교류사 교육을 통한 이러한 인식의 변화는 다문화사회에서 발생할 수 있는 사회적 병리현상에 대한 예방적 치유이며, 이것이야말로 인문학의 치유적 기능의 모습이라 할 것이다.

---

35) 학생들의 수업 이후의 소감에 대해서 다음과 같이 몇 가지 예를 들고자 한다. A(무슨 일이 있어도 불편한 마음 없이 하루 다섯 차례의 예배를 드리는 모습은 정말 순수하게 오로지 믿음이 강한 사람들이라고 생각하였다. 우리나라에도 이슬람 신자가 있는 만큼 그들을 인정하고, 편견 없이 바라봤으면 하는 마음이 들었다), B(동서문화교류에 대하여 배우면서 타 문화가 신기하고 이상하다고 해서 거기에 대해 속단해선 안된다는 것을 배웠다. 생소하고 다르다고 편견과 선입관을 가질게 아니라 그 문화를 더 자세히 알고 이해하는 자세를 가져야 한다), C(의외로 나는 외국인, 다른 민족에 대해서 거부감 또는 고정관념을 가지고 있다는 것을 알게 되었고, 조금은 다르게 볼 수 있게 되었다. 나만의 시각이 아닌 그들의 시각을 생각해 볼 수 있는 계기가 된 거 같다), D(지금 현대문명세계도 과거와 같이 아니 과거보다 더 많이 수많은 문화의 교류가 발생하고 있다. 앞으로 더욱 더 지구 여러 나라들의 수많은 문화들이 교류하면서 예전부터 제기돼 왔던 자기와 다른 문화를 배척하거나 이해하지 않으려 하는 태도와 같은 문제점이 심화될 수 있다. 하지만 서로 다른 나라의 문화를 인정하고 열린 마음으로 나와 다른 문화를 이해하려는 입장에서 받아들인다면 진정한 문화교류가 이루어지고 서로 더욱 발전되고 아름다워지는 문화를 보여주지 않을까 생각해본다), E(현재 우리는 세계의 여러 문명들과 서로 끊임없이 교류하고 발전하며 살고 있다. 우리가 쓰는 샤프에는 메이드 인 차이나라 쓰여있으며 미국의 할리우드 영화를 관람하고 있다. 또한 식탁에는 호주의 돼지고기와 칠레산 포도를 볼 수 있다. 역으로 한국의 삼성 핸드폰은 세계 상품이 되었으며 유럽인 가정집에서는 한국산 텔레비젼으로 빈라덴의 죽음을 시청하고 있다. 세계는 이제 거대한 하나의 운명공동체 속에서 타 문명과의 충돌과 교류를 통해 발전하고 있다. 이렇게 전 세계의 교류는 아니 더 좁게 본다면 동방과 서방의 문명 충돌은 최근 즉 서유럽의 제국주의 팽창 시기에 나타났을까? 대답은 아니다. 동방과 서방의 역사 즉 세계사는 절대 개별적 발전도 아니고 독자적 발전도 아니다. 애초에 역사는 개별적, 독자적으로는 발전하기 어렵다), F(내 마음 속에 있던 편견이 많이 깨진 것 같다. 외국인들을 평소에 좋아하지만 눈은 파랗고 피부는 하얀 서양인들만 좋아하고 인도, 파키스탄 이쪽의 외국인들은 그냥 이유없이 싫었다. 길거리에서 아니면 학교에서 그런 사람들을 보면 괜히 눈살을 찌푸리곤 했었다. 그 사람들한테 나는 냄새까지도 싫었었는데 이제 그들의 문화와 역사를 배우고 나니 그런 마음이 많이 사라진 것 같다).

중국 근대 다문화의 유입과 정치사상의 중서융합

-서구정치사상과 유가정치사상의 융합을 중심으로-

이춘복

1. 머리말

청말 당시 중국의 유가 정치사상이 서구 정치사상의 수용과 맞물리면서 동서 문화의 결합과 융합이 동시다발적으로 일어난 현상은 눈여겨볼 대목이다. 서구 정치사상의 수용은 그 속성상 일순간에 진행될 수는 없었다. 청말 당시는 여전히 유가 정치사상이 사회의 지배적 이데올로기로 작동하고 있었고, 근대 지식인들 역시 전통 유학 교육의 환경에서 성장했기 때문에 그들이 이질적인 서구의 정치사상을 있는 그대로 인식하거나 수용한다는 것은 쉬운 일이 아니었다. 따라서 서구정치사상을 수용하려는 중국의 근대지식인들은 중국 전통의 정치사상을 인식의 필터로 사용하는 단계를 거칠 수밖에 없었다. 가령 청말 지식인들은 의회제도의 근원을 夏·殷·周 三代의 遺風 혹은 遺意와

* 중앙대학교 문화콘텐츠기술연구원 연구교수

** 이 논문은 2007년 정부(교육과학기술부)의 재원으로 한국연구재단의 지원을 받아 수행된 연구임(KRF-2007-411-JO2001).

대비하는 방식으로 서구의 의회사상을 소개하거나 의회개설을 주장하였다. 梁啓超, 譚嗣同 등은 명말청초의 黃宗羲의 정치사상이 근대적 요소인 '民權'과 '共和'사상과의 유사하다고 보았다.[1] 또한 康有爲, 何啓, 胡禮垣, 梁啓超, 唐才常 등은 『尙書』에 언급되는 '三占從二' 혹은 "詢謀僉同"의 표현을 다수결의 원칙으로, 『孟子』의 '國人皆可'와 『周禮』의 '詢謀詢遷'을 공민의 청원권으로, 『상서』와 『맹자』에 각각 등장하는 卿士와 大夫를 상원과 그 구성원으로, 庶人과 國人을 하원과 그 구성원으로 대비시켜 이해하였다. 입헌군주제하의 의회제도나 의회사상뿐 아니라 공화제나 민주주의를 소개할 때도 마찬가지였다. 예컨대 청말 지식인들은 서양의 대통령제를 중국 고대 堯舜의 禪讓제도와 비교하여 인식하였다.

중국의 서구 근대정치사상 수용에 대한 역사학계의 기존연구는 두 가지 경향으로 구분할 수 있다. 하나는 전통 유가의 민본사상과 근대정치사상을 연결시켜 접근하는 '중국 중심론' 혹은 '내재적 발전론'을 지향하는 입장으로, 대표적인 인물로는 중국학자인 侯外廬, 蕭公權, 金耀基[2]와 일본학자인 미조구치 유조(溝口雄三)[3] 및 국내의 閔斗基[4]

1) 양계초는 그의 『清代學術概論』에서 청말 무술변법시기 '民權'과 '共和'학설을 주창할 때 黃宗羲의 『明夷待訪錄』의 「原君」과 「原法」편을 묶어 비밀리에 산포하여 청말 사상의 변화에 많은 힘이 되었다고 기술하고 있다(梁啓超: 『清代學術概論』, 臺灣商務印書館(1994), 32쪽 참고). 신해혁명 시기 혁명파인 유사배는 『中國民約精義』에서 황종희의 민본사상을 루소의 사회계약론이 포함되어 있고 프랑스와 미국의 공화정치체제와 대비하여 해석하고 있다(劉師培: 『中國民約精義』, 錢玄同 編, 『劉申叔遺書』(影印本), 江蘇古籍出版社(1997), 591쪽 참고).

2) 侯外廬와 蕭公權, 金耀基는 양계초와 같이 명말청초 황종희 李顒 등의 민본사상을 '근대민주사상'으로 해석하고 있다. 侯外廬, 『中國思想通史』 第5卷, 人民出版社(1992), 155~177쪽, 295~300쪽; 蕭公權, 최명·손문호 등 역, 『中國政治思想史』, 서울대학교출판부(2004), 90~981쪽 참조.

3) 溝口雄三, 「中國民權思想的特色」, 中央硏究院近代史硏究所編, 『中國現代化論文集』, 中央硏究院近代史硏究所(1991), 343~362쪽 수록. 미조구치 유조는 중국의 민권사상의 특색을 명말청초의 반군권, 청말시기 지방분권과 신해혁명시기 국민권 및 민생권으로 나누어 고찰하였다.

4) 중국 전통시대의 '封建'과 '郡縣'에 대한 논의와 '봉건'의 근대적 변용문제에 대한 대표적인 국내연구로 민두기, 「中國의 傳統的 政治像: 封建郡縣論議를 중심으로」; 「清代 封建論의 近代的 變貌: 清末地方自治論으로의 傾斜와 紳士層」(민두기, 『중국근대사연구』, 一潮閣(1973)년에 수록) 등이 있다. 이상 민두기의 연구는 전통시대의 군현제 논의와 근대의 지방자치의 변용문제를 다루고 있으나, 청말시기 전통정치사상과 서구의 의회제도, 공화

등을 꼽을 수 있다. 다른 하나는 민본사상에 대한 비판적 검토와 근대 정치사상과 전통 유가사상과의 차별성 및 단절성을 강조하는 '충격-반응'론에 무게를 두는 경향으로, 중국학자인 陳勝粦, 孫廣德, 黃克武[5]와 미국학자인 J. K. Fairbank나 Mary C. Wright[6] 등이 대표적이다. 필자는 기본적으로 전자에 보다 가까운 입장이지만 중국 전통의 민본사상과 근대 정치사상과의 단절성 역시 함께 고려하는 절충적인 방식을 취하고자 한다. 왜냐하면 서구의 정치사상은 근대 중국에 도입, 수용될 때 기존의 유가 지배이념과 갈등을 빚을 수밖에 없었고, 이 과정에서 양자 사이에 융합과 조절의 현상이 나타날 수밖에 없었다고 보기 때문이다. 즉 어떤 형태로든, 서구사상이 유가의 입장으로 재해석되는 과정을 거칠 수밖에 없었다는 말이다. 또한 필자는 전자의 입장에 전적으로 동의하지는 않는다. 만약 전자의 주장처럼 서구의 영향하에 형성된 중국의 근대정치사상과 중국 전통사상과의 연속성을 지나치게 강조한다면 전통과의 단절이라는 문제를 간과하는 위험을 안게 되기 마련이다.[7]

본고는 이와 같은 입장에서 중국 근대지식인들이 수용한 서구문명 가운데 서구정치사상과 유가 정치사상의 동서융합과 유가 정치사상

사상, 자유주의 및 무정부주의 등 연구대상의 외연확대가 이루어지지 않았다. 이 외에, 일본학계의 연구로 洪祖顕, 「中国における近代化と儒教思想」, 『教育学雑誌』(3)(1970), 16~34쪽; 竹内弘行, 『中国の儒教的近代化論』(単行本), 研文出版(1995); 張小苑, 「19世紀後半から20世紀転換期における中国の近代化に関する一観察--政治思想の近代化を目指す動きを中心にして」, 『神戸市外国語大学研究科論集』 第3集(2000), 65~80쪽 등이 있다. 최근 국외 관련 연구로는 프라센지트 두아라의 『민족으로부터 역사를 구출하기』 제5장, 제6장(프라센지트 두아라 지음, 문명기·손승희 역, 『민족으로부터 역사를 구출하기: 근대 중국의 새로운 해석』, 삼인(2006년) 등 참고, 중국 대륙 연구로는 馮天瑜, 「清人對'封建'的兩種評議」, 『光明日報』(2006년2월14일) 등 참조.

5) 陳勝粦, 「民本主義論講」, 『學術研究』 第3期(1991), 45~51쪽; 孫廣德, 『清末民初的民主思想論集』, 臺北桂冠圖書股分有限公司(1999), 2쪽; 黃克武, 「清末民初的民主思想: 意義與淵源」, 中央研究院近代史研究所編, 『中國現代化論文集』, 中央研究院近代史研究所(1991), 384~388쪽 수록.

6) John K. Fairbank, *China's Response to the West: A DOCUMENTARY SURVEY, 1839 ~1923*, Harvard University Press(1979); Mary C. Wrigh, 房德隣 等 譯, 『同治中興: 中國保守主義的最後抵抗(1862~1874)』, 中國社會科學出版社(2002) 참조.

7) 본고에서는 서구 민주사상과 중국의 민본사상의 단절성을 '주권재민'과 '선거권'에 두고 있다는 측면에서 기존의 입장과 차별성을 두고자 한다.

의 근대화 문제에 초점을 맞추어보고자 한다. 특히 본고는 청말 정치개혁과 밀접한 관련이 있는 대통령제[8]와 서구의회사상을 연구대상으로 국한하여 당시 지식인들이 취했던 대통령제와 의회제도의 선거권 문제의 수용방식과, 전통 유가사상 속에서 발견되는 민본주의가 근대적 정치사상으로 전환되는 양상을 검토할 것이다. 아울러 근대화된 정치사상을 어떻게 평가해야 할지도 짚어보고자 한다.

2. 전통 민본사상과 서구 정치사상의 수용

秦漢시대 이래 서구정치사상이 수용되기 이전까지, 중국은 고도의 행정관료 체제를 확대 발전시켜 왔다. 근대이전까지 이러한 행정관료 중심의 정치형태 외에 다른 형태의 정치체제는 발생하지 않았다. 전통 유가 정치사상에 기반을 둔 강력한 王權과 조직화된 행정관료 시스템은 여타 대체물을 생각할 수 없는 부동의 정치원칙이었다. 중국 전통 정치사상 중에도 이를 대체할 만한 사상적인 근거는 찾아볼 수 없는 상황이었다. 중국 역대의 개혁가나 정치사상가들 역시 왕권사상 자체의 정치적 근본원칙에 대해 심각한 이의를 제기하는 경우는 극히 드물었다. 물론 전통유가 정치사상 가운데 근대의 서구 정치사상과 결합하여 근대적 정치사상으로 발전할 수 있는 요소가 전혀 없었던 것은 아니다. 유가의 전통 정치사상인 민본주의가 그것이라 할 수 있다.[9]

8) 본 논문의 연구 시기는 아편전쟁이후부터 무술변법시기 전후까지를 다루려 한다. 따라서 지난 2월 제29회 동양사학회 동계연구토론회에 참석한 조병한 선생님께서 적절한 지적을 한 것처럼, 신해혁명시기 이전의 근대지식인들이 현실적인 대안으로 제시한 것은 군주제 하의 의회제도이기 때문에 서구 의회제도와 전통 민본사상과의 융합문제에 초점을 맞추어 연구를 진행하고, 공화주의와 대통령제의 문제는 별도의 논문으로 구성하는 것이 좋을 것 같다는 의견을 제안하였다. 필자는 이 제안을 부분적으로 수용하여 향후 서구 공화주의와 대통령제의 수용과 중국전통사상과의 융합과 혼용의 문제를 좀 더 많은 사료 검토를 통해 단독 논문으로 구성할 계획이다. 다만 본고에서는 양무운동시기와 변법운동시기에 중국 근대 지식인들이 대통령제를 현실적인 대안으로 제시하고 있지 않았지만, 대통령제와 중국 전통의 정치사사상과 결합하여 논의를 하고 있어, 이 부분을 본 연구의 범위 내에 포함시키는 것이 합당하다 판단하였다.

9) 민본주의에 근대화에 대한 긍정적 연구로는 윤천근, 「유학에서 민주는 가능한가: 현대

유가의 민본주의 사상은 先秦 시대에 출현하기 시작하여, 漢唐 시대에 그 사상적 체계를 갖추었으며, 明末淸初에 이르러 새롭게 보완 수정되고, 근대시기에 서구 정치사상과 결합하게 되는 변천과정을 겪었다.

은주 시대의 정치를 설명한 『서경』에는 "民이 하고자 하는 바를 하늘은 반드시 따른다"10)라든가 "하늘이 보는 것은 내 民이 보는 것으로부터 나오고, 하늘이 듣는 것은 내 民이 듣는 것으로부터 나온다11)"라는 식의 民의 여론을 중시하는 표현이 등장한다. 또한 "民이 나라의 근본이고, 근본이 튼튼해야 나라가 태평하다"12)라 하여 民을 나라(혹은 社稷)의 근본으로 삼는 민본의식이 나타났다. 춘추전국시대에 이르면 공자는 "정치는 덕으로 해야 한다. 마치 북극성이 그 자리에 가만히 머물러도 뭇별들이 그를 향해 절을 하는 것과 같다"13)라며 군주의 德治를 강조하였고, 맹자는 역성혁명과 더불어 "民이 귀중하고 사직은 그 다음이며 군주는 가벼운 것이다14)"이라 하여 民의 귀중함을 강조하였다. 순자 역시 "임금은 배이고 서민은 물이다. 물은 배를 띄우기도 하고 배를 뒤엎기도 한다15)"라 하여 군주의 운명이 백성庶人에 달려 있다는 언설을 전개하였다.

이런 민본주의 전통은 진한시대 呂不韋, 賈誼, 董仲舒 등을 거치면서 점차 그 사상적 체계를 형성하게 되었고, 위진 남북조 시대의 郭象, 傅玄과, 수당대의 王通, 陸贄, 그리고 송대의 蘇軾, 陸九淵을 거치면서

중국의 선택을 어떻게 볼 것인가」, 『退溪學』 제12집(2001), 5~28쪽; 안병주, 「유교민본사상의 현대적 의의」, 『동양철학연구』 제7집(1986), 89~98쪽 등이 있다. 부정적 연구로는 鄭軍, 「康有爲對傳統儒學的改造與維新變法理論的構建」, 『煙臺大學學報』 2004년 제4기, 458쪽. 필자는 근대이전 중국의 전통 민본사상에 근대적 의미의 민주적 요인을 찾을 수 있다는 견해에 대해 부정적인 입장을 갖고 있다.

10) 孔穎達, 『尙書正義』 泰誓上편; 『十三經注疏』 上冊, 中華書局(1994), 181쪽, "民之所欲, 天必從之".

11) 『尙書正義』 泰誓中편; 위의 책, 181쪽, "天視自我民視, 天聽自我民聽".

12) 『尙書正義』 五子之歌편; 위의 책, 157쪽, "民惟邦本, 本固邦寧".

13) 『論語注疏』 爲政편; 위의 책(下冊), 2461쪽, "爲政以德, 譬如北辰, 居其所, 而衆星共之".

14) 『孟子注疏』 盡心下편, 위의 책(下冊), 2774쪽, "民爲貴, 社稷次之, 君爲輕".

15) 『荀子』 王制편; 蔣南華 등 注譯, 『荀子全譯』, 貴州人民出版社(1995), 143쪽, "君者舟也, 庶人者水也, 水則載舟, 水則覆舟".

더욱 풍부한 내용을 갖추게 된다. 특히 명말청초 시기 黃宗羲의 『明夷待訪錄』과 顧炎武의 『日知錄』, 唐甄의 『潛書』 등에서는 "천하가 주인이고 군주는 손님이다"라는 식의 서구의 '주권재민'과 흡사한 주장이 재기되었고, 서구의 의회제도와 흡사한 '學校'제도의 설립 및 근대적 의미의 지방분권적인 요소가 포함된 '封建制'에 대한 논의가 전개되기도 한다. 학계에서는 이를 '신민본주의' 혹은 중국적 '계몽주의'라 평가하기도 한다.16) 기존 연구에서 이미 지적한 바와 같이 전통 유가의 민본사상이나 명말 청초의 신 민본사상은, 이론적으로 볼 때 정치의 주체로서의 백성民本, of the people 개념을 근대적 요소인 '주권재민'으로, 백성을 위한 봉사라는爲民, for the people 개념을 근대적 요소인 복지정책과 결합하는 것은 충분히 가능한 이야기다.17)

그러나 전통 민본주의는 백성의 역할과 중요성을 아무리 강조한다 하여도 백성의 정치참여를 근본적으로 배제하고 있고, 군주제를 부동의 정치원칙으로 채택한다는 점에서 민주정치와는 지향점이 서로 다르다 할 것이다. 다시 말해 서구 민주정치의 핵심인 공민의 정치참여by the people가 결여된 상태에서 '民本'과 '爲民'은 결국 통치자인 군주를 통해서만 실현될 수 있다는 비판에서 자유로울 수 없는 것이다. 설령 백성의 정치참여가 실현된다 해도 기껏해야 정치참여가 가능한 전통 사대부들에 의한 '사대부 여론정치'에 그친다는 한계성을 지니고 있기 때문에 근대적 민주정치와는 근본적인 차별성을 지닌다 할 것이다.

아편전쟁을 계기로 하여 서구의 의회제도와 민주공화정과 관련된 정치사상이 수용되면서 중국 전통시대 유가의 민본사상은 새로운 전환기를 맞게 된다. 아편전쟁을 전후로 하여 서구의 근대적 정치제도에 대해 가장 먼저 주목한 사람은 魏源과 徐繼畬 등이다. 위원의 『海國圖志』와 서계여의 『瀛寰志略』는 미국의 연방제와 영국의 의회제를 포함

16) 윤천근·안병주, 앞의 논문 참고. 이외에 봉건제와 근대 지방자치와 변용문제에 관한 연구는 전술한 민두기와 미조구치 유조의 논문 참조.

17) 안병주, 「儒敎民本思想의 現代的 意義」, 『東洋哲學硏究』 제7집(1986), 93쪽; 권인호, 「『明夷待訪錄』을 통해 본 儒敎政治思想硏究」, 『東洋哲學硏究』 제8집(1987), 111~138쪽.

한 전 세계의 정치제도를 포괄적으로 소개하고 있고, 특히 공민의 公擧(투표)에 의해 행정부의 대통령과 의회의 의원이 선출되는 점을 공평한 정치제도로 칭찬하고 있다.[18] 그러나 위원과 서계여, 梁廷枏 등 근대 초기 지식인들은 이들 서구의 정치제도를 중국에 실현해야할 정치원칙이나 대상으로 간주하지는 않았다. 그들의 목적은 서구 정치제도의 검토를 통해 서양의 국정을 보다 정밀히 파악하고자 하는 것이었다.

위원, 서계여 등이 서구의 대통령제와 대통제하의 의회제도에 대해서 호기심을 갖고 있었던 것과는 달리 양무운동시기의 王韜, 鄭觀應, 薛福成,[19] 郭嵩燾,[20] 馬建忠[21] 등 早期 유신파는 프랑스, 미국 중심의 대통령제에 대해서는 비판적인 입장을 견지하였고, 영국이나 독일 같은 군주제 하에서의 의회제도를 공평한 제도로 인식하였다. 무술변법시기 康有爲, 梁啓超, 陳熾, 譚嗣同, 唐才常, 何啓 등 변법파들은 대통령제에 대해 비판적인 시각을 드러내지는 않았지만, 당시 실현 가능한 대안으로는 군주제하의 의회제도를 제시하였고 대통령제는 미래

18) 林則徐가 『四洲志』에서 미국의 대통령제에 대한 관심을 표명하고 있으나, 그는 이에 대한 평가를 하지 않고 객관적인 서술에 그치고 있다. 이와 다르게, 위원과 서계여는 그들의 주관적 견해를 드러내고 있다(林則徐, 『四洲志』, 華夏出版社(2002), 145~146쪽). 예컨대, 위원은 민선에 의해 선출된 대통령제가 세습되지 않고 4년 임기제로 교체되는 것을 공평한 제도로 보고 있고, 의원 선출과 의사 결정이 민의에 의해 정치하는 대통령제를 주도면밀한 제도로 평가하고 있다(魏源, 「外大西洋墨利加洲總敍」, 『海國圖志』, 岳麓書社(1998년), 1611쪽). 서계여 역시 세습하지 않고 민선에 의해 선출되는 미국의 대통령제를 공평한 정치제도로 평가하고 있다(徐繼畬, 「北亞墨利加米利堅合衆國편」, 『瀛寰志略』, 上海書店出版社(2001), 277쪽).

19) 왕도, 정관응, 설복성은 영국과 이탈리아 등 군주제하의 의회제도(君民共主 혹은 君民共治)를 군주제나 민주보다 편중되지 않고 공평한 제도로 파악하고 있다(王韜, 「重民下」, 『弢園外篇』, 中州古籍出版社(1998), 65쪽; 鄭觀應, 「議院下」, 『盛世危言』, 中州古籍出版社(1998), 100쪽; 薛福成, 『籌洋芻議』 薛福成集(中國啟蒙思想文庫), 遼寧人民出版社(1994), 124쪽.

20) 郭嵩燾는 서구의 오랫동안 유지하는 까닭이 君民兼主라는 정치 때문이라는 劉云生의 견해를 찬성하고 있고(郭嵩燾, 『郭嵩燾日記』第三卷(光緒3年2月28일), 湖南人民出版社(1982) 179쪽), 영국 의회제도의 연원을 설명하면서 폐단도 없고 인재발굴과 학문발전에 효과적이라 인식하고 있다(『郭嵩燾日記』第三卷(光緒3年11月18일), 373쪽). 이에 반해 민주에 대해서는 부정적으로 묘사하고 있다(『郭嵩燾日記』第三卷(光緒5年1月27일), 771~772쪽).

21) 馬建忠, 「上李伯上言出洋工課書」, 『采西學議: 馮桂芬.馬建忠集』, 遼寧人民出版社(1994), 159쪽 수록. 馬建忠은 서구의 정치제도를 군주, 군민공주, 민주제도로 구분하고, 민주제도가 군민공주 보다 더 많은 폐단을 갖고 있다고 서술하고 있다.

에나 실현될 제도로 간주하였다.

한편 양무운동시기 사신으로 국외에 파견되었던 곽숭도, 설복성, 황준헌, 마건충 등은 현지에서 의회운영 상황에 대해 직접 관찰하였고, Timothy Richard 같은 서양 선교사와 徐建寅, 劉啓彤 등 근대 지식인들의 번역 및 저술은 서구 정치제도는 물론 민의를 반영하는 하원의 직권과 위상이 점차 상승하는 정치적 동향을 소개하였다. 이러한 국외 파견 사신들의 관찰 경험과 의회의 위상 변화에 대한 동향이 소개되면서, 서구 정치제도에 대한 근대 지식인들의 시선은 입법권과 삼권분립 등 의회제도의 주요원칙에까지 확대되어 갔다. 조기 유신파 인사들은 서구의회제도를 소개하는 것에 그치지 않고, 중국의 의회 설치를 주장하는 새로운 단계로 시각을 확상시켰다. 특히 1895년 청일전쟁이후 강유위를 필두로 하는 양계초, 담사동, 당재상, 하계 등 변법파 인사들이 청정부와 광서제에게 의회개설을 통한 정치제도 개혁을 주장함에 따라, 의회개설 논의는 조기 유신파들의 산발적 정치주장 차원을 넘어 조직적인 정치운동의 단계로 발전하게 되었다.[22]

이러한 유신파 인사들의 의회제 수용과 공민의 선거권에 기반을 둔 의회 개설 주장은 군주 중심의 중앙 집권적 관료주의 체제라는 폐쇄적인 빗장을 여는 새로운 돌파구였다.

3. 서구 정치제도에 대한 중서융합 양상

청말 지식인들이 서구정치제도에 대한 동서융합을 살펴보기에 앞서 전통정치사상에 대한 청말 지식인들과 그 이전 전통 지식인들 사이의 연속성과 차이점을 간략하게 살펴보도록 하겠다. 앞에서 명말청초시기까지 민본사상의 전개를 살펴보았기 때문에, 여기서는 淸代 초반부터 아편전쟁 이전인 1823년까지 經世致用에 관련된 명문들을 모

22) 拙稿, 「서구 議會制度에 대한 중국 근대 지식인들의 認識과 그 意義」 제34집(2007) 참고.

아 묶은 『淸經世文編』과 과도기적 인물에 해당하는 馮桂芬의 사상을 검토해보고자 한다.

청말의 대표적인 근대 지식인들이 서구의 정치제도를 논의할 때 자주 인용한 민본주의와 관련된 내용과 대표적인 인물을 정리하면 아래 표와 같다.

〈표 1〉 중국 근대 민본주의 주요내용과 대표인물

구분 / 내용	『淸經世文編』[23]	『校邠廬抗議』[24]	청말 지식인들의 동서융합[25]
堯舜의 禪讓제도	舜受禪告群神(출처: 秦蕙田, 「天地合祭」, 『淸經世文編』 卷55, 1373쪽)	『堯典』曰; "師錫", 師者, 眾也(출처: 馮桂芬,「公黜陟議」, 『校邠廬抗議』, 72쪽)	서구의 대통령제 혹은 민주와의 결합 대표인물: 張斯桂, 徐繼畬, 薛福成, 崔國因, 薛福成, 康有爲, 譚嗣同, 唐才常, 何啓, 黃遵憲, 廖平
三代의 遺風과 여론수렴	• 『禮』曰: 疑獄, 泛與衆共之, 衆疑, 赦之. 必察(출처: 汪价, 「赦罪論」, 『淸經世文編』 卷90, 2239쪽). • 民之所欲, 天必從之, 不信而有徵哉(출처: 張鵬翮, 「論治淸口一」, 『淸經世文編』 卷100, 2456쪽) • 耆老詢謀僉同(출처: 章九儀, 「均役議」, 『淸經世文編』 卷33, 808쪽) • 古者國有大事,謀及庶人(출처: 方苞, 「與鄂張兩相國西兵書」, 淸經世文編』 卷81, 1986쪽) • 以明四目達四聰, 而股肱良, 元首康也(출처: 馮景, 「鼻息說」, 『淸經世文編』 卷9, 222쪽) • 治道之大貴, 通上下之情(출처: 胡德邁, 「請開言路疏」, 『淸經世文編』 卷9, 230~231쪽)	• 『禮』曰: "爵人於朝，與眾共之。子曰: 舉直錯諸枉，則民服。民者，亦眾詞也。『孟子』曰: "國人皆日賢，然後察之，見賢焉, 然後用之。"(출처: 馮桂芬, 「公黜陟議」, 『校邠廬抗議』, 72쪽). • 皇帝立明臺之議, 堯有衢實之間, 舜有告善之旌, 禹立諫敲而備譏唉。(출처: 馮桂芬, 「復陳詩議」, 『校邠廬抗議』, 160쪽)	서구의 의회제도와 그 직권의 결합 대표인물: 王韜, 鄭觀應, 薛福成, 徐建寅, 張德彝, 孫詒讓, 湯震, 宋恕, 康有爲, 梁啓超, 何啓, 汪康年, 唐才常, 陳熾
鄕擧里選 관련 유사 내용	• 求人才, 莫若鄕擧里選(출처: 兪長城, 「治體一」, 『淸經世文編』 卷7, 178쪽) • 古者鄕擧里選, 士之有賢能者, 不患於不知(출처: 黃宗羲, 「取士篇」, 『淸經世文編』 卷57, 1431쪽)	道在以明會推之法, 廣而用之: 又以今保擧之法, 反而用之。(출처: 馮桂芬, 「公黜陟議」, 『校邠廬抗議』, 72쪽)	서구의 선거권과 결합 대표인물: 梁廷枏, 徐繼畬, 鄭觀應, 薛福成, 陳熾, 康有爲, 何啓

23) 賀長齡·魏源, 『淸經世文編』, 中華書局(1992). 『淸經世文編』 관련 내용의 출처는 〈표〉에 저자, 권수와 편명만 기재함.

24) 馮桂芬, 「公黜陟議」, 『校邠廬抗議』, 中州古籍出版社(1998), 72쪽.

25) 청말 지식인들의 전통사상과 서구정치제도와의 동서융합 내용은 아래의 문장(동서융합

위의 〈표 1〉을 통해 알 수 있듯이, 청말 지식인 역시 요순의 선양, 삼대의 유풍 및 향거리선 등 중국의 전통사상자원과 연계 혹은 융합하여 논의를 전개하고 있다는 측면에서 아편전쟁 이전의 전통지식인들과 연속성을 지니고 있다고 할 수 있다. 무엇보다도 유가사상이 지배적 이데올로기로 작동하고 있었고, 근대 지식인들 스스로도 전통유학교육의 환경에서 성장하였기 때문에 이질적인 서구의 정치사상을 있는 그대로 인식하거나 일방적으로 도입할 수는 없었다. 이러한 측면에서 청말 지식인들은 아편전쟁이전의 『청경세문편』, 그리고 과도기적 인물인 풍계분의 『校邠廬抗議』의 전통적인 민본사상을 계승하였다 할 것이다.

그러나 서구 정치사상이 수용되면서 '共和', '民主', '民權', '議院', '選擧' 등의 용어와 결합하고 있는 것은 전통 민본사상에서 찾아볼 수 없는 청말 정치사상의 특징이라 할 수 있다. 물론 일정부분 서구에 대한 지식을 갖추고 있으면서도 전통 민본사상과 서구정치사상의 결합을 시도하지 않은 과도기적 인물도 존재한다. 대표적인 인물이 풍계분이다. "사람들 가운데 재목을 버리지 않는 것이 서양夷만 못하고, 땅의 자원 가운데 이윤을 버리지 않는 것이 서양만 못하며, 군주와 백성 사이에 거리를 두지 않는 것이 서양만 못하고, 명분과 실제가 반드시 부합하는 것이 서양만 못하다"26)라는 말에서 알 수 있듯이 풍계분은 中西의 차이를 인식하고 있었다. 그러나 그의 저서 『교빈려항의』를 살펴보면 『상서』와 『예기』, 『맹자』 등의 사상자원을 서구 정치제도와 결합하려는 시도는 나타나지 않는다. 풍계분의 시각은 "三代 이전에는 진실로 衆論을 잘 받아들이는 방법이 본래 있었다"27)라고 하여 여론 수렴을 강조하는 데 그치고 있다.

전통 지식인이나 풍계분 등과는 다르게 청말 지식인들은 중국의 전통사상자원과 서구의 정치사상을 결합하여 새로운 정치주장을 전개

양상과 유가사상 근대화) 서술과정의 각주 참조.

26) 馮桂芬, 「制洋器議」, 『校邠廬抗議』, 198쪽.

27) 馮桂芬, 「公黜陟議」, 『校邠廬抗議』, 72쪽.

하였다. 그들은 하은주 三代의 遺風 혹은 遺意를 서구 의회제도와 대비하거나, 요순시대를 '民權'과 '共和'사상과 유사하다고 바라보았다. 또한, 『尙書』에 나오는 '三占從二' 혹은 "詢謀僉同"을 다수결의 원칙으로, 『孟子』에 나오는 '國人皆可'와 『周禮』에 나오는 '詢謀詢遷'을 공민의 청원권으로 대비시키는 식으로 자신들의 정치주장을 전개하였다. 오늘날의 시각에서 보면 청말 지식인들의 동서융합은 전통정치사상과 서구 정치제도의 왜곡에서 비롯된 것이지만, 전통 중국의 민본사상을 근대화시키는 계기가 되었다는 점에서 무의미한 행동으로 평가할 수는 없다.

다음으로 청말 근대 지식인들이 자신들의 유교 전통 소양을 서구의 정치제도와 어떤 식으로 결합했는지 그 구체적인 양상들을 살펴보고자 한다. 서구 정치제도에 대한 중서융합의 양상은 다양하게 나타난다. 그 대표적인 양상과 한계점은 다음 몇 가지로 정리할 수 있을 것이다.

첫째는 요순시대 선양제도와 미국의 대통령제의 결합이다. 중국 堯舜시대의 禪讓은 양계초가 지적한 것처럼 '전통학문舊學問에서 하나같이 추앙하고 찬양하던' 이상화된 제도였다.[28] 전통시대 지식인들에게 요순시대는 仁政을 실천하고 다양한 여론수렴을 했던 태평성세로 인식되었고, 특히 권력을 아들에게 세습하지 않은 점은 크게 부각되어 기술되었다. 가령 황종희의 "요순은 자손이 있었지만 오히려 권력을 전하지 않았다"[29]라는 언급이나, 풍계분이 "『요전』에서 많은 사람이 황제와 함께 논의하였다(위의 표 참조)"라고 말한 것은 같은 맥락에서 이해할 수 있을 것이다.

이러한 양상은 서구 정치제도의 수용을 거쳐 서구의 민주사상과 대통령제와 결합되는 새로운 양상으로 전개되었다. 그 선구적인 인물로는 魏源을 들 수 있다. 魏源이 『해국도지』에서 처음으로 미국의 대통령

28) 梁啓超, 「堯舜為中國中央君權濫觴考」(光緒二十七年1901年), 『飮冰食合集』 文集之六, 中華書局(1994), 22쪽.

29) 黃宗羲, 「奄官」, 『明夷待訪錄』, 沈善洪 主編, 『黃宗羲全集』 第1冊, 浙江古籍出版社(1986), 46쪽.

제를 소개하면서, 이 제도는 세습되지 않으며 임기제를 채택하는 공평한 제도라고 평가하고 있다 다만 위원은 대통령제와 전통 유가사상과의 결합을 시도하고 있지는 않다.[30] 그러나 『해국도지』 이후 1864년 同文館에서 번역 출간한 『萬國公法』의 서문에서 張斯桂는 미국의 초대 민선 대통령인 조지 워싱턴George Washington을 중국 堯舜시대의 '禪讓'제도에 비추어 바라보고 있다. 즉 전통유가 사상에서 성인으로 추앙받던 堯舜이 권력을 아들에게 세습하지 않은 것을 미국의 대통령제와 결합하여 인식하고 있는 것이다.[31] 같은 시기에 출판된 서계여의 『영환지략』에서도 미국의 민주공화제를 설명하면서 조지 워싱턴을 "(권력을) 현명한 사람에게 전하되 아들에게 전하지 않았다"라고 하여 중국 '禪讓'제도의 유풍으로 인식하고 있다.[32] 양무운동시기 이후 국외에 사신으로 파견되었던 설복성,[33] 崔國因[34] 역시 미국의 워싱턴과 요순이 부합한다고 기술하고 있다.

변법운동시기에도 양무운동시기와 같이 미국의 조지 워싱턴과 중국의 선양제도와 결합하고 있으며, 요순시대를 서구의 민주제도로 설명하기도 하였다. 무술변법시기 변법파의 지도자인 강유위는 "요순은 民主가 되고, 태평세가 되며, 人道의 지극함이다"라든가 "『춘추』와 『시경』은 모두 군주를 말하였지만 『요전』만은 특별히 民主의 뜻을 발휘하였다"[35]라고 하여 전통 유가 경전에서 서구 민주주의 근원을 찾고 있다. 같은 시기 변법파 인사인 譚嗣同[36]과 唐才常[37] 역시 미국의 조

30) 魏源, 「外大西洋墨利加洲總敍」, 『海國圖志』, 1611쪽.

31) 張斯桂, 「萬國公法序二」, 惠頓撰·丁韙良 譯, 『萬國公法』, 上海書店出版社(2002), 2쪽 참조, "嗣有華盛頓者, 苛政, 倡大義, 鏖戰八年而國以立, 而官天下未嘗家天下, 儼然禪讓之遺".

32) 徐繼畬, 『瀛寰志略』, 277쪽. 서계여의 미국의 워싱턴을 설명하면서 미국의 정치제도 가운데 민선 총통제를 삼대 시대 禪讓제도의 '遺意'로 보고 있다.

33) 薛福成, 『籌洋芻議』 薛福成集, 123쪽. 薛福成은 요순(唐虞)이전이 서구의 민주제도로 기술하고 있다.

34) 崔國因, 『出使美日秘國日記』 卷六, 淸光緖二十年鉛印本(1894), 174쪽 참조, "美之華盛頓合堯舜湯武爲一人也".

35) 康有為, 『孔子改制考』(『康有為全集』 第三集), 上海古籍出版社(1992), 332·338쪽.

36) 譚嗣同, 『譚嗣同全集』, 中華書局(1998년), 197·247쪽, "所謂民主者, 尤為大公至正, 彬彬唐, 虞揖讓之風; 前有堯與舜, 後有華盛頓".

지 워싱턴과 중국의 요순을 관련짓거나 서로 부합하는 인물로 설명하고 있다. 또 다른 변법파 인사인 하계와 호예원는 요순의 시대를 서구의 민주국가와 동등하게 이해하고 있고,[38] 黃遵憲은 요순의 선양과 워싱턴의 민선제도를 비유하여 이해하고 있다,[39] 이러한 현상은 무술변법시기 변법파 인사들에게서만 나타난 일시적인 현상이 아니고, 신해혁명시기 혁명파의 대표적인 지도자인 손문이나 20세기 초 혁명파이자 서구 민주사상의 소개와 여론형성에 영향력이 있던 馬君武에서도 확인할 수 있다. 손문은 서구의 공화제도를 중국 고대 하은주 시대인 삼대의 遺業으로 여기고 있다.[40] 마군무는 그가 번역한 『法蘭西今世史』의 서문에서 "요순의 선양은 민주정치의 맹아인데 하夏의 우왕禹王이 아들에게 (권력을) 전하면서 갑자기 끊어졌다"[41]라고 한 것처럼 요순의 선양을 민주주의 맹아로 보고 있다. 또한, 尙秉和(1870~1950),[42] 廖平[43] 등 경학자들에게서도 비슷한 양상을 확인할 수 있다.

근대지식인들이 요순의 선양제도와 서구의 민주제도를 결합하여 인식한 것은 실제 서구의 민주절차와는 서로 모순된 것이었다. 왜냐하면 대통령제 선거방식의 핵심은 그 아들에게 권력을 이양하느냐의 여부에 있는 것이 아니라 직접 투표이든 간접투표이든 선거(투표행위)

37) 唐才常, 『唐才常集,』, 中華書局(1982년), 34쪽(美自華盛頓以官天下之心, 高唐虞之, 至今風俗純厚, 洵乎大公); 唐才常, 『覺顚冥齋內言』, 清光緒二十四年長沙刻本(1898), 202쪽, (華盛頓為堯舜湯武合為一人).

38) 何啓·胡禮垣, 『新政眞詮』, 遼寧人民出版社(1994년), 19쪽, "民權之理見於承平之世者又如此. 由此觀之, 堯舜之世即今泰西民主之國也".

39) 黃遵憲, 『人境廬時草』, 民國鉛印本, 78쪽, 莫將讓國比唐虞華盛頓.

40) 1897년 중국에서 共和政體가 적합하지의 여부에 대한 손문과 宮崎寅藏과의 대화중, 손은 三代와 서구의 공화제도를 비유해서 설명하고 있다(孫中山, 「與宮崎寅藏平山周的談話」, 『孫中山全集』 第1券, 中華書局(1985), 172쪽~173쪽). 심지어 1924년 廣州고등사범학교에 강연한 손문 삼민주의 가운데 민권사상에서도 공자와 맹자의 민본사상 및 요순시대가 근대적 민권사상과 일맥상통하다고 설명하고 있다(孫中山, 「三民主義」, 『孫中山全集』 第6券, 262쪽.

41) 馬君武, 「法蘭西今世史 譯序」, 『法蘭西今世史』, 出洋編輯所, 明治三十五年八月一日(1903.8.1) 印行, 1쪽.

42) 尙秉和, 『辛壬春秋』, 民國十三年刻本(1924), 139쪽, "民主如堯舜禪讓".

43) 廖平, 『知聖篇』 卷上, 清光緒刻本, 19쪽, "華盛頓之類, 中國古之帝王".

의 여부에 달려있기 때문이다. 물론 서구의 대통령제하에서는 대통령의 권력을 아들이나 그의 친인척에게 지정하여 승계한 것은 아니지만, 현임 혹은 전임 대통령의 아들이 대통령 선거에 참여하는 것을 제한하지는 않는다. 미국의 애덤즈 대통령 부자나 부시 대통령 부자는 그 한 예라 할 수 있다. 근대 지식인들이 요순의 선양을 서구의 민주와 민주정치로 대비시킨 것은 그들이 서구 대통령제의 선거절차에 대한 오해 혹은 전략적 선택(후술함)에서 비롯된 것으로 부자간의 권력이양과 서구의 민주정치와는 논리적인 필연관계가 없다 할 수 있다.

둘째는 서구의 의회제도와 관련 직권들의 근원을 하은주 三代의 遺風 혹은 遺意로 대비하고 있는 현상이다. 의회제도가 수용되기 이전 전통시대의 지식인들은 유교경전에 등장하는 하은주 삼대와 공자·맹자의 민본사상 관련내용을 군주의 광범위한 여론수렴에 초점을 맞추어 주목하고 있다. 명말청초 시기의 고염무가 『논어』, 『상서』, 『좌전』 등의 유가 민본주의 관련내용을 인용한 것이나,[44] 위 〈표〉『청경세문편』과 풍계분의 정치주장은 모두 여론수렴의 중요성을 강조한 민본주의와 일맥상통한다.

이러한 양상은 서구 정치사상이 수용되면서 중국 지식인들에 의해 서구 의회제도와 관련 직권들과 융합하는 새로운 형태로 전개된다. 물론 위원, 임칙서, 서계여 등 초기 의회제도 수용자들은 서구 의회제도와 중국 민본주의를 직접 결합하지는 않았다. 郭嵩燾의 경우에는 서구의회제도의 변천사를 서술하면서 의회제도를 진한시대의 관료제도와 대립되는 제도로 인식하였다.[45] 그러나 양무운동시기 이후 청말 지식인들의 대부분은 서구의 의회제도가 "상고시대에 남겨진 뜻이지 서구의 방법이 아니다"라는 '西學中源說'을 제기하였다. 조기 유신파인 王韜는 의회제도를 "마치 중국 삼대 이상에 남겨진 뜻이다"[46]라

44) 顧炎武, 「直言」, 『日知錄』 卷19(清乾隆刻本), "天下有道, 則庶人不議. 然則政教風俗苟非盡善, 即許庶人之議矣. 故盤庚之誥曰, 無或敢伏小人之攸箴, 而國有大疑, 卜諸庶民之從逆. 子產不毁鄉拉, 漢文止輦受言, 皆以此也."

45) 郭嵩燾, 『郭嵩燾日記』 第三卷(光緒3年11月18일), 373쪽, "巴立門(Parliamentl)君民爭政, 互相殘殺, 數百年久而後定. (…중략…) 中國秦漢以來二千年適得其反".

하여 고대 중국의 정치와 연결하고 있다. 또 다른 조기 유신파인 정관응 역시 전통 유가 경전인 『상서』, 『좌전』, 『맹자』 등 유가의 사상자료를 인용하여 의회사상이 중국 고대에 이미 존재하였음을 거듭 설명하면서, "의원은 상고시대의 남겨진 뜻이지 진실로 서양의 방법이 아니고 새롭게 개척한 논리도 아니다"[47]라고 결론짓고 있다. 이는 조기유신파의 공통된 견해로 설복성,[48] 宋恕[49] 등도 역시 의회제도의 근원을 유가의 전통사상자원에서 설명하고 있다. 이와 같은 인식은 유신파의 강유위와 그의 제자인 양계초 등에게도 영향을 미쳐 이들 역시 의회제도가 중국에서 시작되었음을 주장하게 된다.

무술변법시기, 今文學派였던 양계초는 유가 경전인 『상서』와 『맹자』에 등장하는 卿士와 大夫를 上院과 그 구성원으로, 庶人과 國人을 下院과 그 구성원으로 대비시켜 "『홍범』의 경사卿士와 『맹자』의 諸 大夫는 상의원 이고, 『맹자』의 國人은 하의원이다[50]"라고 서구의 의회구조를 설명하고 있다. 또한, 유신파의 거두이자 今文學파의 대가인 강유위는 전통 민본사상과 서구의 의회제도 및 그 각각의 직능들을 집대성하여 논의하고 있다. 그는 무술변법시기 광서제에 올린 『日本書目志』에서 다음과 같이 주장하고 있다.

> 『堯典』에서 말하였다: "四門을 열고 , 四目을 밝게 하였으며 , 四聰에 이르렀다。"『盤庚』에서는: " 그 백성을 가까이 오르게 하고, 무리들에게 명하여 모두가 궁정에 이르렀다。"『洪範』에서는 "도모함이 卿士에게 이르렀고, 도모함이 庶人에게 이르렀다。" 『孟子』에서는: "좌우의 사람들이 모두 현명하다 말하고, 여러

---

46) 王韜, 「重民下」, 『弢園外篇』, 65쪽.

47) 鄭觀應, 「答某當道說議院論」(盛世危言 議院下 附錄), 『鄭觀應集』 上冊, 上海人民出版社(1982), 323쪽, "議院乃上古遺意, 固非西法, 亦非創闢之論".

48) 薛福成, 『籌洋芻議』 薛福成集, 124쪽, "夏·商, 周之世, 雖君位皆世及, 而孟子 "民爲貴, 社稷次之, 君爲經" 之說 猶行於其間, 其猶今之英·意請國君民共主之政乎".

49) 宋恕와 孫寶瑄의 대화 가운데 의회제도가 중국에서 시작되었다고 언급하고 있다. 孫寶瑄, 『忘山盧日記』 上卷, (『中華文史論從』 增刊), 上海古籍出版社 1983年, 第185頁.

50) 梁啟超, 『古議院考』, 收入 『飲冰室合集』 文集之1, 94쪽, "『洪范』之卿士, 『孟子』 之諸大夫, 上議院也; 『洪范』 之庶人, 『孟子』 之國人, 下議院也".

대부들이 모두 현명하다 말해도 아직 可하지 못하니, 국인이 모두 현명하다고 말한 연후에 그를 등용한다. 좌우가 모두 죽여도 좋다 말하고, 여러 大夫들이 살해해도 좋다고 말하여도 듣지 말고, 국인이 모두 살해해도 좋다고 말한 연후에 살해한다. 黃帝는 '合宮'을 말하였고, 堯는 '總章'을 말하였으며 , 三代에는 '明堂'을 말하였다. 중국에 본래부터 議院이 있었다는 것이다.[51]

후술하겠지만 강유위는 여기에서 서구 의회의 행정명령권, 인사권, 의결권 및 청원권으로 대표되는 의회의 직능과 의회제도가 중국 고대에 이미 존재하였다고 주장하고 있다.

이와 같이 서구의 이질적인 정치제도와 정치사상을 전통 유가 사상 자원에서 그 근거를 찾는 것은 비단 금문학파만의 인식방식은 아니었다. 신해혁명시기 고문학파이자 혁명파인 章太炎과 劉師培 역시 서구의 정치제도와 정치사상을 유가 정치사상과 서로 밀접하게 결합하여 그들의 정치주장을 전개하였다. 장태염은 서구의 대의 정치제도를 전통시대 封建제도의 변형된 모습으로 규정하고, 의회의 하원기구를 금문학파인 강유위와 같이 유가 경전인 『周禮』에 나오는 庶人에서 찾고 있으며,[52] 근대의 입헌정치를 춘추 시대의 대대로 세습되던 '世卿'에 대비해서 설명하고 있다.[53] 또한, 고문학자인 유사배 역시 유가의 『書經』의 민본관련 사항을 나열하면서 중국 고대 하은주 삼대시기를 '君民共主의 시대'로 보았고,[54] 서구의 의회제도를 『周禮』에 나오는 제도와 동일한 것으로 간주하고,[55] 금문학자인 강유위·양계초와 같이 서구 의회의 청원권과 명령권 및 의결권을 전통 유가 정치사상과 결

51) 康有為, 『日本書目志』(『康有為全集』 第三集), 748쪽 참조; 汪康年, 「論中國參用民權之利益」, 『清經世文三編』 清光緒石印本, 682쪽, "孟子曰國人皆曰賢然後用之國人皆曰不可然後去之國人皆曰可殺然後殺之其他見於經典者不可'E指"覔枪胖疄閲访礵L不欲與民共治也顧或患權之下移不知君民共主之國凡國有大事下諸議院".

52) 章太炎, 『代議然否論』, 『民報』第24號(1908.10.10).

53) 章太炎, 『政聞社員大會破壞狀』, 『民報』 第17號(1907.10.25).

54) 劉師培, 『中國民約精義』, 錢玄同 編, 『劉申叔遺書』(影印本), 江蘇古籍出版社, 1997, 565쪽 참조.

55) 劉師培, 위의 책, 567쪽.

합하고 있다.

이상에서 볼 수 있듯이 양무시기이후 청말 지식인들은 정치적 입장과 전통 유가에 대한 학문적 입장에 따라 서로 다른 주장을 하고 있지만, 서구 정치사상과 중국의 유가 정치사상을 서로 융합한다는 기본적인 주장은 공유하고 있었다. 그러나 오늘날의 시각으로 보면, 이와 같은 중국 근대 지식인의 서구 정치제도와 정치사상에 대한 인식과 주장은 중국의 전통 민본사상에 대한 牽强附會라 할 것이다. 기존연구에서 이미 지적된 것처럼 중국 전통 사상 속에서 근대적 의미의 공민투표라는 선거 형식을 취해 행정관원과 議員을 선발하는 선거절차나 민주적 정치체제는 발견되지 않고, 그 사상자원도 찾을 수가 없기 때문이다.[56] 앞서 언급한 유가사상에서 이상화된 요순의 선양제도는 지방 諸侯가 帝舜과 帝禹를 추대한 것으로 공민선거를 핵심으로 하는 민주절차와는 서로 모순된다. 지방 제후들은 공민에 의해서 선출된 것이 아니기 때문에, 지방제후들은 자연히 공민의 대표성을 갖지 못한다.[57] 더구나 설사 지방제후들의 추천에 의해 권력을 이양하였다 하더라도, 최종 인사권이 요순이라는 군주에 있기 때문에 인사권이 투표행위의 주체인 공민에 귀속되는 것과는 근본적인 차이점을 갖고 있다.

셋째는 서구의 선거제도와 전통시대 '鄕擧里選', '徵闢' 혹은 '察擧' 제도의 결합이다. 선거제도는 대통령제와 군주제하의 의회제도에 어디에나 필수적인 절차에 속한다. 양정남은 『海國四說』에서 미국의 대통령 선거제도가 중국 전통의 '향거리선'의 뜻을 지닌다고 이해하고

56) 熊月之, 『中國近代民主思想史』, 上海人民出版社(1997년), 1쪽; 談火生, 「'民主'一詞在近代中國的再生」, 『淸史硏究』(2004년 제2기), 36쪽; 王人博, 「民權詞義考論」, 『比較法硏究』(2003년 제1기), 6쪽; 拙稿, 「서구 議會制度에 대한 중국 근대 지식인들의 認識과 그 意義」 제34집(2007), 1쪽.

57) 전통 정치사상에서 하나의 예외적인 방법은 황종희의 『明夷待訪錄』에 보이는 학교제도 가운데 학교의 벼슬아치인 學官의 선출 방식이다. 이는 선출권과 임명권이 군현의 관리에게 있는 것이 아니고 군현의 '公議'로 선출한다는 측면에서 근대의 지방자치제의 의원 선출과 흡사하다 할 수 있다. 그러나 규정 군현에 한명의 학관을 선출하고, 학관 1인에게 막대한 권한을 부여하는 것은 다수의 지방 의원과 권력분립을 근간으로 하는 근대적 지방자치제와의 차별성도 동시에 존재한다. 황종희의 학교제도와 學官 관련 내용은 『明夷待訪錄』의 「學校」편(『黃宗羲全集』 第1冊, 11쪽) 참조.

있다.[58] 서구의 의회제도 하의 선거에 대해 鄭觀應은 중국의 '향거리선'을 서구 의회의 선거에서 실행되는 '상자에 넣는 공거投匭公擧'와 결합하여 이해하고 있다.[59] 같은 시기 설복성 역시 서구 의회의 선거제도와 '향거리선'을 관련지어 이해하고 있다.[60]

이와 같은 이해 방식은 무술 변법시기에도 지속되고 있다. 변법파 인사인 陳熾는 지방자치의 민선장관의 선출방식을 중국 전통의 향거리선과 결합하여 인식하고 있다.[61] 같은 시기 하계와 호예원은 중국의 '향거리선'의 방식을 서구 의회의 선거방식의 원형 혹은 서로 부합하는 것으로 인식하고 있다.[62] 강유위는 서구의회의 선거제도를 漢代의 '徵闢'과 '察擧'제도와 결합하여 인식하기도 하였다.[63]

그러나 근대 지식인들이 서구의 선거제도와 대비해서 언급한 漢代의 "鄕擧里選"은 "각 지방 마을에서 천거하여 뽑다"는 뜻으로 '천거와 선출'이라는 두 단계 과정을 거치게 된다. 그 가운데 '천거'과정에서 鄕里에서의 평판과 세론이 중시된다는 측면은 마을 사람들(사실상 豪族이 중심)의 의향을 반영하는 것이라 할 수 있지만, 추천권 자체는 중앙의 大臣이나 지방 장관에 귀속된 것이었다. 더구나 '선출'이라는 두 번째 과정은 전적으로 관리와 군주의 관할이었다. 따라서 임명권이 관리에 있는 향거리선과 임명권(즉 선거권)이 공민에 있는 근대 선거제도와는 근본적인 차이가 있다 할 것이다. 한대의 '徵闢'과 '察擧'제도 역시 공민선거와 공민의 대표기구 및 임기제를 핵심으로 하는 근대의 의회제도 및 대통령제와는 근본적인 다른 제도이다.

물론 근대 지식인들이 모두가 이런 식으로 견강부회적 해석을 한 것은 아니다. 강유위와 동시대 인물인 孫寶瑄은 夏曾佑와의 대화에서

58) 梁廷枏은 미국의 대통령 선거제도가 '향거리선'의 뜻을 지닌다고 파악하고 있다. 梁廷枏, 『海國四說』(近代史料筆記叢刊), 中華書局(1997년), 50쪽 참조.

59) 鄭觀應, 「議院上」, 「公擧」, 『盛世危言』, 97쪽·103쪽 참조.

60) 薛福成, 『籌洋芻議』, 147쪽, "用鄕擧里選以設上下議院".

61) 趙樹貴等編, 『陳熾集』, 中華書局(1897년) 17쪽 참조.

62) 何啓, 胡禮垣, 『新政眞詮』, 159·501쪽.

63) 康有爲, 『公車上書』(『康有爲全集』 第2集), 100쪽.

요순의 선양제도와 서구 대통령제의 견강부회적 해석에 대해 비판하고 적절한 정의를 내리고 있다.

粹卿(하증우의 호)이 왕래하여 이것에 대해 다시 말하였다: 공자가 요순을 僞造한 까닭은 民主제도의 이치를 말하였기 때문입니다. 당시에 감히 평등을 가르칠 수 없었기에 그것을 古人에게 가탁 한 것입니다. 내가 말하였다: 그렇지 않다. 요순이 어찌 民主를 경험하였겠습니까? 君主제도의 최상의 公理로 알려져 있는 것은 사사로이 서로 주고받은 것으로 어찌 워싱턴(George Washington)이 公擧(선거)의 법에 의해 세워진(취임) 것과 같다 할 수 있겠습니까? 세상에서 民主라고 여기는 것은 진실을 잃어버린 것입니다……저의 생각으로 군주제와 민주제의 이치를 논하려면 언제나 군주가 반드시 선거를 해야 한다는 것을 말한 후에 가능할 것 있습니다. (군주제는) 만인이 일인의 통치에 의존하는데, 자손들 모두가 반드시 현명하다 할 수 있겠습니까? 禪讓한 바의 사람이 감당하겠습니까?; 민주제는 세습을 반대하고, 정치는 議院에 두고, 君權은 제한을 받으며, 스스로 (권력을) 전해줄 수 없으니, 비록 어리석은 군주라 할지라도 천하에 無害한 것입니다. 따라서 요순은 비록 공거(선양)를 하였지만 군주가 되는 것을 면하지 못하였으니, 公議의 법은 없다 할 것입니다.[64]

또한 요순과 미국의 워싱턴의 선출방식의 차이점을 그는 다음과 같이 지적하고 있다.

삼왕(우왕, 탕왕, 문왕)은 堯舜만 못한데 어째서인가? 二帝(요순)은 그 자손에게 이롭지 않게 하였지만, 삼왕은 그 자손들에게 이롭게 하였다. 요순은 워싱턴(George Washington)만 못한데 어째서인가? 요순은 사사로이 다른 사람을 하늘에 천거하였지만, 워싱턴은 선거(公擧)의 법칙에 의해 정해졌다.[65]

64) 孫寶瑄, 『忘山盧日記』 上卷, 121쪽.

65) 孫寶瑄, 『忘山盧日記』 上卷, 110쪽.

위에서 볼 수 있듯이 손보선은 비록 요순이 그의 아들에게 정권을 선양하지 않은 측면에서 삼왕들보다 높은 평가를 하고 있으나, 요순이 개인적으로 하늘에 천거한 것과 미국의 워싱턴은 공민의 선거公擧에 의해 선출된 것을 명확하게 구분하고 있다. 이를 근거로 미국의 워싱턴이 공민선거에 선출된 민선방식이기 때문에 진정한 민주眞民主라고 하였고, 요순의 '公擧'는 천명에 의해 정한 선양이기 때문에 당시 사람들이 요순과 서구의 민주제도와 대비해서 이해하는 것은 진정한 민주가 아니라고 단언하고 있다. 이러한 비판은 앞서 언급했던 서계여와 강유위 등이 중국 전통의 요순의 선양제도로 서구의 민주주의를 왜곡하는 인식방법을 비판 수정한 것이다.

사실 무술변법 시기 강유위는 그의 학생들에게 강의하면서 공자와 유교경전인 『六經』에는 모든 내용을 포함하고 있지 않다는 것을 인정하고 있다. 따라서 전통 유가경전에 나와 있지 않은 것은 강유위를 포함한 오늘날의 학자들에 의해 자의적 해석을 하거나 임의적으로 덧붙여야 한다고 주장하고 있다.[66] 이는 유교경전에 발견되지 않은 서구로부터 수용된 의원, 선거, 민주 등이 당시의 지식인들에 의해 보완 혹은 첨가되었음을 간접적으로 인정한 것이라 할 수 있다. 이뿐만 아니라 무술변법시기 그의 제자인 양계초는 엄복에게 보내 서신에서 앞서 중국전통시대에 의회제도의 존재 주장을 철회하여 "민주의 형국은 지구 모든 나라에는 고래로 존재한 바가 없었는데 중국만은 아니다"[67] 라고 하여 고대의 민주제도를 부정하였다.

무술변법 이후시기에는 그 이전시기에 비해 중국고대의 의회제도 존재와 요순의 선양제도와 민주제도의 관련성 부정이 보다 선명하게 드러난다. 요순의 선양제도에 대해 양계초는 '선거권'과 '주권재민'을 근거로 하여 서구의 민주제도와 요순제도를 구분하고, 요순의 선양제도를 군주제의 확립에 있다고 규정하고 있다.

---

66) 吳熙釗·鄧中好校點, 『南海康先生口說』, 中山大學出版社, 第4頁. 이 인용문의 번역은 각주 90)참조.

67) 梁啟超, 『與嚴幼陵先生』(『梁啟超全集』 第71~72頁); 『飲冰室合集』 文集之 1, 108쪽.

> 堯舜의 禪讓은 중국 역사상 첫 번째의 盛事이다. 비단 예사롭게 舊學問에서 하나같이 추앙하여 찬양하는 것일 뿐만 아니라, 近世에 民權을 말하거나 大同을 말하는 사람들 역시 입으로 늘 칭찬하면서 중국에는 예로부터 민주제도가 존재하였을 증명하였는데, 그 뜻은 나쁘다고는 말할 수 없을 것이다. 나는 민주제도는 천하의 公理이고, 무릇 공리가 존재한다 함은 古人들이 일찍이 실행했는지의 여부에 의해 輕重을 삼을 필요는 없다고 생각한다. 따라서 요순 禪讓의 사건은 오늘날의 신주의(민주주의)와 실질적인 어떠한 영향을 주지 않았다. 설사 요순이 정말로 선양이 있었다 하여도 그 일은 역시 오늘날 민주정체와는 전혀 다른 것이다. 왜냐하면 民主國이라는 것은 그 주권이 국민에게 있고, 그들이 어떤 사람을 선출하기에 민주가 되는 것이며, 전국민의 동의가 있기 때문이지, 군주가 손에 넣을 것을 禪讓하는 것이 결코 아니다; 禪讓이라는 것은 사사로이 서로 주고받는 뜻이다...... 堯舜이 堯舜이 되는 까닭은 그들의 功德이 민주정치(民政)를 처음으로 열었다는데 있는 것이 아니고, 군주정치(帝政)를 확립할 수 있었다는데 있다 할 수 있다.[68]

강유위 역시 후에 "중국의 고대에는 議院 정치체제와 민선의 관리가 없었다"[69]라고 하여 중국 고대에 공민 선거에 의해 선출되는 의회 시스템이 존재하지 않았음을 공개적으로 인정하여 기존의 자기 입장을 부정하고 있다. 당시 서구 정치사상에 해박한 지식을 갖고 있던 엄복은 중국 전통시대에는 서구의 근대적 정치제도가 존재하지 않았음을 단언하고 있다.[70]

---

68) 梁啓超, 「堯舜為中國中央君權濫觴考」, 『飲冰食合集』 文集之六, 22쪽.

69) 康有為, 『意大利遊記』, 上海廣智書局鉛字排印本1905年版, 87쪽; 鍾叔河主編, 『歐洲十一國游記』(『走向世界叢書』 第一輯·第十冊), 岳麓書社1985年版, 140쪽 수록, "盤庚進民, 猶有其旨. 而中國亙古乃無議院政體·民舉之司者".

70) 嚴復, 「政治講義」, 『嚴復集』 第5冊, 中華書局(1986), 1269~1270쪽, "吾輩考鏡歐·美政治, 見其現象, 往往為吾國歷史所未嘗有者. 即如民主之治, 貴族之治, 其形式實皆為中國之所無, 勉強附會, 徒見所言之謬而已. 二制不徒中國無之, 即亞洲全部, 亦所未有".

4. 유가 정치사상의 근대화

곽숭도, 손보선, 강유위, 양계초 등은 그들의 일기, 강의 및 편지를 통해 의회, 선거, 공화, 민주 등 서구 정치제도는 유가경전에서 찾을 수 없는 것이고 중국 정치제도와는 서로 별개의 것이라고 지적하고 있다. 그렇다면 여기에서 왜 중국 근대 지식인들은 중국의 전통 정치제도와 정치사상에서 없었던 서구의 정치제도와 선거권에 대해 진솔하게 인정하고 그들의 정치주장을 공개적으로 전개하지 않았을까 하는 의문을 품게 된다. 이에 대한 해답은 두 가지 측면으로 접근해 볼 수 있다.

하나는 전통 유가사상과의 연속성 문제로 볼 수 있다. 당시 청말 이데올로기 성향이 전통적인 유가 정치사상을 지배적 이념으로 간주하였고, 근대 지식인들 스스로가 전통적 유학 교육의 환경에서 성장하였다는 점을 유의해야 할 것이다. 더욱이 청말 지식인들은 유학에 정통하였기 때문에 이질적인 서구의 정치사상을 있는 그대로 인식하거나 일방적으로 도입하기는 어려웠다. 따라서 양무운동 시기 곽숭도가 그의 일기에서 서구 의회제도의 발전은 진한시대 관료제도의 변천사와 다르다고 지적한 것을 제외하면 양무운동시기 조기 유신파 지식인들은 전통 민본사상과 서구 정치제도를 구분하고 있지 않다는 점에서 볼 때 비자각적 동서융합을 전개했다고 할 수 있다.

또 다른 하나는 선거권에 바탕을 둔 서구 정치제도에 대한 인식이 증가하면서, 특히 무술변법시기를 전후로 하여, 변법파 지식인들의 정치주장 전개를 위한 전략적 선택이라는 것이 필자의 생각이다. 즉, 2000년이 넘게 유가사상이 지배 이데올로기로 작동한 사회 환경 속에서 구질서와 전통을 옹호하려는 보수진영의 반발은 무시할 수 없었을 것이다. 이들을 설득하기 위해서라도 중국 전통적 사상에서 서구 정치제도의 뿌리를 찾는 식의 정당성을 확보하는 절차가 필요했던 것이다. 양계초와 강유위는 그 대표적인 예라 할 것이다.

사실 무술변법시기 강유위를 필두로 한 변법파 인사들이 유교경전의 새로운 해석을 통해 의회제도 개설과 민권신장을 주장하게 되자, 구질서의 전통을 옹호하는 보수파 진영의 반발이 상당하였다. 1898년 蘇輿가 편집 간행한 『異教叢編』과 1905년 葉德輝가 편집 발행한 『覺迷要錄』을 살펴보면 보수 진영의 반발정도를 엿볼 수 있다. 가령 『이교총편』에서는 강유위와 양계초 등이 주장하는 학설은 중국의 것도 아니고 서양 것도 아니며不中不西, 오늘날의 것도 옛날의 것도 아닌非今非古 이단이라고 규정하고 있다.[71] 葉德輝 역시 "民에게 權이 있고, 군주는 權이 없는 것을 『六經』에서 억지로 끌어다 붙이려 하지만 『六經』에 어찌 이러한 학설이 있겠는가?"[72]라고 하여 강유위, 양계초 등 무술변법시기 변법파 인사들의 유교경전과 서구정치상과의 융합 관점을 정면으로 부정하고 있다.

강유위와 양계초가 강연이나 서신 등의 사적인 영역에서는 유가경전의 부족을 인정하거나 중국 고대 민주제도의 존재를 부정했지만, 공개적인 언론이나 서적에서는 전통 민본사상과 서구 정치제도를 결합을 제시했던 것은 보수파의 반발과 전통사상의 관성을 완화시키는 위한 전략적 선택이었던 것으로 보인다. 이와 같은 전략적 선택의 배경에 대해 당시 양계초는 "내가 평소 제일 싫어하는 사람은 중국의 옛날의 일을 인용하여 서구의 정치를 증명하면서 그들의 장점을 우리가 모두 가지고 있다고 말하는 사람이다. 이것이야말로 우리나라의 실속없고 교만한 결습結習인데, 처음에 이 길을 걸으려 하지 않았지만 신문지상에 중등의 사람들을 위한 논조에서는 역시 스스로도 왕왕 모면할 수 없다"[73]라고 진솔하게 해명하고 있다. 즉 옛 것에 의탁해서 제도를 개혁하는 '託古改制'의 방법이 탐탁하지는 않지만 中等 정도의 전통지

71) 蘇輿, 『異教叢編』, 上海書店出版社(2002), 97쪽.

72) 葉德輝, 『覺迷要錄』 卷4(貳集), 光緒三十一年刊本(1905), 803쪽, "民有權, 上無權矣欲附會『六經』, 『六經』安有此說".

73) 梁啟超, 『與嚴幼陵先生』, 『梁啟超全集』 第72頁. 『飲冰室合集』 文集之1, 108쪽, "啟超生平最惡人引中國古事以証西政, 謂彼之所長, 皆我所有. 此實吾國虛驕之結習, 初不欲蹈之, 然在報中為中等人說法, 又往往自不免".

식인들의 이해와 지지를 얻으려는 전략적 선택이라는 것이다. 강유위와 何啓, 胡禮垣 등 역시 양계초와 같은 인식을 가지고 있었다. 또한, 왕도·정관응 등 조기 유신파 인사들은 비자각적이었다는 측면에서는 강유위·양계초 등과 차이가 있지만, '탁고개재'의 방법으로 유가정치사상을 근대화하였다는 점에서는 서로 유사하다 할 수 있다.

청말 지식인들의 유가 정치사상의 근대화를 논의하기 이전에 그 대전제인 공민의 선거권에 대한 인식이 어떠하였는지 살펴볼 필요가 있다. 왜냐하면, 20세기 이전 청말 지식인들이 일반적으로 사용했던 '民權'과 '民主'는 선거권을 염두에 둔 것이기 때문이다. 가령 손보선이 조지 워싱턴을 언급하면서 '선거公擧의 법칙에 의해 정해졌다'라고 하여 '민주'라고 규정한 것이나, 서계여, 강유위, 설복성, 담사동, 당재상 등이 선거에 의해 선출된 워싱턴과 요순의 선양제도를 대비하면서 '민주'로 묘사한 것도 공민의 선거에 의해 선출되었다는 선거권을 전제로 하는 것이다. 서구 의회제도, 특히 下院의 議員 역시 공민의 선거권에 의해 선출되었다는 것을 전제로 한다. 중국 근대 지식인들이 공민의 선거권에 의해 선출된 의회에 대한 인식을 어떻게 하고 있는지를 간략하게 살펴보면 다음과 같다. 위원, 서계여 등은 서구의 의회 제도를 소개하면서 하원의 의원 선출방식을 '사민私民'들이 '추천하여 선출한다推選'[74] 혹은 '서민庶民'들이 '추천하여 선택한다推擇'[75]라고 풀이했다. 양무시기 정관응, 진치 등 조기 유신파 인사들은 좀 더 구체적으로, 선거방식을 '상자에 넣는 공거投匭公擧'라고 설명한다.[76] 또한, 변법

74) 魏源, 『海國圖志』, 1421~1422쪽. 위원은 투표상자를 사발(瓯)이라는 표현을 쓰기도 하였다(魏源, 위의 책, 1635쪽).

75) 徐繼畬, 『瀛寰志略』, 235쪽. 徐繼畬의 『영환지략』은 1848년에 초판본이 나온 이래 1850년과 1866년, 그리고 1873년에 재판되었다. 본문에서는 1873년 판본을 저본으로 하여 2001년 상해서점에서 출판된 『영환지략』을 근거로 하여 인용하였다. 서계여는 '推擇'라는 용어 외에도 상자에 넣어 투표한다는 '投匭'라는 용어를 사용하기도 하였다(徐繼畬, 앞의 책, 276쪽).

76) 鄭觀應, 『盛世危言』, 97쪽; 趙樹貴等編, 『陳熾集』, 앞의 책, 108쪽, 즉 "投匭公擧之法". 이외에 임칙서의 『四洲志』 이래 1897년 무술변법시기까지 의회를 언급하는 글에서 표현양식은 약간 다르나 하원이 공민의 선거에 의해 선출된다는 것 대체적으로 인식하고 있다.

파인 강유위와는 선거인수의 규모를 명확히 하여 “10만 호당 한명을 선출한다”[77]는 정치주장을 제시했고, 하계와 호예원은 20세 이상의 남자에게 선거권[78]을 부여할 것을 제안한 바 있다. 이와 같이 중국의 근대 지식인들은 대체적으로 하원의 의원이 공민의 선출에 의해 선출된다는 것을 인식하고 있다. 즉, 이들이 ‘議院’ 혹은 ‘國會’를 언급할 때는 근대적 의미의 선거방식과 공민의 선거권을 전제로 한다는 것을 염두에 두어야 한다. 결론적으로 말해서, 20세기 초 ‘주권재민’의 학설이 중국에 정식으로 수용되기 이전,[79] 청말 지식인들이 사용한 ‘민주’ 혹은 ‘민권’의 의미는 何啓, 胡禮垣이 “하나는 대통령 선거에 있고, 또 하나는 의원 선거에 있다”[80]라고 말한 것처럼 선거권과 밀접한 관련이 있다. 이 선거방식과 공민의 선거권은 앞에서 언급한 것처럼 중국의 전통 정치제도나 유가의 사상자원에서는 존재하지 않는 서구에서 수용된 이질적인 제도이다. 또한, 유학 소양을 갖춘 중국 근대 지식인들이 서구의 정치제도와 중국의 민본사상을 융합하여 유교정치사상을 근대화한 결정적인 요인은 바로 이 공민의 선거권을 전제로 해야만 해석이 가능하고, 전통의 유가사상과 중국의 근대정치사상의 차별성 역시 선거권의 존재여부로 구분 지을 수 있다.

다음으로 중국 근대지식인들이 이질적인 선거권을 대전제로 하여

77) 康有爲, 『公車上書』(『康有爲全集』 第2集), 100쪽; 康有爲, 『上淸帝第三書』 進呈本(『歷史檔案』第 1期(1896년)), 51쪽에 수록; 載振, 『英軺日記』, 1903, 56쪽(政事多出議院以全國户口多寡準議員人"得克娜f人例擧下議員一人).

78) 何啓, 胡禮垣, 『新政眞詮』, 115쪽. 하계와 호예원이 중국에 실현할 선거권은 자격으로 20세 이상의 남자로 규정하고 있다. 번역서에도 선거권에 대한 규정을 설명하고 있다. Timothy Richard, 蔡爾康 共譯, 『泰西新史覽要』(近代文獻叢刊), 上海書店(2002년), 『泰西新史攬要』, 410~412쪽. 황준헌 역시 『日本國志』에서 일본의 만20세 이상의 남자에게 투표권을 주는 상황을 설명하고 있다. 黃遵憲, 『日本國志』 卷十四職官志二, 淸光緖刻本, 247쪽.

79) 무술 변법시기 중국 지식인들에게 루소의 ‘주권재민설’과 ‘사회계약설’은 아직 생소한 것이었다. 물론 19세기 말엽 루소의 정치사상에 관한 저작물이 중국에 소개되고 있었지만 이는 단지 루소의 이름이나 서명 및 정치주장이 산발적으로 언급되는 초보적인 수준에 머물러 있을 뿐이었다. 20세기 전후 루소의 주권재민 학설의 전파에 대한 관련 내용은 拙稿, 「서구 議會制度에 대한 중국 근대 지식인들의 認識과 그 意義」 제34집(2007), 참고.

80) 何啓, 胡禮垣, 『新政眞詮』, 19쪽, “由今日而論民權, 則一在選擧總統, 一在選擧議員”.

어떻게 전통 유가정치사상을 근대화하였는지를 살펴보고자 한다. 청말 전통 유가사상의 근대화는 다양하게 나타나고 있으나, 여기에서는 아래의 두 가지로 정리해보고자 한다.

첫째, 전통 유가의 민본적인 여론수렴을 근대의 청원권으로 치환하였다. 청말 지식인들은 유가 경전 가운데 『상서』에 나오는 문을 활짝 열어 천하의 모든 현명한 이들을 받아들인다는 뜻의 '闢門'을 서구의 의회와 결합하여 인식하고 있다. 예컨대 張德彝와 孫詒讓은 서구의 의원을 중국 전통의 '闢門'과 연결시키고 있다.[81] 하계와 호예원 같은 경우는 중국 전통의 '四目聰達'을 서구의 의회제도 및 관련 직능과 결합하여 서술하고 있다.[82] 강유위 역시 "무릇 의원(議院)의 뜻은 옛날 문을 열어 눈을 밝게 하고 밝은 귀를 통달하라는 가르침이다[83]"라고 서술하고 있다. 전통적인 해석에 의하면 '四目四聰'은 주로 행정계통의 관원이 사방의 민정을 관찰하여 광범위하게 의견을 청취한다는 뜻이다. 또한, 강유위는 闢門과 연계하여 서민들의 上書權을 논의하기도 하였다. 상서권 역시 전통 정치제도에서는 행정관원의 소관이었지 근대 의회제도와는 무관한 것이다.

그런데 여기서 중국 근대지식인들이 전통적으로 행정관원의 소관인 여론 수렴을 의회시스템인 '의원'으로 대치하고 있는 점이 주목할 대목이다. 즉, 전통시대 행정관원 소관의 상서와 여론 수렴방식을 강유위, 하계, 호예원 등은 『상서』의 '사목사총'과 서구의 의원제도를 결합시킴으로써 커다란 變異를 일으킨 것이다. 이 결과 우선적으로 청대에 서민 상서문을 관장하는 都察院의 기능이 민선 의회로 대치되었고, 아울러 공민의 정치지위와 정치권력은 상대적으로 제고되고 개선

81) 張德彝, 『八述奇』 卷17, 稿本 425쪽(議院闢門商議); 孫詒讓, 『周禮政要』 博議편, 淸光緖二十八년瑞安普通學堂刻本, 21쪽(國都有上議院下議院各郡縣亦 皆有議院闢門而公議之與古者謀及庶人之義符合).

82) 何啓, 胡禮垣, 『新政眞詮』, 75·419쪽(外國今法者, 然而闢四門, 明四目, 達四聰, 何莫非議院民權之真諦). 같은 시기 杞廬主人의 글에도 유사한 내용이 보인다(杞廬主人, 『時務通考』, 淸光緖二十三年點石齋石印本, 2158쪽(闢議院二院闢門議事之期)).

83) 康有為, 『答人論議院書』, 原載 『國聞報』 光緖二十四年六月二十八日(1898.8.15); 孔祥吉, 『戊戌維新運動新探』 附錄에 수록, 第61頁, "夫議院者之意, 爲古者闢門名目達聰之典".

되었다. 왜냐하면 근대의 의회제 하에서 공민은 의원을 선출하는 선거권과 의회에 제출하는 청원권을 갖게 됨으로써, 기존에 극소수 대신들에게만 허락되었던 上奏의 특권이 사라지게 된 것이다. 특히, 하원의 의원들에 대한 선출권이 군주에게 있는 것이 아니라 공민의 선거 결과에 달려 있기 때문에 의원들은 차기 의원직 유지라는 현실적인 이유로 어쩔 수 없이 공민들의 상서와 청원을 중시할 수밖에 없게 된 것이다.

둘째, 중국 근대지식인들은 민의를 중시하는 맹자의 주장을 의회의 의결권으로 전환하였다. 설복성과 湯震은 상하의원의 개설을 전통의 민본사상의 "무리들과 그것을 함께한다與衆共之"라는 뜻과 부합하는 것으로 이해하고 있다.[84] 정관응은 맹자의 "나라의 사람들이 허락한다國人曰可"의 뜻을 서구의 민선 議員과 연결하고 있다.[85] 무술 변법시기 汪康年과 양계초 역시 "나라의 사람들이 모두 허락한다國人皆可"라는 맹자의 말을 서구의 의회와 결합하고 있다.[86] 강유위는 앞서 언급한 인물들의 중서융합의 내용을 집대성하여, "맹자의 用賢과 用殺은 모두 나라의 사람들이 허락하는 것을 들어야 한다고 한 것 역시 무리들과 더불어 그것을 함께한다는 뜻으로 서구 사람의 의원이 이것이다"[87]라고 설명하고 있다. 또한 그는 "모의가 庶人에게까지 미친다는 제도, 무리들과 그것을 함께하는 것, 무리들과 함께 그것을 쫓아내는 것, 나라의 사람들이 모두 허락하는 것, 이 모두는 서양 사람들의 議院의 뜻이

84) 薛福成, 『出使英法義比四國日記」, 淸光緖十八年鉛印本, 136쪽(聖人之道所設上下議院, 亦合古之刑賞與眾共之之意), 劉光蕡, 『尙書微』, 民國十二年刻煙霞草堂遺書續刻本, 6쪽; 湯震, 「議院」, 『危言』, 中國史學會主編, 『戊戌變法』第1卷(中國近代史資料叢刊), 神州國光社出版(1953) 177쪽 수록(泰西設議院, 集國人之議, 卽『王制: 衆共衆棄之意』).

85) 鄭觀應, 『盛世危言』, 272쪽, "孟子曰左右皆曰賢未可也, 諸大夫, 皆曰賢, 未可也. 國人皆曰賢, 然後察之見賢焉, 然後用之, 即西國公擧議員之意也".

86) 汪康年, 「論中國參用民權之利益」, 『淸經世文三編』 청광서석인본, 682쪽, "孟子曰國人皆曰賢, 然後用之國人皆曰不可, 然後去之, 國人皆曰可殺, 然後殺之, 其他見於經典者不可'E指"凳枪胖疄閬늪廦L不欲與民共治也顧或患權之下移, 不知君民共主之國, 凡國有大事下諸議院"; 梁啓超, 『古議院考』, 收入『飮冰室合集』 文集之1, 94쪽. 孟子曰國人皆曰賢, 然後察之, 國人皆曰不可, 然後察之, 國人皆曰可殺, 然後殺之.

87) 吳熙釗·鄧中好校點, 『南海康先生口說』, 中山大學出版社1985年版, 第34頁(孟子用賢·用殺, 皆聽國人曰可, 亦與眾共之義也. 西人議院即 (是)).

다”[88]라고 기술하고 있다.

유가사상을 근대화한 청말 지식인들의 인식과 맹자의 민본사상의 차이점을 아래의 맹자의 원문과 대비해서 살펴보면 좋을 것이다.

> 國君이 현명한 사람을 등용할 때에는 어쩔 수 없어서 하는 거처럼 해야 합니다. 지위가 낮은 사람에게 지위가 높은 사람을 뛰어 넘게 하고, 소원한 사람에게 가까운 사람을 뛰어 넘게 하는 것이니 신중하지 않을 수 있겠습니까? 좌우의 사람들이 모두 현명한 사람이라 말해도 아직 可하지 못하고, 여러 대부들이 모두 현명한 사람이라 말해도 아직 可하지 않으며, 國人이 모두 현명한 사람이라고 말한 연후에 그를 살펴서, 현명함이 발견된 연후에 그를 등용하십시오. 좌우의 사람들이 可하지 않다 말해도 듣지 말고, 여러 대부들이 可하시 않나고 말해도 듣지 말며, 國人이 모두 可하지 못하다고 말한 연후에 그를 살펴보고, 가하지 못한 점이 발견된 연후에 그를 떠나게 하십시오. 좌우의 사람들이 모두 죽여도 좋다 말해도 듣지 말고, 여러 대부들이 죽여도 좋다 말해도 듣지 말며, 國人이 모두 죽여도 좋다 말한 연구에 그를 살펴보고, 죽여도 좋은 점이 발견된 연후에 그를 죽이십시오. 그런고로 국인 그를 죽였다 말하는 것입니다. 이와 같이 된 연구에 백성들의 父母가 되었다고 할 수 있습니다.[89]

이 인용문을 살펴보면 나라 사람들의 여론수렴을 통한 군주의 최종적인 임용권, 사법권 및 이에 관련한 의결권 등이 언급되어 있는데 서구의 의회제 하의 일부 직권들과 융합될 가능성은 열려 있다 할 것이다. 그러나 맹자의 민본사상 가운데에는 공민國人의 선거권 혹은 선거절차나 공민의 대표성 및 임기제 등 근대의회제도에 대한 어떠한 구

88) 同上, 第22頁(謀及庶人之制, 與眾共之, 與眾棄之, 國人皆曰可, 皆西人議院之意). 강유위 외에 양무시기 최국인, 정관응 등 역시 맹자의 민본사상(謀及庶人)과 의원을 결합하여 인식하고 있다. 崔國因, 『出使美日秘國日記』, 清光緒二十年鉛印本, 287쪽('民權仍重卽洪範謀及庶人孟子民爲貴之義也). 鄭觀應, 『盛世危言』, 95쪽. 陳翼爲, 「議院得失論」, 『清經世文三編』 清光緒石印本, 363쪽(洪範有謀及庶人之語). 謀及庶人,成本璞, 『九經今義』 清末長沙刻本, 15쪽(謀及庶人此西人議院之法).

89) 孔穎達, 『孟子注疏 梁惠王章句下』, 『十三經注疏』, 中華書局1991年版, 第2679頁.

체적인 규정이 없기 때문에 이 자체만으로는 근대적 정치사상으로 전환되기 어렵다. 또한, 이는 중국 근대 지식인들이 근대적 선거권에 기반을 두고 주장한 청원권과 의결권과도 그 성격 면에서 근본적으로 다르다.

그렇다면 청말 지식인들이 중국의 민본사상인 "나라의 사람들이 허락한다"는 것을 어떻게 '서구 사람들의 의원의 뜻'으로 보았을까하는 문제에 대답을 해야 할 것이다. 이에 대한 해답으로 강유위의 방법을 살펴보고자 한다. 강유위는 나름의 해법을 갖고 있었는데, 그것은 금문학자들이 중시하는 이른 바 微言大義를 발휘하는 것이었다. 강유위는 다음과 같이 설명하고 있다.

> 孔子는 날줄인 經과 씨줄인 緯를 가지고 있다. 緯라는 것은 입으로 말한 微言이다. 緯書로는 禮學이 있지만 天道를 發明한 것을 위주로 하고 있다. 공자께서는 "문자(書)로는 말(言)을 다할 수 없고, 말하는 것만으로는 뜻을 다할 수 없다"고 말하셨다. 그런즉 聖人의 뜻 가운데 문자로서 얻어 볼 수 있는 것이 『六經』이다. 말(言)이라는 것은 입으로 말한 것(口說)이다. 말로 한 뜻(意)은 성인들이 『經』으로 기록한 바가 없고, 傳하여 지지 않은 口說이다. 그런즉 말로 한 聖人의 뜻(意)의 층면은 단지 오늘날의 학자들이 그것을 헤아리어 보완하는 것을 기다려야 한다.90)

위에서 볼 수 있듯이, 강유위의 방법론은 성인들이 남겨 놓은 유가경전속의 사상자원에는 "문자로는 말을 다할 할 수 없고, 말하는 것만으로는 뜻을 다할 수 없기" 때문에, 말로 한 성현의 큰 뜻은 오늘날의 학자들이 그 미진한 부분을 미루어 보충하기를 기다려야 한다는 것이다. 이는 사실상 강유위와 그의 동시대의 지식인들이 유가 정치사상

---

90) 吳熙釗·鄧中好校點, 『南海康先生口說』, 中山大學出版社, 第4頁. "孔子有經有緯. 緯者口說微言也. 緯書雖有禮學, 而以發明天道為主; 孔子謂, '書不盡言, 言不盡意.' 然則聖人之意, 其可得견乎書者, 六『經』. 言者, 口說也. 意者, 聖人所未著之『經』, 未傳諸口說者也. 然則聖人之意一層, 猶待今日學者推補之."

을 근대화한 방법론일 뿐만 아니라, 오늘날의 연구자들이 중국 근대 지식인들이 어떻게 미언대의의 방법으로 유가의 미진한 부분을 보충하여 새로운 근대적 정치사상체계를 만들어 내었는지를 살펴볼 수 있게 해준다.

"나라의 사람들이 허락한다"라는 맹자의 민본사상이 어떻게 '서구 사람들의 의원의 뜻'과 같아지는지를 강유위의 미언대의 방법론을 따라 살펴보면 다음과 같다. 강유위의 미언대의 논리에 의하면, 『맹자』라는 책은 '문자로 다 말하지 않았고, 말로도 뜻을 다하지 않은 것이어서', 거기에는 의원의 선거방식이나 의회의 직권 및 임기제도 등이 명확한 규정이 없는 것은 아주 자연스러운 것이다. 따라서 당시 오늘날의 학자인 강유위 자신이나 동시대의 지식인들이 그들의 저술이나 상서문에서 맹자가 규정하지 않은 '10만 호당 한 명을 선출한다' 혹은 '상자에 넣는 공거投匭公擧'라는 구체적 선거방식과 상서를 통한 청원권을 미루어 결합 혹은 보충한 것은 미언대의 방법론에 부합한다 할 수 있다. 이렇게 서구의 의회제도의 성분으로 맹자의 미진한 뜻을 보완하게 되면, 근대 지식인들이 맹자에서 소위 '그런 연후에 살펴然後察본다'라거나 혹은 '그런 연후에 임용한다'라는 민본사상이 서구의 의회제도하에서의 군주의 의결권과 임용권과 결합되는 것은 논리적으로 자연스러웠을 것이다. 따라서 근대지식인들은 "무리들과 그것을 함께 하는 것, 무리들과 그들을 좇아내는 것, 나라의 사람들이 모두 허락한 연후에 허락하는 것은 모두 모의가 서인들에게까지 미친다 뜻으로 오늘날 서양 사람들에게 상원과 하원이 있는 것은 공자의 제도이다"91) 라고 그의 학생들에게 설명하는 것도 미언대의의 원칙에 부합하는 것이었다. 이와 같이 서구의 선거권과 청원권이 청말 지식인들의 미언대의 방법에 의해 맹자의 군주 의결권과 결합함으로써 본래의 맹자의 민본사상은 큰 변화된 의미를 가져오게 된다. 이에 따른 변화된 결과는 이미 원래 맹자의 정치사상의 원칙이 아니라, 근대 지식인들이 스

91) 작자 미상, 『萬木草堂口說』, 『康有為全集』 第二集, 第302頁, "與衆共之, 與衆棄之, 國人皆可, 然後可, 皆謀及庶人之意. 今西人有上議院, 下議院, 即孔子之制".

스로가 체득하고 새롭게 창조해낸 근대화된 의회사상으로 전환된 것을 의미한다.

근대 지식인들은 이와 같은 '탁고개제'와 '미언대의'의 방법론으로 『상서』에 나오는 "세 번 점을 쳐서 둘을 따른다"라는 '三占從二'를 의회의 의결권으로 근대화시켰고, 또 같은 책에 나오는 '대중에게 명을 전달하여 조정에 이르게 한다'라는 '命衆至廷'을 의회의 행정명령에 대한 감독권으로 근대화시켰다.

이러한 '탁고개제'의 사유방식은 강유위 등 변법파 인사들만의 고립된 사유방식이 아니라,[92] 조기 유신파는 물론이고 서구 정치제도를 소개하는 번역서와 신해혁명시기의 혁명파들과 고문학파에게도 공통적으로 나타나는 견해이다. 예컨대, 조기 유신파인 정관응은 "하늘이 보는 것은 내 백성이 보는 것으로부터 나오고, 하늘이 듣는 것은 내 백성이 듣는 것으로부터 나온다"라는 전통 민본사상을 서구의 의회제도와 의회의 의결권과 결합하였고,[93] 무술시기 큰 반향을 일으킨 서건인의 저술 『德國議院章程』도 유가 전통의 '三占從二'를 의회의 의결권과 결합시켰다.[94] 또한, 변법파인 양계초와 진치, 하계 등 모두 이와 같은 방법으로 전통 민본사상에 나타나는 '벽문闢門[95]'과 '四目四聰(사목사총)'[96] 혹은 '地為否, 地天為泰[97]를 서구의 의회제도와 청원권

92) 전통시대 儒學者들은 현실정치의 타락된 면을 비판하면서 이에 대한 대안으로 삼대정치를 근거로 하여 尙古혹은 尊古 託古하는 입장을 취하였다. 근대 이전의 황종희 역시 이와 비슷한 입장을 취하였고, 무술변법 시기 전후 대부분의 지식인들은 이와 같은 입장을 취하였다.

93) 鄭觀應, 『鄭觀應集』(上策), 323쪽.

94) [德]蘇福根, 徐建寅 譯: ≪德國議院章程≫(影印本), 收入《叢書集成新編》第26冊, (台)新文豐出版公司(1985), 429쪽에 수록. 이밖에 무술변법시기 민국시기 劉光蕡, 『尙書微』, 民國十二年刻煙霞草堂遺書續刻本, 6쪽. 三占從二今西國議院以與議多寡定從違卽此意 이밖에 임칙서와 위원 역시 미국 대통제하의 의결권을 중국 전통의 '三占從二'로 기술하고 있지만, 이를 유가경전과 직접적으로 결합시키지는 않았다. 林則徐, 『四洲志』, 146쪽; 魏源, 『海國圖志』, 1611쪽 참조.

95) 蘇福根, 徐建寅 譯, 『德國議院章程』, 429쪽.

96) '闢門'과 '四目聽達'과 근대 의회제도 및 관련 직능과의 결합은 하계, 호리원의 문장에서 보이고 있다(何啓, 胡禮垣, 『新政眞詮』, 75·419쪽).

97) 『易經』의 '天地交泰(하늘과 땅이 소통하면 태평해진다)'와 의회의·결합은 정관응(『盛世危

과 결합하여 유가 정치사상을 근대화시켰다. 뿐만 아니라 신해혁명 시기의 혁명파이자 고문학파인 장태염, 유사배 역시 정도의 차이는 있지만 금문학파인 강유위와 양계초가 취했던 방식으로 『주례』와 『서경』에 나오는 '세경' 및 '서인' 등을 서구의 의회제도와 민권 및 민주 개념과 융합하여 유가 정치사상의 근대화에 동참하였다.

5. 맺음말

본고는 기존 연구성과(내재적 발전론과 충격반응이론)를 비판적으로 수용하여 중국 근대지식인들이 추진한 서구정치사상과 유가 정치사상의 융합과 유가 정치사상의 근대화 문제에 초점을 맞추어 중서문화의 융합양상 및 정치사상의 근대화의 일면을 검토하였다. 특히, 서구의 의회제도와 선거권을 당시 근대 중국 지식인들이 어떻게 수용하였고, 이와 관련한 전통 유가사상의 민본주의가 근대적 정치사상으로 어떻게 전환되었으며, 근대화된 정치사상을 어떻게 평가해야 하는지를 짚어보았다.

秦漢시대 이래 서구정치사상이 수용되기 이전까지 중국은 고도의 행정관료 체제를 확대 발전시켜 나갔다. 그러나 근대이전까지 이러한 행정관료 중심의 정치형태 외에 다른 형태의 정치체제는 발생하지 않았다. 물론 전통유가 정치사상 가운데 근대의 서구 정치사상과 융합 혹은 결합되어 근대적 정치사상으로 발전될 수 있는 요소가 전혀 없었던 것은 아니다. 유가의 전통 정치사상인 민본주의가 그것이라 할 수 있다. 특히, 중국 근대지식인들은 여전히 유가 이데올로기에 기울어 있었기 때문에 그들이 이질적인 문화를 소개, 수용하거나 정치주장을 전개할 때, 그 사상적인 근거를 서구가 아닌 중국의 전통사상자

言』, 95쪽), 서건인(德國議院章程』, 422), 손보선(忘山廬日記』上卷, 185쪽), 강유위(『上淸帝第四書』, 『康有為全集』 第二集, 第178), 양계초(『古議院考』, 收入 『飲冰室合集』 文集之1, 94쪽) 등의 문장에서 확인할 수 있다.

원(민본사상)에서 찾고 있다. 가령 서구의 의회사상을 소개하거나 의회 개설을 주장할 때, 입헌군주제의 근원을 하은주 三代의 遺風 혹은 遺意와 대비하여 인식하였다. 또한, 梁啓超, 譚嗣同 등 지식인들은 명말 청초의 황종희의 정치사상을 근대적 요소인 '民權'과 '共和'사상과의 관련성과 유사성을 갖고 있다고 보았다. 뿐만 아니라, 康有爲, 何啓, 胡禮垣, 陳熾 등은 『尙書』에 나오는 '三占從二' 혹은 '詢謀僉同'를 다수결의 원칙으로, 『孟子』에 나오는 '國人皆可'을 공민의 청원권으로, 『상서』와 『맹자』에 각각 등장하는 卿士와 大夫를 상원과 그 구성원으로, 庶人과 國人을 하원과 그 구성원으로 대비시켜 이해하고 그들의 정치주장을 전개하였다. 또한, 서구의 의회제도의 핵심 가운데 하나인 선거권 역시 중국 전통시대의 '鄉擧里選'과 '徵闢'과 '察擧'제도와 결합하여 인식하기도 한다. 물론 이러한 동서 정치사상의 융합은 오늘날의 시각에서 보면 견강부회적 해석이라 할 수 있다.

그러나 중국 근대 지식인들은 중국의 전통 정치제도와 정치사상에서 없었던 서구의 정치제도와 선거권에 대해 견강부회한 것은 나름의 정치주장과 여론형성을 위해 선택한 전략이었다는 점 역시 간과해서는 안 된다. 2000년이 넘게 지속된 전통적 유가사상이 지배하는 사회환경 속에서 구질서와 전통을 옹호하려는 보수진영의 반발은 무시할 수 없는 무게를 지니고 있었다. 이들을 설득하기 위해서라도 중국 근대 지식인들은 서구 정치제도의 사상근원을 중국의 유가전통을 통해 발견한다는 방법적 정당성을 확보해야 했다. 요컨대 서구정치사상과 중국유가전통의 결합은 제도개혁을 위해 전통의 관성과 보수 완고세력의 저항력을 완화시키려는 전략적 선택이라 보는 것이 좀 더 설득력 있다 할 것이다.

식민통치와 다민족·다문화 사회의 반응

-일본의 대만·만주지배와 그 영향을 중심으로-

손준식

1. 서론

대만과 만주는 한 때 일본의 지배를 받았다는 점에서 우리와 역사적 경험을 공유하고 있는 곳이지만 일본에 대한 감정은 각각 차이가 있다. 우리보다 더 오랫동안 식민지 지배를 받았던 대만의 경우 일본에 대한 반감은커녕 일제시대에 대한 '향수'마저 갖고 있는데 반해 대만과 마찬가지로 漢族이 인구의 다수를 차지했던 만주의 경우 우리처럼 반일 정서가 강한 이유는 무엇 때문인가? 단지 지배기간의 길고 짧음 내지 통치정책의 성패에 따른 결과인지? 아니면 대만인의 민족의식 즉 정체성에 문제가 있거나 중국의 편협된 애국주의 교육의 산물인지? 궁금하다. 이에 대한 해답을 찾기 위해서는 식민지 시대뿐만 아니라 그 전후의 역사적 배경과 전개과정도 함께 파악되어야 하겠지만, 우선 한국과 대만, 만주에 있어서 일본의 식민지 지배와 그에 따른 영

* 중앙대학교 역사학과 교수

** 이 논문은 2007년 정부(교육과학기술부)의 재원으로 한국연구재단의 지원을 받아 수행된 연구임(KRF-2007-411-JO2001).

향에 대해 서로 비교해볼 필요가 있을 것이다.

본고는 이런 문제의식을 갖고 비교연구의 전제로서 일본 제국주의의 대만과 만주 지배의 특징과 영향을 우선 이해해보고자 한다. 이를 위해 기존 연구 성과를 바탕으로 먼저 일본의 대만 통치정책의 변화와 성격 및 대만인의 반응과 식민지 상흔을 살펴본 다음, 일본의 만주 지배의 특징 및 '만주국인'의 대응 양상과 식민지 청산을 차례로 검토해보려고 한다.

2. 대만 지배의 특징과 그 영향

2.1. 대만 통치정책의 변화와 성격

1895년 5월 8일 淸日 양국이 시모노세키조약 비준서를 교환함으로써 대만은 법적으로 일본의 영토가 되었다. 그러나 할양에 반대하는 대만인의 격렬한 저항으로 일본은 대만을 영유하기까지 적지 않은 대가를 지불해야 했다. 5월 29일 대만 동북해안에 상륙한 근위사단은 비록 대만민주국의 자중지란으로 큰 저항 없이 대북을 점령하고 6월 17일 초대 총독 가바야마 스케노리樺山資紀가 始政의식을 거행하였으나 당시 일본군이 장악한 지역은 基隆과 淡水 및 대북 일대에 불과했다. 그 후 일본은 2차례 증원군을 파견한 끝에 10월 21일 臺南에 입성하였고 이로써 대만민주국은 와해되었다. 이어 남부 산간지역의 항일의용군 잔존세력을 완전 소탕한 대만총독부는 11월 18일 대만 전역이 평정되었음을 보고하였지만,[1] 12월 북부에서 시작된 항일유격대의 무장투쟁으로 일본정부는 다시 군대를 증파해야 했다. 1896년 4월 대만총독부는 군정을 종식하고 민정을 시행하였으나, 항일유격활동은 그 후에

1) 黃昭堂, 黃英哲 譯, 『臺灣總督府』(臺北, 前衛出版社, 1994), 48~51, 56쪽; 김영신, 『대만의 역사』(지영사, 2001), 266~268쪽.

도 각지에서 지속되었다. 이처럼 대만 점령 후 총독 3명이 바뀌도록 무장항일운동을 효과적으로 진압하지 못하자 일본 내에서는 '대만매각론'까지 거론되었다. 1898년 2월 제4대 총독에 취임한 고다마 겐타로兒玉源太郎는 경찰력을 확충하고 무장항일운동에 대해 진압과 회유를 병행하는 새로운 시책을 펴나갔다. 그 결과 항일유격운동은 점차 소멸되었고 1902년 8월 대만총독부는 마침내 대만 전역이 평정되어 중앙집권체제가 확립되었음을 선포하였다.[2)]

한편 식민지 경영의 경험이 없고 준비가 부족했던 일본은 예기치 못한 대만인의 저항과 열강의 견제 속에 내부적으로 심각한 이해대립에 따른 시행착오를 겪으면서 식민지통치체제를 점차 완성해 갔다. 대만할양이 결정된 직후 총리 이토 히로부미伊藤博文는 초대 총독 가바야마에게 본국정부의 지시 없이 현지 상황에 따라 임기응변할 수 있는 권한을 부여하였다.[3)] 그 후 일본정부는 대만의 치안이 불안하고 일본과 왕래가 불편하며 풍토와 민심이 일본과 다르다는 이유로 1896년 3월 「법률 제63호(약칭 六三法)」를 반포하여 대만총독이 '律令'을 제정할 수 있는 위임입법제도를 도입하였다. 이에 무관총독이 대만의 행정·입법·사법 및 군사대권을 장악한 식민통치체제가 성립되었다. 「육삼법」은 제정단계부터 위헌 시비가 끊이질 않았고 총독 전제체제도 정당세력의 비판과 규제를 받았지만 법률적 정치적 異域으로서의 대만의 지위는 1920년까지 기본적으로 변하지 않았다.[4)]

총독부는 대만의 실정을 감안하여 특수입법을 진행하는 한편 대만 고유의 풍속습관을 인정하는 일종의 방임주의 정책을 채택하였다. 예컨대 아편흡입·辮髮·纏足을 악습으로 규정하면서도 즉각 금지하지 않고 점진적인 계도책을 취하였으며 고유 종교에 대해서도 존중하는 자세를 취하였다. 그러나 총독부의 초기 통치는 1896년 雲林 대학살사건

2) 黃昭堂, 『臺灣總督府』, 77쪽; 김영신, 앞의 책, 268~284쪽.

3) 黃昭堂, 『臺灣總督府』, 62~63, 46~47쪽.

4) 黃昭堂, 『臺灣總督府』, 217~220쪽; 若林正丈著, 許佩賢 譯, 「日本的臺灣殖民地支配史研究的成果」, 『當代』 87期(1993.7), 54쪽; 김영신, 앞의 책, 195~196쪽.

과 1897년 고노 다케노리高野孟矩 '非職'사건에서 보여지 듯 매우 혼란스러웠는데, 이를 마감하고 식민통치의 기초를 확립한 것이 고토 신뻬이後藤新平 민정국장이었다.[5] 고토는 소위 생물학적 식민통치책략을 구현하기 위해 대만의 풍속습관과 사회제도 조사를 통해 현실에 맞는 정책을 제정하고자 하였다. 즉 점진주의 원칙에 따라 극단적인 동화나 파괴를 지양하고 대만인의 풍속습관과 사회조직을 이용하여 민심을 수렴하고 반항을 잠재우는 정책을 채택하였다. 동시에 漢族과 원주민 및 일본인에 대한 법적·정치적 대우와 교육 내용 등을 달리하는 격리주의 정책을 시행하였다. 이에 총독부는 1898년 8월 전통 촌락자위조직인 保甲제도를 회복시켜 경찰의 보조기구로 삼는 한편 壯丁團을 조직하여 항일운동을 진압하는 도구로 이용하였다. 그 후 질서가 확립되고 치안이 안정되자 총독부는 보갑을 기층행정의 보조기관으로 삼아 상하간의 교량 역할을 맡겼다. 그 결과 총독부는 막대한 행정경비를 절감할 수 있었고 상당수의 대만인 엘리트들이 기층행정 혹은 치안조직에 참여하게 되었다.[6]

한편 총독부는 1901년 臨時臺灣舊慣調査會를 설립하여 대만 한족 주민의 관습을 조사하게 하고, 이를 근거로 '대만통치법'을 제정하여 '육삼법 문제'를 해결함으로써 '특별통치주의'를 관철하고자 하였다. 그러나 헌법 개정을 포함한 '육삼법 문제'의 해결방안은 러일전쟁으로 인해 의회 제출이 늦어졌고, 내각에서 이를 기각함으로써 빛을 보지 못했다. 뿐만 아니라 조사한 '구관'을 바탕으로 만든 '구관입법' 율령 또한 제1차 세계대전 후 식민지정책이 '내지연장주의'로 바뀜으로써 시행되지 못했다. 다른 한편 총독부는 교육을 대만인의 동화와 개화의 수단으로 이용하였지만 확실한 학제 도입을 미루었다. 다만 현실적 필요에 따라 1898년 초등교육기관인 公學校를 설립하여 書房을 점차 대신토록 하였다. 당시 중등 이상 교육시설은 극히 미비하여 공학

5) 黃昭堂, 『臺灣總督府』, 65~67, 80~81쪽; 김영신, 앞의 책, 190~192, 256~257, 272~273쪽.

6) 洪秋芬, 「日據初期臺灣的保甲制度(1895~19030」, 『中央硏究院近代史硏究所集刊』21(1992.6), 451~468쪽; 김영신, 앞의 책, 205~206쪽.

교 교사와 행정요원을 양성하기 위한 '國語'학교, 醫學校, 농사시험장 및 공업·임업·糖業강습소 이외에 1915년 대만인의 청원과 출연에 의해 설립된 臺中중학교뿐이었다. 결국 대만인 자제의 초·중등교육은 총독부가 대만을 통치하고 개발하는 데 필요한 일어교육과 초등 기술교육에 한정되어 있었다.[7)]

대만 점령 후 일본정부는 반항세력을 진압하여 치안을 공고히 함과 동시에 토지제도·화폐제도·도량형 등을 개혁하고, 교통건설과 인구조사 등을 통해 자본주의화의 기초를 완성하여 일본자본의 진출 여건을 마련하는 데 총력을 기울였다. 그밖에 총독부는 외국자본을 대만에서 축출하고 대만본토기업의 성장을 제한하는 방법으로 일본자본과 기업이 대만에 뿌리를 내리고 발전할 수 있도록 배려하였다. 특히 1898년부터 실시된 토지조사사업의 결과, 총독부는 대만의 토지 소유현황을 명확히 파악하고 대량의 은닉 토지를 색출해 냄으로써 토지세 징수액이 급증하여 재정자립의 길을 가게 된다. 뿐만 아니라 토지소유권을 획정하여 매매 시 안전을 보장함으로써 일본자본가의 투자 및 기업설립을 유도하였다. 그밖에 지주의 토지사유를 허용하고 그 권익을 보장함으로써 지주계급을 식민지체제 내에 편입시키는 효과도 가져왔다. 또한 일본정부는 '농업대만, 공업일본' 정책을 수립하여 대만을 열대 경제작물과 식량 생산지로 육성할 계획을 갖고 있었다. 따라서 1900년 전후 총독부는 농업 관련법규를 제정하는 한편 연구기구의 설립, 농업조직의 창립, 수리사업 등 농업발전을 위한 기반을 조성하여 농업위주의 식민자본주의 경제체제를 건립하였다.[8)]

요컨대 '특별통치주의'를 식민지 통치정책의 기조로 삼은 약 20년간 대만총독부는 철저하게 항일운동을 압제하는 한편, 대만사회 엘리트를 기층행정과 치안조직의 일원으로 끌어들여 식민행정의 보조기

---

7) 若林正丈, 앞의 글, 54~55쪽; 김영신, 앞의 책, 191, 247쪽.

8) 김영신, 앞의 책, 207~221쪽; 江丙坤, 『臺灣田賦改革事業之研究』(臺北, 臺灣銀行經濟研究室, 1972), 142~145쪽; 戴國煇, 魏廷朝 譯, 『臺灣總體相』(臺北, 遠流出版公司, 1992, 二版), 78쪽.

구로 삼는 데 성공하였다. 또한 같은 시기에 완성된 대만 자본주의화의 기초공사는 식민자본주의 산업경제의 발전을 촉진시키는 효과를 가져왔다. 한편 대만 고유의 풍속습관은 이 기간 동안 강제적인 파괴를 당하지는 않았으나 총독부의 점진적인 계도에 의해 1910년대 중반에 이르러 변발이나 전족과 같은 구습은 거의 자취를 감추게 되었으며 한문서방도 점차 몰락하였다.[9] 결국 총독부가 채택한 '특별통치주의' 정책은 대만을 통치하는 데 어느 정도 효과를 거두었다고 하겠다.

제1차 세계대전 말 이래 국내외적으로 거세게 일기 시작한 민족자결주의와 사회주의 민주주의 사조의 충격과 위협 하에 일본정부는 기존 통치방침을 수정하여 식민지 통제를 강화하지 않을 수 없었다. 따라서 1918년 6월 취임한 아카시 겐지로明石元二郎총독은 농화주의 방침을 도입하여 대만인을 점차 일본인과 동일한 국민성을 갖추도록 감화시키는 것을 시정의 최우선 목표로 정하였다.[10] 이런 가운데 1918년 9월 식민지 통치의 기본방침으로 점진적인 '내지연장주의'를 주장했던 하라 다카시原敬 내각이 탄생했다. 특히 3.1운동 발생 후 하라 내각은 대만의 관제를 개혁하여 지금까지 무관만을 총독에 임명하던 규정을 폐지하고 총독의 군사권도 박탈함으로써 고압적인 무단통치가 일단락되었다. 1919년 10월 아카시 총독이 사망하자 일본은 문관출신 덴켄지로田健治郎를 대만총독에 임명하였다. 그는 취임 후 대만인을 일본인으로 만들 수 있도록 대만을 통치하겠다고 강조하고, 다른 한편 교육을 중시하고 대만인의 정치지위 향상을 위해 노력하겠다고 천명하였다.[11] 이는 대만인을 토닥거려 대만사회에 막 번지기 시작한 민족운동을 잠재우기 위한 것이었다.

'내지연장주의'의 기조하에 '日臺融合'을 표방한 총독부는 1920년 10월 지방제도를 개혁하여 대부분 경찰이 맡고 있던 支廳長 이하의

9) 김영신, 앞의 책, 225~256쪽; 吳文星, 「日據時代臺灣書房之硏究」, 『思與言』16-3(1978), 264~291쪽.

10) 井上聰, 「臺灣第七代總督明石元二郎與同化政策」, 『臺灣風物』37卷1期(1987.3), 36~38쪽.

11) 若林正丈, 앞의 글, 55~56쪽; 김영신, 앞의 책, 196쪽.

지방관을 일반 문관으로 교체하고, 市와 街·莊마다 '협의회'를 설치하여 대만인을 포함한 민간 인사를 임명하였다. 그 후 1935년 州 협의회가 만들어지고 각급 협의회의 회원 일부를 선출함으로서 명목상의 '지방자치'를 시행하였다. 그러나 현실적으로 대부분의 대만인은 선거권이 없고 각급 협의회도 의결권이 없는 자문기구에 불과하였다. 한편 총독부는 대만인이 지방의 이사관에 임명될 수 있는 길을 열어 주었으나 실제 임용된 사람은 거의 없었다. 그 외 일본의 고등문관시험에 합격한 대만인 가운데 관료로 임용되지 못하고 변호사나 다른 직업을 선택한 경우가 적지 않고, 관료로 임용된 자들도 일본인에 비해 승진이 늦었다.[12] 다른 한편 지방제도의 개혁에 따라 경찰제도의 개혁도 단행되었다. 그 중점은 일반 행정사무와 경찰사무를 분리하고 경찰의 지휘권을 주지사와 청장에게 이관시키는 데 있었다. 그러나 街長을 지휘·감독할 권한을 지닌 郡守에게 경찰권까지 위임한 데다 경찰 권력이 워낙 강하여 경찰은 여전히 일반 행정사무에 깊숙이 관여하였다.[13]

1921년 일본정부는 「법률 제3호」를 제정하여 일본의 법률이 대만에도 적용될 수 있도록 하고, 대만총독은 특수한 경우에만 율령 제정권을 행사하도록 제한하였다. 그리하여 1923년부터 민법·상법·민사소송법 등 일본 국내법이 대부분 대만에서 시행되게 되었다. 그리고 일본인과 대만인의 혼인 및 입양문제도 합법화되었으나, 일본헌법의 전면적 적용과 형법의 일원화는 끝내 실현되지 못하였다.[14] 한편 1919년 총독부는 「대만교육령」을 반포하여 학제를 확립하고, 곧이어 1922년 신「대만교육령」에서는 기존의 차별(격리)교육을 취소하고 중등 이상의 교육기관을 설치하여 대만인과 일본인의 공학제를 실시하

12) 黃昭堂, 『臺灣總督府』, 154~157, 159~160쪽; 김영신, 앞의 책, 193, 204쪽.

13) 손준식, 「일제 식민지 하 대만 경찰제도의 변천과 그 역할」, 『중국근현대사연구』 47(2010.09), 60~61쪽.

14) 黃靜嘉, 「日據下臺灣之殖民地法制與殖民統治」, 『臺灣文獻』 10권1기(1959.3), 88쪽; 黃昭堂, 『臺灣總督府』, 152~154쪽.

도록 하였다. 이에 따라 대북제국대학을 비롯한 각 급 학교가 설립되어 학생 수가 크게 증가하고, 대만인 자제도 '국어'상용자의 경우 소학교에 진학할 수 있게 되는 등 대만인의 교육기회가 확충되는 듯했다. 그러나 사실상 차별의 본질은 변화가 없었고 공학의 결과 급속히 불어난 대만 거주 일본인 자제들에게 더 많은 교육기회를 제공하였을 뿐이었다. 이는 대북제국대학 입학생의 대다수가 일본인이었고 「대만교육령」 공포 이후 일본 유학을 떠나는 대만인이 더욱 늘어난 점에서도 확인할 수 있다.[15] 덴 켄지로 이후 1936년 나카가와 겐조中川健藏 총독 때까지 일본정부는 '내지연장주의'와 동화정책을 대만통치의 기본 방침으로 삼았다. 하지만 이 기간 동안 문관출신이 총독을 맡았다는 것 외에 그들이 특별히 이룩한 업적은 없었다. 도리어 일본 국내의 政爭과 人脈·金脈에 따라 총독부 수뇌가 자주 교체됨으로 인해 일관된 정책을 펴기 어려웠다.[16] 또한 이 시기 대만인의 정치운동에 대한 탄압은 그 전 항일운동에 대한 진압과 크게 달라진 바 없었다.

1931년 만주사변 이후 계속되는 침략으로 중일관계는 갈수록 악화되고 이로 인해 일본의 국제관계도 점차 위험한 상황으로 빠져들게 되었다. 이에 일본정부는 1936년 9월 해군대장 출신인 고바야시 세이조小林躋造를 대만총독에 임명하였다. 고바야시는 취임 후 '황민화·공업화·남진기지화'[17]의 3대 시정방침을 표방하였다. 1937년 중일전쟁 발발하자 일본에서는 국민정신 발양운동이 벌어졌고 그 영향으로 대만에서의 '황민화'운동도 가속화되기 시작했다. 총독부는 '황민화'운동을 신속히 진전시키기 위해 이미 1937년 초부터 공학교의 한문과목과 신문의 漢文欄을 폐지시키고 日語상용운동을 전개하였다. 아울러 우

15) 黃昭堂, 『臺灣總督府』, 152~153쪽; 吳密察, 「從日本殖民地教育學制看臺北帝國大學的設立」, 『臺灣近代史硏究』(臺北, 稻鄕出版社, 1994), 165·171쪽.

16) 黃昭堂, 『臺灣總督府』, 114~115쪽.

17) 이른바 '황민화'는 그 동안의 동화정책이 뚜렷한 효과를 거두지 못하였음을 인정하고 대만인을 더욱 철저히 '황국민'으로 동화시켜 대만을 전쟁에 필요한 병력과 노동력의 공급지로 만들겠다는 것이고, 공업화는 종전 농업위주의 대만 경제체제를 공업중심으로 변화시키자는 것이며, 남진기지화는 대만의 지리적 조건을 십분 활용하여 남양과 중국 남부를 향한 침략기지로 삼자는 것이었다.

상과 寺廟를 철폐하고 신사참배를 강요하였을 뿐만 아니라 舊正을 폐지하고 전통 희극·음악·무술의 상연과 전수마저 금지하는 등 대만문화의 정신을 파괴하고 개조하는 정책을 시행하였다. '황민화' 운동의 극치는 1940년 실시한 '改姓名(성명 변경)' 운동이었다. 총독부는 대만인의 '성명 변경'을 장려하기 위해 성명을 고친 자에게 전쟁기간 중 물자 배급과 자녀 진학에 약간의 특혜를 부여하였지만 차별 받는 '二等일본인'으로서의 지위는 본질적인 변화가 없었다.[18)]

한편 장기전에 대비한 일본정부는 1938년 「국가총동원법」을 제정하여 군사목적을 위해 인적·물적 자원을 광범위하게 통제하고 운용할 수 있도록 하였다. 대만도 그 영향으로 '전시체제'에 진입하게 되었고 이에 부응하여 총독부는 보갑을 전시동원을 위한 도구로 변환시켰다. 그 외 총독부는 전시체제 하의 각종 경제통제 관련법령을 집행하기 위해 경제경찰을 두어 그 위반사건을 전담토록 하였다. 그 후 식량과 기타 중요물자의 배급제가 시행되면서 경제경찰의 업무가 폭증하자 일반경찰까지 경제통제 업무에 투입되었다. 총독부는 1941년 소학교와 공학교의 구분을 없애고 일률적으로 국민학교로 개칭하였지만 여전히 교육효과 확보라는 미명하에 교과과정을 구분하여 '일어생활가정'의 자제들만이 1호 표 국민학교에 진학할 수 있도록 하고 나머지 자제들은 2·3호 표 국민학교에 입학시키는 차별정책을 계속 유지하였다. 한편 1941년 皇民奉公會가 성립되자 총독부는 그 별동대로 '奉公壯年團'·'産業奉公團'·'挺身奉公隊' 등을 조직하여 대만인을 전쟁에 동원하는 데 이용하였다. 또한 황민봉공회는 각종 훈련소를 설치하여 많은 대만 청소년을 동남아 경영의 첨병으로 양성하는 데 앞장섰다.[19)]

태평양전쟁이 발발하자 일본정부는 1942년 육군특별지원병제도를 실시하고 이어 1943년에는 해군특별지원병제도를 실시하여 대만 장

18) 周婉窈, 「臺灣人第一次的'國語'經驗: 析論日治末期的日語運動及其問題」, 『新史學』 6卷2期(1995.6), 122~135쪽; 戴國煇, 『臺灣總體相』, 86쪽; 周婉窈, 「從比較的觀點看臺灣與韓國的皇民化運動(1937~1945)」, 『新史學』 5卷2期(1994.6), 128~137쪽.

19) 김영신, 앞의 책, 204~206, 248~249쪽; 黃昭堂, 『臺灣總督府』, 176~179쪽.

정들을 전선으로 몰아넣었다. 그 후 전황이 악화되어 병력손실을 감당할 수 없게 되자 1945년 초 징병제도를 시행하였고, 이에 대만 청년들은 병역의 의무를 지게 되었다. 전투원 외에도 총독부는 다수의 인부·통역원·선원 등을 계속 징발하였다. 전쟁 말기 패색이 짙어지는 가운데 일본정부는 대만인의 협력을 더 많이 얻기 위해 각종 회유정책, 예컨대 대만인 관료의 급료를 인상한다든지 동남아 점령지의 행정관으로 대만인을 파견하고 일본인과 동등한 대우를 해줌으로써 일본에 대한 불만을 줄이고자 하였다. 또한 1945년 3월에는 선거법을 개정하여 조선인과 대만인이 제한적이나마 국정에 참여할 수 있도록 하였으나 전쟁으로 인해 끝내 실현되지 못했다.[20]

2.2. 대만인의 반응과 식민지 상흔

일본의 지배가 확립되고 전개되는 과정에서 대만인의 반응은 각 族群, 계층 및 세대[21]에 따라 차이가 있기 때문에 여기서는 지주자산계층과 노동자농민계층 그리고 원주민으로 대별하여 살펴보고자 한다.

먼저 일본의 점령 초기 대만의 지주자산계층은 대략 무력항쟁, '대륙으로 이주[內渡]' '은거[退隱]' '순응[順服]과 협력' 등 몇 가지 선택의 길이 있었다. 무력항쟁을 주도한 자들은 전체 지주자산계층 중 소

20) 黃昭堂, 『臺灣總督府』, 187~190쪽.

21) 최근 대만에서는 현재 살고 있는 주민을 閩南人, 客家人, 外省人, 原住民으로 나누는 '4대족군설'이 유행하고 있는데, 이를 일제시대에 원용하면 외성인을 제외한 '3대족군'으로 분류할 수 있다. 다만 식민통치에 대한 반응에 있어서 민남인과 객가인 사이에 뚜렷한 차이가 발견되지 않기 때문에 한족과 원주민으로 대별할 수 있다. 일제시대 대만의 사회계층에 대해서는 정설이 없지만, 지주자산계층과 노동자농민계층으로 대별할 수 있다. 전자는 식민지배에 직간접적으로 협력함으로써 신흥엘리트로 성장한 세력과 기득권을 보장받은 토호·신사·지주·富商 등이, 후자는 산업노동자와 일용잡급 노동자 및 소작인 등이 해당된다. 지식인들은 新·舊를 막론하고 대부분 지주자산계층으로 볼 수 있다. 식민통치 50년을 세대로 구분하면 대략 구세대와 乙未(1895년)신세대 그리고 전쟁세대로 나눌 수 있다. 구세대는 대만할양 시 이미 성년이었던 자들로 전통사회에서 자란 사람들이고, 을미신세대는 대만할양 전후 출생하여 신식교육을 받았지만 구시대와 접촉이 있던 사람들이며, 전쟁세대는 2차 세계대전 기간에 청소년기를 보내고 일본식 초등교육을 받은 사람들이 해당된다. 손준식, 「동화와 개화의 상흔: 식민지 타이완의 일어」, 『식민주의와 언어: 대만 인도 한국에서의 동화와 저항』(아름나무, 2007), 28~29쪽.

수에 불과했고 나머지 대부분은 무장항일의 수단을 포기하고 있었다. 그 중 이민족 통치와 사회혼란을 피해 '내도'하거나 대만에 남아 '은거'하는 자도 적지 않았지만 처음부터 신정권에 협력하여 자신의 사회경제적 기득권을 확보하려는 자도 많았다. 특히 대만에 많은 資産과 상업이익을 가진 富商들이 科擧功名을 가진 紳士에 비해 더욱 그러한 경향이 강하였다. 이어 대만총독부의 각종 포섭정책과 보갑제가 실시됨으로써 대만인 사회엘리트 대부분은 기득이익을 지키기 위해 점차 식민행정의 말단에서 보조역할을 맡거나 식민통치에 자발적으로 협력하게 된다.[22]

식민지배 확립 과정에 협력한 지주자산계층은 그 자제를 식민당국이 설립한 신식학교에 취학시키거나 일본에 유학시킴으로써 사회경제적 지위를 유지 또는 향상시키고자 하였다. 심지어 항일투쟁을 하였거나 '은거' 내지 '내도'한 기존 지주자산계층도 대부분 자제들이 식민정권의 엘리트 교육을 받는 것을 배척하거나 거절하지 않았다. 그 결과 이들 신식교육을 받은 자제들은 부형의 사회적 지위를 계승하여 1920년대 이후 점차 방대한 신흥엘리트 세력으로 성장하였고 그 중 다수가 식민통치에 참여함으로써 식민체제의 한 축을 담당하게 된다. 심지어 총독부에 지속적으로 협력해 온 '어용신사'는 자신의 지위와 기득이익 유지를 위해 1920년대 이래 식민체제의 개혁과 대만인의 참여 확대를 요구한 정치사회운동에 호응하지 않았을 뿐 아니라 반대운동을 펴기도 하였다.[23]

반면 이들 신흥엘리트 중 일부는 차별적인 식민지배에 대한 다양한 정치적 사회적 문화적 저항을 시도하였다. 1919년 동경의 대만유학생들이 조직한 新民會를 시발로 「六三法」철폐운동, 대만의회설치청원운동이 잇달아 전개되었고, 『臺灣靑年』·『臺灣』·『臺灣民報』·『臺灣新民報』 등의 간행물이 발행되었으며, 1921년 성립된 臺灣文化協會는 그

22) 손준식, 「'황민화운동' 이전(1895~1936) 대만의 식민통치 협력자」, 『역사문화연구』 31 (2008.10), 58~65쪽.

23) 손준식, 「'황민화운동' 이전(1895~1936) 대만의 식민통치 협력자」, 66~71쪽.

후 민족운동의 중심이 되었다. 대만문화협회는 1927년 초 분열되어 좌파들이 '新文協'을 장악하자 옛 간부를 중심으로 臺灣民衆黨을 조직하였는데 1930년 거기서 臺灣地方自治聯盟이 다시 분리되어 나왔다. 그 외 사회주의 사조가 확산되면서 1926년 臺灣農民協會가 성립되었고, 1928년에는 臺灣工友總聯盟이 결성되었으며, 같은 해 臺灣共産黨이 상해에서 성립되는 등 식민지배에 저항하는 각종 정치사회운동이 전개되었다.[24] 또 이들 중에는 시종 保甲役員의 신분으로 지역민중의 정치적 자각과 권리향상을 위한 사회운동에 적극 참여한 자[25]도 있었고, 대만민중당의 경우 보갑제도 철폐를 주요 정책으로 채택하는 한편 당원들을 保正에 당선되게 함으로써 보갑제도를 내부적으로 붕괴시키고자 하였다.[26] 한편 한족 고유문화를 말살하려는 식민당국의 강제적 언어동화정책에 반대하여 지식인을 중심으로 전개된 한문부흥운동·백화문운동·대만어로마자운동·대만어백화자운동 등은 비록 10여년 만에 실패하였지만, 일어보급운동을 한동안 저지시키고 대만어의 보존과 정리 및 한문 보호에 공헌하기도 하였다.[27]

1930년대에 들어 일본의 대외침략이 가속화되고 파시즘적 경향을 보이면서 대만 내 민족주의·사회주의운동은 점차 활동공간을 잃게 되고 그 지도자 중 일부는 지방자치에 참여함으로써 식민체제 내에 편입되어 버렸다.[28] 이들이 선거에 참가한 목적은 확실치 않지만, 이러한 현상은 황민화운동 이전에 이미 다수의 대만 상류계층이 협력자로 변신하고 있음을 보여준다. 한편 만주사변 이래 계속된 일본의 침략전쟁 속에 많은 대만인은 침략의 '공범'이 되어갔다. 그 중에는 징용되어 어쩔 수 없이 종군한 자도 있지만 '이등일본인'의 신분으로 스스로

---

24) 자세한 내용은 蔡培火 外, 『臺灣民族運動史』(臺北, 自立晩報, 1987)를 참조.

25) 대만문화협회와 대만민중당의 핵심 인물이었던 洪元煌이 그 대표적인 예이다. 洪秋芬, 「1920年代臺灣保甲制度和社會運動關係初探」, 170~172쪽.

26) 蔡培火 外, 『臺灣民族運動史』, 389~390쪽.

27) 손준식, 「동화와 개화의 상흔: 식민지 타이완의 일어」, 32쪽.

28) 「1935年臺人民選州會議員概況表」·「1935年臺人民選市會議員概況表」, 吳文星, 『日據時期臺灣社會領導階層之研究』(臺北, 五南圖書, 2008), 235~239쪽.

일본의 走狗가 되어 침략에 협조한 대만 지식인도 적지 않았다. 그러나 차별을 견디다 못해 대륙으로 건너간 대만 지식인 중에는 동포로부터 멸시와 일본 간첩으로 의심받는 한편 때로는 일본인으로부터도 중국 간첩으로 간주되어 '不佞支那人'으로 모멸 당하는 경우가 많았다.[29] 이처럼 대만인은 중국과 일본 어느 쪽으로부터도 환영받지 못하는 비참한 상황의 '아시아의 고아'[30]가 되어갔다. 그 후 황민화운동이 전개되고 전시총동원체제가 실시되면서 세대 간의 차이가 있지만 지주자산계층 대부분은 식민정책에 타협하고 전쟁에 협력하지 않을 수 없었으니, 저항의 유일한 방법은 강요된 동화와 협력을 거부하거나 소극적으로 대응하는 것밖에 없었다.[31]

다른 한편 황민화운동이 실시되면서 공학교의 한문과목이 폐지되고 소위 '국어가정'에 대한 표창과 우대 등의 조치가 취해진 결과, 점차 지식계층 가운데 일어를 생활언어로 사용하는 가정이 늘어났고 일어교육을 받은 대만인 가운데 일어로 쓴 작품이 일본 유명 잡지의 문학상을 수상하거나 책으로 출판된 경우도 생겨났다. 이를 당시 대만인들이 즐겨 이야기했다는 것은[32] 지배자로부터 차별을 받으면서도 인정받고 싶어 하는 식민지인의 비애와 모순을 보여준다. 또 일본식 교육을 받은 중산층 이상의 지식인 중에는 식민통치에 순응하고 영합하려 노력한 자도 많았으니, 그 표현은 주로 일어로 된 글과 작품(소위 '황민문학')을 통해 나타났다. 이들은 광복 후 일본의 식민통치를 크게 비판하지 않았을 뿐 아니라, 심지어 개인의 이익을 위해 일본에 영합하거나 일제시대에 대한 향수를 드러내기도 했다는 점에서 식민지체제 구조 하의 공범으로 보기도 한다.[33] 이들을 포함한 전쟁세대는 일

29) 戴國煇, 『臺灣總體相』, 87쪽; 黃昭堂, 『臺灣總督府』, 168~169쪽.

30) '아시아의 고아'라는 표현은 吳濁流의 自傳소설 『亞細亞的孤兒』에서 따온 것이다.

31) 황민화운동과 전쟁동원 그리고 전쟁선전에 대한 지주자산계층의 반응을 세대별로 고찰한 연구로 陳翠蓮, 「戰爭·世代與認同: 以林獻堂·吳新榮與葉盛吉爲例(1937~1945)」, 『臺灣人的抵抗與認同』(臺北, 遠流出版社, 2008)이 있다.

32) 周婉窈, 「臺灣人第一次的'國語'經驗: 析論日治末期的日語運動及其問題」, 『新史學』6-2(1995), 130~132, 135~138쪽.

본의 패망으로 어렵게 익힌 일어와 일문 그리고 그 지식에 뒤따랐던 교육자산도 상실했다. 중국어가 새로운 국어가 된 사회에서 그들 중 다수는 문맹 아닌 문맹이 되었고, 자신의 과거와 집단의 과거에 대해 침묵을 강요받게 된다.[34]

다음 노동자농민계층의 반응은 그들이 남긴 자료가 없기에 식민통치 및 정책에 대한 수용 정도를 통해 그 개략을 엿볼 수밖에 없을 것 같다. 점령 초기 총독부의 통역 혹은 정탐요원으로 고용되어 일본세력을 등에 업고 민중을 괴롭히고 재물을 갈취하거나 심지어 묵은 원한을 갚는 등 사회질서를 혼란하게 한 하층출신의 대만인도 있었고, 그 중에는 辜顯榮과 같이 일제시대 최고의 어용신사로 출세한 자도 있었다.[35] 또 관청의 일자리를 얻거나 상업활동의 편의를 위해 총독부가 설립한 학교에 입학하거나 자발적으로 일어학습을 위한 연구회를 조직한 사람과 마을의 자제를 모집하여 일어를 가르치거나 일본 승려가 세운 학교에서 일어를 배운 사람도 있었다.[36] 하지만 이런 기회주의적인 협력자보다는 이 시기 하층 신사와 지주 등이 지도한 항일무장투쟁에 직간접적으로 가담한 '良民'의 수가 훨씬 많았던 것으로 보인다. 왜냐하면 항일무장투쟁이 지속적으로 전개될 수 있었던 데는 적지 않은 '양민'의 참가 및 그 비호와 지지가 있었기 때문이다.[37] 일본이 대만을 접수한 이래 전후 8년 동안 살육된 대만인의 수가 일본정부의 통계에 잡힌 것만도 32,000명에 달하고, 그 중 1898~1902년 사이에 총독부가 살해한 대만인 '叛徒'가 11,950명이나 되었다는[38] 자료를 통해서 '양민'의 저항이 매우 치열하였음을 짐작할 수 있다.

반면 협력도 저항도 하지 않은 다수의 대만인은 일본의 지배에 무

33) 戴國煇, 『臺灣史對話錄』(臺北, 南天書局, 2002), 272~273쪽.

34) 周婉窈, 『海行兮的年代: 日本殖民統治末期臺灣史論集』(臺北, 允晨文化出版, 2003), 12쪽.

35) 손준식, 「'황민화운동' 이전(1895~1936) 대만의 식민통치 협력자」, 56~58쪽.

36) 손준식, 「동화와 개화의 상혼: 식민지 타이완의 일어」, 29쪽.

37) 吳文星, 『日治時期臺灣的社會領導階層之研究』, 17~19쪽.

38) 黃昭堂, 『臺灣總督府』, 93쪽.

관심했던 것으로 보인다. 이는 "그들에게 공동사회의 일원으로서의 의식이 결핍되어 있었고, 충성을 다할 공동의 대상이 없었던 것이 최대의 원인"[39]이었다. 이런 무관심을 보여주는 하나의 사례가 바로 국적선택의 문제였다. 일본은 대만 점령 초 시모노세키조약 규정에 따라 조약 비준서 교환일로부터 2년 내에 대만인이 자유롭게 가산을 처분하여 출국하는 것을 허가하고, 기한이 지난 후에도 대만을 떠나지 않은 사람은 곧바로 日本臣民으로 간주한다는 국적선택제도를 시행하였다. 그 결과 최종시한인 1897년 5월 8일까지 대만을 떠나기로 한 사람은 전체 인구 280만 명의 0.16%에 불과한 4,500명에 지나지 않았다.[40] 대부분의 대만인이 일본국적을 선택하게 된 것은 당시 중국에 국적이라는 법적 개념이 존재하지 않았던 사정 외에 일본의 소극적인 홍보, 네거티브한 수속절차 그리고 청조 내지 청조 관료에 대한 실망감도 작용했을 것으로 보이지만,[41] 그보다는 향토에 대한 애착과 정치적 무관심이 더 큰 원인으로 작용하였다고 생각된다.

한편 총독부가 경찰력을 확충하고 진압과 회유를 겸한 새로운 시책을 편 결과 항일무장투쟁은 점차 소멸되고 대다수 대만인은 일본의 지배를 받아들이게 된다. 하지만 일본의 식민통치를 수용했다는 것이 바로 그들의 통치정책에 순응했다는 의미는 아니었다. 예컨대 일어 학습의 경우 1905년 일어 해독자의 수가 총인구의 0.38%에 불과하고, 공학교 취학률이 1915년에도 10%에 미치지 못했으며, 1918년까지 공학교 졸업생의 수가 총인구의 1.5%에 불과하다는 것은 '지배의 언어'에 대한 대만인의 반응이 적극적이지 않았음을 보여준다. 또 한문서당과 재학생 수가 1897년 4월 1,127개, 17,066명에서 1898년 2월 1,707개, 29,876명으로 오히려 늘어나고 1903년까지 공학교 취학 아동보다 서당 재학생 수가 많았다는 것[42]은 식민지배 초기 동화에 대

39) 黃昭堂, 『臺灣民主國の硏究』(東京大學出版會, 1970), 57, 93~96, 100쪽.

40) 黃昭堂, 『臺灣總督府』, 65~67쪽.

41) 하세봉, 「대만의 식민지경험과 정체성」, 『비교문화연구』16(2004), 91쪽.

42) 손준식, 「동화와 개화의 상흔: 식민지 타이완의 일어」, 30~31쪽.

한 저항이 만만치 않았음을 짐작할 수 있다.

그러나 그 후 식민지배체제가 확립되고 동화정책이 강화되면서 공학교 취학률이 1919년 20.7%, 1928년 30.3%, 1935년 41.5%, 1939년 53.2%, 1941년 61.6%, 1943년 71.3%로 급속히 증가하는데,[43] 이는 일본의 지배가 장기화되면서 대다수 대만인이 식민통치에 순응하게 되었음을 보여준다. 그 외 전시 '지원병제도' 실시에 대한 반응을 통해서 대만 청년세대의 의식을 살필 수 있다. 1941년 '육군지원병제도' 실시가 예고되자 대만 각계에서 경축 활동이 다양하게 펼쳐졌고, 지원병에 자원하는 청년들이 줄을 이었으며 심지어 '血書지원'하는 풍조마저 유행하였다.[44] 1942년 제1차 육군지원병 모집에 42만 여명이 신청하여 천여 명이 선발되었고, 그 다음해 제2차 육군지원병 모집에 60만 여명이, 제1차 해군지원병 모집에 31만 여명이 지원하였는데, 당시 대만 전체 남자인구가 약 300만 명에 불과했다는 점에서 매우 높은 비율이었다. 1945년 전면적인 징병제가 실시될 때까지 지원병제도를 통하여 모두 16,500명이 일본군대에 입대하였고, 이들을 포함하여 전쟁에 동원된 대만인은 총 207,183명이며 그 중 30,304명이 사망한 것으로 되어있다.[45]

전쟁말기 군인 혹은 軍屬으로 동원되어진 대만 젊은이들은 전시체제하의 군국주의 교육을 받음으로써 중국인 의식은 점차 마멸되어지고 무의식중에 일본의 충실한 앞잡이로 양성되어졌다. 심지어 그 중에는 일본 패망 이후 전범으로 체포되어 처형되거나 징역을 산 자도 있었고, 자의든 타의든 고향으로 돌아오지 못하고 이국 또는 일본 땅에서 평생을 살아야했던 자도 있었다. 다행히 대만으로 돌아온 자도 2.28사건의 충격과 국민당의 백색테러의 공포하에서 자원하여 전쟁터에 나갔던 사실을 인정해서는 안 되는 자기부정의 운명이 기다리고

43) 臺灣省行政長官公署統計室編, 『臺灣省五十一年來統計提要』(臺北, 1946), 1242쪽; 林茂生著, 林詠梅 譯, 『日本統治下臺灣的學校教育』(臺北, 新自然主義公司, 2000), 275쪽.

44) 주완요, 손준식 외역, 『대만 아름다운 섬 슬픈 역사』(신구문화사, 2003), 178~182쪽.

45) 周婉窈, 「從比較的觀點看臺灣與韓國的皇民化運動(1937~1945)」, 147, 150쪽.

있었다. 한편 중국인 의식을 갖고 대륙의 항일운동에 투신한 민족주의자와 사회주의자들은 국민당과 공산당 양대 집단에 소속되어 대만의 해방을 위해 노력하였다. 대만이 해방된 이후 그들 중 국민당에 기대어 '성공'한 자도 있지만 불행하게도 정치 숙청 하에서 목숨을 잃은 자도 적지 않았다.[46]

한편 일제시기 경찰의 강제력을 동원한 위생환경 개선 노력의 결과 대만에서는 점차 전염병이 근절되고 사망률이 감소하는 등의 가시적인 성과가 나타났지만, 그 이면에는 대만인의 전통습속과 배치되고 개인의 일상을 통제하는 강압적 집행방식으로 인해 하층민중의 반발과 이로 인한 충돌이 빈발하였다. 이러한 저항은 비록 엄격한 법규와 강력한 공권력에 의해 억압되어 대만인은 수동적으로 위생규정을 준수하게 되지만, 근대화와 동화의 과정을 동시에 진행한 일부 식자층과 부유층을 제외한 대다수 민중들은 자율적인 위생관념을 내면화시킬 수 없었다. 그 결과 戰後 초기 정권교체의 혼란 속에 새로운 국가권력의 통제가 확립되지 않은 상태에서 방역 시스템이 붕괴되고 광복에 따른 해방감과 함께 전통으로의 복고풍조가 유행하면서 각종 전염병이 다시 창궐하게 되는 한 원인으로 나타나게 된다.[47] 이는 식민권력이 공권력에 의거하여 비록 피식민자의 행위를 일시 통제할 수 있을지 몰라도 그 관념과 전통 습속을 개조하기가 쉽지 않았음을 보여준다.

그러면 일본 식민당국이 '성공'했다고 자평하는 '理蕃'정책에 대한 원주민의 반응은 어떠하였을까. 총독부는 대만 점령 초부터 원주민의 '蕃地' 자원 이용을 금지하는 각종 법률을 제정하고 경찰력을 동원하여 '번지'의 중요 자원을 강제로 약탈하고자 하였다.[48] 이러한 일본의

46) 戴國煇, 『臺灣總體相』, 88쪽; 周婉窈, 『海行兮的年代: 日本殖民統治末期臺灣史論集』, 149~150쪽.

47) 陳君愷, 「光復之疫: 臺灣光復初期衛生與文化問題的鉅視性觀察」, 『思與言』 31-1(1993.3), 113~130쪽.

48) 井出季和太, 『臺灣治績誌』(臺北, 臺灣日日新報社, 1933), 225쪽.

의도를 간파한 원주민들이 각지에서 개별적으로 이에 저항함으로써 '蕃害(원주민의 出草 및 반항으로 인한 인명 피해)'가 끊임없이 일어났고, 그 후 '隘勇線'의 전진 배치와 연장을 통한 '번지'에 대한 포위 압박 정책이 펼쳐지면서 생활에 막대한 영향을 받게 된 원주민들은 지역별로 연합하여 항일하였지만, 곧 이어 우세한 화력을 앞세운 대대적인 무력토벌 앞에 굴복할 수밖에 없었다. 이후 경찰을 이용한 교화정책 하에 원주민들은 점차 동화되어갔으니 '번해'의 감소와 '蕃童'의 취학률 증가가[49] 이를 방증한다. 특히 이들 번동 중 일부는 나중에 경찰의 일종인 '警手'가 되었는데, 비록 그 지위가 낮아 일본인 경찰의 잡역에 충당될 뿐이었지만 경찰 제복을 입고 식민정부의 급여를 받으며 일본 물건을 사용하면서 완전히 일본식 생활을 영위하였다. 그들은 자신을 일본의 '번지' 통치의 대표라 여겨 스스로 모범을 보이며 일본의 각종 동화정책 추진에 협력하였다.[50]

한편 1930년 霧社사건[51]의 주요 인물인 하나오카 이치로花岡一郎과 하나오카 지로花岡二郎의 사례를 통해 원주민에 대한 동화의 강한 흔적과 이로 인한 정체성의 갈등을 엿볼 수 있다. 같은 부락 출신인 두 사람은 모두 정규 일본식 교육을 받고 경찰이 되었을 뿐 아니라 역시 일본식 교육을 받은 같은 부락 추장(여동생)의 딸과 결혼하여 많은 사람의 선망을 받는 행운아들이었다. "일본인이 만들어낸 고도로 일본화 된 원주민"이었던 이 두 사람은 비록 자신의 동족이 일본의 착취에 반발

49) '번해'는 '5년토벌계획' 완료 후 점차 감소하기 시작하여 1921년 이후 '무사사건'이 일어난 1930년을 제외하고 거의 종적을 감추게 된다. 한편 1931년 60.23%였던 취학률은 1941년 86.35%로 증가한다. 鹽見俊二著, 周憲文 譯, 「日據時代臺灣之警察與經濟」, 王曉波編, 『臺灣的殖民地傷痕(臺北, 帕米爾書店, 1985), 101~102쪽; 李理, 『日據臺灣時期警察制度研究』(臺北, 海峽學術出版社, 2007), 262~263쪽.

50) 藤井志津枝, 『日治時期臺灣總督府理蕃政策』(臺北, 文英堂, 1997), 273쪽.

51) 臺中州 能高郡 霧社(지금의 南投縣 仁愛鄉)지역의 泰雅族 一派가 식민당국의 착취와 모욕 등에 불만을 품고 일으킨 항일운동으로 10월 27일 원주민의 기습공격에 능고군 군수를 포함한 총 139명의 일본인이 사망했고, 이에 대한 보복으로 일본군경이 벌인 잔인한 토벌작전 결과 644명의 원주민이 희생되었다. 원주민 가운데 가장 '개화되고 유순하다'고 식민당국이 자랑하던 지역에서 사전에 치밀하게 계획된 봉기였다는 점에서 일본의 대만지배의 근간을 흔드는 충격적인 사건이었다.

하여 일으킨 거사에 직접 참여하지 않았지만, 사전에 이런 징조를 식민당국에 경고하지 않았고 사건 발생 후 동족들에게 투항을 권고하지도 않은 채 결국 함께 자살하는 길을 선택했다. 그들이 남긴 유언을 통해 이러지도 저러지도 못하는 깊은 고뇌—자신의 동족에 충성할 수밖에 없으면서도 다른 한편으론 일본인에게도 무언가 표시하지 않으면 안 될 것 같은 감정을 느낄 수 있다.[52)]

1945년 8월 일본의 항복으로 대만은 식민지배로부터 해방되어 조국인 중국으로 복귀하게 된다. 그런데 갑작스런 항복에 대다수 대만인은 망연자실하고 허탈한 느낌과 함께 불확실한 정국과 불투명한 미래에 대해 불안했다. 일본의 전쟁동원에 반항하지 못하고 '협력'하였던 대만인으로서는 자신이 이 전쟁의 '가해자'인지 '피해자'인지 '승자'인지 '패자'인지 혼란스러웠고, 또 어제까지 적이었던 중국이 대만을 통치하게 되면 자신의 처지가 어떻게 될지 알 수가 없었다. 특히 대만출신 군인과 군속들은 극도의 불안에 떨었고 심지어 처형의 두려움 때문에 탈영하는 자도 있었다. 그러나 이러한 혼란과 불안은 잠시였고 전과 180도 달라진 일본인의 조심스런 태도에 대만인은 전쟁이 끝났을 뿐 아니라 식민지에서도 해방되었음을 실감하게 된다.[53)] 지식인들은 '국민정부환영준비회'를 조직하여 적극적으로 활동하였고, 삼민주의청년단을 조직하여 지역질서 유지에 노력하기도 하였다.[54)] 또 '국어'와 중문 학습을 위한 교재와 자전이 편찬 간행되었으며 자발적인 '국어' 학습 열기가 일어나기도 했다.[55)]

1945년 10월 국부군이 기륭에 입항하자 대만인들은 부두에 나가 열광적으로 환영하였고, 다음날 대북에 입성할 때는 30만 인파가 조국의 군대를 맞이하였다. 그러나 대만인들은 기율도 없고 행색도 초라

52) 주완요, 손준식 외역, 앞의 책, 142~143쪽.

53) 蔡慧玉編, 『走過兩個時代的人: 臺籍日本兵』(臺北, 中央研究院臺灣史研究所籌備處, 1997), 53·186쪽; 吳密察, 「臺灣人的夢與二二八事件」, 『當代』 87(1993.7.1), 33쪽.

54) 李筱峯, 김철수 등 역, 『대만민주화운동40년』(성균관대학교출판부, 1990), 28~29쪽; 吳密察, 「臺灣人的夢與二二八事件」, 33~35쪽.

55) 許雪姬, 「臺灣光復初期的語言問題」, 『史聯雜誌』(1991.12), 91쪽.

한 국부군의 모습에 실망하였고, 일본군 포로를 대하는 잔혹한 행위에 놀랐다.[56] 급기야 전승국의 군대로 패전국 사람을 접수한다는 식의 국부군의 태도에 반발하게 된다. 국민당 정부는 지난 50년간의 격리로 대만이 중국과 다른 특수성을 지니고 있다는 점을 파악하지 못하였을 뿐 아니라 '일본화'된 대만인을 멸시하고 이러한 식민지배의 여독을 제거하기 위해 대만을 '재식민지화'하여 중국 대륙문화와의 차이를 제거하려 하였다.[57] 이에 대만인은 이민족 지배기간 동안 이상화된 관념상의 조국과 또 다른 정복자로 군림하려는 현실속의 국민당 정부와의 괴리로 인해 실망하고 좌절하게 된다.

蔣介石은 대만에 行政長官公署를 설치하고 陳儀를 행정장관에 임명하였다. 이에 대만은 중국본토와는 달리 입법과 행성에 관한 전권을 행사하고 군·정이 일원화된, 일제 총독부와 별 차이가 없는 이질적인 통치를 경험하게 된다.[58] 또 국민당정부는 대만 내 고위공직 대부분을 대륙출신으로 채우고 대만인을 배제시킴으로써, 광복 후 정치에 적극 참여하여 포부를 펴려했던 많은 대만 엘리트들을 크게 실망시켰다. 대만인은 일부 말단 공무원만을 맡아야 했는데, 이마저도 半山[59]이 아니면 차지하기 힘든 형편이었다. 게다가 접수 과정에서부터 보여준 국민당 관료의 부정부패 및 경제적 독점과 농단 등은 비교적 청렴한 일본 관료의 행정을 경험한 대만인에게 충격이 아닐 수 없었다.[60] 그 외 항일운동을 했던 대만 지식인들은 광복 후 마땅한 포상을 받지 못했을 뿐 아니라 '과격분자'로 몰려 정치적으로 탄압을 받은 반면, 皇民奉公會 회원과 어용신사 및 特高 형사들은 새로운 권력의 추

56) 민두기, 「대만사의 소묘: 그 민주화 역정」, 『시간과의 경쟁: 동아시아 근현대사논집』(연세대학교출판부, 2001), 231쪽.

57) 왕가영, 「대만내셔널리즘의 발흥과 변천」, 『민족연구』 5(2000), 133쪽.

58) 김영신, 앞의 책, 313~315쪽.

59) 넓은 의미로 일제시기 중국대륙에서 일정 기간 거주하다 돌아온 대만인을 가리키나, 좁은 의미로는 중국대륙에 있을 때 국민정부 또는 국민당 내에서 활동하거나 정치적으로 국민정부를 옹호하는 인사들을 지칭한다.

60) 민두기, 앞의 글, 230쪽; 李筱峯, 앞의 책, 31~32쪽.

종자로 변신하는 정치적 是非의 顚倒, 민족적 忠奸의 무분별 역시 대만인의 당혹감과 분노를 야기하였다.[61]

한편 생활수준과 문화의 차이로 인한 대륙인과 대만인 간의 이질감 역시 갈등의 요인 중 하나였다. 일제시기 대만은 근대화 과정을 거치면서 자급자족의 경제를 이루어냈으며 생활수준도 대륙에 비해 월등히 높았다. 또 '황민화'운동은 대만인을 일본인처럼 만드는 데는 성공하지 못했으나, 적어도 중국인을 닮지 않게 하는 데는 상당히 성공적이었다. 이런 면에서 이질감을 느끼는 것은 대륙인도 마찬가지였다. 대륙인이 보기에 대만인은 항일전쟁 중 싸우던 일본인과 별달라 보이지 않았다. 일단 말부터가 통하지 않았다. 식민지배를 받으면서 대만인은 일어를 공용어처럼 사용하였고 특히 30세 이하 젊은 계층에게 일어는 모국어나 다름없었다. 사적으로 사용하는 언어 역시 민남어나 객가어였기 때문에 대륙인들은 언어적 장벽이 가로놓여 있음을 느끼지 않을 수 없었다. 그러나 국민당정부는 이러한 대만인의 고충을 고려하지 않고 일어와 방언(대만어)의 사용을 금지하고 '국어'보급정책을 조급히 추진함으로서 대만인의 언어전환을 힘들게 하였다. 게다가 '국어'를 하지 못하는 것을 노예화의 상징으로 간주하여 '국어' 구사능력을 인재등용의 기준으로 삼고, 나아가 '국어'능력 부족을 이유로 헌법에 보장된 자치권을 부정함으로써 대만인의 불만과 좌절감을 증폭시켰다.[62]

요컨대 대만인은 대륙에서 온 중국인을 해방자로 열렬히 맞이했지만 자신을 '피정복자'로 대우하는 국민당정부에 환멸을 느끼게 되었고, 이런 심리적 변화가 마침내 1947년 2.28사건으로 폭발하게 된다. 2.28사건이 발생하자 대만인은 대만어(주로 민남어)와 일어의 구사 여부로 外省人을 구별해내어 린치를 가하였으니, 이는 그간 국민당이

61) 란보조우, 「대만: 2.28에서 50년대로 이어지는 백색테러」, 『역사비평』, 1998년 봄호, 54~55쪽.

62) 민두기, 앞의 글, 227·228쪽; 손준식, 「동화와 개화의 상흔: 식민지 타이완의 일어」, 42~46쪽.

강압적으로 시행한 국어보급정책에 대한 반감을 극명하게 보여주는 것이었다. 2.28사건 당시 대만의 거리는 게다 소리와 일본말 소리로 가득했고 일본 국가나 군가를 크게 부르면서 일본도를 휘두르는 자, 일본 군복을 입은 자도 있었으며 라디오에서는 일어와 대만어 방송이 나왔고 '戰報'와 표어, 포고는 모두 일어로 쓰이는 등 마치 일제시대로 되돌아간 듯한 현상이 나타났다. 만약 국민당정부가 2.28사건을 계기로 즉시 반성하고 보다 효과적인 통치방법으로 전환할 수 있었다면 심각한 유혈사태는 피할 수 있었을 것이다. 그러나 중일전쟁으로 남은 참담한 사회경제 환경과 국공내전으로 인해 대만 문제를 잘 처리할 여력도 자원도 전혀 없었다.[63] 대신 이 사건으로 대만의 기성 엘리트를 일소하여 앞으로의 통치에 장애물을 제거한 국민당정부는 2.28사건을 반국가적인 독립운동으로 규정함으로서 그 뒤 계엄통치, '백색테러'의 명분으로 삼았다. 반면 이 사건으로 깊은 상처를 입은 대만인은 자신들이 대륙에서 온 중국인(통치자)과 다른 부류의 사람(피통치자)이며 따라서 새로운 식민지지배를 받고 있다고 인식하게 된다. 이에 그 동안 남아있던 '조국의식' 대신 막연하게 느껴왔던 '고아의식'이 反外省人的인 '대만의식'으로 전환되게 되며 그들 가슴 속에 응어리진 원한은 이후 대만독립 주장이나 민주화운동의 직간접적인 자양분이 되게 된다.[64]

3. 만주 지배의 특징과 그 영향

3.1. 만주 지배정책의 특징

1931년 9월 18일 관동군의 자작극인 柳條湖 사건을 계기로 시작된

63) 왕가영, 앞의 글, 134쪽.

64) 손준식, 「동화와 개화의 상흔: 식민지 타이완의 일어」, 46~50쪽.

만주사변을 통해 일본은 무력으로 만주 전역을 점령하고 1932년 3월 1일 청조의 宣統帝였던 愛新覺羅 溥儀를 수반으로 하는 '괴뢰국가' 만주국을 수립하였다. 1933년 5월 31일 河北省의 塘沽에서 중일 양국군 사이에 정전협정이 체결된 이후 관동군은 만주국 각지에 분산 배치되어 최대 현안이었던 국내의 '치안유지'에 나섰고, 관동군의 지도하에 창설된 '괴뢰군' 만주국군이 이를 보조하였다.65)

이와 같이 관동군의 무력을 앞세운 일본의 만주침략과 지배정책에 반발하여 중국인들은 東北抗日義勇軍, 東北抗日聯軍 등의 반만 항일 무장투쟁을 전개하였고, 특히 1930년대 중반 이후 중국공산당의 유격대를 중심으로 한 동북항일연군의 격렬한 항일운동은 만주국의 '치안유지'에 가장 큰 위협이었다. 동북항일연군은 광대한 농촌 사회의 기반 위에서 농민과 밀접한 연계를 맺고 있었고, 농민들 역시 동북항일연군의 모체와 같은 역할을 하고 있었다. 그 때문에 일본은 동북항일연군과 농민의 연계를 단절시켜 항일운동을 괴멸시키기 위한 여러 가지 다양한 '치안공작'을 추진했던 것이다. 일본의 만주지배의 커다란 특징 중 하나는 군사력을 이용한 무력 '토벌'뿐만이 아니라 치안공작을 治標工作·治本工作·思想工作으로 세분화하는 동시에 이들 각 공작을 밀접하게 연계시켜 효율적으로 항일운동을 진압하고, 동시에 保甲制度를 실시하고 集團部落을 설치하는 등 끊임없이 농민과 항일유격대와의 분리를 꾀하였다는 점이라 할 수 있다.66)

치표공작이란 일본 군경의 무력에 의한 토벌 및 귀순공작이었으며, 항일세력에 대한 직접적이고 적극적인 공작이라 할 수 있다. 이에 반해 치본공작이란 국내의 산업이나 민생진흥 정책과 더불어 항일세력의 생활조건이나 활동조건 등을 직접 간접적으로 배제하여 자연소멸을 노린 공작이었으며, 각 행정기관 중에서도 특히 경찰기관이 중심이 되어 실시한 것이었다. 그 주요 내용은 '보갑제도 및 자위단의 조직

65) 만주국군은 1932년 4월 15일에 공포된 「陸海軍條令」에 의해 창설되었다.

66) 尹輝鐸, 『日帝下 「滿洲國」 研究: 抗日武裝鬪爭과 治安肅正工作』, 一潮閣, 1996, 436~437쪽.

화', '경비통신 시설의 정비', '집단부락의 건설', '경비도로의 건설', '높은 키의 식물 재배 금지', '양귀비 密作 단속', '警防所 설치', '민간에 산재한 총기의 회수', '선전, 선무공작의 실시', '호적조사의 실시' 등 다방면에 걸친 것이었다.[67] 사상공작은 일반 민중에게 '王道樂土', '民族協和' 등 만주국의 건국정신을 철저하게 보급시키고, 선전 등을 통해 공산주의와 반만 항일사상을 민중으로부터 배제하고 탄압하고자 한 공작이었으며, 또한 민생을 안정시킴으로서 민심을 얻고자 하였다. 또한 일본은 특무경찰원에 의한 '특별공작반'까지 편성해 이러한 공작을 철저히 수행하고자 하였다.[68]

이러한 공작 중 보갑제도의 활용도 중요한 역할을 담당하였다. 이미 일본의 지배하에 있었던 대만과 關東州에서 그 효과가 입증된 보갑제를 만주국에서도 채용하였는데, 1938년 이후 시행된 街村制가 전국적으로 확립되기까지의 잠정조치로서 민중의 자치제를 확립하고 경찰력을 보조하여 치안을 유지하고 질서를 회복시키는 것을 목적으로 하였다. 보갑제도는 1933년 12월 「暫行保甲法」에 의해 공포되었는데, 그 내용은 중국 전통의 보갑제도와는 달리 ① 국가 사회생활의 향상발전과 왕도정치의 실현, ② 치안유지, ③ 국가관념 및 자치관념의 양성이라는 3대 항목의 실현을 거시적인 목표로 삼았다.[69] 실제적으로는 保·甲·牌를 조직하여 이 조직으로 하여금 경찰의 호구조사 및 총기회수 및 단속을 보조하게 함으로써, 항일세력의 잠입을 방지하고 민중들이 항일세력과 접촉하는 것을 차단함은 물론, 총기가 항일세력에게 넘어가는 것을 막고자 했던 것이다. 이를 위해 연좌제를 적용하여 민중 상호간의 감시를 조장하여 항일세력과 내통하거나 투항하는 것을 미연에 방지하고자 했으며, 자위단을 조직하여 항일세력의 침입에 대비하도록 함으로써 경찰의 '치안유지' 활동을 돕고자 했던 것이다.[70]

67) 幕内満雄, 『滿州國警察外史』, 三一書房, 1996, 94~99쪽.

68) 幕内満雄, 앞의 책, 107~109쪽.

69) 滿洲國治安部警務司 編, 『滿州國警察史』 上卷, 1942, 352쪽, 滿洲國民政府警務司 編, 『保甲制度特別工作概況』, 1935, 120쪽.

한편 집단부락 건설도 일본의 치안공작에서 중요한 역할을 담당하였다. 일본은 집단부락 건설 목적을 "집단부락 정책을 통해 치안숙정을 조장하고 벽지의 민을 匪害로부터 구하며, 교통·통신·산업·보육·기타 제반 국가시설의 은택을 입게 할 뿐만이 아니라, 위축된 민심을 진작시키고 질서 있는 단체 생활 속에서 촌락자치 정신의 作興을 촉진시키고 국가 기능의 발양에 매진하게 한다"에 두었다.[71] 집단부락 건설은 먼저 조선총독부에 의해 1932년부터 1935년까지 국경지대인 간도지방의 조선인을 대상으로 추진되어, 간도의 '치안' 확보와 영농 등 산업개발 등에서 일본이 원하는 '성과'를 얻었다고 평가되고 있는 상황이었다. 이러한 평가를 바탕으로 만주국에서도 1934년 말부터 집단부락의 건설이 진행되었다.[72] 특히 만주국의 집단부락은 치안숙정과 민생의 진흥에 더욱 비중이 두어졌다. 이에 대해 동북항일연군 측이 "만주에서의 집단부락 건설은 일본제국주의가 식민지에서 항일군을 소멸시키려고 함과 동시에 인민의 자유행동을 제한하려는 정책이다"고 규정하고, "즉시 이를 방해하고 저지하지 않으면 항일군은 멸망할 것이다"라며 큰 위협을 느끼고 있었다는 점에서도 일본의 치안공작에 집단부락이 상당한 효과가 있었음을 알 수 있다.[73] 하지만 이는 항일세력과 민중의 접촉을 물리적으로 차단하기 위해 농민들을 강제적으로 집단 이주, 수용시킨 결과였으며, 민생 진흥에 있어서는 커다란 문제점을 내포하고 있었다.[74]

일본에 의한 만주지배의 또 다른 특징 중 하나는 만주국이 다민족국

70) 尹輝鐸, 앞의 책, 198쪽.

71) 滿洲國治安部警務司 編, 앞의 책, 381쪽.

72) 幕內滿雄, 앞의 책, 119~122쪽.

73) 1937년 1월에 일본군이 압수한 동북항일연군 제9로군 정치부 서명의 소책자 『軍隊政治指導員及共產黨員普通政治認識』, 滿洲國治安部警務司 編, 앞의 책, 384쪽.

74) 일본 측도 집단부락의 모순점으로서 ① 농업경영 규모의 축소, ② 주택에서 경지에 이르는 거리의 원격(遠隔), ③ 산간의 토지 방기에 의한 소작지의 비율 증대, ④ 토지 부족에 의한 소작료의 고등 경향, ⑤ 부락건설과 관련하여 공과(公課) 제 부담의 증대, ⑥ 가옥 건축비, 영농자금의 차입에 의한 부담 증대, ⑦ 이들 제 모순의 결과로서 생기는 농민생활의 궁핍 등을 인정하고 있었다. 治安部參謀司調查課 編, 『滿洲共產匪の研究』第2輯, 1937, 59쪽.

가임에도 불구하고 명확한 민족정책이 부재했다는 점이라 할 수 있다. 일본이 만주국을 건국하면서 내세운 '五族協和'라는 슬로건은 일본인을 중심으로 漢人·조선인·만주인·몽골인 간의 민족협화를 강조하는 것이었고, 새롭게 '만주국민'을 창출하고자 한 것이었다. 하지만 일본은 민족 간의 경계를 메우려고 시도하지 않았으며, 민족정책은 각 민족별로 대응하는 방식으로 시행되어 각 민족 간의 협화를 어떻게 진행해 나갈 것인가라는 방향성은 존재하지 않았다.[75] 민족 간의 평등을 외치면서도 '지도민족'인 일본인을 우대하고, 기타 민족을 차별하는 정책은 바꾸지 않았던 것이다. 1937년 11월 만주국의 일본인에 대한 치외법권이 철폐되어 표면적으로는 차별이 없어진 것처럼 보였지만,[76] 일본인에 관한 재판은 일본인 재판관이 담당한다고 하는 특별규칙이 설정되었고, 감옥에서도 일본인 수형자만을 따로 분리해 특별감방에 수용하였다. 또한 1940년 4월에 실시된 「國兵法」에서도 일본인은 징병대상이 아니었으며, 일본인의 일본국적 상실을 피하기 위해 만주국에서 국적법은 끝내 시행되지 않았다.[77] 일본인과 타 민족 간에는 엄연한 차별이 존재했던 것이다.

각 민족 간의 관계는 지배민족인 일본인과 피지배민족인 한인·조선인·만주인·몽골인과의 이원적 대립관계가 아니었고, 피지배민족 간에도 대립관계가 존재하는 등 각 민족별로 다양한 관계가 복잡하게 뒤엉켜 있었다. 일본은 이러한 만주국내의 복잡한 민족 관계를 교묘하게 이용하며 소수민족의 독립심을 유혹하는 슬로건을 내걸었다. 만주지역에서는 '만주민족의 자결'을 내걸었으며, 몽골지역에서는 몽골의 왕공귀족을 사주하여 '고도의 자치운동'을 획책하였다. 이슬람 문화권하의 회족지역에서는 '大回族主義'를 들고 나오도록 하였다. 이처럼 일본이 민족의 자치와 자결을 슬로건으로 내건 목적은 자신을 피압박

75) 幕内満雄, 앞의 책, 116쪽.

76) '滿洲國における治外法權の撤廢及び南滿洲鐵道附屬地行政權の移讓に關する日本國, 滿洲國間條約', 日本外務省 編,『日本外交年表竝主要文書』下, 原書房, 1966, 341쪽.

77) 塚瀨進,『滿洲國「民族協和」の實像』, 吉川弘文館, 1998, 129~130쪽.

민족의 해방자로 포장하고 이들 피압박 민족을 앞장세워 만주국의 최대 구성원인 한인을 견제하고, 중화의식을 희석시키고자 했던 것이었다.[78]

이러한 모순된 민족정책은 만주국에서 '애매'한 위치에 놓여있던 조선인에 대한 정책에서 상징적으로 드러났다. 조선인은 한일병합으로 인해 일본의 '臣民'이 되었지만, 만주에 거주하는 조선인은 만주국 '국민'이기도 했다.[79] 일상생활에서도 재만 조선인은 표면적으로는 일본인에 준하는 취급을 받는 경우도 있었지만, 실제로는 일본인과 타 민족 사이에 끼어 부당한 대우를 받는 일이 많았다. 재만 조선인에 대한 조선총독부와 관동군의 견해도 달라 조선에서는 '내선일체', 만주국에서는 '오족협화'가 강요되는 복잡한 상황 속에서 재만 조선인은 애매한 정치적 위치에 놓여 있었던 것이다. 하지만 재만 조선인은 1940년 「국병법」 실시 당시 징병대상에서 제외되었고, 1943년 조선에서 실시된 징병제의 적용을 받았던 것으로 보아 최종적으로는 '황민화'가 우선시되었음을 알 수 있다.[80]

3.2. '만주국인'의 대응 양상과 식민지 청산

관동군에 의해 일방적으로 수립된 만주국에 대해 수많은 중국인들은 반발하고 항일의 자세를 명확히 하였다. 만주지역에서 가장 격렬히 저항한 것은 중국공산당이었지만, 張學良의 東北軍과 중국국민당 역시 항일운동을 전개하였다.[81] 만주사변 직후 제일 먼저 항일 무력투쟁의 선봉에 섰던 것은 동북군이었다. 사변 발발 당시는 蔣介石의 무저항주의에 따라 장학량이 이끄는 약 16만 명의 동북군은 침략군인 약 1~2

78) 김태국, 「'만주국'에서 일제의 식민지배 논리」, 『한국근현대사연구』 35, 2005, 133쪽.

79) 재만 조선인의 지위문제에 대해서는 白榮勛, 「滿洲朝鮮人の國籍問題と法的地位」, 『文學論集』 16, 明治大學, 2002; 『東アジア政治·外交研究: 「間島協約」と裁判管轄權』, 大阪經濟法科大學出版部, 2005, 225~254쪽을 참조.

80) 田中隆一, 『滿洲國と日本の帝國支配』, 有志舍, 2007, 141~146쪽.

81) 塚瀨進, 앞의 책, 224~245쪽.

만 명 규모에 불과한 관동군과 변변한 전투도 치러보지 못하고 중국 關內 지역으로 철수하였다. 하지만 만주 북부지역의 吉林省이나 黑龍江省에 주둔하고 있던 동북군의 일부는 철수할 기회를 놓치고 잔류하며 東北抗日義勇軍으로서 일본의 만주침략에 저항을 계속해 나갔다. 길림성에서는 李杜·王德林 등이 하얼빈 부근에서 저항운동을 전개했으며, 흑룡강성에서는 馬占山·蘇柄文 등이 동북군의 정규군을 이끌고 만주국에 반기를 들었다.

이와 같이 일본에 의한 만주침략 초기의 저항운동은 동북군을 중심으로 하는 동북항일의용군이 주체가 되어 무장투쟁을 전개해 일본도 이에 대한 대응책 마련에 부심하게 되었다. 하지만 동북항일의용군은 통일적인 지도체제가 확립되지 않고, 각 부대가 개별적으로 활동하였으며, 더욱이 보급이 차단된 상황에서 게릴라전과 같은 비정규전이 아닌 정규전을 중심으로 한 군사행동을 전개했던 관계로 결국 화력을 앞세운 일본군에 의해 각개 격파되고 말았다. 이두 등 지도자들은 1933년 무렵 모두 소련 영내로 도피하였고 동북항일의용군은 사실상 괴멸되었다.[82)]

한편 만주사변 발발 전까지 만주지역의 중국공산당 세력은 미미한 수준이었다. 瑞金의 중화소비에트정부 붕괴 후 만주지부의 지도는 모스크바의 王明 등 중국공산당 대표단이 맡게 되었고, 그 지도하에 1934년부터 1935년에 걸쳐 각지의 유격대는 東北人民革命軍으로 조직화되었다. 1936년에는 東北抗日聯軍으로 개편되어 몇 개의 부대가 새롭게 편성되었다. 楊靖宇를 총사령으로 하여 1936년 7월에 결성된 동북항일연군 제1로군은 東邊道라 불리던 압록강 우측 연안 일대와 간도 등 다수의 조선인이 거주하는 지역에서 활동하였는데, 김일성도 이 부대에 참가했다고 한다. 周保中을 총사령으로 하여 1937년 10월에 결성된 동북항일연군 제2로군은 東支철도 동부선 일대에서 활동하였고, 여기에도 최석천 등 조선인도 참가하고 있었다. 하얼빈 이북에

82) 塚瀨進, 앞의 책, 226~227쪽.

서는 李兆麟을 총사령으로 하여 1939년 5월에 결성된 동북항일연군 제3로군이 활동하고 있었다. 이 부대에도 역시 김책 등 조선인이 참가하고 있었다.

동북항일연군 역시 동북항일의용군과 마찬가지로 군 전체를 총괄할 강력한 지도기관이 존재하지 않아 각 부대 간의 의견조정도 제대로 이루어지지 않는 등의 문제를 내포하고 있었다. 1937년에 왕명 등이 모스크바에서 延安으로 이동함에 따라 만주지부도 연안의 공산당 중앙과 직접 연락을 취하려고 했지만 실패하였다. 이러한 와중에 만주국은 1936년부터 이른바 '治安肅正計劃'을 실시하여 본격적으로 만주지역의 공산주의자에 대한 탄압에 나섰다. 이에 대응하기 위해 중국공산당의 만주지부에 대한 지원을 극동소련군이 담당하게 되어, 이후 만주의 공산주의 운동에 극동소련군이 깊이 관여해 나가게 되었다.[83]

만주국 건국 초기 반만 항일운동에 대한 무력탄압은 관동군이 중심이 되어 실시했지만, 일본은 만주국 자체의 경찰력 확충을 통해 관동군의 부담을 감소시키고 '치안유지' 능력을 확대하고자 노력하였다. 군사력과 행정력을 총동원한 일본의 철저한 탄압 앞에 1937년 단계에는 공산당계열 이외의 항일운동세력은 진압되었고, 그 이후 일본은 공산주의자에 대한 탄압에 주력하였다. 1940년 1월에는 동북항일연군 제1로군 총사령이었던 양정우가 일본의 치안부대에 의해 사살되었을 정도로 전황은 악화되었고, 결국 괴멸을 피하기 위해 많은 부대들이 만주국 국경을 넘어 소련 영내의 야영지로 향하지 않을 수 없는 상황에 이르렀다. 1942년 동북항일연군은 소련에 의해 동북항일연군 教導旅로 개편되어 소련 적군의 조직에 편입되었다.

한편 중국국민당은 만주지역에서 눈에 띄는 반만 항일투쟁을 전개하지 않았다. 중국국민당은 유격전을 전개하던 중국공산당과는 달리 무장봉기에 의한 투쟁보다 장래 만주국이 붕괴한 후에 대비하여 만주지역에 신속히 세력을 부식하기 위한 준비활동을 중심으로 하였다.

83) 鐸木昌之, 「滿州共産主義運動における國際的連繫」, 『アジア研究』 33-3·4, 1987 참조.

중국공산당이 만주국의 농촌부에서 활동했던 것에 비해 중국국민당은 도시의 인텔리 층을 중심으로 조직 확대를 꾀했던 것도 차이점이라 할 수 있다. 그렇기 때문에 일본의 탄압도 중국공산당에 우선적으로 집중되었으며, 중국국민당에 대해서는 동북항일연군이 괴멸된 후에나 본격적으로 탄압을 시작하였다.84)

이상과 같이 만주국 지배에 대해 중국인과 조선인을 중심으로 반만항일운동이 격렬하게 전개되었지만, 한편으로는 일본에 협력하여 만주국의 통치체제 구축에 협력한 현지인도 다수 존재하였다. 협력자가 많았던 이유로서는 먼저 만주국의 구성원이 만주지역 밖에서 이주해 온 사람이 대다수를 점해, 중국 關內나 조선의 현지인과 같은 강한 애착심을 만주에 대해 가지고 있지 않았던 점을 들 수 있다. 때문에 새로운 지배자에 대한 순응도도 상대적으로 높았다. 또한 만주국에는 한인·만주인·조선인·몽골인·회족·러시아인 등 다양한 민족이 존재하여 만주사회의 확고한 정체성 확립에 부정적으로 작용했다는 점도 커다란 요소였다. 정치적으로도 만주지역은 봉천군벌 정권의 통치 하에 놓여있어 중화민국 중앙정부에 대한 귀속의식, 일체화의식이 약했고 국민당정부군의 무기력한 패퇴로 신뢰감도 낮아, 關內 지역보다 현지인이 일본에 협력하기 쉬운 토양이 형성되어 있었다고 할 수 있다. 더욱이 일본이 만주국을 세우고 근대적인 국가 틀과 사회질서를 바로잡아 나가고 초보적인 산업경제발전을 추진하자, 도시 거주민의 일부는 만주국에 대해 긍정적으로 받아들이는 심리가 생겨났고, 일본이 王道樂土·민족협화 등의 슬로건을 내세우며 선전한 것도 현지인을 협력으로 이끄는데 크게 작용했으며 민족의식을 모호하게 만들었다.85)

먼저 만주지역 구 군벌의 지도급 인사의 협력에 대해서 살펴보자. 원래부터 일본과 우호관계를 유지했던 張作霖 정권의 외교부장을 역임한 于沖漢이나 張勛 등은 일본으로부터 정기적으로 고문료를 받고

84) 塚瀨進, 앞의 책, 243~245쪽.

85) 윤휘탁, 「'만주국'의 통치체제 구축과 현지인 협력자」, 『아세아연구』 126, 2006, 128쪽.

있었고, 이들은 만주사변 후 일본의 요청과 회유에 따라 일본에 협력하게 되었다. 東邊道鎭守使로서 만주독립에 협력했던 于芷山의 경우는 만주사변이 발발하자 중국의 군사력으로는 일본군에 대항할 수 없다고 판단하고 항일운동에 동참하는 것을 주저하다 결국 자신의 생명과 재산의 지키기 위해 일본군의 투항권유와 협박에 넘어갔다. 만주국의 치안부 대신을 지낸 于琛澂, 만주국군 제1군관구 사령관을 지낸 王之佑, 제4군관구 사령관을 지낸 李文龍 등도 마찬가지로 일본군에 대한 두려움 때문에 자신을 지키기 위해 협력한 사례라 할 수 있다.[86)]

항일운동에 참여했다가 마음을 바꿔 일본에 협력한 경우도 적지 않았다. 동북항일의용군의 참모장으로서 항일운동을 이끌었던 任廣福은 국민당정부의 소극적인 항전태도에 실망하고 길림자위군에 투신했다가 일본군에게 몰리자 항전을 단념하고 결국 투항했다. 이후 만주국군 제2군관구 참모장과 제3군관구 참모장을 역임하며 일본에 협력했다.[87)] 일본의 만주침략 이전부터 우월한 지위에 있던 이들은 일본군에 대한 두려움과 중앙정부에 대한 실망감으로 결국 자신의 지위를 보전하기 위해 협력을 선택하였고, 일본도 만주국 수립과 지배를 위해 현지인의 협력이 절실히 필요했기에 이들을 받아들여 활용했던 것이다.

자신의 정치적 목적을 위해 적극적으로 일본에 협력하고 또 이를 이용한 사람도 있었는데, 바로 일부 만주인과 몽골인 고관들이었다. 황제 溥儀의 측근이었던 鄭孝胥, 친족인 熙洽, 청조의 참사관이었던 羅振玉 등은 만주사변을 청조 재흥의 기회로 여기고 일본의 힘을 빌리고자 적극적으로 협력하였다. 만주족인 吉興은 일본군에 투항한 후 청조복벽을 위해 일본에 협력하며 만주국군 제2관구 사령관을 지냈다. 이들 청조 관련자들이 일본에 협력하게 된 이유 중 하나로 중화민국에 대한 복수심도 작용했을 것으로 추측된다.[88)] 이들의 협력은 일본의 만주국 수립과 지배의 '정통성'을 확보하는데 커다란 역할을 담

86) 윤휘탁, 앞의 글, 128~130쪽.
87) 윤휘탁, 앞의 글, 130~131쪽.
88) 윤휘탁, 앞의 글, 133~134쪽.

당했다.

일부 몽골인은 내몽골의 자치와 독립을 위해 일본의 지원을 받는 대신 적극적으로 협력하였다. 특히 이들 중 일본의 유학하여 육군사관학교를 졸업한 郭文林은 특무기관 관계자와 교류를 가지며 몽골의 자치군 조직 활동에 참여했고, 만주국군 제9, 제10군관구 사령관을 역임하며 일본에 협력하였다. 칸주루자부甘珠爾札布는 만주사변 이전부터 관동군과 교류하며 내몽골 독립에 필요한 군수물자를 일본으로부터 지원받았고, 만주사변 직후에는 내몽골독립군 총사령, 내몽골자치군 총참모장 등을 역임하며 내몽골 독립운동을 벌였다. 이후 만주국군 제9관구 사령관이 되어 항일세력을 토벌하는 데 적극적으로 협력하였다.[89] 이들은 한인과는 달리 중화민족 의식이 희박했고 오히려 만주국 수립을 계기로 일본에 협력하며 내몽골의 독립을 꾀했던 것이다.

한편 만주국 인구의 대다수를 차지하는 중국인 민중들은 일본의 지배에 대한 뚜렷한 저항이나 협력 없이 무관심 속에 중립적인 태도를 견지하고 있었다.[90] 현재 이들이 중국어로 남긴 자료는 찾아보기 힘들며 만주국에 관한 사료의 대부분이 일본어로 기술되어 있는 실정이다.[91] 하지만 현지인들이 일상생활 속에서 주고받은 전보와 우편물 중 일본군 관동헌병대의 검열에 걸려 『關東憲兵隊通信檢閱月報』에 일본어로 번역, 수록된 편지의 내용 속에는 일본의 지배정책에 대해 중립적인 태도를 보이면서도 동요하는 모습들이 단편적으로 드러나 있어 주목이 필요하다. 특히 1940년 4월 만주국 정부가 공포한 「國兵法」에 따른 징병제 실시에 대한 중국인들의 반응이 대표적이라 할 수 있다. 중국인에 대한 징병검사는 1941년부터 실시되었는데 이에 반발하면서도 결국 받아들이고 검사에 응하는 사람들 또한 적지 않았다.[92] 그

89) 윤휘탁, 앞의 글, 135쪽.

90) 당시 만주국의 인구구성을 보면 중국인이 약 4,000만 명으로 조선인 약 140만, 일본인 약 100만 명에 비해 압도적 다수를 차지하고 있었다(國務院總務廳統計處, 『滿洲經濟參考資料』, 1943, 7쪽).

91) 塚瀨進, 「『檢閱月報』にみる滿洲國の中國人」, 小林英夫·張志强 共編, 『檢閱された手紙が語る滿洲國の實態』, 小學館, 2006, 82쪽.

러면서도 징병을 피하기 위해 갖가지 수단과 방법을 동원하는 사람도 있었다. 예를 들어 1943년 奉天에 거주하던 한 중국인은 北京의 지인에게 편지를 보내어 징병을 피하기 위해 "공장의 일본인도 계속 저에게 關內로 가서 취직하는 편이 나을 거라 말하고 있습니다. 공장에서 19명이 징집된다고 합니다. 저도 대책을 생각하고 있습니다만, 빨리 關內로 가서 병역을 피할 수 있도록 해 주십시오"[93]라고 부탁하였다. 또한 奉天 제8국민고등학교에 재학 중이었던 중국인 학생도 부친에게 편지를 보내 "奉天市의 사람으로 동창 친구 중 제1군관구의 징병처장을 알고 있는 자가 있어, 지금 그에게 부탁하여 여러 가지 운동을 하고 있습니다만, 復縣 출신 징병관의 이름을 알면 매우 유리하게 될 것이라 합니다. 급히 조사를 부탁드립니다"[94]고 부탁하며 징병을 피해보려고 하였다. 결국 뇌물을 사용해 징병을 피한 중국인도 있어 "검사 당시 가게에서 운동비 100엔을 사용하였기에 저는 다행히 징병에서 벗어날 수가 있었습니다"라고 하며 부모에게 감사를 표하기도 하였다.[95] 일본은 만주국을 법치국가로 만든다는 명목하에 각종 법률을 제정하여 만주국의 중국인을 지배체제 안으로 끌어들이고자 하였고, 많은 중국인들은 뚜렷한 저항이나 협력 없이 일본의 지배를 인정하면서 그 체제 안에서 생활·생존하기 위한 길을 모색하였던 것이다.

1945년 8월 소련의 참전과 일본의 항복으로 만주국은 해방되어 일시적으로 소련의 군정을 거친 후 중국에 복귀하게 되었다. 하지만 일본이 축척시켜 온 제 민족 간의 갈등, 친일 협력자漢奸 문제, 국공 이념 대립 등은 서로 간에 복잡하게 얽힌 채 구 '만주국인'들에게 남겨졌다.

---

92) "이번에 장정검사를 받았지만 불행히도 합격을 받고 끝났다. 너무나 운이 없다. 불행이 극에 달했다. 내년에 입영해야 되기 때문에 집에서는 그로 인해 매우 곤란해 하고 있지만, 도대체 누가 나에게 이런 운명을 부여해준 것인가? 너도 학교를 마치고 사회로 나가 사회의 어려움을 알게 되고, 또한 장정검사를 받으러 가 인생의 노고를 맛보지 않으면 안된다. 정말로 인생이란 무의미한 것이다"(關東憲兵隊司令部, 『關東憲兵隊通信檢閱月報』, 1943년 9월).

93) 關東憲兵隊司令部, 앞의 자료.

94) 關東憲兵隊司令部, 앞의 자료.

95) 關東憲兵隊司令部, 앞의 자료.

만주국 붕괴 후 일본에 협력했던 군인·경찰·관리 등은 생존을 위해 무장세력화하고, 만주지역을 놓고 각축을 벌이고 있는 국민당과 공산당 중 한 세력에 가담하였다. 이들은 국민당 측에 가담하는 경우가 많았는데 공산당 측에서는 그러한 재지 무장세력을 '土匪'라 부르고 군사적으로 일소하고자 했다.[96] 그와 함께 수많은 대일협력자들이 국민당과 공산당에 의해 漢奸으로 처벌되었는데,[97] 한족을 제외한 만주지역의 나머지 민족들은 이에 연루되지 않도록 한족에 동화하거나 숨죽여 지낼 수밖에 없었다.

4. 결론

이상 일본 제국주의의 대만과 만주 지배의 특징과 이에 대한 현지인의 반응과 대응 및 그 영향에 대해 살펴본 바를 정리하면 다음과 같다.

1895년 일본은 대만을 할양 받았지만 대만인의 격렬한 저항에 부딪혀 1902년 비로소 중앙집권체제를 확립할 수 있었다. 당초 대만의 실정을 감안하여 위임입법제도를 도입하고 대만 고유의 풍속습관을 존중하는 방임주의 정책을 취했던 일본은 1898년 고다마 총독 부임 이후 점진·격리주의 원칙에 기초한 생물학적 통치책략을 실현하고자 하였다. 이 기간 동안 토지조사사업을 비롯한 각종 개혁과 건설을 통해 자본주의화의 기초를 다짐으로써 일본자본가와 기업의 진출을 유도하였다. 동시에 농업발전의 기반을 조성하여 농업위주의 식민지 경제체제를 건립하였다. 제1차 세계대전 말부터 식민지 통치방침을 동화주의로 전환한 일본은 문관총독에 의한 '내지연장주의' 정책을 시행하였다. '일대융합'의 기치하에 지방제도와 경찰제도의 개혁, 대만인의

96) 西村成雄, 「戰後中國東部における政治的正統性の源泉」, 山本有造 編著, 『滿洲 記憶と歷史』, 京都大學學術出版會, 2007, 48~59쪽.

97) 현재로서는 중국공산당에 의한 한간처벌의 전체적인 규모를 알 수 있게 해주는 자료는 없지만 그 규모는 상당했을 것으로 추정된다(성대경, 『외국의 식민지·점령지 과거사청산 법령Ⅰ 해제와 법령번역』, 친일반민족행위진상규명위원회, 2007, 25쪽).

제한적 정치 참여와 관료 임용, 일본 국내법의 적용과 혼인과 입양의 합법화, 학제의 확립과 교육기회의 확충 등이 이루어졌다. 하지만 대만인과 일본인 사이에 엄연한 차별이 존재했고 대만은 여전히 일본헌법의 보장을 받지 못하는 '이역'으로 남아있었다. 1936년 다시 무관총독을 임명한 일본은 대만을 전쟁수행의 도구로 삼기 위해 '황민화·공업화·남진기지화'를 시정방침으로 정하였다. 중일전쟁 이후 '황민화' 운동이 가속화되고 전쟁의 장기화로 대만도 전시체제에 진입하게 된다. 태평양전쟁이 발발하자 일본은 많은 대만 장정을 전선으로 내몰았고, 황민봉공회의 주도로 많은 대만인이 전쟁에 동원되었다. 한편 일본은 소학교와 공학교의 구분 철폐, 선거법 개정 등 각종 회유정책을 실시하여 대만인의 협력을 얻고자 하였으나 일본인과의 차별은 끝내 없어지지 않았다.

한편 할양에 반발하여 대만인은 일본의 점령에 무력 저항하였지만 뚜렷한 국가관이나 민족의식을 갖고 있지 않았다. 따라서 소수 하층 신사와 중소 지주를 중심으로 한 항쟁은 한동안 일본당국을 곤혹스럽게 하였지만, 식민체제를 전복할 힘은 처음부터 부재했다. 도리어 점령 초기 사회혼란을 틈탄 기회주의자와 기득이익을 지키기 위해 식민정권에 자발적으로 협력한 구 사회지도층이 적지 않았다. 이들 紳商의 협력은 일면 지역민의 생명과 재산을 보호하는데 일정한 공헌을 하였고, 이들의 협력에는 식민당국의 각종 회유와 포섭(보상)정책이 중요한 요소로 작용하였다. 단 식민체제가 확립되면서 거의 모든 사회지도층 자제가 일본식 근대교육을 받고 1920년대 이후 신흥엘리트 세력으로 대두하여 식민통치의 유력한 협력자로 성장하였다는 점과, 같은 시기 반식민 정치사회운동을 펼쳤던 지도자 중 일부도 1930년대 중반 지방자치에 참여하고 있는 점을 통해서 식민당국의 소위 "교환과 중개를 통한 통제기제"가 매우 성공적이었으며, 식민지배의 장기화에 따라 그 대상이 점차 확대되고 그 교환조건도 변화함을 확인할 수 있다. 반면 식민지배 초기 일본의 지배에 무관심했던 다수의 노동자·농민계층은 식민체제가 확립되고 동화정책이 강화되면서 점차 식민통치에 순응하게 된다. 그 결과 공학교 취학률이 증가하고 전쟁동원에 적극 반응하였지만 자율적인 위생관념을 내면화하지는 못했다는 점에서 식민권력의 한계를 볼 수 있다. 또 대대적인 토벌과 경찰을 이용한 교화정책하에 원주민들도 점차 일본에 동화되어 갔으나 무사사건과 고사의용대의 사례를 통해 식민지배의 실상과 강요된 동화의 허상을 엿볼 수 있다.

1945년 일본의 패망으로 대만은 식민지에서 해방되어 중국으로의 복귀를 준비하였고 조국의 군대를 열렬히 환영하였다. 하지만 50년 동안의 격리로 인한 생활수준과 문화의 차이, 언어의 불통에다 점령자로 군림하려는 국민당정부의 부정부패에 대한 실망과 좌절 등으로 누적된 불민이 마침내 2.28사건으로 폭발하였고, 사건 당시 일제시대로 되돌아간 듯한 현상은 국민당정부에게 계엄통치와 '백색테러'의 명분을 제공하였다. 그리고 이런 과정을 통해 형성된 '대만의식'은 지금까지 대만사회의 화해와 통합을 가로막는 정서적 배경으로 남아있다는 점에서 일본 식민통치의 상흔이 얼마나 깊은지를 생각하게 한다.

관동군에 의한 1931년의 만주사변과 1932년의 만주국 건국으로 인해 일본은 광활한 만주지역을 손에 넣었지만 격렬한 반만 항일무장투쟁에 부딪혀 만주국 내의 '치안유지'가 최대의 과제가 되었다. 특히 동북항일연군으로 대표되는 중국공산당 계열의 유격대는 농민과 밀접한 연계를 맺고 저항을 계속하고 있었기 때문에, 일본은 치표공작, 치본공작, 사상공작이라는 다양한 치안공작을 추진하고, 이와 함께 보갑제 실시와 집단부락 설치 등을 통해 끊임없이 농민과 항일유격대의 분리를 시도하였다.

일본은 만주국의 '치안유지'에 집중한 나머지 만주지역 제 민족 간의 반목을 조장하여 이를 교묘히 통치에 이용하느라 이들을 하나로 묶을 명확한 민족정책을 수립하지 못했다. 일본이 만주국 건국 시 표방한 '오족협화'라는 슬로건은 공허한 메아리에 불과할 뿐 각 민족에 대해서는 차별적인 정책을 시행하였고, 일본인은 시종일관 만주국의 틀 밖에 위치하며 타 민족 위에 군림하는 존재였다.

일본의 일방적인 만주점령과 지배에 대한 저항은 동북군의 잔존세력을 중심으로 시작되었다. 이들을 중심으로 조직된 동북항일의용군은 격렬한 무장투쟁을 전개하였지만, 통일적인 지도체제의 미 확립, 개별적인 부대행동, 정규전 중심의 군사행동 등으로 인해 1933년까지 일본군에 의해 각개 격파되었다. 이후 저항운동은 중국공산당의 항일유격대가 중심이 되어 1934년부터 1935년에 걸쳐 각지의 유격대가 동북인민혁명군으로 조직화되었으며, 1936년에는 동북항일연군으로 개편되어 농촌을 기반으로 한 반만 항일무장투쟁을 수행하였다. 이 투쟁에는 조선인들도 다수 참가한 것이 특징이다. 하지만 동북항일의용군과 마찬가지로 동북항일연군에도 전체를 총괄할 강력한 지도기관이 존재하지 않았고, 1936년부터 실시된 이른바 '치안숙정계획'으로 대표되는 일본의 철저한 탄압 앞에 쇠퇴의 길을 걷게 되었다.

만주 각 지역에서 반만 항일운동이 격렬하게 전개되는 한편, 일본에 협력하여 만주국의 통치체제 구축에 협력한 현지인도 다수 존재하였다. 그 이유로서는 먼저 만주국의 구성원 중 타 지역에서 온 이주민이 대다수를 점해 만주에 대한 강한 애착심이 없었으며, 그로 인해 새로운 지배자에 대한 순응도도 상대적으로 높았던 점을 들 수 있다. 또한 만주국의 다양한 민족구성은 만주사회의 확고한 정체성 확립에 부정적으로 작용했다. 정치적으로도 군벌 정권의 통치 하에 있어 만주 지역은 중화민국 중앙정부에 대한 귀속의식, 신뢰감이 약했다. 이러한 요인들은 지도자급 인사들의 친일협력으로 이어졌고, 일반 민중들이 일본의 지배에 대해 적극적인 저항이나 협력 없이 이를 수용하면서 그 체제 안에서 생활·생존하기 위한 길을 모색하는 행동으로 나타났던 것이다.

3부 서구 근대 다문화사회의 형성과 재현 양상

다민족국가 오스트리아-헝가리 二重帝國의 成立 | 박재영

미국 다문화주의의 역사적 배경 | 최재인

파독 한인여성 이주노동자의 역사 | 나혜심

다민족국가 오스트리아-헝가리 二重帝國의 成立

박재영

1. 머리말

국내 中·東歐史 硏究, 특히 합스부르크Habsburg 帝國에 관한 연구는 아직 그 萌芽期의 수준을 넘지 못하고 있다. 최근까지 이에 관한 연구가 專門的인 관심을 갖고 있는 一團의 학자들에 의하여 체계적·조직적·지속적으로 전개된 것이 아니라 그때그때 필요에 의하여 이 방면에 대한 관심이 간헐적으로 투사되었기 때문이다. 그리고 Habsburg史가 엄연히 유럽사의 중요한 일부분이면서도 지금까지 우리에게 생소한 분야로 남아있는 이유는 유럽사가 일반적으로 강대국 중심으로 연구되어 왔다는 데 기인하기도 한다.

필자는 그동안 東歐史를 개괄하면서 1867년 오스트리아와 헝가리의 "대타협Ausgleich"에 의해 성립된 오스트리아-헝가리 二重帝國Austro-Hungarian Dual Empire은 오늘날에 있어서도 民族問題—민족의 통합, 민족들 간의 통

---

* 중앙대학교 문화콘텐츠기술연구원 연구교수

** 이 글은 『경주사학』 24·25합집(2006.08)에 게재된 논문을 일부 수정·보완한 것임.

합—와 國家體制 —다민족 2원 국가체제, 1민족 2국가체제, 국가연합 등—라는 테마를 이해하는 데 시사하는 바가 많다는 점을 인식하게 되었다. 또한 현재 활발히 추진되고 있는 유럽의 정치적 통합에 있어서도 다민족 국가였던 동 제국이 민족적·국가적 통합을 이루기 위해 어떠한 노력을 경주하였는가는 오늘날 유럽의 사가들에게도 관심 있는 테마이기도 한 것이다.[1)]

유럽사에 있어서 오스트리아-헝가리 二重帝國(1867~1918)은 좀처럼 나타나기 힘든 형태의 民族構成과 國家體制를 유지했던 多民族國家였다. 동제국의 발전과정이 특별히 관심을 끄는 것은 바로 동제국의 독특한 지리적·역사적 위상이었다. 오스트리아 絶對主義의 불완전한 구조는, 어떠한 방식으로도 단일한 정치적 틀로 결합시킬 수 없었던 제국을 구성하고 있는 민족들의 복잡한 성격에 기인한다. 합스부르크 제국의 황제가 헝가리의 국왕을 겸한다는 同君聯合體制로서의 이중제국의 판도는 오스트리아와 헝가리를 포함하여 동쪽으로는 트란실바니아 지역까지, 북쪽으로는 갈라치아, 남쪽으로는 크로아티아 전역과 보스니아의 일부를 포함하였다.[2)]

일반적으로 동제국의 역사는 수많은 모순점을 내포한 시대에 맞지 않고 보수적이며 반동적인 성격을 가진다는 것이 지배적 견해이다.[3)] 그러나 그러한 비판으로 결론짓기 보다는 Habsburg帝國(1526~1918)이

1) Weber, Matthias, "Ein Model für Europa?", *Geschichte in Wissenschaft und Unterricht,* Vol. 11, 1996, p. 651.

2) 1910년의 통계에 의하면 동제국의 인구는 독일계, 헝가리계, 슬라브계, 이탈리아계, 루마니아계를 합쳐서 48,500,000명으로서 당시 유럽에서는 러시아 다음으로 많은 인구를 거느리고 있었다. 그 중 독일계가 약 10,000,000명, 슬라브계 16,250,000명, 이탈이아계 800,000명 그리고 기타였다. 이 중에서 헝가리의 인구는 약 20,000,000명이었다. 이 중에서 헝가리계는 10,000,000명, 슬라브계 5,500,000명, 루마니아계 3,000,000명, 독일계 2,000,000명이었다. 그 외에 소수의 유태인들이 있었다. Kann, Robert A., *Das Nationalitätenpr oblem der Habsburgermonarchie: Geschichte und Ideengehalt der natio nalen Bestrebungen vom Vormärz bis zur Auflösung des Reiches im Jahre 1918,* 1. Bd.(Das Reich und die Völker), Graz-Köln, 1964, p. 48; Galantai, Josezef, *Der Osterreichsch-Ungarische Dualismus-1918,* Crvina/OBV, Budapest, 1985, p. 10.

3) 이러한 견해는 주로 맑스주의 연구자들에 의해 제기되었으며 Perry Anderson이 그 대표적 학자라 하겠다. P. 앤더슨, 김현일 외 역, 『절대주의 국가의 역사』, 소나무, 1996.

어떻게 그 장구한 세월동안 제국을 유지했으며 19세기 自由主義와 民族主義의 時代에 제국의 존속을 위해 어떠한 노력을 경주했는가, 그리고 이중제국의 해체는 분열에서 통합으로 나아가는 유럽세계에 시사하는 바가 무엇인가에 촛점을 맞추어 새롭게 접근해야 할 연구과제이다.[4)]

본 논문은 1867년의 "대타협Ausgleich"으로 인한 오스트리아-헝가리 이중제국의 성립까지의 시기, 즉 메테르니히 체제에서 1867년 까지를 주된 연구범위로 설정하였다. 특히 1848년 이후로 내셔널리즘Nationalism은 하나의 시대적 이데올로기로서 민족의 독립과 자유를 주장하는 운동이 활발히 전개되었던 시기였다. 유럽의 내셔널리즘은 민족의 통일을 달성한 이탈리아와 독일의 경우 긍정적인 방향으로 작용하였을 뿐만 아니라 단순히 국가적 통일로 끝나지 않고 민족과 국가의 번영을 위한 제국주의적 방향으로 나아갔다. 그러나 다민족 국가였던 오스트리아-헝가리 제국에서는 국가적 통합을 위협하는 요소로 작용하게 되었다. 본고에서는 이 시기 동안의 역사적 사실을 살피면서 민족문제가 첨예해 진 가운데 합스부르크제국 내에서는 어떠한 국가통합의 문제점들이 파생되었는지, 어떠한 과정을 거쳐서 이중제국 체제가 성립되었는지를 분석해 보고자 한다.

필자는 본문의 내용을 전체적으로 다섯 장으로 구분하였다. 먼저 머리말에 이은 제2장에서는 합스부르크제국에 있어서 민족문제의 역사적 배경을 살펴보았다. 여기에서는 주로 오스트리아와 발칸제국과의 관계를 중심으로 발칸반도 내의 슬라브 민족과 합스부르크 제국이 어떠한 역사적 관련성을 가지고 발전해 왔는가에 초점을 맞추었고, 나폴레옹의 몰락이후 메테르니히체제가 유지하고자 했던 보수·반동 정책이 시대적 요구인 자유주의와 민족주의에 의해서 해체되는 과정을 위주로 정리하였다. 메테르니히체제는 이후의 역사발전에 하나의 전환점이 되며, 보헤미아, 헝가리, 발칸반도의 제민족의 민족적 요구

4) Weber, Matthias, *op., cit.* p. 653.

를 증폭시키는 결과를 초래하였기 때문이다. 제3장에서는 1848년 프랑스의 2월 혁명의 불길이 베를린, 비엔나, 부다페스트, 프라하로 번지면서 프로이센과 합스부르크 제국을 혁명의 도가니로 몰아가는 가운데 민족문제의 타결을 위해 어떠한 논의가 있었는지 살펴보았다. 이 장에서는 프랑크푸르트 국민회의와 슬라브 회의를 고찰함으로써 게르만과 슬라브 양 민족이 민족문제를 해결하고 국민국가를 형성하기 위해 어떠한 논의와 노력을 기울였는가와 코수트Louis Kossuth에 의해 주도된 헝가리 혁명이 좌절되는 과정을 추적하였다. 제4장에서는 프로이센-오스트리아 전쟁의 패배로 궁지에 몰린 합스부르크 제국이 1867년 제국의 존속을 위해 제국 내 슬라브 민족의 거센 반발에도 불구하고 헝가리와 극적인 오스트리아-헝가리 이중제국이 성립하게 된 제 상황을 정리하였고 끝으로 제5장 맺음말 부분에서는 유럽사에 있어서 오스트리아-헝가리 이중제국의 성립이 갖는 역사적 의의를 민족문제와 국가체제의 연장선상에서 검토해 보았다. 유럽사에서 보기 드문 '대타협Ausgleich'으로 탄생한 이중제국의 국가체제의 특성과 제국의 존속을 위협했던 동제국내 소수민족 문제에 대해서는 차후에 보다 더 심도 있는 연구를 진행하고자 한다.

2. 민족문제의 역사적 배경

2.1. 발칸諸國과 합스부르크帝國과의 관계

1914년 6월 28일, 발칸반도 내에 있는 보스니아의 수도 사라예보Sarajevo에서 大세르비아주의를 지지하는 보스니아 대학생에 의한 페르디난트Francis Ferdinand大公 夫妻의 암살은 유럽을 제1차 세계대전의 참화로 몰고 간 대사건이었으며, 결국 제1차 세계대전 이후 오스트리아-헝가리 이중제국을 붕괴시킨 직접적 원인이 되기도 하였다.[5)]

따라서 본 장에서는 합스부르크제국의 민족문제의 핵심인 발칸반도

내 슬라브인의 역사와 오스트리아와의 관계를 먼저 살펴보고자 한다.

주로 남슬라브 민족이 거주하는 남동유럽의 반도가 일반적으로 '발칸Balkan' 반도로 명명되기 시작한 것은 19세기 이후의 일이다. 발칸반도에는 현재 그리이스, 알바니아, 불가리아, 루마니아, 구유고연방[6] 등의 국가들이 있고, 이 반도에서는 옛날부터 여러 세력이 교차해 왔으며 최근까지 유고내전 및 코소보사태 등 민족주의와 열강의 이해가 얽혀 복잡한 역사가 전개되었다. 따라서 그 민족분포, 언어, 종교 등도 매우 복잡한 양상을 보이고 있다.[7]

역사적으로 발칸반도 남부에는 일찍부터 고대 그리이스 문명이 발전하였으나, 다뉴브강 유역에는 오랫동안 문명의 암흑기가 계속되어 왔다. 기원 3세기 로마제국이 쇠퇴하기 시작하자 다뉴브강 유역에는 고트족과 훈족이 침입했고 6세기 경부터는 슬라브인Slaven이 남하를 시작하였다. 또 9세기말에는 우랄계의 마쟈르인이 다뉴브강 북부지역에 진출했다. 남슬라브족은 발칸지역에서 각각 독자적으로 국가를 건설하고, 동로마제국의 그리이스 정교문화의 영향을 받았는데, 14세기 중엽부터는 동쪽의 회교도 국가인 오스만투르크의 지배를 받았고 그 뒤에는 바로 서쪽의 카톨릭국가인 오스트리아, 북쪽의 러시아 세력 그리고 투르크와의 끊임없는 항쟁에 시달려야 했다. 오스만투르크는 14세기 중엽부터 발칸반도에 진출하기 시작하였으며, 1389년에 코소보Kosovo의 전투에서 남슬라브 연합군을 격파하였고, 16세기에 들어서자

5) 오스트리아의 政治家들 사이에서는 슬라브族의 감정을 완화시키고 오스트리아 帝國을 공고히 하려면 슬라브族에게 政治權力을 주어 3元帝國 體制를 세움이 좋다고 생각하는 사람들이 있었는데 사실상 Ferdinand 大公이 이러한 부류에 속한 인물이었다. Macartney, C. A., *The Habsburg Empire 1790～1918*, London, 1971, pp. 645~647.

6) 제1차 세계대전은 남부 슬라브 민족의식에 불을 붙였던 사건이었다. 이 의식은 1918년 "세르비아, 크로아티아, 슬로베니아왕국"의 선포를 통해 명확히 표현되었으며, 이 국가는 1929년에 "유고슬라비아"로 명명되었다. Oschlies, Wolf, 「불가리아·유고슬라비아 관계에 비추어 본 발칸반도의 민족문제」, 『동구연구』 5, 1991, pp. 60~61.

7) 오스트리아와 헝가리가 대부분 카톨릭교도인 반면 발칸반도의 소수민족들의 종교는 복잡한 양상을 나타내었다. 1910년경 크로아티아-슬로베니아의 경우 카톨릭교도가 인구의 72.3%, 그리이스정교도가 24.9%였으며, 보스니아-헤르체고비나는 그리이스정교도 43.3%, 이슬람교도 32.2%, 카톨릭교도 23%, 유대교도가 0.6% 등으로 나타났다(Kann, Robert, *Werden und Zerfall des Habsburgerreiches*, Styria, 1962, p. 60).

모하치Mochacs, 1526전투에서 승리하여 발칸반도에 대한 지배권을 더욱 공고히 하였다.[8)]

17세기 중·동유럽의 새로운 강국으로 등장한 합스부르크제국과 모하치전투 이후 발칸반도의 지배권을 획득한 오스만투르크간의 대립은 결국 군사적 충돌을 야기하게 되었다. 1697년 합스부르크 제국의 군대는 투르크 제국과의 전쟁에서 승리하였고, 패배한 투르크의 술탄 무스타파는 평화협상을 제의하였다. 마침내 레오폴드 2세는 협상 끝에 카를로비츠Karlowitz에서 1699년 조약을 체결하였다.[9)] 카를로비츠 협정은 남동부 유럽사에서 커다란 전환점을 이루는 사건이었다. 오스만투르크는 그 전에 결코 그토록 많은 영토적 손실을 인정한 적이 없었으며, 이 때 오스트리아는 가장 큰 이득을 보았다. 합스부르크 帝國은 손쉽게 카르파티아Carpatia산맥까지 국경을 확장했으며, 중부 유럽에서 최강국으로 부상하였고 발칸반도의 諸民族을 그 지배하에 두게 되었다. 그러나 그때부터 유럽 열강들은 오스만 제국의 후퇴로 생겨난 東方問題에 직면하게 되었다. 오스만 제국의 후퇴로 근동 및 발칸지역에서는 세력의 진공상태가 생겨났으며, 어떻게 이 진공상태를 메울 것인가 하는 문제는 제1차 세계대전 말까지 유럽정치의 기본적 문제 중의 하나로 등장하였다.

그 무렵 러시아에서는 표트르大帝가 黑海沿岸의 투르크 세력에 공격을 가하면서 세력을 확대하기 시작했는데, 18세기 후반이 되면 2회에 걸친 투르크와의 전쟁(1768~74, 1789~92)에 의해 러시아는 크리미아 반도와 흑해 서북부 해안지역을 장악하여 발칸진출의 발판을 얻었다. 발칸에서의 투르크의 후퇴는 불가피하게 되었고 대신 오스트리아 대

---

8) 헝가리가 합스부르크 帝國의 지배하에 놓이게 된 것은 모하치(Mohacs)전투에서의 패배 이후이다. 이는 합스부르크家와 투르크 帝國간의 대립이 시작되었다는 것을 의미하며, 합스부르크 帝國은 이슬람 세계에 대항하는 유럽 문명의 보루의 역할을 하였다. Kann, Robert A., *Geschichte des Habsburgerreiches 1526~1918*, Wien/Köln/Graz, 1982, pp. 26~30.

9) 그 결과 오스트리아는 트란실바니아, 크로아티아, 슬로베니아를 할양받았으며, 폴란드는 포돌리아(Podolia)지방을, 러시아는 아조프(Azov)를 점령하였다(Reifenscheid, Richard, *Die Habsburger von Rudolf I. bis Karl I.*, Graz/Wien/Köln, 1982, pp. 188~189.

러시아라는 새로운 대립관계가 형성되었다.[10]

투르크의 쇠퇴에 따라 발칸의 여러 민족들은 때 마침 전개되었던 프랑스 혁명과 나폴레옹 전쟁의 영향을 받아 民族主義와 自由主義의 물결 속에서 독립투쟁을 전개해 나갔다. 1821년 투르크 내부의 반란을 틈타 먼저 그리이스가 독립전쟁을 일으켰다. 유럽 고전문화의 발상지에서 일어난 反回敎 독립전쟁은 많은 유럽인들의 동정을 사서 러시아가 그리이스 正敎徒의 보호라는 명목으로 그리이스를 원조하고 영국과 프랑스도 독립전쟁을 원조하여 1829년 아드리아노플Adrianople조약에 의해 그리이스는 독립을 인정받게 되었다. 또 이때 세르비아와 몬테네그로, 몰타비아와 왈라키아에도 자치권이 부여되었다.

러시아의 남진정책은 그 후 크리미아전쟁(1854~56)[11]에서 러시아가 영·불연합군에 패함으로써 정체되었으나 1867년에는 모스코바에서 슬라브 대표회의를 소집하고 범슬라브주의의 맹주가 되어 다시 발칸 진출을 강화하기 시작했다. 따라서 합스부르크帝國은 발칸의 슬라브 民族의 불만과 이에 대한 러시아의 영향력을 경계하게 되었다. 합스부르크제국의 少數民族들이 독립한다면 제국의 붕괴는 필연적인 것이므로 슬라브Slav 民族主義를 가능한 한 제압하는 것이 오스트리아의 숙명적인 과제였다.

이상과 같이 발칸반도의 역사를 개관해 볼 때, 합스부르크帝國과 발칸과의 관계는 역사의 전개과정에서 범슬라브주의와 범게르만주의라는 두 축의 형성으로 나타나게 되었고, 결국 러시아의 팽창과 합스부르크帝國 내에서의 少數民族 問題는 중·동부 유럽에서의 정치·외교적 긴장을 날로 격화시키는 요인으로 작용하였다.

---

10) Macartney, C. A., *op. cit.*, pp. 117~118.

11) 크리미아 전쟁(Crimean War)에서의 굴욕적 패배는 러시아 절대주의 체제에 심각한 충격을 안겨주었다. 서구 여러 나라에게 군사적으로 패배하자 알렉산더 2세는 구체제의 기반을 사회적으로 근대화해 가는데 있어 가장 기초가 되는 사업으로 농노제의 철폐를 단행하였다. Novotny, Alexander, ***Franz Joseph I.***, Musterschmidt Verlag, Goettingen, 1968, pp. 27~33.

2.2. 메테르니히 체제와 오스트리아

주지하는 바와 같이 1815년부터 1848년까지의 시기는 프랑스혁명의 정신이 유럽의 다른 나라로 확대되는 기간이었다. 이 기간을 獨逸史에 있어서는 '3月 前期'Vormärz[12]라고 부르는데 혁명의 정신과 반동세력의 대응이 첨예하게 맞부딪쳐 혁명과 반혁명의 순환이 계속되었기 때문이다. 이러한 시대적 배경을 기반으로 양 진영 간의 투쟁의 서막인 메테르니히체제와, 자유주의와 민족주의의 영향으로 제국 내 소수민족 문제가 첨예한 양상을 보이게 되는 오스트리아의 상황을 보다 자세히 살펴보고자 한다.

나폴레옹의 몰락은 유럽의 지배세력을 빈Wien에 모이게 만들었다.[13] 왜냐하면 나폴레옹이 유럽을 정복하면서 이전의 국경선을 없애거나 변화시켰기 때문이었다. 그러므로 국경선을 새로이 조정하기 위한 작업은 필연적이었고 이 작업은 오스트리아의 수상 메테르니히의 주도하에 빈에서 개최된 유럽 열강들의 모임에서 결정될 성질의 문제였다. 이 모임은 빈회의Congress of Vienna라고 불렀으며 회의의 근본원칙은 정통주의Legitimacy와 세력균형Balance of Power에 있었다. 회의에 참석한 각국의 대표들은 프랑스 혁명정신이 확산되는 것을 막기 위한 제도적 장치를 마련하고자 하였고, 안정과 평화를 회복한다는 회의의 목표는 바로 프랑스 혁명정신의 말살과 직결되는 것이었다.

오스트리아는 영국이나 프랑스와는 달리 절대주의 체제하에서 여러 민족이 섞여 하나의 제국을 형성하였는데 동제국은 각 개별민족을 하나의 제국 내에 통합시켜야 할 힘든 과제를 안고 있었다. 이는 오스트리아가 제국으로 존속하기 위해서 반드시 해결해야 할 문제이기도 하였다. 그러므로 오스트리아의 경우 민족주의란 제국을 와해시킬 위

12) Austria史家 C. A. Macartney는 1835년 Francis 황제의 죽음에서 1848년 3월 혁명이전까지를 '3月 前期(Vormärz)'로 보았다. 이는 이미 1835년부터 메테르니히로 대표되는 보수 체제가 무너지고 있었다는 것을 의미한다 하겠다(Macartney, C. A., *op. cit.*, p. 255).

13) Kissenger, Henry, ***Diplomacy***, New York, 1994, pp. 78~79.

험스러운 사상임이 명백하였다. 그러나 자유주의와 더불어 민족주의도 함께 억압해야만 제국이 유지된다는 것이 당면과제임에도 불구하고 현실적으로는 매우 힘든 일이었다. 이러한 어려운 과제를 해결해야 할 사람이 클레멘스 폰 메테르니히Klemens von Metternich였다.

메테르니히는 비록 비인회의를 통해 유럽 열강들의 보수·반동적 합의를 이끌어 내었지만 이후의 역사전개를 개괄해 볼 때, 유럽 각국의 자유주의적 국민주의 사상과 오스트리아 帝國 내 제민족의 민족주의적 요구에 기민하게 대응하지 못한 채 1848년 혁명을 맞이하게 된 점은 그의 정치력의 한계였다고 볼 수 있다. 그러나 개별국가의 이익을 중시하되 유럽 전체의 균형을 잃지 말아야 한다는 견제와 균형의 원칙은 비인체제를 통하여 어느 한 나라의 독주를 견제하여 유럽의 평화기반을 다짐으로써 약 30년간 구체제의 존속을 가능하게 한 측면도 있다.[14] 또한 메테르니히에 의해 주도된 세력균형론에 비추어 볼 때 오스트리아 세력의 재확립은 괄목할 만한 것이었다. 이탈리아의 롬바르디아 평원에서 폴란드의 갈라치아에 이르는 합스부르크 제국은 프랑스의 야심을 견제하고 프로이센의 팽창주의에 맞서 독일의 현상을 유지하며, 발칸에 대한 러시아의 침투를 저지하여 유럽의 세력균형을 유지하는 가장 큰 지주의 역할을 하게 되었던 것이다.

일반적으로 빈회의는 보수·반동 세력의 이익을 절대시하고 역사의 시계를 거꾸로 돌려놓았다는 거센 비난을 받았으나 제1차 세계대전을 겪고 난 뒤 서양의 학계에서는 견제와 균형을 내세워 조화를 이루어 나가려던 이들 보수주의 정치가들의 입장이 새롭게 평가되고 있다.[15] 자유주의와 민족주의가 역사진보의 원리라고 생각하는 이데올로기는 어떠한 면에서 참화를 초래한 세계대전의 한 원인이 되었기 때문이다.

그러나 프랑스혁명으로 촉발된 자유주의와 민족주의는 오스트리아의 보수진영에 의하여 성공적으로 억제될 수 없었다. 왕조간의 결혼

14) Hantsch, Hugo, *Die Nationalitaetenfrage im alten Oesterreich*, Band 1, Wien, 1953, pp. 36~49; Kissenger, Henry, *op. cit.*, pp. 82~84.

15) Kissinger, Henry, *op. cit.*, pp. 19~20.

과 세습된 영토로 형성된 합스부르크Habsburg帝國에는 공통의 언어, 공통의 민족성이 결여되어 있었으며, 동제국은 고도의 정치적 역량과 외교적 수완, 군대와 경찰력에 의해서 유지될 수 있는 국가형태였다. 더구나 제국의 구성은 다양한 민족으로 이루어져서 있었다.[16] 합스부르크 제국은 이러한 다민족들에 의하여 구성된 복잡한 제국이었으므로 국가적 통합을 유지하기에는 그 기반은 매우 허약하였고 강력한 중앙권력이 없다면 쉽사리 무정부상태의 혼란에 빠질 위험이 도사리고 있었다.[17]

메테르니히는 민족주의와 자유주의가 합스부르크 제국을 와해시킬 중대한 문제라는 점을 충분히 인식하고 있었다. 그러므로 합스부르크 皇帝의 권위에 도전하는 자유주의나 슬라브, 마쟈르족 등의 민족주의는 메테르니히의 입장에서는 자라서 확산되기 이전에 뿌리째 뽑아 없애야만 할 위험스런 사상이었다. 하지만 메테르니히가 반동적인 정책을 강화하면 할수록 그의 정책은 더욱 탄력성을 잃고 현실적인 변화에 대응하지 못하게 되었다.[18] 1815년 이후 자유주의와 내셔널리즘은 떼어 놓을 수 없는 새 시대의 특성이었다.[19] 1830년과 1848년의 두 차례의 혁명을 통해서 프랑스는 유럽의 내셔널리즘과 자유주의를 증진시키는데 주도적 역할을 한 셈이었다. 이 두 혁명은 유럽 각 민족들에게 압제에서 벗어나는 입헌운동과 통일을 성취하려는 민족운동을 촉진하는 계기로 작용하였다.[20]

16) 1910년 당시 오스트리아–헝가리 이중제국에 있어서 각 민족의 인구비율을 보면, 독일인 23.9%, 마쟈르인 20.2%, 체코인 12.6%, 폴란드인 10%, 크로아티아인 5.3%, 이탈리아인 2.0%, 루테니아인 7.9%, 루마니아인 6.4%, 슬로바키아인 3.8%, 세르비아인 3.8%, 슬로베니아인 2.6%등이다(Kann, Robert *op. cit.,* p. 55).

17) Hantsch, Hugo, *op. cit.,* pp. 50~51; Kissenger, Henry, *op. cit,* p. 92.

18) Macartney, C. A. *op. cit.,* pp. 205~206.

19) *Ibid.*, pp. 253~254.

20) Miller, Stuart, *Mastering, Modern European History,* vol. 2, England, 1997, pp. 98~102.

3. 1848년 革命 이후의 民族運動

1848년은 유럽 전역에서 혁명이 발생한 해이자 마르크스-엥겔스의 "공산당선언"이 선포된 해이기도 하였다. 1848년 혁명이 그 이전에 발생했던 다른 혁명들과 구분되는 것은, 그것이 퍼져나간 속도의 급속함과 지리적 범위의 광대함이다. 전 유럽이 1848년 혁명의 물결에 휩쓸려 들어갔던 것이다.

합스부르크帝國의 수상 메테르니히의 彈壓政策과 5國 同盟을 통한 적극적 개입에도 불구하고 1848년 2월 프랑스에서 시작된 혁명의 파문은 오스트리아에까지 파급되었다.21) 제국 전역에 걸쳐 혁명이 발생하면서 빈에서는 독일인 자유주의자들이 헌법제정을 요구하였고 헝가리와 이탈리아에서는 합스부르크 제국으로부터 해방되기 위한 전쟁을 일으켰다.22) 메테르니히는 빈Wien에서의 3월 혁명으로 실각하고 오스트리아 황제와 프로이센의 왕은 언론의 자유와 헌법제정을 약속했으며, 이를 계기로 독일의 다른 국가들에서도 입헌운동과 통일운동이 일어났다. 독일과 이탈리아 반도에서 민족주의가 통일국가 형성에 기여한 것과는 달리 다민족 국가인 오스트리아에서는 합스부르크 제국을 해체시키는 역할을 하고 있었던 것이다.23)

1848년의 혁명은 합스부르크제국 내 피지배민족들—마자르인, 이탈리아인, 체코인, 슬라브인—의 독립을 위한 봉기와, 합스부르크 왕조의 절대주의에 대한 자유주의의 투쟁이라는 두 가지 양상으로 전개되었다. 혁명의 가시적인 성과가 나타나기 시작하자 혁명을 주도했던 독일의 자유주의자들은 먼저 논의의 핵심을 독일 민족의 통일로 잡았

---

21) Macartney, C. A., *op. cit.,* pp. 322~324.

22) 헝가리 정부는 왕국 내 제 민족들의 반혁명적인 움직임에 자극받아 혁명을 수호하기 위하여 약 20만 명에 달하는 헝가리 민족의 독립적인 군대를 본격적으로 조직했다. Gergely, András, Ungarns staatsrechtliche Stellung in der Habsburwermonarchie in den Aprilgesetzen von 1848, in: Glatz, Fereng u. Melville, RalphGesellschaft, ***Politik und Verwaltung in der Habsburgermonaechie 1830~1918***, Stuttgart, 1987, pp. 41~54.

23) Macartney, C. A. *op. cit.,* p. 425.

다. 1948년 5월 프랑크푸르트에서 전독일국민회의Frankfurt Assembly가 소집되었을 때, 독일의 자유주의자들은 입헌주의적이며 시민의 권리를 보장하고 자유선거와 의회정치를 통해 국민의 의지에 부응하는 정부를 가지는 통일독일국가의 수립을 목표로 하고 있었다. 이번 회의는 독일인의 자유와 통일을 요구하는 목소리가 전국적으로 드높은 시점에서 열린 것이므로 대단히 중요했다. 여기에서 독일 각국의 대표들은 독일국민의 권리선언을 채택하고 통일 독일의 헌법을 제정하고자 했다. 그러나 프랑크푸르트회의는 처음부터 두 가지 근본적인 어려움에 직면하게 되었다. 첫째는 통일독일 속에 오스트리아가 포함될 것인가의 문제와, 둘째는 통일독일의 정부형태는 공화국인가 군주국인가의 문제였다. 첫 번째 문제에서부터 대표들 간의 의견이 크게 두 가지로 엇갈렸다. 구오스트리아적 대독일주의자들의 경우 신생독일은 오스트리아는 물론 보헤미아까지 포함되어야 하며 그 경우 제국의 帝冠이 합스부르크가에 돌아가야 한다고 주장하였다. 한편 프로이센을 중심으로 하는 소독일주의자들은 오스트리아는 신생독일에서 제외되어야 하며 그 경우 프로이센의 호헨쫄레른家가 帝位를 차지해야 한다고 주장하였다.[24] 오스트리아가 주도할 수 없는 통일이 바람직하지 않다고 본 오스트리아 정부는 대표들을 철수시켰고 프로이센의 프리드리히 빌헬름 4세는 동료 제후들이 아닌 혁명적 회합으로부터 부여된 제관은 받지 않을 것임을 천명하여 프로이센 중심의 통일안마저 좌절되었다.

---

24) 오스트리아제국 내에서 특권을 누려왔던 독일민족 대표들은 오스트리아 제국의 존속을 전제로 統一獨逸의 방법에 있어서도 몇 가지 견해 차이를 보였다. 먼저 '구오스트리아주의'는 혁명이전의 Metternich 體制로의 복귀를 막고 프로이센 중심의 大獨逸主義 원칙이 독일권 통합에 적용되지 않도록 입장을 모았다. 한편 '오스트리아적 대독일주의'는 오스트리아 제국의 일부지역만 新獨逸國家에 참여시킨다는 계획안에 반대하면서 그때까지 오스트리아 제국이 獨逸聯邦에서 가지고 있던 주도권을 신생 獨逸國家에서도 계속 유지시켜야 한다고 주장하였다. 이에 반하여 '프랑크푸르트적 대독일주의'자들은 오스트리아 제국의 일부가 아닌 전체가 참여해야 된다는 견해를 가지고 있었다. 그리고 이를 통해서만 그들이 제국내에서 누려왔던 비독일계 민족들에 대한 사회적 우위도 계속해서 유지된다고 믿었다. 따라서 '프랑크푸르트적 대독일주의'는 헝가리의 독립과 롬바르디아와 베네치아의 이탈리아 귀속, 갈리치아(Galizien)를 새롭게 등장할 폴란드에 넘겨주어야 한다는 오스트리아 제국의 분리를 전제로 한 '大獨一主義'적 주장과는 구별되는 것이었다. Goerlich, E. J., Grundzuege, *der Geschichte der Habsburger-monarchie und Oest erreichs*, Darmstadt, 1980, pp. 202~205.

프랑크푸르트 국민회의는 오스트리아의 포함여부와 체제선택문제로 결국 실패하고 말았다. 프랑크푸르트회의의 실패는 독일통일에 있어서 主導權爭奪, 즉 오스트리아 중심의 통일인가, 아니면 프로이센 중심의 통일인가의 결정이 나지 않은 때문이었다. 이러한 사실은 결국 국민국가의 형성에 있어서 국가체제와 민족문제의 해결이 얼마나 중요하고 풀기 어려운 것인가를 확인해 줌과 아울러 1867년 오스트리아-헝가리 이중제국의 성립 이후에도 계속 해결해야 할 문제로 남게 되었다.25) 이후 독일과 오스트리아 전역에 확산된 자유주의, 민주주의, 계몽주의, 입헌주의는 퇴조하고 대신 군국주의, 권위주의, 전체주의가 자리를 잡기 시작했다.

다른 한편, 슬라브인들은 1848년 6월에 프라하에서 최초로 그들 자신의 범슬라브회의Pan-Slav Assembly를 소집하였다. 이 회의의 참석자는 대부분이 시민계층 출신이었다는 점에서는 프랑크푸르트 국민회의와 유사하였다. 팔라츠키Franz Palacký가 의장으로 추대되었으며, 대표자들의 대부분은 체코, 크로아티아, 슬로바키아 및 세르비아 등 오스트리아제국의 슬라브 사회에서 왔지만 소수는 발칸반도 및 오스트리아령이 아닌 폴란드의 대표들이었다. 슬라브족은 그 당시 일반적으로 같은 슬라브계인 폴란드를 프로이센, 오스트리아와 함께 3차에 걸쳐 분할했던 제정러시아에 대해 의구심을 가지고 바라보았다.26)

슬라브주의의 핵심은 독일화에 대한 저항이었기 때문에 프라하회

---

25) 체코의 저명한 정치가이자 역사학자인 팔라츠키(Palacký)도 프랑크푸르트 회의에 초청되었으나 그는 오스트리아 제국의 존속을 지향하는 친오스트리아적 입장에서 초청을 거절하는 공개서한을 발표하였다. 팔라츠키는 이 서한에서 제국내의 슬라브 민족들은 아직 독립국가를 이룩할 제요소를 갖추지 못했으므로 제국의 존속의 필요성을 인정하고 제국내에서 그들의 불평등한 사회적 지위를 정치체제의 변혁을 통하여 점진적으로 극복해 나가야 한다고 주장하였다. 또한 합스부르크 제국내의 독일인, 마자르인, 슬라브인들이 평등한 관계에서 소수민족의 권익과 제국의 존속을 위해 연방 국가적 형태를 갖추어야 한다는 팔라츠키의 주장은 결국 오스트리아 정부에 의해 받아들여지지 않았다. Lehmann, Silke u. Hartmut, *Das Nationa litaetenproblem in Oesterreich 1848~1918*, Goettingen, 1973, pp. 9~14.

26) 슬라브족은 일반적으로 북슬라브족과 남슬라브족으로 구분된다. 북슬라브족으로는 체코인, 슬로바키아인, 폴란드인, 루테니아인 등이 있고, 남슬라브족은 슬로베니아인, 크로아티아인, 세르비아인 등이다. Robert Kann, *op. cit.*, p. 58.

의는 강한 반독일적 경향을 띠고 있었다. 그렇지만 반오스트리아 또는 반합스부르크적 성격이 강하지는 않았다. 1848년 革命 이후 오스트리아 帝國內의 슬라브인들은 프로이센을 중심으로 하는 대독일주의에 의해 帝國의 많은 지역이 새로운 독일로 편입되는 것과 오스트리아 帝國의 약화를 우려하고 있었다. 슬라브 民族의 社會的 地位가 향상되는 것이 아니라 오히려 格下될 가능성을 두려워 한 이들은 합스부르크帝國의 存續을 優先시 했고 이와 같은 입장에서 친오스트리아적 견해를 표명했던 것이다. 몇몇의 극단적 슬라브주의자들은 오스트리아 제국이 존속할 필요는 없다고 고집하기도 하였으나 프라하회의의 다수파는 오스트리아적 슬라브주의자였다.[27] 오스트리아적 슬라브주의자들은 러시아와 독일 등 강대국에 의해서 양쪽으로 압박당하였기 때문에 그들 자신의 생존을 위한 정치적 테두리로써 오스트리아 제국을 필요로 했다.[28] 또한 그들 슬라브인들은 오스트리아 제국내의 독일인, 마쟈르인과 동등한 자치와 헌법상의 권리를 요구하였다.[29] 이러한 요구는 결코 제국의 해체를 목표로 한 것이 아니라 범슬라브주의의 기치하에 슬라브 세계의 패권을 장악하려는 러시아와 범게르만주의 사이에서 슬라브 민족의 완전한 독립은 시기적으로 불가능하다는 현실인식에서 비롯된 것이었다. 그러나 회의가 진행되는 가운데 오스트리아 연방안을 지지하는 팔라츠키파와 오스트리아 제국의 몰락을 주장하는 급진적 슬라브주의자들 사이에 대립이 생겨났다.

1848년 혁명의 불길은 마침내 프라하로 번졌고 슬라브회의가 개최중이던 6월 12일에 급진적 시민, 학생, 및 노동자를 중심으로 폭동이 일어났고 체코인과 독일인의 지방적 반목은 사태를 더욱 악화시켰다. 지방군대의 지휘관인 빈디슈그레츠는 이 폭동을 무자비하게 진압하여 보헤미아에서 오스트리아 제국의 통치권을 회복시켰고, 슬라브회

27) Kann, Robert A., *Das Nationalitaetenproblem der Habsburgermonarchie*, Band 2., 1964, pp. 16~20.

28) C. A. Macartney, *op. cit.,* pp. 364~365.

29) Lehmann, Silke u. Hartmut, *op. cit.,* pp. 14~19.

의는 강제로 해산되었다. 비록 슬라브 회의는 해산되었지만 여기에서 주목할 것은 제1차 범슬라브회의가 1848년 프라하에서 열렸다는 점이다. 이 회의는 스스로 싸워서 목적을 달성할 힘이 없는 여러 약소민족들의 정치적 자각을 의미했으며, 하나의 대민족Super-nation이라는 집단을 구성하여 뜻을 이루려 노력했다는 것이다. 1848년은 고전적 자유주의가 패배하고 우리가 오늘날 현실정치Realpolitik라고 부르는 강경한 권력장악형 정치접근방식이 등장하는 계기가 되었다.

오스트리아 정부는 1848년 10월 반란의 중심지인 빈을 포위한 뒤 포격을 가하여 반체제 세력을 진압하는데 성공하였다. 그 과정에서 많은 인명이 희생되었고 개혁의 지도자들은 처형되거나 국외로 탈출하거나 지하로 숨어 버려서 개혁세력은 사실상 와해되었다. 반혁명의 승리는 합스부르크가의 지배로부터 벗어나려는 북부 이탈리아에서도 계속되었다. 합스부르크 제국의 일부였던 롬바르디아와 베네치아는 3월 봉기 기간 중에 제국으로부터의 독립을 선언했고, 사르디니아가 그들을 지지하여 오스트리아에 선전포고하였다. 반도 전체에서 이탈리아인들이 오스트리아의 압제에 항거하기 위하여 모여 들었다. 이탈리아인들의 독립에 대한 열망이 매우 높았음에도 불구하고 오스트리아군의 사령관 라데츠키Radetzky는 7월 25일에 쿠스토자에서 사르디니아왕의 이탈리아군을 압도적으로 패배시켰다.[30] 사르디니아왕 차알스 알버트는 본국으로 퇴각했으며 롬바르디아와 베네치아는 합스부르크가에 다시 귀속되었다.

1848년 반혁명의 결정적인 승리는 합스부르크 제국에서 가장 정치적, 민족적 독립의 역량이 강했던 헝가리에서의 독립혁명의 좌절이었다. 헝가리의 독립의 아버지이자 위대한 혁명가로 추앙받고 있는 코수트Louis Kossuth의 헝가리 급진파는 자유주의적이고, 민주적이기 조차 하였으나 그것은 무엇보다도 헝가리내의 소수민족들의 민족적 평등권을 인정하지 않고 마자르인의 권익을 우선하는 것이었다. 코수트는 3월

30) Sked, A, *The Survival of the Habsburg Empire, Radetzky, the Imperial Army and the Class War,* London-New York, 1979, p. 103.

혁명에 승리하여 합스부르크 제국과의 관계를 완전히 끊었고, 수도를 프레스부르크에서 부다페스트로 옮겼다. 마자르인은 헝가리 총 인구의 반에도 미치지 못했을 뿐만 아니라 마자르어는 유럽의 인도-유럽어와는 전혀 다른 언어였음에도 불구하고 헝가리의 공용어 또한 라틴어에서 마자르어로 바뀌었다.[31] 즉 마자르인만이 새로운 자유주의 헌법의 혜택을 받을 수 있으며, 헝가리 영토 내에 있는 모든 다른 민족의 특성을 무시하고 마자르화하려는 의도가 분명했다. 이에 헝가리 내 민족적 소수였던 독일인과 슬라브 제 민족, 즉 슬로바키아인, 루마니아인, 세르비아인, 크로아티아인들은 모두 그들의 민족적 고유성을 유지하고자 맹렬하게 저항하였다. 헝가리에서 마자르인의 言語·文化 등을 강요하고 그들 중심의 政治를 전체 헝가리에 펴는 것은 영내 다른 少數民族 즉 크로아티아인Croatia이나 루마니아인Rumania들의 民族主義와 대치되는 조치였다. 이들은 도리어 오스트리아의 헝가리 獨立에 대한 탄압을 지원하였고, 결국 러시아의 오스트리아 군사원조에 의하여 코수트의 헝가리 共和國은 1849년 무너지고 말았다.[32] 코수트의 주도하에 진행된 헝가리의 독립은 제국을 유지하려는 합스부르크 정부에서 볼 때 남슬라브족과 루마니아의 민족주의 정신을 고무하는 방법에 의하여 효과적으로 저지될 수 있었던 것이다. 1848년 혁명의 해에 합스부르크 제국은 마자르인의 독립운동, 프라하에서의 체코인 등의 혁명, 롬바르디아, 베네치아에서의 봉기를 간신히 저지할 수 있었으나, 이와 같은 사태의 재발을 막기 위한 강압책은 제국 내 피지배민족들의 불만과 원한을 더욱 깊게 만들었을 뿐이었다.[33]

---

31) Galantai, Josezef, *op. cit.,* p. 10.

32) 프란츠 요셉황제는 슬라브 민족이 마자르족에 의해 압제당하고 있다는 이유로 러시아 황제 니콜라이 1세에게 출병을 요청하였다. 니콜라이 1세는 슬라브 민족이 부당하게 압제당한다는 명분을 가지고 참전을 결심하였는데, 그의 본심은 헝가리의 민족운동과 같은 맥락을 지닌 민족독립운동이 러시아 지배하의 폴란드에서도 발생할 것을 우려하여 이를 예방하기 위해서는 헝가리 독립운동을 분쇄시킬 필요성을 느꼈기 때문이었다(Novotny, Alexander, *op. cit.,* pp. 30~31).

33) Macartney, C. A., *op. cit.,* p. 425.

4. 오스트리아-헝가리 二重帝國의 成立

4.1. 1848년 혁명 이후 합스부르크 제국의 상황

합스부르크 제국의 다민족적 특징은 주지하는 바이지만, 보다 인상적인 것은 제국의 몰락이 그다지 빨리 오지 않았다는 사실, 즉 제국의 생존능력의 장구함이었다.34) 1740년대에 프러시아와 프랑스의 합스부르크 제국 해체의 실패, 1796년에서 1809년 사이 나폴레옹 황제가 이끄는 프랑스에 의한 궤멸적인 공격에도 살아남은 제국은 도리어 1815년 비엔나회의 이후 메테르니히의 주도로 유럽의 현상유지와 세력균형을 이끌어 나갔다. 1848년 제국을 붕괴직전으로까지 내몰았던 혁명의 위기도 1849년 러시아의 개입으로 회복되었다. 러시아 황제 니콜라이 1세는 발칸반도에 대한 오스트리아의 영향력을 견제해야 하는 입장이었지만 1848년 헝가리 혁명의 진압을 위해 군대를 파견하였다. 또한 1866년 프로이센과의 전쟁에서 패했음에도 합스부르크 제국은 통일을 유지할 수 있었는데, 이는 유럽의 세력균형을 위해서는 합스부르크제국의 붕괴보다는 존속이 더 효과적이라는 당시 비스마르크의 정세인식에 기인하였다.

합스부르크제국이 가지고 있는 분명한 약점들에도 불구하고 제국은 국내적으로는 피지배 귀족층으로부터 충성심을 확보하고 있었으며, 폴란드 통치정책은 프로이센이나 러시아에 비해 관대했다. 더욱이 제국의 통치자들은 복잡한 민족적, 언어적 장애에도 불구하고 나름대로 효율적인 군대의 편성과 배치를 통해 제국의 안정을 도모하였다. 아울러 중부 유럽에 있어서 합스부르크 지배의 인상적이고 뚜렷한 업적은 본질적으로 다른 영토들을 단일한 왕조의 지붕아래 모으고 이

34) 합스부르크家는 그 지배의 장구함에서 필적할 자가 없었다. 13세기부터 20세기 초까지 끊임없이 오스트리아에서 지배권을 행사하였다. 더욱 의미심장한 것은 결과적으로 오스트리아 제국을 구성하게 된 다양한 영토들을 묶는 유일한 정치적 통일성은 그들을 통치하는 왕조가 같았다는 점이었다(Perry Anderson, *op. cit.*, p. 322).

영토들을 카톨릭으로 개종시킨 것이었다. 그러나 오스트리아 왕조의 이념적·외교적 승리들—교묘한 종교상·혼인상의 재간—은 또한 훨씬 실속 있는 관료적·군사적 이득을 대신한 것이기도 하였다. 하지만 1850년대와 1860년대에 와서 제국의 존립은 제국 내 피지배민족들의 민족주의 운동으로 크게 흔들리기 시작했다.[35]

합스부르크 제국 내에서 야기된 민족주의의 본질적인 문제는 피지배 민족들의 광범위한 자치와 독립요구에 어떻게 대처하느냐에 따라 해결될 성질의 것이었다. 1848년 혁명을 전후한 시점에서 제국 내 각 민족들은 제국을 파괴하기를 원하지는 않았으며, 마자르인들 사이에서도 소수의 극단적인 급진파만이 완전한 헝가리의 독립을 요구했다. 대부분은 헝가리의 헌법상의 자치를 희망하였고, 오스트리아와의 연결을 단절하려 하지는 않았다. 1848년 프라하에서 있었던 슬라브회의 역시 기본적으로는 오스트리아-슬라브주의Austroslavism의 틀 안에서의 논의였다. 제국의 여러 피지배 민족들의 일정한 민족적 권리—교육과 행정에서 고유한 언어의 사용에 대한 요구, 민족의 자치에 대한 헌법상의 보장 등—가 증대하기는 하였으나, 합스부르크 제국의 유럽에서 세력균형의 역할과 오랜 역사를 가진 유서 깊은 합스부르크 왕가의 권위는 제국의 정치적 안정을 위해서라도 필요한 것이었다.

1848년 혁명 이후 점증하는 제국 내 각 민족들의 자치와 독립에 대처하고 있었던 오스트리아의 관료조직은 대의제가 제대로 기능하지 않는 상황에서 실제적인 권력행사자의 성격을 갖게 되었다. 정치적 기능과 행정적 기능은 얽혀있어서 하나의 동일한 것으로 인식되는 일이 드물지 않았고, 거의 모든 측면의 통치가 점차 공무원의 일로 간주되었다. 1849년 이후 여러 가지 정책이 시도되었지만 합스부르크 제국의 일관된 정책은 농노제 폐지와 시민층의 성장, 철도 및 경제 분야에서 물질적 진보가 촉진되어 가는 와중에도 중앙집권, 즉 독일어를 통해 게르만적인 능률로써 통치하는 것이었다. 이러한 독일적·관료주

35) Stuart Miller, *op. cit.,* p. 98.

의적 중앙집권은 비독일계 민족들, 특히 1848년 혁명 이후의 마자르인들에게는 민족적 자존심을 상하게 하는 억압적이고 받아들이기 어려운 조치였다. 왜냐하면 당시 오스트리아 제국 내에 거주하는 여러 민족들 가운데 마자르인은 비독일인 집단들 중에서는 가장 강력한 집단이었기 때문이었다.

헝가리는 1848~1849년의 시민혁명과 독립전쟁이 오스트리아 황제의 요청을 받은 러시아 군대에 의해 진압되면서 다시금 오스트리아의 직접 지배를 받게 되었다. 오스트리아군 사령관인 하이나우Haynau는 혁명에 대한 대대적인 피의 보복을 감행하여 버챠니Batthyány 공작을 비롯한 13명의 혁명군 지휘관들이 처형당했다. 그 외에도 수 천 명의 헝가리인들이 투옥되어 수년간 감옥생활을 하였으며 많은 사람의 재산이 몰수되기도 하였다. 하이나우의 지나친 보복행위는 합스부르크제국과 헝가리인들 사이에 화해하기 어려운 깊은 증오와 반감을 가져오게 되었고, 이는 헝가리인들이 자신의 독립투쟁을 신성시하는 계기가 되기도 하였다. 이후 합스부르크 제국은 헝가리를 하나의 정복지로 간주하여 세르비아인, 크로아티아인, 슬로베니아인들이 거주하는 지역과 트란실바니아를 헝가리 왕국에서 분리시켜 황제 직할령Kronland으로 삼았다. 헝가리 왕국의 지방의 주Megye제도는 폐지되었고 5개의 통치구역으로 나뉘어 합스부르크의 직접 지배를 받게 되었다. 합스부르크 제국의 황제 프란츠 요셉 1세는 절대주의에 입각한 통치방식을 고수하여 제국 내 전 지역을 엄격한 중앙통제하에 두려고 하였다. 합스부르크 제국의 강압적인 통치에 불만을 품은 헝가리 귀족들은 대부분 비협조나 납세거부 등 수동적인 저항을 하게 되었으며, 더러는 개인적 차원의 암살이나 해외 망명중인 코수트와 연계하여 민중봉기를 일으키려는 능동적이고 과격한 그룹도 있었다. 그들은 헝가리 민족의 독립을 실현시킬 수 있는 보다 적절한 시기를 기다리고 있었다.

드디어 1859년 6월, 오스트리아가 프랑스의 지원을 받은 이탈리아군에게 패하자, 헝가리인들은 독립에 대한 새로운 희망을 갖게 되었다. 코수트는 망명정부를 수립하여 이탈리아와 연대한 후 합스부르크에 대한 투쟁을 전개해 나가려고 하였다. Kossuth는 철저한 革命家 타입이었다. 妥協을 거부하며 오로지 헝가리의 완전한 自主獨立과 民族國家의 건설만이 그의 목표였다. 따라서 그의 투쟁의 목표는 합스부르크 帝國을 헝가리에서 완전히 축출하고 헝가리인의 독립국가를 건설하는 것이었다.36) 그러나 나폴레옹 3세가 갑자기 합스부르크와 평화협정을 맺음으로써 헝가리인들의 희망은 일단 좌절되었다. 하지만 1859년 6월 패전의 댓가로 롬바르디아 지방을 이탈리아에게 넘겨주게 된 오스트리아는 헝가리에서도 납세거부와 대규모의 반합스부르크 저항운동이 나타나는 등 심각한 정치적 위기에 봉착하게 되었다.

해외 망명중인 코수트에 의해 조직된 헝가리군이 1860년 이탈리아의 가리발디Garibaldi와 연합해 합스부르크 제국에 대한 군사적 공동보조를 취하게 되자, 프란츠 요셉 황제는 헝가리 보수주의자들에게 정부의 구성을 위임하면서 헌법을 제정하여 그에 준한 통치와 함께 제한적이나마 자율권을 보장하겠다는 내용을 담고 있는 「10월 교서Oktoberdiplom」를 발표하였다. 이 교서에는 헝가리인들에게도 제국 내 여러 민족들, 특히 슬라브 민족들과 동일한 권리를 부여한다는 내용을 담고 있었다. 이는 헝가리의 제국 내 위상을 전혀 고려하지 않은 것으로 대다수 헝가리인들은 이 교서에 거부감을 가지고 있었다. 1861년 합스부르크 황제 프란츠 요셉은 「10월 교서」의 내용을 일부 수정하여 헝가리 의회의 추인을 받으려 했다. 그러나 헝가리 의회는 이 교서에도 역시 동의하지 않고 프란츠 요셉을 헝가리의 합법적인 왕으로 인정하지 않을 것을 결정했다. 황제는 결국 1861년 8월에 헝가리 의회를 다시 해산시켰다.37)

1862년 코수트는 합스부르크 제국이 멸망할 경우를 상정하여 다뉴브강 연안의 중부 유럽에 발생할 힘의 공백상태를 메우기 위해 이 지역의 여러 민족과 힘을 합쳐 연방 국가를 형성할 것을 내용으로 하는 '다뉴브 연방국가 설립안'을 발표했다. 이 제안은 루마니아인, 세르비

36) I. Deak, *Die rechtmassige Revolution: Lajos Kossuth und die Ungarn 1848~1849*, (Budapest, Akademiai Kiado, 1983).

37) Miller, Stuart, *op. cit.,* pp. 261~262.

아인, 크로아티아인 그리고 헝가리인들이 연맹체를 구성하여 공동의 연방의회를 구성하는 것 등을 내용으로 하고 있었다. 그러나 마자르인들이 헝가리 왕국 내 지배민족으로서의 지위를 포기하고, 영내 슬라브 민족 및 국가들과 동등한 지위로 연방국가를 형성한다는 것은 당시로서는 받아들일 수 없는 것이었다. 당시의 상황으로는 슬라브인들과의 연합보다는 차라리 오스트리아인들과의 화해와 타협이 더 바람직한 것으로 여겨졌던 것이다.[38]

1866년 6월 프로이센과 오스트리아 사이의 전쟁이 발발하였고, 오스트리아가 프로이센 군대에 대패함으로써 합스부르크 제국의 위상은 심하게 흔들렸다. 오스트리아는 나폴레옹 시대를 제외하고 제국이 생긴 이래 가장 굴욕적인 상황에서 프러시아와 협정을 체결해야 했다. 오스트리아는 1866년 8월 프러시아와 체결한 조약Treaty of Prague에서 이탈리아에 베네치아의 할양을 인정하였다. 프러시아는 이 조약으로 하노버Hannover, 프랑크푸르트Frankfurt, 슐레스비히-홀슈타인Schle swig-Holstein 등 북부 및 중부 독일의 중요한 지역들을 병합하였으나 남부 독일은 본래대로 남겨졌다. 프라하 조약으로 프러시아의 지배를 받는 북독일 연방이 구성되었고 이제 오스트리아 제국은 독일 내의 중요한 세력으로서의 자리를 잃게 되었다. 그 결과 오스트리아뿐만 아니라 헝가리에서도 타협해야만 하는 필요성이 더욱 절실하게 대두되었다. 오스트리아-프로이센 전쟁에서 오스트리아의 패배로 합스부르크 제국의 보수적이고 중앙집권적인 통치형태와 헌법체제의 대폭적인 변화가 요구되었다. 오스트리아의 입장에서는 강대국인 프러시아와 러시아 사이에서 제국의 안녕을 지키기 위해서 제국 내 가장 강력한 세력인 마자르인들과의 국가구조 개혁에 대한 협상이 절실했다. 이는 헝가리에 광범한 자치와 자유를 허용한다는 것을 의미했지만 오스트리아가 선택할 수 있는 카

38) 1863년 폴란드에서의 혁명이 러시아에 의해 유혈 진압된 사실과 1860년대 들어 프로이센 왕국에 의한 독일 통일 가능성의 증대는 헝가리의 분위기가 반전되는데 결정적으로 영향을 끼쳤다. 헝가리는 2개의 강대국, 즉 통일된 독일과 러시아 사이에서 국가의 존립이 위협받게 될 수 있다는 점을 분명하게 인식한 것이다(C. A. Macartney, *op. cit.*, p. 510).

드는 매우 제한되어 있는 상황이었다. 또한, 독일인들의 '동방진출Drang nach Osten'과 러시아인들의 '범슬라브주의Pan-Slavism'의 틈에서 헝가리가 민족의 자주성을 상실하기보다는, 합스부르크 제국과 타협하여 하나의 입헌군주국을 세워 공존하는 것이 더 나은 방안이라는 것이 데아크Franz Deák를 비롯한 당시 헝가리 지도자들의 공통된 의견이었다.[39]

오스트리아-프로이센 전쟁 이후 오스트리아와 헝가리는 제국의 개편에 대한 진지하고 신중한 논의를 진행하였다. 헝가리측은 데아크의 주도하에 협상에 임하였는데 제국의 개편에 대한 각 계파간의 내적 갈등이 심각하게 드러났다. 데아크는 민주적인 절차를 거쳐 선거로 오스트리아와 새로운 관계를 설정해야 한다고 보았지만, 코수트는 헝가리의 완전한 독립을 주장하였고, 일부 보수주의자들은 현상유지를 원하고 있었다. 결국 계파간의 이견을 조정하기 위한 위원회가 구성되었고 위원회는 데아크가 제시한 오스트리아 제국과의 국가연합 방식의 통합에 지지를 보냈다. 오스트리아 역시 헝가리와의 정치적 타협만이 제국의 안전을 보장받는 유일한 방법이라는 인식을 가지고 협상에 임했다. 협상은 마침내 1848년 혁명 이래 헝가리측이 계속해서 요구해 오던 광범위한 자치를 허용한다는 전제하에 데아크의 타협안이 부분적인 수정을 거쳐 받아들여지면서 성공적으로 타결되었다. 이 타협안을 기초로 하여 합스부르크의 프란츠 요셉 1세Franz Joseph I는 데아크에게 새롭게 탄생할 오스트리아-헝가리 이중제국의 수상에 취임해 줄 것을 제안하였으나 그의 사양으로 1867년 2월 17일에 안드라시 줄러Andrassy Gyula를 수상으로 임명하여 헝가리 정부를 구성하도록 했다. 같은 해 5월 29일 헝가리 의회는 합스부르크와의 타협안을 표결에 부쳐 찬성 67표, 반대 48표로 통과시켰다.[40] 그리고 6월 8일 프란츠 요셉 1세[41]는 부다페스

39) *Ibid.*, p. 547.

40) Miller, Stuart, *op. cit.*, pp. 262~263.

41) 이 시기에 합스부르크라는 이름이 의미하는 것은 프란츠 요셉 황제였다. 그는 유명한 동시대인인 빅토리아여왕보다 더 오래 1848년부터 1916년까지 황제로 군림하였다. 프란츠 요셉은 그의 전통을 결코 버릴 수가 없었고 자유주의적·진보적, 또는 현대적인 것을 부담스러워 했다. 1848년 이후 그는 제위에 있는 동안 줄곧 카톨릭 교회와 바티

트의 마챠시 성당에서 헝가리 왕국의 국왕으로 즉위하였다.42)

4.2. "대타협(Ausgleich)"

"대타협Ausgleich"은 실제적으로 1867년 6월 12일자로 효력을 발휘하기 시작하였으며, 이는 오스트리아-헝가리 이중제국Austro-Hungarian dual Empire이라는 공식명칭을 가진 국가의 성립을 의미하는 것이었다. 이 오스트리아-헝가리 제국은 일반적으로 '오스트리아 제국'으로 불려졌지만, 합스부르크의 황제인 프란츠 요셉 1세가 오스트리아의 황제와 헝가리의 왕을 겸하고 있었기 때문에 공식적으로는 'k.u.k.kaiserliche und königliche 帝國43)'이라고 칭해지기도 한다.

오스트리아와 헝가리의 1867년 "대타협Ausgleich"은 유럽 역사에 있어서 전대미문의 이중제국을 만들어 내었다. 라이트江Leithar Liver 서쪽은 오스트리아 제국Zisleithanien, 강의 동쪽은 헝가리 왕국Transleithanien이었으며 두 국가의 관계는 표면상으로 평등한 권리에 기초하고 있었다.44) 또한 각각의 독립적인 입법부와 행정부를 갖고 있었고 각각의 국내문제에 대해서는 독립적인 권리를 행사하는 주권국이었다. 이들 두 국가 사

칸 교황청과 연대하였으며, 그의 보수적 성향으로 새 시대와의 타협에 대해서 거부감을 가지고 있었다. 거기에는 황제의 비극적인 가족사—동생 막시밀리안의 사망, 루돌프 황태자의 자살, 황후 엘리자베스 암살사건—도 일정 부분 영향을 미쳤다. 그리고 그는 비엔나의 궁정 속에서 고위 귀족, 성직자 및 장군들과 함께 장엄함과 화려함에 둘러싸여 살고 있었다. Novotny, Alexander, *Franz JosephI.*, Musterschmidt Verlag, Goettingen, 1968; McGuigab, Dorothy G., Familie Habsburg 1273~1918, Köln, 1988, pp. 503~508.

42) Arther J. May, *The Habsburg Monarchy 1867~1914* (New York: W.W. Notorn & Company, 1968), p. 35.

43) C. A. Macartney, *op. cit.,* p. 564.

44) 이중제국의 성립을 규정한 헌법(Verfassungsrechts)을 "Ausgleich法"이라고 하는데 타협법의 의미를 가지고 있다. 이 법안의 헌법상의 특이성은 국민과 정부의 관계를 규정하는데 초점이 맞추어져 있기 보다는 제국 내 여러 피지배민족과 민족적 다수인 독일인, 헝가리인 사이의 관계를 규정하는데 치중하고 있다. 따라서 이중제국의 성립으로 오스트리아와 헝가리 정부 각 부문에서의 행정적 구조개혁 불가피하게 되었다. Ferenc Glatz und Ralp Melville, *Gesellschaft, Politik und Verwaltung in der Habsburgermonarchie 1830~1918* (Budapest: Akademial Kiado, 1987), p. 190.

이의 이러한 특징은 광범위한 합의에 기초된 것이지만 구조적으로는 밀접한 연관성을 가지고 있었다. 특히 동일한 합스부르크의 통치자가 언제나 오스트리아의 황제이며 헝가리의 국왕이라는 사실에 의해 결합되었고 공동의 이익에 관계되는 정책Common Interest에 대해서는 공동으로 정책을 집행하였다. 비인과 부다페스트에 독립된 두 개의 의회가 존재했던 점은 상황을 좀 더 복잡하게 만들었지만, 양쪽 의회 모두와 관련되어 있는 문제를 논의할 때는 지명된 대표단들이 해마다 번갈아 가면서 두 도시에서 회합해 문제를 처리하였고, 재무,[45] 외무, 국방문제[46]는 공동의 장관이 정책을 협의하는 형태였다. 공동장관제도는 효과적이고 책임 있는 정부를 만드는데 별다른 기여를 할 수 없었다. 인사권을 가진 오스트리아 황제는 임의로 장관들을 임명하고 해임하였다. 국민적 기반을 가진 정치인들이 드물었기 때문에 귀족이나 고위 관료가 장관직에 임명되었으며, 그들은 오스트리아와 헝가리 의회에 대해서가 아닌 '대표단'에게만 보고하였다. 공동 내각이 존재하지 않았으며, 황제에 의해 구성된 '왕실평의회'가 있기는 했지만 모임이 간헐적이고 응집력도 부족했다.

"대타협Ausgleich"을 통해서 오스트리아-헝가리 이중제국은 새롭게 중부 유럽의 강대국으로 부상하게 되었다. 600,000km^{2}에 달하는 넓은 영

45) 재정제도 또한 분리주의를 반영하고 있는데, 대타협의 결과로 국가 예산은 단지 공동장관의 활동을 유지하는 데 필요한 재정부분으로만 이루어졌다. 이 지출은 매 10년마다 재검토되었으며, 헝가리는 재정지출의 30%를 부담하였으나 이후 1890년대에는 36% 이상으로 증가하였다. 양국 의회는 정부가 제출한 예산을 검토하였는데 공동장관의 사업들에 대해서는 항상 부족한 예산을 책정하였던 반면, 자국의 이익이 되는 지역적 사업들에 대해서는 충분한 예산이 책정되었다. Mayer, Theothor(Hrsg.), *Der Österre ichisch-ungarische Ausgleich: Seine Grundlagen und Auswirkungen*, Buchreihe der Südostdeutschen Historischen Kommission, Bd. 20, München, 1968, pp. 15~24.

46) 합스부르크 제국의 군대는 민족적 다양성을 단적으로 반영하고 있다. 독일의 패권을 놓고 프로이센과 오스트리아가 군사적 충돌을 하기 바로 전 해에 이 군대에는 128,286명의 독일인, 96,300명의 체코인과 슬로바키아인, 52,700명의 이탈리아인, 22,700명의 슬로베니아인, 20,700명의 루마니아인, 19,000명의 세르비아인, 50,100명의 루테니아인, 37,700명의 폴란드인, 32,500명의 마자르인, 27,600명의 크로아티아인 그리고 5,100명의 다른 민족들이 등록되어 있었다. 이 때문에 합스부르크의 군대는 프로이센이나 프랑스의 군대에 비해 온갖 취약점을 내포하고 있었다(폴 케네디, 이일수 외 역, 『강대국의 흥망』, 한국경제신문사, 1990, 200~201쪽 재인용).

토와 주민의 숫자는 1867년 당시에 3500만명을 헤아렸고, 제1차 세계대전 발발시에는 5000만명에 달하였다. 그러나 동 제국은 유럽의 강대국 중에는 약한 편에 속해 있었다. 1867년 12월 21일 공포된 "12월 헌법Dezemberverfassung"으로 오스트리아-헝가리는 오랜 헌법상의 투쟁에 종지부를 찍게 되었다. 제국을 구성하는 '민족적 다수'인 독일인과 마자르인은 이후에도 알력이나 위기가 전혀 없었던 것은 아니지만 1867년의 헌법은 1918년 제국이 붕괴되기까지 계속해서 효력을 발휘하고 있었다. 그리고 그 알력과 위기라는 것도 치스라이타니엔Zisleithanien과 트랜스라이타니엔Transleithanien의 지배민족인 독일인과 헝가리인, 그리고 양 지역의 피지배 민족에 해당하는 슬라브인Slaven 사이의 관계를 규정하는 복잡한 헌법의 성격에 기인하는 것이었다. 1867년에 성립된 오스트리아-헝가리 '二元帝國Dual Empire'은 현실적으로는 독일처럼 통일된 국가도 아니며, 스위스처럼 연방국가도 아니었다. 합스부르크가의 프란츠 요셉 황제가 제국 전체의 통치자지만, 한편 트랜스라이타니엔에는 헝가리의 자치와 지배권을 인정하는 '제국이자 군주국kaiserliche und königliche'이라는 그 이전의 유럽사에서 유래를 찾아보기 어려운 독특한 국가체제의 가장 커다란 문제점은 '제국 의회에 의해 대표되고 있는 왕국들과 각 주', 즉 통상적으로 오스트리아라고 불린 제국내의 특이한 민족구성이었다. 민족적·언어적·문화적으로 통일적인 국민이 존재하는 것이 아니라 일련의 서로 적대시하는 민족들로 이루어진 국가, 가장 유력한 민족인 독일인조차 전체 인구의 겨우 1/3을 넘는 수준이었다.[47] 이러한 국가에서 의회에 의해 대표되고 의회에서 다수로 표현되는 국민의 의사가 국정에 결정적인 영향력을 가지고 있어야 한다는 19세기 헌정의 기본사상은 슬라브인에 대한 불평등한 법적·신분적 제약으로 실현

47) 인구 구성에서 보면 오스트리아-헝가리 제국 내 독일인들은 오스트리아 인구의 절반에 못 미쳤으며, 헝가리에서 마자르인들도 마찬가지 처지였다. 오스트리아는 제국 내 슬로베니아인, 체코인, 폴란드인 및 루테니아인과 소수의 이탈리아인을 포함하고 있었다. 헝가리는 슬로바키아인, 크로아티아인, 세르비아인, 트란실바니아인을 포함하였다. Rumpler, Helmut u. Urbanitsch(Hg.), *Verfassung und Parlamentarismus,* I. Teilband, Verlag der Österreichischen Akademie der Wissenschaften, Wien, 2000, pp. 28~32.

될 수 없었던 것이다.[48)]

이중제국은 자체 내의 이질적인 요소들을 도외시하고 하나로 통합함으로써 국가로서의 통일성과 동질성이 결여된 채 수많은 내적 갈등 요인과 모순상을 내포하게 되었다. 오스트리아-헝가리 이중제국은 1867년 이후에도 약 반세기 동안 존속하였으나, 제1차 세계대전 직전 발칸의 민족운동과 맞물려 다시 복잡한 문제로 등장하게 될 성질의 국가체제였다. 독일인과 마자르인 사이의 대타협Ausgleich은 생소하면서도 잠재적으로 불안한 정치구조를 만들어 내었던 것이다. 아울러 1871년 소독일주의에 의한 프로이센의 독일통일은 독일 민족주의의 해결에 또 다른 문제점을 던져준 사건이었다. 비스마르크의 독일통일은 다른 한편으로는 독일민족의 분열을 의미했다. 왜냐하면 전체 독일인의 약 6분의 1에 해당하는 합스부르크 제국내의 독일인들을 독일제국밖에 남겨 두었기 때문이다. 오스트리아와 보헤미아의 독일인들은 합스부르크 제국내의 10여 종류의 다른 민족들과 공동의 미래를 창조해 나가야 할 수 밖에 없었다. 통일된 독일제국에서 제외된 오스트리아는 근대적인 국민국가가 아닌 여러 약소민족들의 집합체적 특징을 보였고, 이로 인한 제국 내 '소수민족' 내지 '민족적 소수' 문제는 반드시 해결해야 할 과제였으며 이중제국의 성립은 위의 두 가지 문제에 대한 타협의 산물이었다.[49)]

48) 1867년의 "대타협(Ausgleich)"은 제국 내 슬라브인들의 의사가 철저히 무시된 채 오스트리아, 체코의 독일인과 헝가리의 마자르인 사이에서 결정되었다. 독일인과 마자르인은 모두 슬라브인에 대해서 그들의 보호가 아니면 문명에 적응하기 어려운 열등한 사람들로 보았다. 결국, 대타협의 개념은 독일인과 마자르인이 각자 자신들의 방식에 따라 그들의 지배영역 내에 거주하는 슬라브인을 통치한다는 의미를 비공식적으로 포함하고 있었다. Philippoff, Eva(Hg.), *Die Doppelmonarchie Österreich-Ungarn-Ein politisches Lesebuch (1867~1918)*, Presses universitaires du Septentrion, 2001, pp. 95~96.

49) '소수민족'은 다민족 국가에서 지배적 세력을 가진 민족에 대하여 상대적으로 인구수가 적고 언어와 관습 따위를 달리하는 민족을 의미하지만 '민족적 소수'는 인구수가 지배민족과 대등하거나 많더라도 한 국가 내에서 정치·경제·사회적으로 종속적 입장에 처한 민족을 말한다. 예를 들어, 중국내 56개 민족들은 소수민족에 속하지만, 오스트리아-헝가리제국의 슬라브인들은 민족적 소수에 속한다고 볼 수 있다. Hahn, Hans Henning, *Nationale Mind erheiten und staatliche Minderheitenpolitik in Deutschland im 19. Jahrhundert*, Berlin, 1999.

5. 맺음말

일반적으로 오스트리아-헝가리 이중제국은 앞에서 살펴 본 바와 같이 그 복잡한 國家形態와 다양한 民族構成으로 인해 '矛盾의 帝國'으로 불려져 왔다. 동제국에 대한 역사적 평가는 다음과 같이 부정적인 견해가 지배적이었다.[50)]

첫째, 이중제국의 형성으로 중부유럽과 발칸지역에는 새로운 분쟁의 씨앗이 자라나게 되었고, 구성 민족들의 다양성은 언제 터질지 모르는 민족문제의 불씨로 작용하게 되었다. 언어와 민족의 특성, 제민족의 역사적 배경의 상이함 등으로 인하여 이중제국의 구성 민족들은 민족의 평등권이라는 특단의 합의나 양보없이는 융화되기 힘든 상황이었다.

둘째, 동 제국의 성립은 民族主義의 대두와 國民國家의 건설이라는 시대적 요구에 역행하는 것이었다. 따라서 국가의 성립에서부터 제국 내 슬라브 제민족에 대한 정치적 억압과 소수민족에 대한 탄압이라는 구조적으로 모순점을 안고 출발한 이중제국이 제1차 세계대전의 패배로 인하여 필연적으로 붕괴되는 운명을 맞이하게 된 것은 자명하다는 주장이다.

그럼에도 불구하고 이중제국의 성립이 가능했던 것은 오스트리아 제국이 과거에 누렸던 영광을 마자르족과 연합함으로써 다시 회복하려는 야망과, 오스트리아와의 연합만이 헝가리가 강대국들 사이에서

50) 絶對主義가 몰락하고 民族主義와 自由主義 사상이 싹트기 시작하는 시대에 가장 保守的이며 反動的인 國家의 성립은 역사의 퇴보를 의미하는 것이라는 주장이 동 제국에 대한 일반적인 평가였다. 그러나 이중제국의 해체 후 同 帝國에 속하였던 少數民族의 역사는 주변 강대국들의 압력과 소수민족간의 紛糾로 인해 政治的, 經濟的으로 더 커다란 문제에 직면하고 있는 사실을 볼 때, 이중제국의 성립은 제국 내 소수민족들에게 있어서 차라리 유익한 것이었는지도 모른다. 이러한 관점에서 보면 팔라츠키의 3重帝國案과 오스트리아 사회민주당의 聯邦主義 體制案이 결실을 보았더라면 하는 아쉬움이 남는다(김장수, 「프란치첵 팔라츠키(František Palacký)의 오스트리아제국 개편안」, 『관동사학』, 4집, 1989, 95~118쪽).

생존하는 길이라고 인식한 마자르인들의 이해가 맞아 떨어진 결과였다. 비록 오스트리아-헝가리 이중제국은 1차대전 이후 패전국으로서 해체되었지만 1867년 제국의 성립 자체는 당시 시대상황에서 적절한 선택이었다고 평가된다.

필자는 본 논문을 준비하면서 역사적 측면에서 본 국가체제와 민족문제의 비교연구의 필요성을 절실히 인식하게 되었다. 오스트리아-헝가리 이중제국을 제국 내 '소수민족의 감옥'이라고 혹평한 역사가도 있지만,[51] 1·2차 세계대전 이후 민족주의로 인한 분열과 대립의 결과가 인류에 엄청난 재앙과 참화를 가져왔다는 사실을 즉시할 때 19세기 지배이데올로기였던 국민국가의 이상The Idea of Nation State은 더 이상 민족의 번영과 인류의 평화공존을 위한 최선책은 아니라는 것이다. 19세기 중엽부터 이데올로기화된 민족주의의 발전은 서구 열강의 제국주의 정책과 맞물려 우생학과 인종주의, 사회적 진화론과 같은 의사과학을 만들어 내었으며, 민족들 간의 치열한 투쟁양상을 띠게 되었던 것이다.

또한 同 帝國의 역사는 전체 유럽사가 안고 있는 이중적 성격의 문제—개별국가의 제도적, 사회적 문제와 이보다 더 큰 초국가적 보편사회에서의 개별국가의 독립과 이들 국가 간의 평화적인 관계에 관한 문제—를 여실히 보여주는 歷史的 實例인 것이다. 다시 말해서 '이중적 성격'이란 민족의 독립과 국가의 주권을 지키려는 개별 민족국가의 요구와 보편주의의 입장에서 초국가적 통합을 통해 평화와 안정을 유지하려는 두 가지 경향을 말한다. 이러한 경향은 고대 그리이스의 식민활동, 로마제국의 정복전쟁으로부터 신성로마 제국과 합스부르크 제국으로 이행하면서 현재는 유럽통합운동으로까지 이어진다고 보겠다. 따라서 앞으로는 기존의 국가내지는 민족단위의 역사연구, 서술방식에만 만족하지 않고, 초국가주의적 역사전개를 수용할 수 있는 역사학 방법론도 모색되어야 할 것이다.[52]

51) Anderson, Perry, *op. cit.*, p. 351.

아울러 제국의 존속을 위한 치스라이타니엔Zisleithanien과 트란스라이타니엔Transleithanien의 국가체제의 유지와 소수민족 정책에 대한 연구는 세계가 분열에서 통합으로 가는 시점에서, 특히 유럽통합과 관련하여 방법론적인 측면에서 많은 점을 시사해 주리라 생각한다. 결국 이중제국의 연합체제는 '민족의 통일'과 '민족들간의 통합' 전체에 공통적으로 연관된 주제이며,[53] 앞으로도 심도 있는 연구가 계속되어야 할 주제인 것이다.

---

52) 홉스봄(E. J. Hobsbawm)에 의하면 韓國과 日本처럼 단일한 血統과 言語, 歷史的 傳統을 간직하고 있는 民族國家는 전 세계에서 12개국정도에 불과하며, 나머지는 2개 이상의 민족으로 구성된 多民族國家라고 지적하며 다음과 같이 民族主義의 앞날을 豫見하였다. "결국 歷史家들이 民族과 民族主義에 대한 硏究와 分析에서 어느 정도 발전을 이루어 내기 시작하였다는 사실자체는 종종 그렇듯이 이 현상이 정점을 지났음을 암시한다. 헤겔이 말하듯 지혜를 가져오는 미네르바의 올빼미는 해가 져야 날았다. 이것이 현재 民族과 民族主義 주위를 나는 것은 좋은 징후이다"(E. J. 홉스봄, 강명세 역, 『1780년 이후의 민족과 민족주의』, 창작과비평사, 1996, p. 243).

53) 오스트리아史의 大家인 한취(Hugo Hantsch)교수는 오스트리아-헝가리 二重帝國의 역사는 지금까지도 유럽의 마지막 普遍的인 國家秩序를 위해서 현재나 미래의 政治家들이 각 부문에서 많은 배려를 해야 하는 諸 要因을 지니고 있다고 지적하고 있다. Hantsch, Hugo, *Die Nationalitaetenfrage im alten Oesterreich-Das Problem der konstruktiven Reichsgestaltung*, Band 1, Wien, 1953, pp. 109~112.

미국 다문화주의의 역사적 배경

최재인*

1. 서론

미국의 영화감독 스코세지Martin Scorsese는 남북전쟁 시기 뉴욕 빈민지역을 배경으로 한 영화 『갱스 오브 뉴욕Gangs of New York』에서 토박이, 아일랜드계, 중국계, 아프리카계 미국인들이 각각 폭력 집단을 형성해 서로 갈취하고 싸우며 생존을 도모하는 모습을 그렸다. 영화에서 각 집단은 고유의 개성을 갖고 있으며 권력의 차이도 명확하다. 가장 큰 물리력을 가진 토박이 집단과 이에 도전하는 아일랜드계가 주인공이고, 그 외에 영어를 못하는 중국계, 지치고 힘든 표정의 아프리카계 등 다양한 인종과 민족 집단의 모습이 영화의 배경으로 간간이 등장한다. 미국의 다문화주의란 이 영화에서처럼 한 사회 내의 다양한 인종·민족 집단들이 패권과 자원을 놓고 싸워온 역사와 현실을 이르는 말인가, 그런 역사를 극복하고 좀 더 평화롭고 평등한 공존을 모색하려는 시도를 이르는 말인가?

* 아주대학교 여성센터 연구원.

'다문화주의multiculturalism'라는 용어가 공식적으로 처음 사용되기 시작한 것은 캐나다에서였다. 1965년 캐나다의 '이중언어와 이중문화 위원회'가 이 용어를 사용하기 시작했고, 1971년부터는 캐나다 내에서 다양한 문화를 인정하고 유지할 수 있도록 지원해주는 정책을 이르는 용어로 사용되었다.[1] 미국에서 언론이나 정부가 이 용어를 자주 사용하기 시작한 것은 1990년대 들어서였다. 미국의 주요 신문을 검색할 수 있는 넥시스Nexis 데이터베이스에 따르면 1988년까지도 다문화주의에 대한 언급은 전무했으며, 89년에 33건을 시작으로 급속히 증가하여 90년에는 100건을 넘었고, 1994년에는 1,500건으로 절정에 달했다. 이후로는 조금씩 감소추세를 보이는데, 이에 대해 글레이저Nathan Glazer는 아마도 "다문화주의 현상 자체가 더 이상 뉴스거리도 되지 않는 평범하고 일상적인 현실로 변화했음을 보여주는 것"것이라고 분석했다.[2] 이런 추세는 학계도 비슷하여, 학술 논문 데이터베이스를 검색해보면 1990년 이전에 나온 다문화주의에 관한 학술 논문은 거의 대부분 캐나다와 호주를 사례로 한 것이었으며, 미국의 다문화주의를 다룬 학술 논문이 본격적으로 나오기 시작한 것은 1990년대였다.[3]

1990년대부터 미국 사회에서 다문화주의를 둘러싼 담론이 활발하게 등장했던 것에는 국경을 마주하고 있는 캐나다의 다문화주의 정책이 큰 영향을 미쳤을 것이다. 하지만 다문화주의를 『사회과학사전Dictionary of Social Sciences』에서 정의하는 것처럼 "한 사회 내에 규범적이고 지배적인 문화 외에 다른 다양한 문화 집단이 존재하는 것을 인정하고, 그 집단들이 고유의 문화를 지키고 살아가는 이유 때문에 불이익이나 두려움을 갖지 않도록 해주려는 것"이라고 한다면, 혹은 테일러Charles Taylor의 주장대로 다문화주의는 사회 내 약자 집단들의 존재와 의

1) http://www.answers.com/topic/multiculturalism(검색일: 2009년 11월 14일).

2) Nathan Glazer, *We Are All Multiculturalists Now*, 서종남·최현미 역, 『우리는 이제 모두 다문화인이다』(미래를소유한사람들, 2009), p. 33.

3) http://web.ebscohost.com/ehost/search?vid=1&hid=105&sid=c4a8f328-40c2-4cad-a148-996b07f5f1cc%40sessionmgr112(검색일: 2009년 11월 14일).

의를 사회적으로 인정認定해 주는 "인정의 정치"에서 출발하는 것이라고 본다면,[4] 미국 다문화주의의 역사는 그 용어가 회자되기 시작했던 시기보다 좀 더 일찍 시작되었다고 할 수 있다.

사실 미국은 1609년 영국인들이 버지니아 해변에 도착해 그곳에 살던 원주민 인디언들과 만났을 때부터 수백 년 동안 다인종, 다문화 사회였다. 하지만 20세기 초반 까지 미국은 백인의 나라라는 정체성을 고수해 왔다. 아프리카계나 원주민(인디언), 아시아계 등 유색인종은 미국 사회 내에 살면서도 그 존재를 인정받지 못했던, 소설가 엘리슨Ralph Ellison의 표현을 빌면 "보이지 않는" 사람들이었다. 참정권을 기준으로 본다면 아프리카계의 경우 1867년에, 원주민의 경우 1924년에 시민이 되었다고 할 수 있지만, 남부 사회에서 아프리카계는 여러 물리적 사회적 법적 제제로 20세기 중반까지 거의 참정권을 행사하지 못했다.

다문화주의가 한 사회의 규범 혹은 지향성으로 자리 잡기 위해서는 그 사회 혹은 국가의 정체성이 혈연적 민족주의ethnic nationalism에서 어느 정도 벗어날 수 있어야 한다. 홀링거David Hollinger에 따르면, 혈연적 민족주의는 "진정한 국가란 도구적이거나 우연한 유대가 아니라 근원적인 유대라고 할 수 있는 것에 기초해야 한다"는 생각이다. 즉 한 나라의 국민은 혈연적 유대로, 즉 선택이 아니라 출생으로 결정되어야 한다는 생각이며, 이런 사고의 가장 전형적인 예는 나찌 독일이라고 할 수 있다.[5] 그러나 이민자들의 나라인 미국의 역사도 혈연적 민족주의에서 자유롭지 못했다. 남북전쟁 이후 해방된 흑인의 사회적 지위 문제가 제기 되었을 때, 정계와 언론에서 가장 크게 강조되었던 것은 "미국은 백인의 나라"라는 주장이었다. 이는 20세기 중반까지 백인 사이에서 광범하게 공유되는 통념이기도 했다.

하지만 제2차대전을 거치면서 미국 사회는 자국의 인종주의와 인종

---

4) Charles Taylor, *Multiculturalism: Examining the Politics of Recognition* (Princeton, 1994), p. 25.

5) David Hollinger, *Postethnic America: Beyond Multiculturalism* (New York, 1995), p. 133.

관계를 성찰해보지 않을 수 없었다. 이 시기에 와서 비로소 인종주의 혹은 인종주의자는 시대에 뒤쳐진 것, 히틀러와 같은 자를 일컫는 표현이 되었다. 당시 미국 대통령 루즈벨트Franklin D. Roosevelt는 국민에게 미국이 제2차대전에 참전해야 하는 이유를 설명하면서, "미국인이 된다고 하는 것은 마음과 열정의 문제이지, 인종이나 조상의 문제가 아니다. 이는 미국이 기초해 있고 미국이 운영되어가는 원리이기도 하다"고 선언했다. 루즈벨트가 이 연설을 했을 당시 미국 남부 사회에서는 인종 구별이 제도화되어, 흑인은 거의 시민권을 인정받지 못하고 있었다. 이 점을 고려하면 루즈벨트의 연설은 미국 사회의 현실을 반영한 표현이라기보다는 전쟁 기간 동안 미국 내 다양한 인적 물적 자원을 총동원해야 했던 절박한 필요에서 나온 것이라고 봐야 할 것이다. 하지만 그런 점을 고려한다고 해도, 미국 시민의 요건이 인종보다 정신에 있다고 공식 선포한 것은 미국 지도층 내에서 인종에 대한 인식이 변화하고 있음을 보여주는 중요한 사건이었다. 이는 특히 제1차대전 시기 윌슨Woodrow Wilson 행정부와 비교된다. 윌슨 행정부는 연방정부가 고용하고 있는 아프리카계 미국인을 해고하는 등 유색인에 대해 노골적으로 적대적인 정책을 취했고, KKK단을 미화하고 유색인에 대한 혐오감을 적나라하게 표현한 영화 『국가의 탄생Birth of a Nation』을 대통령이 백악관에서 공개적으로 관람하기도 했다. 미국에서 인종, 그리고 이와 관련된 미국의 정체성에 대한 생각의 변화가 서서히 시작된 것은 제2차대전을 거치면서부터였다.

이 글에서는 미국 다문화주의 담론의 동력을 크게 3가지로 보고 그 내용을 살펴보고자 한다. 첫째는 아프리카계 미국인을 비롯한 유색인과 여성 등 약자 집단의 인정認定 투쟁이다. 오래 동안 이방인 혹은 주변인 취급을 받아왔던 이들은 투쟁을 통해 시민권을 인정받았으며, 미국 사회가 이들을 더 이상 공공연하게 억압하거나 멸시할 수 없게 만들었다.

둘째는 제2차대전을 계기로 미국이 국제 사회에서 "자유민주주의" 세계를 선도하는 하나의 제국으로 부상했다는 점이다. 특히 냉전 시대에 공산주의 세력의 팽창에 맞서 미국이 국제 사회에서 큰 지도력을 발휘하게 되면서, 미국 정부는 내부 유색인 집단에 대한 태도와 정책을 근본적으로 재고하지 않을 수 없게 되었다.

셋째, 미국 다문화주의의 배경에는 백인 중산층의 사회 경제적 힘과 문화적 구심력이 강하게 자리하고 있다. 인종과 인종관계에 대한 규범이 변화하고 다문화주의를 둘러싼 논의가 활발해지는 과정에서도 생산성과 효율성, 경쟁에 높은 가치를 부여하는 기업가적, 혹은 자본주의적 가치의 구심력이 약화된 적은 없다. 소수인종·민족집단들이 고유의 문화를 주장한다고 하더라도 주류 문화의 그런 구심력을 벗어나기 힘들며, 또 굳이 벗어나려고 하지도 않았다. 이런 강한 구심력이 있기에 미국 사회는 더욱 자신감을 갖고 다문화주의를 말하고 있다고 할 수 있다. 이 세 가지 요인들은 서로 상충되고 모순되기도 한다. 그리고 그런 불안하며 복잡하고 갈등하는 상황이 미국 다문화주의 담론이 놓여 있는 지점이기도 하다.

본 논문은 미국에서 다문화주의가 하나의 가치관이자 규범으로 등장하게 된 역사적 배경에 대한 고찰을 통해 현재 미국 사회에서 다문화주의 담론이 가진 함의와 잠재성을 생각해 보고자 한다(미국의 다문화주의를 논하는 글이라면 여러 인종, 여러 민족, 그리고 여성의 경험을 함께 다루어야하지만, 필자의 능력과 지면의 한계 상 주로 아프리카계 미국인 사회를 중심으로 서술했다).

2. 동화 정책과 다문화주의

이 논문에서는 미국 다문화주의의 역사를 20세기 초 동화정책에서부터 시작하려고 한다. 미국의 다문화주의는 동화 정책의 연장선에서, 그리고 동화 정책에 대한 대안의 모색에서 유래했다고 할 수 있기 때문이다. 20세기 초 미국 엘리트의 가장 큰 고민은 1880년대부터 급격하게 증가한 유럽계 이민자들 때문에 미국의 전통과 정체성이 흔들리지 않을까 하는 점이었다. 1880년대 이래 유럽과 다른 지역에서 온 이민자의 숫자가 크게 증가했다. 1881~1890년에는 496만 명, 1891~1900년에는 371만 명, 1901~1910년에는 629만 명의 새 이민자들이 미국 땅을 밟았다. 그런데 당시 여론이 문제로 삼은 것은 그 규모보다는 이들이 주로 동유럽과 남유럽 출신이라는 점이었다. 이전에는 영국, 독일, 스칸디나비아 등 서유럽이나 북유럽에서 온 이민자의 비율이 높았다. 그리고 이들은 미국 문화에 적응하는 것이 별로 어렵지 않은 문화적 배경을 가졌다고 간주되었다. 이에 비해 1880년대 이후에는 오스트리아-헝가리 제국, 이탈리아, 러시아, 아일랜드에서 많이 이주해 왔는데, 주로 가난한 농촌 출신이었고, 가톨릭 등 개신교도가 아닌 이들의 비중도 높았다. 토박이를 대변했던 미국 여론은 이민자들이 미국 사회와 가치관에 쉽게 동화되지 못할 것이라는 부정적 평가를 내놓았다.

20세기 초 미국 사회가 유럽 이민자들 때문에 형성된 언어적 종교적 문화적 다양성에 대해 대처했던 방침은 이민자들의 관습과 문화를 "녹이고 용해시켜" 앵글로-색슨 개신교 중심의 미국 전통 문화에 동화시킨다는 것이었다. 이런 정책의지는 이민 노동자와 그 자녀들을 대상으로 한 이른바 "미국화Americanization" 운동으로 등장했다. 이 운동의 주요 목표는 새로 시민이 된 이민자들이 소수민족 집단(보스)의 영향력에서 벗어나 개인으로서 투표권을 행사하는 미국 시민이 되게 하는 것, 영어를 할 수 있게 하는 것, 더러운 게토에서 벗어나 위생적이고 세련된 '미국적' 생활 습관을 갖게 하는 것 등이었다.

처음에 "미국화"라는 용어를 사용하며 동화정책을 옹호했던 이들은 이민자의 편에 서서 이들의 복지를 도우려는 사회개혁가들이었다. 이들은 북서유럽 출신이 아니면 미국 사회로 동화되는 것이 불가능하다고 주장하는 배타적이고 보수적인 인사들에 맞서서, 타고난 자질보다 환경과 사회화의 중요성을 강조한 자유주의자들이었다. 사회복지관 활동가들은 이민자들이 "미국 사회와 정치 문화에 동화될 수 있는 자질이 부족하다"는 주장에 반박했다. 급격한 산업화와 도시화가 낳은 열악한 노동 환경과 주거 환경을 비판했다. 사회복지관 활동가들이 이민자의 미국화 정책을 추진했을 때, 이들은 미국화와 이민자들이 고유의 정체성과 문화를 유지하는 것이 모순된다고 생각하지 않았다. 애덤스Jane Adams가 운영했던 헐 하우스Hull House에서는 이민 노동자들이 문화적 자부심을 지킬 수 있도록 하는 프로그램을 개발하기도 했다.[6]

그러나 1914년 제1차대전이 발발하면서 이민자에 대한 동화정책은 이민자와 외국 문화에 대한 혐오감과 결합해 갔다. 이는 복지관 등에서 미국화운동을 시작했던 사회개혁가들이 경계했던 정서였다. 동화정책이 배타성과 강압적 성격을 갖게 된 배경으로는 크게 두 가지를 들 수 있다. 하나는 이민자의 동화 프로그램에 기업이 나서기 시작했다는 점이다. 기업은 이민자가 미국 문화와 영어에 익숙해질 수 있도록 해주는 것이 생산성을 높이는 길임을 분명히 인지하게 되었다. 기업이 나서면서 동화 정책은 좀 더 큰 규모로 철저하게 추진되었으며, 이는 이민자들이 좀 더 빠르게 공장과 미국 생활에 적응하도록 도움을 주었다. 하지만 기업의 주된 목적은 이민자를 배려하기 보다는 효율성을 목표로 했고, 이민자의 복지보다 생산성 향상에 더 큰 가치를 두었다. 동화정책이 강압성과 배타성을 갖게 된 두 번째 배경은 제1차대전이었다. 특히 러시아 혁명의 성공으로 사회주의에 대한 경계심이 커지면서 이민자와 이민자 문화에 대한 토박이 미국인의 태도가 더욱 적대적이 되었다. 그 결과가 1917년부터 1920년대 동안 몇 차례에 걸쳐 제정된 이민 제한 법들이다.[7]

미국화 운동이 보수적이고 강압적인 방향으로 진행되면서 개혁적 성향의 학자들은 문화적 다원주의pluralism에서 새로운 대안을 모색했다. '문화적 다원주의'라는 용어를 처음 사용한 캘런Horace Kallen은 1915년 "민주주의 대 멜팅팟"(1915)이라는 논문과 이후 내놓은 『미국의 문화

6) Dennis J. Downey, "From Americanization to Multiculturalism: Political Symbols and Struggles for Cultural Diversity in Twentieth-Century American Race Relations," *Sociological Perspectives 42* (Summer, 1999), pp. 249~278 중 p. 255.

7) 이 시기 배외주의와 이민제한법들에 대해서는 박진빈, 『백색국가건설사』(엘피, 2006), 5장 참조.

와 민주주의Culture and Democracy in the United States』(1924)에서 동화정책의 강압성을 지적하면서 이는 건국 초부터 미국이 추구해왔던 민주주의와 모순되는 것이라고 주장했다.[8] 그는 다양한 문화적 민족적 배경을 가진 집단들이 자신들의 모습을 실현하며 살아가는 가운데 조화를 이루어야 한다고 하면서 이런 사회를 "오케스트라"에 비유했다.[9] 캘런과 비슷한 시기 비슷한 논지의 논문을 내 놓은 본Randolph Bourne은 미국 사회가 이민자의 다양한 문화를 지워나가는 것이 아니라 자원으로 활용한다면 미국은 "역사에 일찍이 없었던 최초의 새로운 국제적 국가"를 만들어 낼 수 있을 것이라고 주장했다.[10]

동화의 억압성을 지적하면서 대안으로 제기된 문화적 다원주의는 사상사적으로 보면 미국 다문화주의의 기원이라고 할 수 있지만 ,위 두 학자들의 주장은 당대에는 별 사회적 반응을 얻지 못했다. 당시 미국 사회가 이런 주장에 호응할 분위기가 아니었던 것이다. 또한 이민자 사이에서도 자신들의 문화를 유지하기 보다는 미국 사회에 가능한 빨리 적응하여 경제적 사회적 안정을 확보하는 것이 절박한 문제였다. 이들은 자신들의 민족적ethnic 뿌리를 완전히 벗어던진 것은 아니었지만, 그렇다고 민족적 정체성을 완고하게 고집한 것도 아니었다.[11]

이 시기 동화정책은 자신의 출신 문화를 소중하게 생각하는 이민자에게는 다수의 횡포였다고 할 수도 있지만, 다른 한편으로는 이민자가 미국 사회에서 각종 권리를 획득하고 교육과 취업의 기회에 좀 더 유리하게 다가갈 수 있도록 해주는 안내자이기도 했다. 하지만 아프리카계 미국인을 비롯한 유색인들은 "미국화" 정책에서 고려 대상도 되지 못했다.[12] "미국화"가 백인 이민자에게는 억압이면서 동시에 기

8) Horace Kallen, *Culture and Democracy in the United States* (New York, 1970), p. 69.

9) *Ibid.*, pp. 124~125.

10) Randolph Bourne, "Trans-national America", *Atlantic Monthly* 118 (July, 1916), pp. 86~97.

11) Stephan F. Brumberg, *Going to America, Going to School: The Jewish Immigrant Public School Encounter in Turn-of-the-Century New York City* (New York: Praeger, 1986).

12) Nathan Glazer, "Is Assimilation Dead?", *Annals of the American Academy of Political*

회였던 것에 비해, 유색인에게 그런 "미국화" 정책은 자신들을 미국인의 경계 밖으로 몰아내는 팻말로 보였다. 미국 사회에서 "다양성"이라는 것이 정리해야할 장애물이 아니라 사회적 성숙과 발전의 자원이 될 수 있다는 새로운 생각이 호응을 얻기 위해서는 미국 사회의 인종과 인종관계에 대해 근본적인 성찰을 요구했던 역사적 사건들을 거쳐야 했다.

3. 세계적인 구경거리가 되었던 미국의 인종주의

서론에서 언급한 대로 미국 사회는 히틀러 덕분에 내부의 인종주의를 돌아보게 되었다. 그리고 제2차대전 이후 냉전으로 접어들면서 국제 사회는 미국의 인종주의에 대해 단순히 자극하는 수준이 아니라 큰 압박을 가하는 존재가 되었다. 제2차대전 이후 소련을 비롯한 세계 여러 나라의 언론들은 남부 여러 주에서 시행되었던 인종 간 결혼금지법, 학교를 비롯한 공공 기구에서의 인종 분리, 아프리카계 미국인에 대해 거의 주기적으로 발생하는 살인적 린치, 투표권 박탈 등 미국 사회의 인종주의 관행을 자세히 소개했다. 당시 국무장관이었던 애치슨Dean Acheson은 미국 사회내의 인종관계가 미국의 국제관계에서 문제가 되고 있는 상황을 이렇게 표현했다.

> 국내 소수집단들에 대한 차별 행위들이 외교 관계에 악영향을 미치고 있다. 외국신문과 대변인들이 이 점을 계속 반복해 언급하며 우리에게 국내 현실을 상기시켜주고 있다. 우리 사회는 내부의 소수집단들에 대한 태도에 있어 여러 가지로 개선할 점이 많다.··· 외국인들의 질문 앞에 만족스러운 대답을 내놓지 못하고 난감해 지는 경우가 종종 있다. ··· (외국인들이 우리 사회에 대해)의심하고 분개하

and Social Science 530, (Nov., 1993): pp. 122~136. 동화정책과 소수민족 집단의 정체성에 대해서는 황혜성, 「다채로워진 미국 이민사 연구: '용광로'에서 탈 소수민족의식으로」, 『서양사론』 93호 (2007) 참조.

는 이유들이 더 이상 존재하지 않게 될 때 우리는 국제 관계를 훨씬 잘 구축해갈 수 있을 것이다.13)

하지만 이런 국제적 압력에 직면해 미국 정부가 우선 내놓은 방책은 문제가 가능한 붉어지지 않도록 덮어두는 것이었다. 먼저 정부는 미국의 인종관계에 대한 비판이 해외에서 전개되지 못하도록 조치를 취했다. 아프리카계 미국인 학자이자 민권운동가인 두보이스W. E. B. Du Bois와 아프리카계 미국인 배우이자 가수이며 작가이기도 한 로브슨Paul Robeson의 여권이 1950년대 초에 취소되면서 두 사람은 10년 가까이 해외로 나가지 못했다. 두 사람의 해외 활동은 미국의 인종관계에 대한 비판으로 이어지고, 미국의 이익에 반하는 것이라고 판단했기 때문이었다. 또한 아프리카계 미국인 출신이면서 프랑스로 건너가 파리를 거점으로 활동하던 세계적인 여성 가수 베이커Josephin Baker의 경우 남미와 카리브해 등에 있는, 미국이 직접 영향력을 행사할 수 있었던 나라들에서는 공연을 하지 못했다. 미국의 압력으로 이들 나라에서 비자를 내주지 않았던 것이다. 베이커는 미국에서 인종 차별 당했던 경험을 해외에서 공공연하게 이야기하면서 미국 내의 인종관계 개선이 무엇보다 시급한 문제라고 주장하곤 했다. 그의 그런 활동이 미국 정부를 불편하게 만들었으며, 미국 정부는 온갖 외교 채널을 이용해 그의 공연을 봉쇄했다.14) 아프리카계 미국인 출신으로 세계적인 명성을 갖고 있던 인사들의 해외 활동을 미국 정부가 노골적으로 탄압했던 것은 세계 정치가 "자유세계"와 공산주의로 나뉘던 시기에 미국 민주주의를 비판하는 것은 곧 공산주의를 옹호하는 것이라는 냉전 시대의 전략적 사고에 기초한 것이었다.

그러나 다른 한편에서 미국 정부는 인종관계 개선을 위한 프로그램에 착수했다. 트루먼Harry Truman 대통령은 1946년 민권위원회Civil Rights Commission

13) Mary L. Dudziak, "Josephine Baker, Racial Protest, and the Cold War", *Journal of American History*, vol. 81 (Sep. 1994) pp. 543~570.

14) *Ibid.*

을 구성했고, 이 위원회는 유명한 「권리보장을 위하여To Secure These Rights」라는 보고서를 내 놓았다. 이 보고서를 통해 미국 정부는 처음으로 인종 분리의 사회적 관행에 반대하며 이를 개선해 나갈 것이라는 의지를 밝혔다. 미국유색인지위향상협회NAACP의 상임의장 화이트Walter White는 이 보고서에 대해 "미국 정부가 내놓았던 것 중 가장 비타협적이고 특별한 선언"이라며 그 의의를 높이 평가했다. 하지만 이 보고서는 이후 대소봉쇄정책을 선언한 트루만 독트린의 비중에 밀려 거의 실행되지 못했다. 정부 기구 중 미국 인종 관계 변화에 가장 큰 기여를 한 것은 대법원이었다. 대법원은 1954년 브라운 사건을 통해 교육에서 인종 분리는 위헌이라는 판결을 내렸고, 이 판결은 미국 인종관계의 변화에 큰 전환점이 되었다. 하지만 이 판결문만으로 뿌리 깊은 인종주의적 관행을 바꾸지는 못했다.

4. 아프리카계 미국인의 민권 운동

인종 분리의 관행을 무너뜨린 것은 아프리카계 미국인들의 집요한 투쟁이었다. 이들은 인종분리를 하는 버스를 타지 않았고, 인종분리를 하는 식당 안팎에서 항의를 했으며, 그 과정에서 온 몸이 음식 쓰레기로 범벅되는 모욕과 폭행을 당하기도 했다. 그리고 결국 인종과 관련된 관행의 변화를 이끌어 냈다. 1964년 민권법Civil Rights Act의 제정으로 이제 미국 백인들은 최소한 공식적이고 가시적으로는 인종 차별 행위를 하지 못하게 되었다. 상점에서는 아프리카계 미국인 고객을 백인 고객과 동등하게 대해야했고, 백인 교사와 학생은 아프리카계 미국인 학생과 한 교실에서 수업을 해야 했다.

킹Martin Luther King이 이끌면서 절정에 올랐던 민권운동은 무엇보다 아프리카계 미국인의 미국 사회로의 동화를 추구하는 운동이었다. 노예해방 이후 더글라스Frederick Douglass, 두보이스W. E. B. Du Bois 등 대표적인 아프리카계 미국인 지도자들이 추구했던 운동은 무엇보다 미국 주류 사회가 아프리카계 미국인을 백인과 동등한 시민으로 받아들여야 한다는 것이었다. 아프리카계 미국인 운동 내부에는 워싱턴Booker T. Washington이나 가비Marcus Garvey, 말콤 엑스Malcom X 등 백인 사회로의 동화 보다는 경제 문화적 자립을 강조하는 전통이 있었고, 두보이스의 경우 1930년대에 미국 사회에 대해 크게 절망하면서 아프리카계 미국인들의 자발적인 인종분리를 주장하기도 했지만, 아프리카계 미국인 사이에서 언제나 다수를 차지했던 것은 동화를 주장한 세력이었다. 킹이 이끄는 민권운동을 통해 아프리카계 미국인은 미국 사회에서 법적 제도적으로 인정받고 보호받는 시민이 되었다.

이런 성과를 통해 자신감을 확보한 아프리카계 미국인 사회에서는 새로운 운동이 시작되었다. 킹보다 젊은 세대들이 중심이 되어 "블랙 파워" 혹은 "검은 것이 아름답다"는 구호를 내걸고, 미국의 인종 "문화"에 도전장을 내밀었다. 1966년 릭스Willie Ricks와 카미클Stokely Carmichael이 미시시피에서 "블랙 파워"를 주장하고 나섰고, 이듬 해 카미클은 해밀턴Charles V. Hamilton과 함께 『블랙 파워Black Power』라는 책을 펴냈다. 이 책에서 그들은 다음과 같이 운동의 목표를 밝혔다.

> 우리[아프리카계 미국인]에게 가장 필요한 것은 문화적 테러리즘이라고 해야 하는 상황으로부터 우리의 역사와 정체성을 구해내 다시금 분명히 하는 것이다. 백인의 죄악을 정당화하는 약탈로부터 우리를 지키는 것이다. 우리는 우리 자신을 규정하고 이 사회와 우리의 관계를 규정하는 우리 고유의 용어를 만들어낼 권리를 위해, 그리고 이런 용어들이 인정받을 수 있도록 하기 위해 싸울 것이다. 이것이 자유인이 된 우리가 해야 할 첫 번째 일이다.15)

아프리카계 미국인으로서 인종적 정체성을 찾고자 하는 노력을 가장 잘 표현한 사람으로는 말콤 엑스Malcolm X를 빼 놓을 수 없다. 그는 아프리카계 미국인이 직면하고 있는 많은 문제는 자신들의 역사를 모

15) Stokely Carmichael and Charles V. Hamilton, *Black Power: The Politics of Liberation* (New York, 1967), pp. 34~35.

르기 때문이라고 하면서 역사를 알아야 한다고 강조했다. 말콤 엑스는 아프리카계 미국인에게 "우리 스스로 무력한 느낌이 들게 만드는 것은 우리 자신에 대한 스스로의 혐오감이다. 우리가 아프리카 출신이라는 것에 대한 혐오감이다"라고 하면서, 아프리카계 미국인이 정체성의 위기를 극복하기 위해서는 자신의 전통에 대해, 아프리카의 고대 문명에 대해 알아야 한다고 주장했다.[16]

킹과 블랙 파워 운동, 혹은 킹과 말콤 엑스는 활동하던 당시에는 서로 대립하기도 했던 관계였지만 크게 볼 때 이들의 운동은 하나의 연장선 속에 있으면서 상호 보완하는 성격을 갖고 있었다. 킹이 이끄는 민권 운동의 성과가 있었기 때문에 말콤 엑스와 블랙 파워의 주장이 진보적 의미를 가질 수 있었다. 19세기 말 흑인 지도자 더글라스는 흑인 고유의 문화와 전통을 이야기하며 분리주의를 주장하는 경향에 대해 그것이 인종주의의 또 다른 표현이 될 수 있다며 경계했다. 흑인이 백인과 평등한 인권과 가치를 인정받지 못하는 조건에서 고유의 독자성과 영역을 강조하는 것은 인종차별의 관행을 더욱 강화시킬 수 있기 때문이었다. 역사적으로 볼 때 미국의 다문화주의는 미국 사회의 일원이 되고자 했던 유색인 운동의 연장선에, 즉 동화 노력의 연장선에 위치해 있다고 할 수 있다.

아프리카계 미국인이 미국 사회에서 자신 있게 살아가기 위해서는 인종적 자부심을 갖는 것이 무엇보다 중요하다고 강조했던 블랙 파워 운동은 다른 유색인 집단들 사이에서 큰 반향을 일으켰다. 원주민을 비롯한 여러 인종·민족이 레드 파워, 브라운 파워, 옐로우 파워 등을 내세우며 단체를 만들고 자신들의 긍정적 정체성을 세우고자 하는 운동을 전개했다.[17] 이들의 운동은 자신들이 누구인지를 백인의 시각이 아닌 자신들의 시각에서 바라보겠다는 선언이기도 했다. 블랙 파워 운동을 시작으로 한 이런 활동들은 유색인들의 운동이 문화 안에만

16) Malcolm X, *Malcolm X on Afro-American History* (New York, 1970), p. 3, 74.

17) 대표적 기구로는 American Indian Movement(AIM, 미국인디언운동), Manzanar Committee (일본계 미국인), Crusade for Justice(멕시코계 미국인) 등을 들 수 있다.

머물게 했다는 평가를 받기도 한다.[18] 하지만 백인이 인구와 사회 경제 문화적 면에서 압도적 힘을 갖고 있는 사회에서 심리적으로 위축되기 쉬운 유색인들에게 이런 운동은 심리적 안정과 자신감을 갖는데 상당한 도움을 주는 것이었다. 오바마Barak Obama는 자서전에서 자신이 누구인지 어떻게 살아가야 하는지 고민하고 방황하던 10대 시절 두보이스, 엘리슨, 라이트Richard Wright 등 여러 흑인 작가와 사상가의 책을 읽었지만 그 중 가장 큰 힘이 되었던 것은 말콤 엑스의 책이었다고 술회했다.[19] 블랙 파워 운동이 문화적 테두리를 벗어나서 정치 경제 사회적 불평등을 이슈화하는 것에서 큰 성과를 거두지 못한 점에 대해서는 냉정한 평가가 필요하지만, 그것 때문에 집단적 자부심을 높이는데 기여해 온 점이 과소평가되어서도 안 될 것이다.

5. "제국"으로의 발전과 다문화주의

김욱동은 다문화주의는 "전지구적인 포스트식민주의를 한 나라의 문제로 축소해 놓은 것"이라고 했다.[20] 앞서 제2차대전과 냉전이 어떻게 미국의 인종관계에 압력을 가해 발전적 방향의 변화를 가져왔는지를 언급했지만 냉전이든 열전이든 길게 보면 전쟁은 미국의 인종관계에 긍정적인 역할만 한 것은 아니었다. 전쟁으로 국방 예산이 크게 증가하면서 복지 정책이 불가피하게 축소되었다. 1960년대 존슨 대통령은 "빈곤과의 전쟁"을 선포하고 "위대한 사회"를 공약했지만, 베트남 전쟁이 장기화되고 물적 인적 자원과 정부 예산이 전쟁에 집중되면서 빈곤퇴치 프로그램은 크게 축소되었다. 이로 인해 가장 큰 피해

18) William L. Van Deburg, *New Day in Babylon: The Black Power Movement and American Culture, 1965~1975* (Chicago, 1992), p. 306.

19) Barack Obama, Dreams from My Father: A Story of Race and Inheritance, 이경식 역, 『내 아버지로부터의 꿈』(랜덤하우스, 2007), 162~163쪽.

20) 김욱동, 「다문화주의의 도전과 응전」, 『미국학논집』 30호 (1998), 30쪽.

를 본 것은 빈곤 비율이 높은 아프리카계 미국인을 비롯한 유색인 집단들이었다. 또한 냉전 시기에는 연방정부가 후원하는 연구비의 60퍼센트가 핵무기 개발에 사용되는 등 군수 산업에 집중되었다. 공장 소비재 생산은 전반적으로 감소하여, 공장은 도심에서 교외로, 국내에서 해외로 이주하는 경향이 많았다. 제2차대전 이후 비로소 대규모로 공장 노동자 직에 진출했던 아프리카계 미국인들 다수가 일자리를 잃게 되었다. 가난한 아프리카계 미국인들은 단순한 하층 계급에 머무는 것이 아니라 계층 상승의 전망을 갖기 힘든 채 빈곤이 대를 이어 지속되는 "언더클래스"로 전락했다.[21)]

또한 베트남 전쟁과 이라크 전쟁 등 제3세계 국가들과의 전쟁이 이어졌는데, 이들은 미국의 인종주의적 전통을 상기시키고 강화시키는 역할을 했다. 베트남 전쟁에서 미국 군인들은 베트남인들을 "인디언"이라고 부르곤 했다.[22)] 미군 병사들은 파병 전 교육 과정에서 베트남 문화가 미국 보다 인간의 생명을 중시하지 않는다는 말을 들으며, 적에 대한 학살을 정당화시키는 교육을 받았다. 이런 교육을 받으며 아프리카계 미국인 병사들은 미국의 인종주의가 해외에서 재생산되고 있음을 쉽게 알아챌 수 있었다.[23)] 미국이 제3세계와 전쟁을 하면서 동반하게 되는 이런 인종주의는 최근 이라크 포로수용소에서 미국 병사들이 이라크 포로들에게 저질렀던 행위에서 볼 수 있듯이 계속 반복되고 있다. 전쟁 정책이 낳게 마련인 이런 인종주의를 다문화주의 교육을 통해 개선하고 극복해 나갈 수 있을지는 의문이다.

제2차대전 이후 미국은 전 세계가 쳐다보는 "언덕위의 도성"이 되었다. 미국은 초강대국으로 성장했고, 나아가 미국식 정치 경제 사회 제도와 문화와 규범을 세계의 표준으로 주장할 수 있을 만큼 헤게모니를 행사하는 패권국가가 되었다. 이는 다문화주의가 세계적으로 발

21) Michael Katz, *The Underlass Debate* (Princeton, 1992).

22) Eric Foner, *The Story of American Freedom* (New York, 1998), 9장.

23) Peter B. Levy, "Blacks and the Vietnam War", in D. Michael Shafter, ed., *The Legacy: Vietnam War in the American Imagination* (Boston, 1990), p. 214.

전할 수 있는 조건이 될 수도 있고, 대내외적으로 암묵적인 차원에서라도 인종주의가 강화되는 조건이 될 수도 있다. 미국이 자신이 갖고 있는 패권을 평화적인 방식으로 발휘하는 방향으로 나아간다면, 전 세계 다양한 문화를 상대해야 하는 미국의 정치, 경제, 문화는 다문화주의를 더욱 정교하게 세계적 수준에서 발전시키게 될 것이다. 하지만 전쟁 정책이 계속 이어진다면 적국을 비인간화하고 야만적이고 악마적인 것으로 선전해야 하는 전쟁의 속성상 인종주의는 국내외적으로 강화될 수밖에 없을 것이며, 다문화주의는 이런 인종주의를 포장하는 언설에 머물게 될 수 있을 것이다. 돌아보면 제2차 대전, 냉전, 베트남전쟁 모두 국내 인종 문제와 사회복지 정책에 대한 관심과 정책을 축소하거나 무기한 뒤로 연기하는 방향으로 작용해 왔다. 현대 미국의 다문화주의 역시 외교정책의 족쇄에서 자유롭다고 보기는 힘들다.

6. 다문화주의의 다면성

다문화주의라는 용어가 미국 사회에서 본격적으로 사용되기 시작하던 1990년대 초만 하더라도 이 용어는 좀 더 평등한 인종관계를 지향하는 진보적이고 개혁적인 의미로 사용되었다. 미국의 다문화주의는 주류를 형성하고 있는 유럽계 백인 남성문화와는 다른 인종/젠더/문화를 미국 문화의 일부로 인정하고, 이들 소수약자집단출신들을 좀 더 주류 사회 내로 포용해 내는 정책으로 이해되면서 비교적 광범한 지지를 확보했다. 이렇게 지지를 확보하게 된 데에는 그동안 미국 역사와 문화 속에서 오래 동안 뿌리 깊게 자리잡아 왔던 인종주의, 백인유럽중심주의는 시대에 뒤떨어진 것이며, 다양성을 인정하고 나아가 축복으로 받아들이는 것이 시대적 조류라고 하는 인식이 전제되어 있었다. 글레이저Nathan Glazer는 『우리는 이제 모두 다문화인이다』(1997)라는 제목의 책을 발간하기도 했다. 그는 이 제목에 대해, 다문화주의를 "믿고 포용하는" 맥락에서 내놓은 것이기 보다는, 내키지 않더라도 받아들일 수밖에 없는 시대적 흐름으로 다문화주의를 인정해야 한다는 생각이었다고 밝혔다. 미국 사회에서 다문화주의의 유행은 "결국, 만사는 변화하며, 우리도 함께 바뀌어 가는 것"임을 보여준다는 것이다.[24)]

그러나 1990년대 중반 이후 다문화주의에 대한 비판의 목소리도 만만치 않게 커지고 있다. 특히 대학을 비롯한 교육과 학문계에서 소수약자집단에 대한 커리큘럼이 강화되면서 가져온 변화를 놓고 여러 학자와 언론인, 그리고 정치인 등이 거세게 반대하고 나섰다. 주로 보수적 인사들의 다문화주의에 대한 비판은 다문화주의가 미국 역사의 어두운 측면만을 부각시키면서 중요한 전통을 도외시하고, 사회적 분열과 저항을 조장한다고 비판한다. 이들은 미국 역사는 인종관계가 개선되어 온 역사였는데, 다문화주의는 오히려 그 흐름에서 벗어나고 있다고 말한다. 다문화주의가 유색인종 출신들의 활동 반경을 소수집단 내로 좁히면서 그 발전을 막고 있다는 것이다.[25)]

이런 견해는 미국 다문화주의를 주로 소수 인종·민족 집단들의 자민족중심주의로 이해하는 것이다. 하지만 이는 과장이거나 지극히 예외적인 경우를 일반화시킨 것이다. 일부 아프리카계 지식인들 사이에서 나오고 있는 아프리카중심론을 다문화주의의 한 현상으로 볼 수도 있다. 아프리카중심론은 과격파에서부터 온건파에 이르기까지 다양한 논자로 구성되어 있어 한 마디로 정의하기는 힘들지만 크게 보면 백인중심적 시각에서 벗어나 아프리카인 혹은 아프리카계의 입장에서 아프리카의 역사와 문화를 연구하겠다는 운동이다. 이런 동향과 연구물들에 대해 여러 논의를 할 수 있지만, 이를 유럽중심주의와 동급에 놓

24) 글레이저, 서종남·최현미 공역, 『우리는 이제 모두 다문화인이다』, 미래를소유한사람들, 2009, 5·257쪽.

25) 보수적 반대자들의 스펙트럼도 다양하지만 그 중 가장 주목할 만한 것으로는 쉴레진저(Schlesinger)를 들 수 있다. 쉴레진저는 인종적 긴장과 불평등이 미국적 정치 강령들을 실현해 나가고, 국가 정체성을 발휘하는 속에서 점차 해결되어 왔으나, 다문화주의는 그런 흐름으로부터의 이탈로 미국의 분열을 낳을 수 있다고 주장한다. Arthur M. Schlesinger, Jr., *The Disuniting of America: Reflections on a Multicultural Society* (New York, 1998).

고 사회적 분열을 조장한다고 주장한다면, 이는 미국 역사와 미국 사회에서 인종주의와 유럽중심주의가 차지해온 비중을 제대로 이해하지 못하는 것이다. 유럽중심주의는 경제 군사적인 물리적 힘을 배경으로 유럽의 역사와 문화를 보편의 자리에 놓고 다른 지역에서 유래한 문화와 역사, 그리고 인종을 미개하고 주변적인 존재로 억압해온 역사를 갖고 있다. 하지만 아프리카중심론은 타문화에 대해 그런 억압성을 발휘할 만한 힘을 갖고 있지 못할 뿐 아니라, 무엇보다 그 주된 의도와 관심이 아프리카인과 전 세계에 흩어져있는 아프리카 후손들의 정신적 자존감을 높이는 것에 집중되어 있다. 미국 다문화주의의 특징은 다양한 인종·민족집단이 배타적인 문화적 틀을 형성해내는 원심력에 있기 보다는 다양한 인종·민족·젠더 집단들을 미국 사회의 당당한 구성원으로 포용해내려는, 혹은 동화시켜내려는 강한 구심력에 있다.

미국 다문화주의가 보수적 입장을 가진 이들로부터만 공격을 받는 것은 아니다. 진보적 입장의 학자들로부터도 여러 가지 비난을 사고 있다. 이들은 미국이 다문화주의 사회가 아니며 백인 중산층 중심적인 사회, 혹은 소비문화가 지배하는 사회라고 말한다. 그럼에도 불구하고 다문화주의를 쉽게 말하는 것은 미국 사회에서 백인 중산층과 기업이 갖는 지배력을 은폐하는 경향이 있다는 것이다. 자코비Russell Jacoby는 미국 문화는 소비문화로 통일되어 있으며 다문화주의는 가면에 불과하다고 일갈한다.[26] 다문화주의라는 용어에 있는 그 "문화"라는 표현 때문에 여러 집단들 사이의 사회 경제 문화적 힘의 차이가 간과되거나, 중요한 사회 경제적 불평등이 은폐되고 있다고 하는 주장도 여러 학자들 사이에서 제기되고 있다.[27]

미국의 인종관계와 다문화주의를 다룰 때 분명히 확인해 둘 것은 미국은 우선 인구면에서보더라도 백인이 다수를 점하고 있는 사회라는 점이다. 최근 언론들은 미국 백인 인구비율이 계속 감소하고 있으

26) Russelll Jacoby, "The Myth of Multiculturalism", *New Left Review,* vol. 208 (1994), pp. 121~126.

27) Van Deburg, *New Day in Babylon*.

며, 특히 라틴계 비율의 증가로 2050년이 되면 백인 인구의 비율은 절반 이하로 줄어들면서 지금과는 상당히 다른 사회가 될 것이라고 전망했다. 하지만 사회학자 알바Richard Alba는 2050년에도 지금의 인종분류가 유효할 것이라고는 전망하기 힘들기 때문에 그런 식의 구분은 그리 유용하지 않다고 말한다. 대신 그는 좀 더 가까운 2025년까지 정도가 지금의 인종구분으로 전망해볼 수 있는 시기라고 하면서, 1995년까지의 추세를 갖고 2025년을 전망했다. 이에 따르면 백인 인구비율은 74퍼센트에서 62퍼센트로 감소할 것이며, 아시아계는 3퍼센트에서 6퍼센트로, 라틴계는 10퍼센트에서 18퍼센트로 증가할 것이며, 이에 따라 아프리카계는 소수 인종 집단 중 가장 큰 인구 집단의 지위를 라틴계에 넘기게 될 것이다. 그리고 가장 다수인 백인 인구비율은 일정하게 감소하겠지만 그래도 주류집단의 지위를 내줄 정도는 아니라고 평가했다.[28)]

인구 면에서 만이 아니라 경제력의 측면까지 고려하면 미국 사회에서 백인이 차지하고 있는 비중은 더욱 크다. 미국 센서스국의 자료에 따르면 2005년 흑인의 개인 실질 소득은 백인의 61.5퍼센트이다. 빈곤선 이하의 인구 비율도 백인의 경우 8.7퍼센트인 것에 비해, 흑인은 24.7퍼센트에 달한다.[29)] 재산 차이는 소득 차이보다 훨씬 심각한 수준이다. 2004년을 기준으로 보면 백인에 대한 흑인의 개인별 순자산 비율은 10퍼센트에 지나지 않는다.[30)]

하이햄John Higham은 다문화주의가 "인종과 젠더의 문제에 사로잡혀 있으며, 계급 의식은 종속과 저항의 자극적인 향기를 돋울 때에만 슬쩍 이용되고 있다"고 지적한다.[31)] 이는 중요한 지적이지만 그렇다고 해

---

28) Richard Alba, "Immigration and the American Realities of Assimilation and Multiculturalism", *Sociological Forum*, vol. 14, no. 1(1999), pp. 4~5.

29) http://www.census.gov/prod/2006pubs/p60-231.pdf(검색일: 2009년 11월 15일).

30) http://www.stateofworkingamerica.org/swa06-ch05-wealth.pdf(검색일: 2009년 11월 15일).

31) John Hignam, "Multiculturalism and Universalism: A History and Critique", *American Quarterly*, vol. 45, no. 2, (June 1993), pp. 195~219 중, p. 202. 하이햄이 이 논문 전반에서 계급적 접근방식의 필요성을 역설한 것은 아니다. 전체적으로 이 논문은 다문화주

서 이런 비판이 지난 반세기 동안 활발하게 진행된 인종과 젠더 논의를 과소평가하는 것으로 이해되어서는 안 될 것이다. 인종과 젠더에 대한 오랜 논의를 통해 사회적 시야의 지평이 넓어졌을 뿐 아니라, 계급적 불평등이 인종과 젠더의 구분선을 타고 진행되어 왔다는 점도 잘 드러나게 되었다. 인종, 젠더, 계급이라는 범주들은 상황에 따라 복잡하게 얽히면서 그 구분선을 서로 강화시키기도 했고 또 다른 한편으로는 은폐하는 기능도 해왔다. 따라서 계급에 대한 논의를 강화시키는 것은 계급을 무엇보다 우선시하는 방식으로가 아니라, 계급, 인종, 젠더가 어떻게 상호 작용하면서 사회적 불평등을 확대 혹은 극복해가고 있는가를 밝히는 방향으로 나아가야 할 것이다.

하지만 이런 진망이 밝아보이지는 않는다. 학계에서 인종과 젠더에 대한 논의는 계급과 무관하게 진행되어 오지 않았지만, 미국 현실 사회에서 다문화주의는 주로 교육과 문화 영역에 머물러 있었다. 사회경제적 불평등은 1960년대 '빈곤과의 전쟁'이 베트남 전쟁에 밀려 제대로 진행되지 못한 이래 거의 이슈화되지 못했다. 얼마 전 미국과 한국 언론에서 미국 여성 소득이 남성의 77퍼센트까지 상승했다는 내용이 다루어진바 있다. 상승하긴 했지만 여전히 여성의 소득은 남성보다 낮다는 점 또한 이 숫치가 말해주는 바이지만, 이를 다룬 여러 기사들을 살펴봐도 그런 불평등을 문제로 삼은 것은 거의 없었다. 이를 다룬 기사들은 한결같이 여성의 높아진 소비력에 주목했다. 기업의 입장에서 수치를 읽어낸 것이다.[32] 최근 미국 사회에서 다문화주의에 가장 적극적인 이들은 인종·젠더 관계를 좀 더 평등한 방향으로 개혁하려는 이들이기 보다는 기업이다. 기업에게 다문화주의는 마케팅과 노동자 관리에 중요한 수단이기 때문이다.[33] 기업이 다문화주의를 적

의가 미국사 전체를 엮어내려고 하는 노력이 부족함을 지적하고 있다.

32) http://www.yonhapnews.co.kr/international/2009/09/17/0619000000AKR20090917060600075.HTML(2009년 11월 15일 검색).

33) 이에 대한 선구적 연구로는 David Rieff, "Multiculturalism's Silent Partner", *Harper's Magazine*, (August1993), pp. 62~72와 Chicago Cultural Studies Group, "Critical Multiculturalism", in D. T. Goldberg, ed., *Multiculturalism: A Critical Reader* (Cambridge,

극적으로 사용하면서 다문화주의의 의미는 기존의 불평등한 인종/젠더 관계를 극복하고, 좀 더 평등한 관계를 지향하는 진보적이고 개혁적 의미로 사용되기 보다는 다양한 소비 취향이나 생활 스타일의 문제로 이해되고 있다. 이런 변화는 20세기 초 동화정책이 처음에는 사회 개혁가들이 이민자들의 복지를 고려해 시작했던 운동이었다가 기업이 효율성을 높이는 수단으로 적극 개입하고, 제1차 대전으로 외국문화에 대한 불신감이 강화되면서 배타적이고 강압적 성격을 띠게 되었던 역사를 상기시킨다.34)

7. 결론

다문화주의가 가장 경계하는 것은 인종주의, 백인중심주의이지만, 미국 다문화주의가 딛고 있는 현실에서는 유럽계 백인 중산층 문화가 확고한 헤게모니를 장악하고 있다. "용광로"라는 표현의 인기가 없어졌다고 해서 미국 사회가 이민자들을 동화 혹은 미국화시키는 능력과 제도가 약화된 것은 아니다. 예나 지금이나 좀 더 나은 삶을 찾아 미국으로 오는 이민자들은 기꺼이 미국 문화를 받아들여 동화되어 나갈 준비가 되어 있는 사람들이 대부분이다.

미국 다문화주의는 백인의 나라라는 미국의 정체성을 바꾸어 놓았고, 미국 사회가 다양한 문화적 배경을 가진 이들이 상호 존중하며 평등한 관계를 형성할 수 있도록 해야 한다는 지향성을 갖게 해 주었다. 이는 다문화주의의 중요한 업적이다. 인종 사이의 서열을 당연시 하는 사회와, 인종 사이의 평등을 지향하는 사회는 다르기 때문이다. 하지만 다른 문화적 배경, 혹은 다른 인종에 대해 인정하고 존중해야 한다는 규범에 대한 교육이 학교에서 철저하게 이루어진다고 해도 인종들 사

1994), pp. 114~39 참조.

34) Doweny, "From Americanization to Multiculturalism" 참조.

이의 경제 사회적 격차가 크게 벌어질 때 그런 교육이 가지는 한계는 분명하다. 인종과 문화에 대한 통념은 학교에서 배운 것으로만 이루어지는 것이 아니라, 사회생활 전반을 통해서도 형성되기 때문이다.

근대 자유주의의 원리는 인종에 구애받지 않는 것이다. 개인은 피부색이나 성별에 상관없이 타고난 재능과 노력에 따라 운명을 개척할 수 있다는 것이 근대 자유주의의 원리이다. 하지만 현실은 그렇지 못하다. 타고난 인종이나 젠더, 계급이 한 개인이 누릴 수 있는 기회와 삶의 범위를 결정하는 무게가 아직도 만만치 않다. 최근 미국 사회는 흑인 대통령과 여성 국무장관들을 배출하면서 비주류집단 출신의 개인들이 이룬 성취를 세계적으로 자랑하고 있다. 이들의 이런 성취는 많은 유색인과 여성에게 큰 힘이 될 것이다. 하지만 역사적으로 볼 때 분명한 것은 이들의 성취 역시 개인의 재능과 노력뿐 아니라 아프리카계 미국인이나 여성이 평등한 존재로 인정받기 위해 실천해왔던 집단적 운동의 결과라는 점이다.

미국에서 다문화주의는 아프리카계 미국인을 비롯한 소수 인종/민족 집단들의 법적 사회적 지위를 개선하고 내부적으로는 이들이 집단적 자부심과 자신감을 갖도록 해주는 개혁적 기능을 해 왔다. 민권 운동 이후 지난 한 세대 동안 대학, 기업, 정부 기관 등 미국 사회 여러 분야로 더 다양한 인종·민족·젠더 출신이 진출할 수 있도록 하기 위해, 그리고 방송이나 교육, 학문 등 여러 문화 분야에서 소수 집단의 역사와 업적이 공식적으로 다루어질 수 있도록 하기 위해 미국 사회는 의식적인 노력을 기울였고, 이는 눈에 띄는 변화를 가져왔다.[35)]

그러나 다문화주의를 경계하는 보수 세력의 견제 속에 그 담론과 실천은 정치 경제적 차원의 문제제기와 재분배 정책으로까지 발전하지 못했고, 주로 '문화'와 교육, 학문의 테두리 내에 머물러 왔다. 다문

---

35) 일정한 자격을 갖춘 소수집단 출신들이 백인 남성 전용으로 여겨져 왔던 영역으로 진출할 수 있었던 배경 중 하나로는 소수세력차별시정정책(affirmative action)이 있었다. 이에 대해서는 김연진, 「차별의 시정인가, 우대인가: 소수세력차별시정정책(affirmative action)과 그에 대한 논쟁」, 『미국사연구』 18집, 2003, 159~185쪽 참조.

화주의 사회를 지향하는 기초는 1960년대 진보적이고 개혁적인 분위기가 충만했던 가운데 마련되었지만, 그 본격적인 진행은 미국 사회가 보수화되었던 1970년대와 80년대에 전개되었는데, 이런 사회적 분위기가 다문화주의 담론을 '문화'에 머무르게 하는데 일조했을 것이다. 그리고 다국적 기업들이 다문화주의의 실용화에 가장 적극적인 주체로 등장하면서, 다문화주의라는 용어는 진보적이고 개혁적인 의미 보다는 다양한 문화를 향유하는 세련된 문화적 태도를 뜻하는 유행어로 상용되고 있기도 하다. 그래서 최근에는 진보적 논자들이 '다문화주의'에 회의적인 글을 쏟아내고 있다. '다문화주의'가 앞으로 미국 사회에서 어떤 의미로 통용될지는 지켜봐야 할 일이지만, 현재 시점에서 볼 때 '다문화주의'는 구체적인 성과를 쌓아가기도 전에 그 용어가 갖고 있는 개혁적 진보적 성격을 점차 상실해 하고 있는 것으로 보인다.

미국의 다문화주의는 대외 정책과 무관하지 않다는 점 또한 중요하게 고려되어야 한다. 2009년 텍사스주 포트 후드 기지에서 있었던 총기난사 사건의 용의자가 이라크 파병을 앞둔 요르단 출신의 이슬람교도 미국인이었다는 점은, 한 개인의 일탈행위로만 치부하고 넘기기 어려운 여운을 남긴다. 영화 〈갱스 오브 뉴욕〉은 폭력배들의 무덤 위에 잡초들이 우거지고, 또 그 위로 고층 빌딩 군이 들어서는 장면들이 겹쳐지면서 막을 내린다. 무지막지한 집단 폭력의 시대는 땅 속에 묻히고 그 위로 좀 더 세련된 시대가 세워졌다는 것을, 혹은 거꾸로 읽으면 현대 미국 문명의 아래에는 피비린내 나는 폭력의 시대가 있었다는 것을 말하는 장면이다. 현대 미국의 다문화주의 담론이 한 사회 내에서 다양한 문화와 집단이 서로 존중하며 평화롭게 공존할 수 있는 사회 경제 문화적 조건을 만들어갈 수 있을 것인가, 여전히 알게 모르게 온존하고 있는 인종주의와 인종과 젠더 사이의 차이를 더욱 커지게 하는 빈부격차, 그리고 계속되는 전쟁의 현실을 가리는 그럴듯한 포장지에 머무를 것인가는 이 시대 미국인의 선택에 달려 있다.

파독 한인여성 이주노동자의 역사

-1960~1970년대 한인간호인력 독일행의 원인-

나혜심

1. 머리말

1965년 독일 북서지역의 지역신문들인 『koelische Rundschau』와 『Duesseldorfer Nachrichten』에는 각기 다음과 같은 제목의 기사들이 실렸다. "20명의 한국여성들이 노인들을 돌보게 될 것이다", "한국여성들이 우리의 노인들을 보살피게 되었다"1) 이어 이를 계기로 병원들이 겪고 있던 인력부족 사태의 해결을 기대하며 이후 더 많은 한국여성들이 이곳의 병자와 노인들을 돌보게 될 것을 기대했다. 유럽과 아시아라는 먼 거리를 사이에 둔 한국의 여성들이 어떻게 독일의 노인들을 돌보게 된 것일까? 1970~1980년대에 우리들 주변에는 독일로 간 이모나 고모가 적지 않았다. 그리고 독일에는 여전히 적지 않은 한인 여성들이 병원과 양로원 등에서 일을 하고 있기 때문에 이들의 역사는 여전히 진행형이다. 하지만 그들이 어떻게 해서 독일 환자들 곁

* 성균관대학교 문과대학 인문학연구원 연구교수

** 이 글은 『서양사론』 100호(2009)에 게재된 논문을 일부 수정·보완한 것임.

1) 『Koelische Rundschau』 1965년 5월 29일/ 『Duesseldorfer Nachrichten』 1965년 5월 24일.

에 가게 되었는가 하는 것에 대한 전문역사가들의 관심은 아직 눈에 뜨이지 않는다.

이 시기 간호 인력의 독일 행에 대해서는 각기 다른 시기에 관한 두 가지의 설이 가장 널리 알려져 있었다. 하나는 차관교섭을 위한 독일 행에 정래혁상공부장관을 수행했던 백영훈 박사의 회고에 기초한 설이다. 그의 회고록 『아우토반에 뿌린 눈물』(한국산업개발연구원, 1997) 에 실렸던 그 설은 여러 경로를 통해서 확산되어졌다.2) 이를 인용해서 파독 광부와 간호사에 대해 쓴 책인 『독일아리랑』(에세이, 2006)에 의하면, 1961년 12월에 차관 협상에 성공한 한국대표단이 상업차관에 필요한 지급보증의 문제를 해결하면서 그 일이 성사되었다고 한다. 지급보증자가 없는 난감한 상황에서 독일 측이 한국 광부와 간호사 파견을 제의했고 이 제안을 한국이 받아들이면서 지급보증에 대한 특별한 규정을 통해 차관제공이 성사되었다는 것이다. 이 설의 파장력은 대단히 커서 차관의 볼모, 임금노예로서의 파독노동자라는 많은 소문들을 만들었을 뿐 아니라 광부는 물론 간호 인력의 파견은 한국 경제발전의 물질적 토대를 성공적으로 획득해 낸 박정희 정권의 위대한 업적의 부가물이었다는 평까지 나오고 있다.3)

그러나 광부파견은 이미 1961년 1월 31일에 주한 독일 대사관에서 미국의 경제원조기구의 한국 측 담당자, 한국 상공부 내 광산관련 부서의 대표 등이 모인 가운데 논의된 바 있었다. 독일 측 참석자인 벙어Buenger가 이 모임에 대해 독일 정부에 보고하면서 이 제안이 미국 측에서 왔으며 그것을 수용하는 것이 독일에게는 추가적인 비용지출 없이 한국 경제를 도울 수 있는 방편일 수 있다며 긍정적으로 검토할 것을 당부한다.4) 본고가 광부에 관한 글이 아니기 때문에 이 설의 진위

2) 예를 들면 조정래의 『한강』의 내용을 근거로 서술한 박찬경, 글라우스 펠링, 『독일로 간 사람들』, 눈빛, 2003, 19쪽이 그 하나이다.

3) 김용출, 『독일아리랑』, 에세이, 2004, 40~42쪽.

4) Bundesarchiv in Koblenz, B. 149. 6246. Bd. 1. "Entsendung koreanischer Bergleute nach Deutschland".

를 따질 이유는 없지만 적어도 백영훈의 설명은 위의 모임으로 보아 사실과 다르다는 점은 확인할 수 있다.

다른 하나의 설명은 1966년에 대규모 간호 인력의 독일행을 중재하기 시작했던 이수길 박사에 의한 것이다. 마인츠 대학의 소아과 의사였던 그는 독일 병원의 간호 인력 부족과 한국의 높은 실업률을 해결하기 위해 이를 진행하게 되었다고 한다.[5)] 1970년에 이 일이 한국의 해외개발공사의 운용으로 넘어가기까지 그는 1966년부터 5차례에 걸쳐서 정식 간호사 628명과 간호학생 40명으로 총 668명의 인원을 독일의 병원 등에 취업시켰다.

이 두 가지의, 이제까지 가장 널리 알려져 있는 설명은 모두 역사학적인 연구의 결과이기보다는 회고록과 전기 등에 있는 내용이었다. 당시에 독일 행을 했던 이들 중 많은 이들이 현재 독일의 한인으로 살고 있기 때문에 해외한인으로서의 삶에 대한 관심의 범주 속에 그 파독의 동기들이 묻혀있고 잘 드러나 있지 못하다. 지난 2008년 9월 23일에 "진실·화해를 위한 과거사정리위원회"는 광부와 간호사의 파독에 대한 기존의 설이 수정되어야 함을 언급함으로써 역사적 연구의 필요성을 촉구하였고 이제 역사학적인 연구는 시급한 상황이다.

이런 의식의 차원에서 본고는 어떻게 해서 '한국의 여성들'이 독일의 간호인력으로 가게 되었는가, 왜 하필 다른 분야가 아닌 '간호인력'이 갈 수 있었던 것일까 하는 문제를 살펴보려 한다. 해외인력수출과 관련된 몇 몇 글에서 간호인력의 역사는 '인력수출'의 차원 그리고 한국경제에 대한 기여와 연관해 주목되고 있지만 그 이유나 동기는 설명하기 못하고 있기 때문이다. 국경을 넘어서는 이주의 문제, 특히 노동이주의 문제는 이미 적지 않은 시간동안 인류의 역사와 같이 해 왔고 한국 역시 이제 이주노동자를 받는 나라가 되었다. 보다 나은 조건을 찾기 위한 본능적인 행위의 하나인 이주노동의 문제는 그러나 개인적인 동기만으로 설명되지 않는 정책적이며 국제관계상의 문제이다. 이

5) 이수길, 『한강과 라인강 위에 무지개다리를 놓다』, 지식산업사, 1997, 103~105쪽.

런 의미에서 본다면 한인 간호인력의 파독의 문제는 한국사적인 문제이면서 동시에 독일사적인 문제이고 비단 과거의 사건일 뿐만 아니라 오늘날 여전히 우리가 당면한 문제이다. 이런 문제의식에 기초하여 이주, 해외한인 등의 범주와 겹칠 수 있지만 본고는 국경을 넘어서는 고용관계가 어떻게 가능했던가에 대한 '원인' 내지는 계기에 집중하고자 한다. 이 과정의 주역인 당시 간호여성들의 주관적인 동기는 본고에서는 다루지 않는다. 다만 독일 쪽 관련기관 간에 교환된 문서들과 일부 면담자료를 통해서 공적인 동기를 집중하여 다룰 것이다.[6]

2. 한국 간호인력의 독일 진출의 역사

2.1. 기존의 관심들

본고에서는 두 가지 이유에 의해서 간호사 대신에 간호 인력이라는 명칭을 사용한다. 그 중 하나는 간호사 해외 파견의 역사를 좀 더 연장하기 위해서이다. 만약 간호사라는 명칭을 그대로 사용하면 한국의 간호사는, 매우 개인적인 몇 몇 경우를 제외하고는, 1966년 이수길 박사의 중재에 의한 것이 최초의 것이 된다. 그러나 이미 1959년에 한국 여성들의 독일행이 진행되었다.[7] 최초 몇 년 동안 그들은 간호사가 아닌 간호학생으로 갔고 교육을 받은 후 간호사가 되었다. 그러나 중요한 것은 이들 역시 심한 경우 파견된 다음날부터 독일환자들을 위해 일했던 명실상부한 간호 인력이었다는 점이다. 1966년 이전에 한국 땅을 떠났던 이들 여성들을 다시 역사 바깥으로 떠밀어내지 않기

6) 면담자료란 2008년 국사편찬위원회에서 지원한 구술자료 수집사업 중 "파독 한인여성 간호노동자들의 증언자료" 과제를 위하여 진행한 것들을 이야기 한다. 이를 본격적으로 분석하는 차원은 아니지만 간호인력의 경험을 토대로 그들의 역사를 이해하는 데에 도움을 받는 범위 내에서 이용하였다.

7) 언젠가 그 최초의 경우였는지에 대한 기록을 아직 찾지 못했기 때문에 이 이전의 경우도 있었을 가능성은 열려 있다.

위해 '간호인력'으로 대상을 칭한다.

다른 하나는 그들이 했던 일과 관계된다. 이는 보다 장구한 설명을 요하나 단순화 시키자면 이들 여성들이 했던 일들이 한국에서 흔히 생각하는 간호사의 일, 즉 의료적인 것이기 보다는 거의 간병하는 일에 가까웠다는 점 때문이다. 이런 경우는 간호대학을 졸업한 경우나 간호조무사, 간호학생 간에 차이가 거의 없었다. 또한 병원이외에도 요양원, 호스피츠, 양로원 그리고 공동체간호사Gemeindeschwester에 이르기까지 그 활동범위를 고려할 때도 필요한 일이다.

이미 언급했듯이 이들 중 많은 수가 고용을 위해 한시적으로 독일 땅을 밟았다가 이주민이 되었다. 그렇기 때문에 이주민에 관한 연구들은 넓은 의미에서 이들 간호 인력들에 대한 연구라고 볼 수 있기는 하다. 독일의 이주민에 대한 연구는 일찍 시작되었다. 1955년에 외국인 노동자취업Anwerben 허용정책을 시작할 때 노동력만을 들여오려 했던 독일은 자신들의 의도와는 달리 이주노동자들이 사회 구성원이 되어가고 있음을 깨닫게 된 1970년경부터 이주민에 대한 연구를 시작했다.[8] 관심은 이주민의 통합과 적응에 있었다. 이후 약 20여 년간에 걸쳐서 이는 크게 달라지지 않았다.[9] 1990년에 이르러 동구사회주의권의 붕괴와 세계경제 양극화의 심화 속에서 빈곤에 의한 대량 불법 이주가 대부분의 경제적 선진국에 부담으로 다가가면서 이주의 세계적인 추세와 역사성 등에 대해 전문 연구자는 물론 시사 잡지들에서도 관심을 가지고 관찰하였다.[10] 그리고 이주의 원인, 이주민이 이주사회에 적응하는 과정, 이주민이 독일 사회에 미친 영향 등은 끊이지 않는 주제였다.[11] 하지만 이주문제에 있어서 한국인의 비중은 그 숫자

8) 예를 들면 C. Barry Hyams ed., *Arbeitsmigration*, Marburg, 1975가 있다,

9) 1997년에 나온 이주민에 대한 연구인 Gernot Boehme eds., *Migration und Auslaenderfeindlichkeit*, Darmstadt, 1994; Steffen Angenendt, ***Deutsche Migrationspolitik im neuen Europa***, Oplade, 1997에서도 연구의 주제들은 이주의 원인, 영향, 이로 인한 문제, 국가의 이주민관련 정책들이었다.

10) 예를 들면 "Welt der Wandernden", 『Der Spiegel』, 26/2006.

11) 예를 들면 Ludger Pries, Internationale Migration, Bielefeld, 2001); Bundesamt fuer Migration und Fluechtlinge, ***The Impact of Immigration on Germany and Society***, Nuernberg,

만큼이나 적었고 사실상 독일인들의 연구에서 한인들은 관심의 대상이 되지 않았다.

다만 본고의 연구목적과 관계해서 이주민들이 주로 자국의 산업화 과정에서 발생하는 사회문제들, 즉 높은 인구증가율, 실업률 등으로 인해 이주를 선택한다는 글은[12] 주목할 만하다. 또한 독일 사회의 사회적 권리망의 확대와 유지를 이주노동자들과 연관시키는 글도 파독 한인의 문제와 관계해서 간과하기 어렵다. 세금을 지속적으로 납부함으로써 사회보장의 재원을 유지할 수 있게 해주는 역할과 이주노동자 문제를 연결시키는 글 역시 주목할 만하다.[13] 특히 여성이주노동자에 대한 글로, 비록 한국 여성이 대한 것은 거의 다루고 있지 않지만 여성노동정책 전반에 대해 다루고 있는 마테스Monika Mattes의 책도 빠뜨릴 수 없다.[14]

재독 한인연구자의 연구들도 간호여성의 문제와 관계해서 없지 않은데 예를 들면 최재현Jae-Hyeon Choe과 한스 유르겐 다하임Hansjuergen Daheim의 공동 연구가 그 하나이다.[15] 이 글은 파독되었던 노동자들이 어떤 이유로 한국으로 돌아갔거나 독일에 머물게 되었는지를 분석한 것으로 독일 사회와 이주민들의 융합 내지는 갈등의 문제를 다루는 전형적인 연구의 한 부분이다. 이 글에서는 한인노동력 전반의 파독동기를 한국의 높은 실업율과 외환의 부족, 그리고 이를 해소하기 위한 한국정부의 제안에서 찾고 있다. 또 하나, 한인에 의해 쓰인 글로는 1970년에서 74년까지 파독 간호 인력의 독일 적응문제를 도왔던 사회복지사 유도진이 설문조사를 바탕으로 쓴 논문이 있다.[16] 주로 교육학적 관심에

2005 등.

12) Klaus Manfrass, "Reichtum und Armut", Gernot Boehme eds., *Migration und Auslaenderfeindlichkeit*, Darmstadt, 1994.

13) Sesselmeier, Werner, "Oekonomische Wirkungen von Migration", *Migration und Auslaenderfeindlichkeit*, Darmstadt, 1994. pp. 64~67.

14) Monika Mattes, *Gastarbeiterinnen in der Bundesrepublik*, Campus, 2005.

15) Jae-Hyeon Choe und Hansjuergen Daheim, *Rueckkehr-und Bleibeperspektiven koreanischer Arbeitsmigration in der Bundesrepublik Deutschland*, Frankfurt a. M., 1987.

16) Yoo Do-Jin, *Die Situation koreanischer Krankenpflegekraefte in der Bundesrepublik*

의하여 당시의 간호 인력이 얼마나 독일의 상황에 대하여 교육 받았고 독일에서 적응하기 위하여 어떤 교육을 받았는지를 분석하였다.

서울의 독일 문화원에서 발표되었던 최선주와 이유재의 글은 본고의 관심에 많은 시사점을 제공한다. 이 글에서는 한국이 당시에 경제원조를 필요로 했던 상황이지만 당시 독일의 국내적인 상황과 냉전의 영향으로 인해 한국에서 오히려 노동력을 제공받음으로써 거꾸로 된 경제원조의 실현국이 되는데 광부와 간호인력 파견의 의미가 있다고 주장된다.[17] 이 이외에 전문역사학자의 글로,[18] 한국의 해외인력수출 전반에 대한 저서의 내용 중 독일로 갔던 광부와 간호사에 대해 다룬 것도 있다. 그러나 경과 이외에 양국의 어떤 조건들이 이를 진행하게 한 것이었는지에 대해서는 알려주지 않는다.

이주국으로서의 독일사회와 이주민의 관계에 대한 독일적인 연구들은 비록 한인여성의 인원이 적은 이유도 있겠지만 그 관심은 독일사회를 어떻게, 많은 이주민의 숫자에도 불구하고, 잘 유지하느냐에 있다. 따라서 이제 눈에 뜨이게 명백해진 다문화사회에서 한인이주민들은 여전히 다문화의 중심국가인 독일연구에서 타자에 해당한다. 그런데 이 타자를 주체적으로 바라볼 한국의 연구자들의 관심은 약 30~40년 전의 한인 이주여성들을 해외한인의 적응의 역사 속에서 보거나 그들의 한국사회에 대한 기여를 칭찬하고 그 노고를 치하하는 데에 집중되어 있다. 이런 연구들도 물론 필요하겠지만 이제 그들이 왜 독일의 노인들과 환자들 곁에서 일을 하게 되었는지에 대한 양 국가적인 조건들과 관계해서 객관적으로 설명할 필요가 있다. 이에 본고는 양국 모두의 당시 조건들, 양국을 연결하고 있는 관계망의 성격, 그리고 간호에 관한 역사적, 사회적 인식의 차이 속에서 그 계기를 찾

Deutschland und Ihre sozialpaedagogischen Probleme, Kiel, 1975.

17) Sun-Ju Choi·You Jae Lee, *Umgekehrte Entwicklungshilfe, Die koreanische Arbeitsmigration in Deutschland*, in: Koelischer Kunstverein u.a., ed. Projekt Migration, Koeln 2005, pp. 735~42.

18) 박래영·정해본 외, 『한국의 해외취업』, 아산사회복지재단, 1988.

아볼 것이다.

2.2. 간호인력의 독일진출의 역사: 개괄

1959년 12월 어느 날 독일 뒤셀도르프 공항에 고등학교를 갓 졸업한 한국여성 10명과 학생 2명이 비행기에서 내렸다.[19] 이들로부터 시작된 한국 여성 간호 인력의 독일행은 1973년에 독일에서 외국인 노동자의 취업을 중단시킨Anwerbenstopp 이후 약 3년간 더 지속되었다. 1966년부터 1976년 5월의 마지막 팀까지 약 10,032명이었다. 그러나 1966년 이전에 이미 그 기록을 찾을 수 없는 많은 간호학생으로 간 여성들이 있었고 경로도 매우 다양했기 때문에 전체 간호 인력의 수는 정확하지 않다.

이 독일행은 예외적인 예들이 없지 않지만 1955년부터 1973년까지 공식적으로 지속되었던 독일의 외국인노동자 취업정책의 범주 내에 있었다. 그것은 명분 면에서 그렇다는 것이기보다는 실질적인 조건 면에서 그렇다는 것이다. 이들은 비록 그 중 상당수가 현재 해외 한인화되어 있기는 하지만 애초에는 노동력만을 판매하기 위하여 간 사람들이었다. 그들은 독일 측에 의해 '외국인 근로자'나 독일 내 '외국구성원'등이 아닌 손님노동자Gastarbeiter로 불리었기 때문이며 이는 독일 사회의 한 구성원이 아니라 왔다가 거의 반드시 돌아가게 되어 있는 손님의 지위로 그 체류의 한계가 정해져 있었다. 더구나 이를 더 확실히 하기 위해서 독일은 이들 외국인 노동자에 대해 교대Rotation원칙을 적용하였다. 이 원칙에 의해 일반적으로는 3년, 최대 5년까지의 근무기간을 허용한 뒤 새로운 지원자로 교체되도록 하였다. 이들의 순수한 노동력만을 사고자하는 의도가 극명하게 드러나는 것이다.[20]

---

19) 이 사실은 1960년 7월에 외국인 학생들을 지원하는 단체가 발간한 정기보고문 형식의 간행문에서 알게 되었다. 이 보고문은 "Deutschlandstudium Asiatischer Studierender" Brief Nr. 5이며 Bundesarchiv-Koblenz, B. 149. 6246. 문서철 내에 있다. 이 부분은 뒤의 III장 4절에서 다시 자세히 다룰 것이다.

20) 외국인 노동자를 같이 살아가는 사회의 구성원이 아니고 돌아가야 할 사람들이라고 생각했

1955년 12월에 독일 연방노동국 장관이 이탈리아 외무부 장관과 최초의 지원협약을 맺음을 계기로 독일의 외국인 노동자취업정책이 시작되면서 곧 주변 유럽국가들, 그리고 터키와 국가적인 협약이 체결되었고 일하고자 하는 인력은 넘쳐났다. 그러나 1964년 이후부터 고용사정이 개선된 유럽지역으로부터 지원이 현저히 줄어들게 되었고 급기야 1967/68년~70년에 이르면 노동력 부족은 극에 달하였다. 교대정책 대신 5년 이상의 체류를 허용하게 되는 것이 이 시기이다. 이 상황은 오일쇼크와 경제침체로 인하여 73년에 외국인 노동자취업정책의 중지 Anwerbenstopp에 이르게 되면서 다시 변화를 맞게 되었다. 그러나 우여곡절 끝에 한국인 간호인력은 1976년까지 더 받아들여졌다.

1959년에 한국과 독일의 국경을 넘은 최초의 여성들은 독일 천주교 계열의 선교단체인 슈타일러 선교회Steyler Mission에 의해 보내졌다. 간호학생의 신분이었고 언어 및 독일 사회 적응시간과 3년간의 직업교육을 마치고 시험에 통과하면 정식간호사가 될 수 있었다. 이전에도 전혀 없었던 것은 아니나 1966년부터는 한국에서 간호대학을 나왔거나 간호고등학교를 거쳐 정식 간호자격을 갖고 있던 간호사들이 본격적이고 대규모로 파견되기 시작하였다. 1966년경은 독일의 간호 인력의 부족이 위기 상황에 이를 정도였던 때였기에 여러 경로를 거쳐서 많은 인원들이 독일 행을 했고 독일의 병원이나 한국의 지원자들 모두의 환호를 받았지만 이를 보는 눈은 좋지만은 않았다. 그 이유 중 하나는 정식 간호사들을 보냄으로써 한국 사회의 간호사 부족 사태를 심화시킨다는 점이 있었기 때문이다.[21] 또한 개발원조로 교육된 인력들을 독일의 병원에서 근무하게 한다는 것이 다른 이유였다. 이에 이

던 당시 정책진행자들의 생각은 매우 확고하였다. 이는 1972년 연방 노동 및 사회질서국의 장관이 외국인 노동자를 칭하면서 "외국인 출신 시민(Auslaendische Mitbuerger)"가 아닌 "임시로 거주하는 외국인(Auslaendische Einwohner auf Zeit)"라고 칭한 데에서도 극명하게 드러난다. 이는 독일 Bundesarchiv B. 189. 10833의 Protokoll 57 Sitzung des Ausschusses fuer Jugend, Familie und Gesundheit am Mitt. 20. Juni 1979년에 첨부자료로 들어 있던 H.D. Walz의 글, "Leben im Provisorium zwischen zwei Welten"에 실려 있던 부분이다.

21) 박래영, 정해본, 127쪽.

후에는 정식 간호사와 간호보조원을 같이 독일로 보내게 되었다. 독일 측에서 이제 막 새로이 등장한 간호보조원이라는 직업은 당시 한국 간호인력에 의해 선호되기조차 하였다. 왜냐하면 당시 간호학생은 교육기간동안에는 약간의 용돈을 받는 정도였고 간호보조원은 정식 임금을 받았기 때문이다.

그들이 본격적인 교육이나 근무를 하기 전에 적응하는 기간이나 언어습득의 방법 등에 있어서 일관된 규정들이 매우 오랫동안 없었다.[22] 임금이나 하는 일 등도 지역적 사정이나 병원, 또는 근무하는 기관에 따라서 다르게 적용되었다. 근무의 시작은 몇 개월에 거친 적응기간을 갖고 병원에 투입되는 경우도 있고 단 하루 만에 독일의 환자들과 마주해야 하는 경우까지 다양했다. 간호인력들은 대부분 병원에서 일을 했지만 그 이외에도 양로원, 요양기관, 심지어는 정해진 근무시간 없이 독일 가정에서 필요로 하는 시간에 요구를 들어주는 일을 하는 공동체간호사(Gemeindeschwester라는 것으로 해당 공동체 안에 순회하면서 간병을 하는 여성인력)로 일을 하기도 하였다. 당시 독일의 간호에 관한 역사적, 직업적 전통 상 간호일은 의료인으로서의 그것이기 보다는 간병인의 일에 더 가까웠다. 씻기기, 입히기, 배변 돕기, 침대 시트갈기, 식사가져다 주기 등 직접적인 환자를 돌보는 일에서부터 병실의 커튼갈기, 청소하기, 심지어 이들과 같이 일하는 간호사나 수녀들의 주거공간 정리하기와 식사차리기 돕기 등이 그들의 일이었다. 공동체간호사의 경우에는 가정을 방문하여 환자의 상처 살펴보고 치료하기, 환자목욕, 관장, 호스피츠일, 죽은 사람의 장례절차 지켜보기부터 일상의 다양한 행사에 참여하기 등 다양했으며 그 일은 낮과 밤의 구별이 없었다. 예외적인 경우가 없지는 않았지만 정식 간호사나 간호보조원, 간호학생의 일들은 크게 구분되지 않았다. 이런 이유로 인해서 1966년 이후 대학을 졸업한 정식 간호사들이 독일에 가서 온갖 험한 일들을 한다는 보도들이 한국사회를 들끓게 했지만 그것은

22) 간호인력들의 근무상황과 관련된 것들은 앞에 언급한 구술과제인 "파독한인여성간호노동자들의 증언자료"를 기초로 했다.

독일사회에서 간호인력의 일이 갖고 있던 성격일 뿐이었으며 독일사회가 한국의 간호인력에게 기대한 역할이 바로 그것이었다.

1973년 이후 외국인 노동자고용정책은 중단되었고 한국간호인력의 본국귀환이 재촉되었다. 하지만 이에 대항하는 한인간호여성들의 집단적 움직임과 이들의 호소를 듣고 이들의 체류연장에 대하여 서명으로 지원을 한 독일인들의 도움으로 한국간호인력의 체류가 연장되었다. 여기에는 여전히 간호인력이 부족한 점도 일조를 하였다. 물론 이후에도 개인적인 경로에 의한 독일 행은 가능하였다.

이러한 한인여성간호인력의 독일파견의 역사는 그 경과가 매우 복잡하기는 하지만 약간의 무리를 감행한다면 이해의 편의를 위해서 다음의 세단계로 나눌 수 있을 것 같다.

첫 번째 단계는 50년대 말부터 1966년까지의 시기이다. 이때는 주로 기독교 단체들의 중재에 의해 간호 인력의 독일행이 이루어졌다. 이때에 한국정부는 여행허가 이외에 다른 행정적인 조치를 하지 않아 정확하게 언제가 최초의 경우였는지 알 수 없고 그 규모 역시 짐작하지 못한다. 이 여성들의 독일 행을 진행했던 기독교 단체들은 가톨릭과 프로테스탄트 측 모두에서 있었으며 그들은 가난한 국가에 대한 개발원조의 일환으로 가난한 여아들에 대한 교육 및 직업교육을 실시하고 있었다. 그 구체적인 사업 중 하나가 간호학생 선발과 파독이었다. 따라서 이때의 여성들은 대부분 정식 간호교육을 마친 간호사가 아니라 간호교육을 받기 위한 간호학생 자격으로 갔다.

두 번째 단계는 1966년을 시작으로 해서, 당시 마인츠 대학의 소아과 의사로 근무하던 이수길 박사의 주선에 의해 간호사의 파독이 대규모로 진행되던 때였다. 간호학생 파견이나 기독교 선교단체에 의한 중재는 여전히 진행되고 있었지만 다음의 몇 가지의 이유에 의해 이 시기는 구분된다. 그 중 하나는 한국에서 간호 인력으로 정식 교육을 받은 사람들이 주로 파독되기 시작했다는 것이다. 이전에 파견된 정식간호사가 없었다는 이야기는 아니나 적어도 간호학생과 같은 개발지원 사업의 일환에 의한 것이 아닌, 인력수출 유형의 파독이 본격화되었다는 것이다. 다른 하나는 한국 측에 이를 행정적으로 주관할 기구인 해외개발공사가 중재 기관으로 일을 하기 시작했다는 점이다.

세 번째 단계는 1970년에 양 국가의 사업으로 일이 진행되면서 시작한다. 양국은 1969년 8월에 간호사 고용문제에 관한 정식 협약을 맺고 또한 고용인원들의 계약조건을 일원화하였다. 이는 1955년 직후 독일이 주변의 몇 몇 국가와 정식 협약을 맺고 노동력을 독일로 받아들였던 그 형식과 정확하게 일치하는 것은 아니지만 독일이 사실상 외국인 고용정책을 공식적으로 극동의 한 나라에까지 연장한 셈이다. 이 시기는 1976년까지 이어졌고 이후에는 개인적인 독일 행만이 간간히 진행되었다.

3. 간호인력 독일행의 원인과 배경

3.1. 한국의 해외취업확대 정책

1960년대 광부와 간호 인력을 파견한 계기가 국가주도의 경제개발을 시작하려는 박정희 정권의 성과 안에 있다는 그동안의 설들은 앞에서 이야기 하였듯이 설득력이 없다. 하지만 이 말이 파독 인력들이 경제개발시기의 경제적 성장 상황과 관계가 없다는 뜻은 아니다. 비록 공적인 자금과 직접 연결되지는 않지만 이들이 송금한 돈이 가족들을 돌아 한국 사회의 금전적 숨통을 트는 데에 크게 기여했기 때문이다.

이 시기에 왜 한국정부는 노동력을 독일로 보내려 했던 것일까. 간호 인력의 파견이 1959년경 시작되었고 국가가 행정적으로 지원하기 시작한 것이 1966년이므로 초기 시기에는 정부의 간여가 없는 것은 아닌가 하는 의문이 들 수 있다. 그러나 해외를 나가는 것이 당시의 사람들에 의하면 장관이나 할 수 있는 일이었던 시기에 이들의 독일행에 대해 정부가 몰랐을 리는 없을 것이다. 사실 이는 한국정부도 환영하는 바였을 것이 분명한데 그 이유는 해외로 인구를 분산시키고 그로써 실업률을 낮추는 것이 당시 한국의 최대의 관심사 중의 하나였기 때문이다. 앞의 연구성과에서 보았듯이 이주노동자가 발생하는 이유 중의 하나가 선진 유럽국가들의 경험을 토대로 해서 볼 때, 농업국가에서 산업국가로 발전해가고 있는 국가의 남아도는 인구와 실업률이다. 당시 한국, 특히 남한에서는 전쟁 이후의 경제사회적 상황 속에서 쿠데타를 통해 집권한 박정희 정권에 의해 산업화가 추진되고 있었다. 산업화를 위해서는 자금과 기술이 필요했고 산업화로 인해 심화될 실업율의 극복과 많은 인구문제의 해결을 위하여 해외인력송출이 필요했던 것이다. 이는 1962년 해외이주법의 공포를 통하여 확인할 수 있다.[23] 그러나 이 인력송출정책은 박정희 정권이 최초로 시도한 것은 아니었고 이미 그 전 정권에서부터 이를 위한 외교적 교섭은 진행되고 있었다.

독일의 관련기관들에 남아 있는 이에 관련된 최초의 문건은 1960년 11월 30일의 것이다. 당시 주한 독일 대사관에서 독일 측에 보낸 문서에 의하면 한국정부는 상공부장관을 통해 독일 대사에게 한국정부가 대학을 졸업한 기술자들을 독일의 노동자로 보낼 계획을 세웠음을 밝힌다. 그러나 이 문서에 대해 독일 연방 노동 및 사회질서국Der Bundesminister fuer Arbeit und Sozialordnung에서는 한국 측 장관의 계획이 너무나 불분명하고 피상적이라는 점 등을 들어 부정적인 입장을 보이고 있다.[24] 이와 같이 인력파견에 대한 한국정부의 관심은 정권을 이어서 나타나고 있었기 때문에 당시 이일은 국가적인 차원의 필요였다고 볼 수 있다.

한국정부가 간호 인력에 관심을 보이기 시작한 것은 1964년 11월 21일에서부터 12월 4일까지 독일을 방문한 상공부장관 일행의 방문

23) 1962년 제정된 해외이주법은 군사구테타로 집권한 박정희 정권이 외화벌이와 국내인구밀도 조절을 목적으로 만든 것이며 이후 한백협회 등 7개의 이민알선단체가 중심이 되어 본격적인 해외이민이 추진되었다. 이에 대해서는 임채완·전형권, 「재외한인과 글로벌 네트워크」, 한울아카데미, 2006, 145쪽 참조.

24) Bundesarchiv-Koblenz B. 149. 6246. "Beschaeftigung von koreanischen Staatsangehoerigen in der Bundesrepublik Deutschland" 4. Mai. 1961.

을 전후한 시기부터이다. 이 시기에 논의할 주제들은 사전에 독일의 관련 기관 내에서 논의되었는데 그 문건에는 한국의 상공부장관 일행이 "보다 많은 간호사와 도로건설노동자"를 독일로 파견하고자하는 의사가 드러나 있다고 하였다.[25] 비록 이 시기에 와서야 한국정부가 간호인력에 대한 송출의사를 보이고 있지만 해외여행이 엄격히 제한된 상황에서 정부가 이전에 그 건에 대해 몰랐을 리는 없다.

이후에도 한국정부는 계속해서 하급기술자집단의 교육을 위한 파견, 도로건설노동자, 대학졸업자의 노동자로의 취직, 심지어 한국소녀들을 병원이나 양로원, 호텔, 휴양시설 등의 부엌과 세탁일등의 잡무에 파견할 수 있는지를 지속적으로 물어왔다.[26] 1966년 8월 23일의 독일관련기관 문서에는 한국해외개발공사 측으로부터 독일 가정의 가사를 돕기 위한 인력으로 한국의 여성들 2000명을 보내고자 하는 제안이 있었다.[27] 간호인력 이외에 하급 잡역부로 소녀들을 받는 것은 독일의 정부 측에 의해 부정적으로 평가되었다. 그런 인력은 유럽 내에서도 확보할 수 있기에 경비가 많이 드는 한국에서 받을 필요가 없었던 것이었다. 그럼에도 불구하고 1970년, 슈타인베르거 호텔협회 Steinberger Hotelgesellschaft에서는 연방노동장관 앞으로 보낸 문서를 통하여 자신의 협회 소속의 호텔과 요양소에 50~100명의 한국 여성Zimmermaedchen 들을 3년 계약으로 오게 했음을 알렸다.[28]

비록 다른 종류의 일에서는 대규모의 인력파견을 실패하기는 하였으나 적어도 간호인력과 광부의 경우에 있어서는 독일로 인력을 파견

---

25) Bundesarchiv-Koblenz B. 149. 22428. "Besuch des koreanischen Botschafters, Herrn Choi und seines Begleiters von koreanischen Sozialministerium" 30. Nov. 1964.

26) 예를 들면 1970년 12월에 한국정부는 고급기술인력 파견 가능성을 제기하면서 1970년의 통계를 기초로 어떤 직종의 기술자를 보낼 수 있는지를 알려왔다. 여기에는 병아리감별사, 웨이터, 잡역부, 이발사 등도 들어있다. 물론 한국정부는 여기서 노동력의 기술숙련과 이후에 한국의 경제에 기여할 목적으로 보낸다는 명분을 강조하고 있다. Bundesarchiv-Koblenz B. 149. 22428.

27) Bundesarchiv-Koblenz B. 149. 22428. 23. Aug. 1966.

28) Bundesarchiv-Koblenz B. 149. 22432. Steigenberger Hotelgesellschaft가 Bundesarbeitsministrium에 보낸 10. Aug. 1970일자 문서.

하는 것에 성공하였고 1965년 11월 이후부터는 한국해외개발공사가 설립되어 인력의 송출과 모집 업무를 전담하였다.[29)]

그러면 왜 1966년 이전에는 해외개발공사와 같은 행정적인 기관을 만들어서 이전부터 진행되고 있던 노동력 파견을 지원하지 않았던 것일까? 또한 왜 1969년에 이르러서야 독일과 한국 양국은 간호인력 파견에 대한 협약서를 체결하게 되었던 것일까? 1959년부터 진행되고 있던 간호인력의 파견에 대해 한국정부가 몰랐을 리는 없다. 한국에서 해외로 나가는 일이 매우 어려운 일이었고, 이미 위에서 보았듯이 해외개발공사설립이전부터 간호사의 파견에 대해 의견이 표명되고 있었다. 더구나 1964년, 바로 1959년에 최초의 12명의 한인 간호학생 후보자를 받았던 병원을 방문했는데 그 병원을 안내했던 것이 타케였기 때문에[30)] 슈타일러 재단이나 타케의 활동은 한국정부에서 이미 알고 있었을 가능성이 크다.

위의 질문에 대한 하나의 답은 당시 한국이 개발원조를 받는 국가였다는 점에서 찾을 수 있고 이런 의미에서 1단계에 주로 간호학생으로 간호 인력을 보냈던 것은 양국 모두에는 적절했던 방법이었다. 사실 1966년 이후에 정식 간호사가 파견되기 시작하고 이를 해외개발공사라는 공적인 기관에서 중재하기 시작하자 이에 대한 다양한 분야로부터의 비판이 쏟아졌던 것이다. 물론 이 시기 이전부터 이일에 대한 의심의 눈초리가 없는 것은 아니었지만 유엔, 제 3세계지원단체, 한국간호사 협회, 언론들은 독일이 개발원조의 혜택을 가로챈다는 이유로, 한국의 경우는 외화벌이를 위해 소녀들을 거래한다는 이유로 간호사의 파독사업을 비난했다.[31)]

---

29) 박래영, 정해본 외, 40쪽.

30) 타케는 독일 서북부 부퍼탈에서 직물업을 하던 기업가이다. 그에 대해서는 이 장의 3절과 4절에서 구체적으로 다룰 것이다.

31) 예를 들어 1966년 8월 22일 대구에 있던 파티마 병원 원장 에델트루드(Edeltrud)는 독일 외무부로 편지를 보내 이에 대한 반대의사를 표명하였다. Bundesarchiv-Koblenz B. 149, 22428. “Verschickung von koreanischen Krankenschwestern nach Deutschland”. 또한 언론의 경우에도 『The Korea Times』는 1966년 9월 14일 “Urgent Steps Asked to Halt Nurse-Drain”이라는 제목으로 한국간호사의 독일파견에 대해 비판적 의견을 기술

1960년대와 1970년대의 한국이 독일로 인력파견을 목적으로 공문을 보낼 때, 자주 '기술 습득과 이후 산업화된 한국으로의 귀환과 경제에 대한 기여'를 운운하였다. 이는 교육과 기술향상 기회제공이라는 명분이 개발원조와 부합하기 때문이다. 그러나 이 명분은 당시 독일이 갖고 있는 문제를 실제적인 차원에서 해결할 수 있는 방법이 되기도 했다. 왜냐하면 이 시기에 독일이 필요로 했던 것은 낮은 정도의 교육을 받은 사람들의 단순한 육체 노동이었기 때문이다. 3년간의 기술교육을 받은 연수생들은 컨베이어 벨트에서 단순 작업을 하였고 더구나 대학교육을 받은 간호사들이 독일에서 선진의료기술을 배운 것도 아니다.[32] 최대의 목적은 많았던 인구의 해외방출이었고 실업의 해결이었나. 이를 진행하는 데 간호인력, 특히 학생으로 파견하는 일은 독일의 필요와 한국의 명분을 만족시키는 것이었고 그러면서 외화가 들어오는 것은 금상첨화였다.

3.2. 독일의 손님노동자 정책과 사회적 시장경제 정책의 진행

그러면 독일은 이시기에 왜 한국의 간호인력을 받아들였는가?

이에 대해서는 우선적으로 독일 정부의 정책적인 이유를 다른 소소한 요소들을 감안하더라도 크게 두 가지 원인으로 묶을 수 있을 것 같다. 하나는 외국인 노동자고용을 허용할 정도의 인력 부족 현상이었는데 이는 1945년 이후 정책화해왔던 사회적 시장경제 체제에 대한 위기를 가져올 만한 중요한 일이었다. 다른 하나는 외교적인 정책과 관계있는 것으로 독일이 이미 한국에 대해 시행하기로 밝혔던 개발원조에 대한 약속이었다. 이 절에서는 전자의 요인을 다루고 개발원조와 관련된 것은 독립적인 절에서 다시 다루도록 하겠다.

하였다.

32) "내가 청소부인지, 간호사인지 헷갈린다. 내가 의료기구를 들고 돌아다니던 한국병원생활을 생각한다. 내가 독일 병원에 지원했을 때 나는 발전한 의료기술을 생각했고 내 지식을 심화시킬 것을 기대했다. 그것이 헛구상이었음이 증명되었다..." 1947년생이면서 1970년에 독일에 갔던 간호대학출신의 간호사의 증언. You Do-Jin, p. 208에서 재인용.

독일이 1955년 이후에 외국인 노동자취업정책을 시작하는 데에는 2차 대전의 이후 미국의 지원과 한국전쟁의 특수가 급격한 경제적 성장을 가져다 준 것이 그 원인의 한 축을 이룬다. 독일 사회는 1970년 초에 이르기 까지 완전고용사태에 이르렀고 부족한 일손은 외국에서 들여왔다. 물론 2차 대전으로 인명의 손실이 많았던 것도 요인이 된다. 그러나 이렇게 해서 들어온 노동자들이 대개 낮은 정도의 기술을 요구하는 육체노동자였던 것도, 그리고 그 속에서도 약 1/4이 실질적인 생산현장이 아닌 서비스Dienstleistungsarbeit였던 것도 간호인력 도입의 다른 요인으로 설명되어야 한다.[33] 그것은 1945년 전쟁이 종식되면서 바로 도입된 사회적 시장경제Soziale Marktwirtschaft정책과 관련이 있다. 사회적 시장경제는 패전 이후 경제회복의 책임을 맡은 에어하르트Ludwig Erhard 경제부 장관에 의해 도입된 정책으로서 1930년대 이후 독일에서 등장하고 있는 일종의 신자유주의 사상에서 유래 한다. 시장의 자율성을 국가에서 조절한다는 이 정책에서 중요한 것은 사회적 불균등에 대한 조절이다. 이는 독일 전체 구성원들의 수입을 균등하게 하기 보다는 이 차이를 그대로 두면서 사회적 비용의 조성으로 빈곤한 사회계층 역시 사회적 권리를 누릴 수 있도록 조절해주는 것이다. 그 비용은 노동자들의 보험에서 충당되었기 때문에 사회적 비용의 확보를 위해서는 지속적으로 사회보험료를 내는 근로자층이 존재해야 한다. 또한 사회적 보장을 널리 확대하는 과정에서 의료혜택이나 휴양 등에 대한 국민들의 요구가 확대되어 가면서 이를 누리려는 사람들을 수용할 병원이나 휴양지, 요양지, 양로원 시설 등이 급속히 증가해갔고 이 시설에서 일을 할 노동력에 대한 수요는 급격히 늘어갔다.[34]

그러니까 이런 상황 속에서 교대되는 손님노동자는 보험을 통하여 사회적 비용은 생산하지만 사회적 보장의 혜택은 거의 받지 않는 사람들이었다. 70년대 들어 달라지기는 했지만 당시 한국인 여성들이

---

33) Monika Mattes, *Gastarbeiterinnen in der Bundesrepublik,* Campus, 2005, p. 200.

34) Monika Mattes, *Gastarbeiterinnen*, p. 201~202.

미혼이어야 했던 점을 보면 당시 한인간호인력은 이런 면을 충족시키기에 더할 수 없는 조건을 구비한 셈이다. 더구나 독일 내 사회 보장의 확대 과정에서 노동시간이 줄어들어 독일 출신의 간호인력의 숫자는 물론 근로시간이 감소해 갔다. 밤근무를 해야 하고 전통적으로 매우 고된 육체노동에 속하는 간호일을 독일의 젊은이들은 원하지 않았다. 보다 나은 일자리가 넘치는 상황이었기 때문이다.

그러면 왜 굳이 극동에서 간호인력을 구해야 했을까? 필리핀 여성들도 간호인력으로 도입할 대상이었기는 하나 원칙적으로 외국인 고용정책의 범위는 터어키를 포함한 유럽지역에 한정되어 있었다. 그러나 이 유럽지역의 국가에서는 병원, 휴양시설, 양로원 등에 여성인력 보내기를 꺼렸고 이는 1966년 경에 이르면 독일과 유럽 내 국가들 간의 외교마찰로 이어지기까지 하였다.[35] 이 문제는 독일 간호에 대한 역사적 성격을 다루면서 다시 언급될 것이지만 결과적으로 독일 간호인력 부족의 문제는 당시 그들이 정책의 범위로 정하고 있던 지역 내에서는 해결되지 않았다.

3.3. 개발원조관계

앞서 1961년 3월의 주한 독일 대사관에서 있었던 미국, 독일, 한국 관계자모임에 대한 벵어의 보고를 이야기 했었는데, 그가 한국인 광

35) 예를 들면 터어키나 그리스 등에서는 이런 분야에 여성을 보내기를 꺼려했다. 그 이유는 결혼 전의 젊은 여성이 가족과 떨어져 살아가는 것은 안전을 위협받을 상황이라고 생각했기 때문이다. 그리고 외국에서 혼자서 생활한 여성들은 귀국 후 결혼을 하는 데에도 지장이 있다고 생각하였다. 이 분야에 대한 여성들의 취업문제를 도덕적인 부분의 손상과 연결시키는 것으로 보아 이 염려에는 병원이나 양로원 등의 서비스업종에 대한 역사적인 선입견이 작용하였기 때문인 것으로 볼 수 있을 것 같다. 이로 인해 여성들을 보내는 국가에서는 독일에 이들의 생활에 대한 안전조치에 대한 요구를 강력히 하였고 독일에서도 종교단체 등과 연관해서 여성의 안전을 기하는 문제에 많은 주의를 기울였다. Monika Mattes, *Gastarbeiterinnen*, pp. 85~76. 그럼에도 불구하고 이 분야에 여성들을 보내는 것에 대해 유럽의 국가들은 달가워하지 않았다. 1964년 3월 그리스에 있는 독일 측 인력중개담당자가 그리스의 이곳 저곳을 다니며 그리스 정부가 이 분야에 여성노동자들이 지원하는 것을 정책적으로 막고 있음에 항의하는 발언을 하고 다녔다. 그리고 1965년에는 그리스의 노동부장관에게 그 점에 대해서 공식적으로 유감의 뜻을 표현하기도 하였다. Monika Mattes, *Gastarbeiterinnen*, pp. 103~104.

부를 노동자로 받아들일 것을 제안했던 바를 보면, 한국과 독일이 개발원조의 명분으로 맺어져 있는 관계라는 것, 그래서 한국인 인력사용이 전략상 필요함을 드러내고 있다.[36] 그 전략에 대한 고려에는 마샬플랜과 원조체제 그리고 냉전이데올로기로 동맹을 맺고 있던 미국의 의사가 작용하고 있다. 이는 그대로 간호인력을 독일로 보내는 계기에도 작용하는데 그것은 최초의 간호 인력들은 대부분 간호학생이라는 신분으로 독일로 보내졌다는 것에서 극명하게 나타난다. 당시 한국의 가정 내에서나 사회 내에서 교육의 혜택에서 상대적으로 열악한 지위에 있던 여학생들은 "간호유학"이라는 것에 매료되어 있었다.[37] 그들은 한국에 나와 있던 기독교 선교단체들의 교육지원사업과 사회봉사 사업 모두를 만족시킬 수 있는 존재로서 선발되었다. 그리고 독일에 가서는 학생으로서 교육을 받으면서 사실상 간호인력이 하는 일 중의 일부를 기꺼이 진행하였다.

사실 개발원조의 방식으로 간호인력을 보내기 직전에 일종의 선례가 되었던 산업기술연수생의 파견이 있었다. 부퍼탈-바멘의 섬유공장주인인 타케Tacke가 정부관련기관에 보고한 바에 의하면 그는 1958년 최초로 한국인 교육실습생을 받았다. 자신이 수년 전부터 이끌고 있던 아시아 학생들 지원 단체Gesellschaft zur Foerderung und Betreuung asiatischer Studenten e.V에 있는 한 유학생이 자신의 친지를 소개시켜주어 시작한 것이다. 그는 한국인 여성들을 1959년 12월에 최초로 데려갔던 슈타일러 선교회와도 연관을 갖고 있었고[38] 이런 그의 행적은 이후에도 계속 이어졌다. 예를 들면, 1961년 42명의 한국인을 오게 하여 여성들은 수녀원으로 가서 간병교육을 받게 하고 그 이외에 방적공, 직물공, 염색공으로

36) "그 제안은 독일이 많은 불필요한 비용을 발생시키지 않고 한국경제를 돕기에 적당해 보인다." Bundesarchiv-Koblenz, B. 149. 6246 "Endsendung koreanischer Bergleute nach Deutschland", 31. Jan. 1961.

37) 당시에 간호학생으로 갔던 여성들에 의하면 한국의 여학생들사이에서는 독일행은 '간호유학'으로 불리웠다.

38) 1959년 12월에 최초의 한국인 간호학생들을 공항에서 병원으로 데려간 사람 역시 바로 이 타케였다.

일을 하도록 하였다.[39)]

그런데 중요한 점은 이들의 명분은 실습생이었지만 실습생이기 때문에 노동자들에 준하는 임금은 받지 않지만 실질적인 노동자들이었다는 것이다. 이로 인해 외부의 눈을 의식한 독일 정부에 의해 예의주시 되기도 하였다.[40)] 그가 운영하는 의류 공장은 특별하게 큰 기술이 필요하지 않은 곳이었기에 그곳에서 평균 3년씩의 시간을 들여 배울만한 기술이 있었을 리 없다. 또한 그 스스로 명목상 교육생의 실질적 노동력이용이 얼마나 유용한 가를 강조하고 있기도 했다. 그런 식의 인력을 도입한 기업은 타케만이 아니라 자우어란드Sauerland 지방의 슈말렌베르그Schmallenberg에 있는 벨틴스 비트호프Veltins, Wiethoff und Co.도 있었다.

개발원조라는 양국의 명분과 각기 노동력 부족과 외화수입이라는 실리가 어떻게 연결되어지는 지를 살펴보아야 할 것 같다. 1966년을 전후하여 정식 간호사 자격증을 소지한 채로 독일행을 하기 전에 대부분의 간호 인력은 간호학생의 자격으로 갔다. 독일학생의 경우 규정에 의하여 2년간의 교육기간과 적어도 200시간의 이론 수업을 받았다.[41)] 이론수업은 원칙적으로 실습이 끝난 후 늦은 오후나 밤에 받으며 노동력이 부족할 때는 자주 병원에 투입되었다. 1957년에 만들어진 관련법에서는 2년의 교육기간에 400시간의 이론 수업과 제 3년 차에는 같은 병원에서 50시간의 수업을 받으면서 실습을 하도록 되어 있었다. 당연히 이렇게 중요시되고 길게 되어있는 실습시간은 병원에서 당시에 전문적인 지식이나 경험이 필요 없는 단순한 육체노동을 하는 데에 활용될 수 있었다. 게다가 외국인의 경우에는 더 장시간의 인력활용시간이 생기게 된다. 그것은 독일어와 문화에 대한 적응시간과 학교에 들어가 공부하기 전에 갖는 예비학생으로서의 시간이다.

---

39) Bundesarchiv-Koblenz, B. 149. 6246. 25. Sept. 1961.

40) 1963년 독일 정부는 그의 회사에 데려오는 실습생들을 인력부족을 해결하기 위한 목적이 아닌 개발원조과 연계해서 고용해야 한다고 강조한 바 있다. Bundesarchiv-Koblenz, B. 149. 22428. "Einreise und Aufenthalt koreanischer Fachlehrlinge" 1. Okt. 1962.

41) 1938년 9월 30일의 간호법이 1957년까지 유효했다.

면 이국땅에서 온 이방인이 이를 감당할 수 있었던 것은 독일 간호일의 성격 때문이다.

독일의 간호 인력이 하는 일은 의료일이기보다는 간병과 관련된 많은 육체노동을 포함하여 병원과 의료인의 행위를 보조하는 광범위한 일들을 의미한다. 이에 대해서는 다음 장에서 다시 자세히 다룰 것인데 이런 일들 중 많은 일들은 주로 병원 내에서 교육을 받는 학생이 감당할 수 있는 것들이었다. 실제로 타케는 간호학생을 독일로 데려올 것을 건의하는 문서에서 간호학생들의 독일 적응기간과 언어습득기간 등 정식 학교에 들어가기 전의 기간 동안 노동력을 사용할 수 있었다는 장점을 강조하기도 하였다.42) 간호학생의 경우에는 적응과 언어습득, 교육, 시험 통과에 약 5~7년의 기간이 예상되어졌다. 당시 손님노동자의 계약이 통상 3년이었던 것을 생각하면 이는 예외적으로 길었기는 하지만 다른 한 편으로 보면 그만큼 사용 가능한 노동력의 확보를 의미하였다. 그것도 학생이기 때문에 약 20마르크 내외의 용돈만을 지급하면 되었다. 또한 이렇게 독일에 간 여성들은 한국에 귀국하기 보다는 독일에서 취득한 간호사 자격증으로 직업을 찾거나 그것도 아니면 간호보조원으로 전환하여 계속 일을 하였다.

본고에서는 간호인력 도입의 독일 측 목적이 노동력 부족 해소를 위한 외국인노동자취업 정책 내에 있었다고 본다. 그러나 이 일의 진행은 개발 원조를 주고받는 사이라는 관계 속에서 이루어졌음을 강조한다. 독일이 외국인 노동력을 유입할 때 진행했던 절차가 한국과는 제대로 이루어지지 않았던 데에서도 알 수 있다. 통상 인력을 주고받는 양 국가 사이에는 국가 간의 공식 협약과 양국의 관련조직의 구성, 그리고 이를 통한 다양한 정해진 통과의례들이 있었다. 그러나 한국

42) 타케는 간호학교에서 교육받기에 적당한 아이를 데려다가 교육을 시키는데 교육을 받는 기간 동안 병원의 가사를 돌보게 하고 병원에서 3년간의 실습을 받게 한 후 졸업을 시키는 것이 자신의 경험상 좋은 방법이라고 강조하였다. 즉 교육받는 기간과 실습이라는 명목으로 아이들로 하여금 충분히 독일의 병원이 필요로 하는 간병의 업무 중 일부를 해소하게 할 수 있다는 것이다. 그는 자신이 이미 350명의 학생을 받아서 이렇게 진행했고 그 결과는 만족스럽다고 주장한다(Bundesarchiv-Koblenz, B. 149. 22428, 1966년 8월 23일 문서).

간호 인력의 유입과 관계해서는 이런 절차들이 지연된 채 진행되었고 이런 이유로 인해서 독일의 일반 병원과 국가의 노동관계기관에서 한국 간호 인력의 독일행 가능성을 알고 이에 대한 관심을 가진 뒤에도 한국 측에서 이를 관할하는 기구가 없다는 사실에 대해 궁금해 할 정도였다. 1966년에 해외개발공사가 겨우 만들어진 뒤에도 양국 간의 공식적 협약이 만들어지기 까지는 1969년 8월까지 기다려야 했다. 또한 이중 언어로 작성하기로 되어 있는 계약서는 한국간호인력에 대해서는 1970년에 가서도 이루어지지 않았다.

사실 당시 진정으로 한국의 발전을 지원하기 위한 교육에 간호업을 선택했다면 이는 전혀 의미 있는 성과를 기대한 행위가 아니었다. 당시 한국의 간호수준은 독일의 경우보다 더 높았으며 더 전문적인 의료인으로 교육을 받고 있었다. 당연히 독일에서 교육받은 인원들이 한국에서 간호 인력으로 일하는 것은 불가능하였다. 그리고 무엇보다 당시 독일 정부에서는 이것이 개발원조이기보다는 저렴한 노동력을 사용하기 위한 것이라는 것을 알고 있었다.[43] 그러나 적어도 개발 원조를 주고받는 국가라는 점이 이를 명분으로 한 실리를 양 국가가 챙길 수 있는 조건이 되어주었던 것은 분명하다. 그 중 독일이 갖는 이득은 노동력의 이용이었고 비록 이를 독일 정부에서 적극 지원했다고 볼 수는 없다 해도 그 이익을 향유한 것은 분명하다.[44] 더 나아가 이것이 이유재의 글에서처럼 거꾸로 위기에 처한 독일 의료와 휴식, 간병, 노인보호의 상황에 대한 원조의 성격을 갖는 것이었다고 보는 것

43) 1965년 5월 12일에 외국인 노동자 고용에 관한 관계부처의 회의가 열렸고 이 자리에서 타케, 벨틴 등 공장의 노동자 고용에 대한 논의가 이루어졌다. 이 논의에서 분명히 18~36개월 기한으로 외국인, 즉 한국인을 실습생으로 데리고 왔고 이들의 교육을 위해 노르트라인-베스트팔렌 정부가 교육지원금을 지원했다는 사실이 드러난다. 그러나 동시에 이 조치는 분명 값싼 노동력을 들이기 위한 것이라고 보았다(Bundesarchiv-Koblenz, B. 149. 22428).

44) 왜냐하면 1962년 7월 23일에 독일 내무부에서 외무부로 보낸 문서에는 타케나 다른 기업가들의 산업실습생도입이 노동력 부족을 해결하기 위한 것이 아니고 개발원조의 차원에서 이루어지는 것이 강조되어 있었기 때문이다. 또한 1961년 12월 16일의 경우에는 한국노동력의 고용을 위한 체류허가기관인 부퍼탈의 외국인 관청에 이들의 체류허가를 보장하지 말도록 하라는 공문을 내무부에서 문건에서 찾을 수 있었다(Bundesarchiv-Koblenz, B. 149. 22407).

이 전혀 부당해 보이지 않는다.[45)]

개발원조라는 명분은 비단 간호학생 시절에만 있었던 것은 아니어서 1967년경에도 여전히 나타난다. 즉 정식 간호사를 본격적으로 초빙하기 시작한 이후 역시 이들의 입장은 명분상으로는 개발원조 차원에 있었던 것이다.[46)] 사실 독일 내에도 이것이 원조의 문제가 아닌 독일의 노동시장정책의 이해관계에 의해 진행된 것이라는 의견이 있었다. 왜냐하면 독일에서의 간호교육과 간호사의 재교육이 한국에는 전혀 의미를 갖고 있지 않으므로 이는 맞지 않는 의견이라는 주장이 있었기 때문이다.[47)]

결론적으로 개발원조는 독일적인 간호일을 할 수 있는 저렴한 노동력을 제공하는 명분이 되었다. 그러나 사회적 시장경제가 자국의 경제적 발전의 지속을 위한 건강한 노동자층의 유지에 목적을 두고 있었음을 생각하면 독일의 건강한 사회와 경제적 발전을 위한 원조에 한국의 간호 인력이 매우 효과적으로 사용되었던 것임은 틀림이 없다.

3.4. 독일 간호업의 역사적, 사회적 성격

최초의 한국인 간호여성인력인 10명의 고등학교 졸업자와 두 명의 여학생들이[48)] 5~7년 예정의 교육과 실습, 그리고 일을 했던 곳은 성 페트루스 병원으로서 슈타일러 선교회라는 가톨릭 단체와 관련이 있는 곳이었다. 그리고 이 병원과 이 선교회를 이끌고 있던 것은 아이힝

45) 1966년 3월 24일에 주독 한국대사관이 독일 외무부로 보낸 문서에 의하면 기독교사회봉사회, 오스트리아인 Sumper 등의 경우에 의한 많은 중재에도 불구하고 현재 대사관에는 독일 병원들로부터 온 500명분의 인력지원요청서가 당도해 있다고 하였다. 그만큼 간호 인력의 부족이 심각했던 것이다. Bundesarchiv-Koblenz, B. 149. 22428.

46) 연방 경제협력국이 연방노동과 사회질서국에 보낸 1967년 3월 23일 문서. Bundesarchiv-Koblenz, B. 149. 22407.

47) Bundesarchiv-Koblenz, B. 149. 22429, 1. Aug. 1968.

48) 다른 글에서는 1960년에 이종수 박사가 간호학생 2인을 독일로 오게 한 것을 최초의 사례로 들고 있다(박래영, 정해본, 125쪽 참조). 그러나 적어도 시기상 이보다 이른 시기의 사례에 대한 인쇄물이 존재하기 때문에 이 경우가 최초가 아닌가하는 판단이 든다.

어Franz Eichinger라는 성직자였다. 이 선교단체는 1889년 아놀드 얀센Arnold Janssen이라는 독일 신부가 비스마르크의 문화투쟁을 피해서 네델란드의 슈타일Steyl, 현재 Venlo에서 시작한 가톨릭 계통의 단체이다. 이 선교단체는 특히 병자들에 대한 의료봉사를 주요한 선교수단이자 사회봉사의 내용으로 삼고 있었는데 20세기 중반에도 개발도상국의 학생들에 대한 교육지원과 병원, 양로원, 사회시설 지원 등을 했다. 이 기관을 통해 12명의 소녀들은 독일로 갔다. 이들을 독일로 이끈 한국 측 관계자는 이 단체가 대구에 두었던 한국지부의 게르트루트 링크Gertrud Link라는 여성이었다. 그리고 1961년 주한 독일 대사관이 정부에 보고한 문서에 의하면 이 과정에는 장화자(독일에서는 Hildegard)라는 한국여성이 간여되어 있다.49)

이 12인의 여성 중 6인은 약 6개월이 지난 시점에서 베네딕트회 수녀가 되기 위한 서원 준비를 결심했다고 밝히고 있어 이 단체가 중개한 이 여성들이 부분적으로는 성직 수행자 신분이 되어 간호의 일을 하려 한 것으로 보인다. 이 최초의 경우뿐만 아니라 독일에 간호 인력을 초빙한 단체로는 감리교 계통의 기독교 사회봉사회Diakonises Werk가 있다. 그리고 이 기독교사회봉사회의 중재에는 당시 독일에 있던 또 한 명의 한인의사인 이종수 박사가 연결되어 있다. 이종수 박사는 한국에 농어촌 의료봉사를 할 요량으로 이 일을 시작한 것으로 알려져 있어50) 가톨릭 계통의 슈타일러 선교회와 마찬가지로 종교적인 면과 사회봉사, 특히 의료봉사라는 측면이 매우 긴밀하게 연결되어 있는 과정에서 한국의 여성들을 독일로 보낸 것이 분명하다. 그런데 이들 가톨릭과 프로테스탄트 교회의 한국인 간호인력 모집과 송출은 비단 이들이 개발원조사업을 실천하고 있는 단체였기 때문에 연결된 것은 아니었다. 이는 시간적으로 훨씬 더 과거와 연관되는 것이며 간호라는 직업이 원래 수녀에서 출발한 것이었다는 점과 관련이 있다.

---

49) Bundesarchiv-Koblenz, B. 149 6246, 1961년 9월 25일의 문서.

50) 박래영, 정해본, 『해외취업』, 125쪽.

역사적으로 유럽 대부분의 나라에서 간호는 종교적인 선행과 빈곤 구제와 관련되어 있었고 19세기 말에 이르기까지도 전문 직업인의 일이기 보다는 하인계층의 일이었다.[51] 능력 있는 집안의 경우에는 의사 역시 집안의 하인층Dienerschaft에 속하였으며 간호일은 그 집 하녀의 일이었다. 여유 없는 집에서는 그 집안의 주부의 일에 해당했고 가사의 영역에 속해 있었다. 가정 바깥에서 간호가 이루어지는 경우는 대개 거리의 빈자나 부랑아에 대한 구호와 연관되어 있었고 역사적으로 이런 일을 하는 사람들은 주로 수녀들이었다. 중세이래로 빈민의 구제는 근대에 넘어오기까지 수도원들이 담당하였고 간병은 수녀들의 일이었기 때문이다.[52] 근대에 들어서도 수도원이나 시립병원에서는 부랑아나 빈민의 구호를 하였으며 당연히 그 가난한 사람들에게 서비스를 제공하는 일은 이들과 유사하거나 또는 그들 보다 더 천한 계층이 담당했다. 이러한 의식은 19세기에서 20세기로 전환하는 시기에 이르기까지 거의 달라지지 않았다. 이는 19세기 중반에 이탈리아 출생의 나이팅게일이 간호일을 하려고 할 때 집안에서 이를 반대하고 그녀의 결정이 가문의 명예를 훼손하는 행위로 폄하되던 것에서도 알 수 있다. 독일 역시 이러한 범주에서 크게 벗어나지 않았고 1960년경에 이르기까지도 간호일은 선호되지 않는 직업이었다. 사회구제의 차원이 아닌 일반적인 병자의 간호는 2차 대전 시기 적십자 소속의 여성들이 전투현장에서 병사들을 간호하면서 시작되었다. 그러나 교회기관의 구제사업적인 전통은 여러 곳에 남아 있었다. 한국에서 파견되었던 간호인력들의 생활공간이자 교육시설은 모원Mutterhaus이었는데 이는 수녀원을 답습하는 것이다. 심지어 간호 인력들은 기숙사나 수녀들 방에서 살았고 초기에는 미혼이어야 했고 동정이어야 했다. 이곳에 의사는 전문가적인 권위자이지만 종교적인 사제와 수녀의 관계와 같은 위계가 존재했

---

51) Antje Grauhan, "Krankenpflege-ein Beruf mit offenen Grenzen", *Deutsche Krankenpflege-Zeitschrift*, 10/1992, p. 715.

52) '장 베르동, 『중세는 살아있다』, 길, 2008' 책 앞의 그림 중 15세기의 파리 시립병원의 간병장면을 그린 그림 참조.

다. 역시 간호 인력들의 병원생활에 대한 이야기에 자주 등장하는 간호부장Oberin은 원래 수녀들의 지도를 담당하던 직책이었다. 이런 시스템은 1966년에 독일 병원협회의 제안으로 변화의 계기를 맞았으나 여전히 이에 관한 논의는 분분하다.[53]

이와 같이 역사적으로 간호라는 일과 종교단체는 매우 밀접하게 연관되어 있었다. 이러한 관련성이 자연스럽게 한국에서 간호 인력을 조달하는 메커니즘을 낳았던 것이다. 한국의 기독교 선교는 20세기의 전환기를 전후한 시점부터 의료나, 교육, 고아사업등과 연계해서 이루어졌다.[54] 이것은 한국전쟁 이후에도 이어져서 보사부 통계자료를 인용한 한 글에서 1957년 약 547개에 이르는 사회복지시설이 기독교 계통에서 운영되고 있었다.[55]

슈타일러 선교회나 기독교사회봉사회 모두는 의료봉사나 간병, 노인돌봄 등을 주요한 사업으로 하고 있었는데 이곳은 당시 독일의 모든 의료기관이 겪고 있던 것과 유사하거나 더 심각한 인력난에 있었다. 그 이유는 다른 병원과 비교하기 어려울 정도로 임금이 낮은데 있었다. 예를 들면 프랑크푸르트 인근의 자율적인 병원연합인 호프아커연합Hofacker Verband이 1965년 8월 2일에 헤쎈주의 주 노동청에 보낸 공문에 의하면 이들 병원 연합 내 병원 중 일부가 인력난의 부족을 해결하기 위하여 143명의 인력을 한국에서 구하고자 하였다. 이들은 36명의 간호학생, 60명의 정식간호사, 8명의 양로원에 근무할 간호보조원, 39명의 잡역부(세탁, 병동의 심부름, 부엌, 청소업무 담당할)를 본 주재 한국대사관을 통해서 신청하고자 했다. 이 공문에서 주목할 만한 점은 시립병원은 1년차에 150, 2년 차에 150, 3년 차에 290 마르크의 임금을 제시한 반면 성 막쿠스St. Markus 병원의 경우에는 1년차 60, 2년차 80, 3년차 100마르크의 임금조건을 제시하였던 점이다. 60년대의 완전고용의

53) Grauhan, Krankenpflege, p. 715.

54) 이승렬, "21세기 교회사회봉사의 전망과 대책", 성내선교교육원 2000년 2월 24일 세미나 자료, 4쪽.

55) 이승렬, "교회사회봉사", 위의 자료, 5쪽.

상황에서 이런 임금격차는 이 일, 특히 이런 단체에서의 일을 기피하게 하는 요인이 되는 것은 당연하다. 1960년대 초에 독일행을 했던 여성 모두가 종교인이었던 것은 아니나 상당수는 종교적인 사명과 결합시킨 이런 방식의 개발원조계획에 기꺼이 동참하였다.

이런 종교단체의 간호인력 교육과 독일 행 중재는 1965년 경 일반적인 병원의 인력부족을 해결하는 데로 확대된다. 이 시기에 특히 간호 인력의 부족이 심각하였고 독일 병원들은 병동을 줄이는 일을 감행해야만 할 정도로 사태는 긴박했다. 이 시기에 이르면 독일의 노동고용관계 기관, 특히 이 시기의 노동력 부족으로 시달이고 있던 독일 서북부 공업도시의 기관에는 병원들이 감리교 계통의 기관의 중재로 한국인 여성들을 고용함으로써 인력부족을 해소하고자 했다. 기독교 선교단체가 선교지역의 가난한 여성들의 직업교육과 이를 자신들 사업에 필요한 인력으로 사용하려 했던 애초의 시도는 기독교 단체가 운영하는 병원에 대한 노동력 부족을 해결하는 상황을 넘어서 일반적인 병원들의 인력난을 해소하기 위해 인력 수급의 중재의 역할을 하는 것으로 발전했던 것이다.

4. 맺음말

2006년 10월 이수길 박사는 한겨레신문과 행한 인터뷰에서 "조국위해 일한 간호사 역사 왜곡 말라"는 주문으로 그동안 미화되거나 왜곡되게 전달된 간호사 파견관련 역사에 대한 정확한 서술을 부탁했다. 그리고 2008년, "진실, 화해를 위한 과거사위원회"는 광부와 간호사들이 정부에 의해 보내어졌으며 한국 경제에 기여한 바가 그들의 역사적 의미라고 강조했다. 2008년 독일에서 만난 11명의 간호 인력들 중 일부는 여전히 병원에서 일을 하고 있었고 이제는 독일 사회의 한 일원으로 안정된 삶을 살고 있었다. 그런데 한 가지 당혹스러운 일은 그들은 위와 같은 평가에 대해 들어본 바는 있지만 그들은 모두 스스로의 선택에 의해 독일행했고 그로 인해 가족들이 도움을 받은 바에 대해서 다행으로 생각하며 자신의 새로운 삶을 개척한 그 시도에 대해 고마워했다. 그들이 결코 조국을 위해 일하거나 한국경제의 발전에 기여하기 위해서 그 일을 하지 않았고 다만 결과적으로 그런 일이 있었다면 그건 좋은 일이라고 했다. 자신들이 경제개발을 위한 볼모였다고 평가되는 것에 대해 당혹스러워했고 그들이 했던 일들이 매우 궂은일이었다는 우리의 안쓰러움에 대해 그것은 환자를 회복시키는 데에 포함되는 당연한 일이었다고 항변했다. 역사의 주인공이었던 사람들의 동기와 그 일의 혜택(?)을 입고 이제 그들을 되돌아보는 한국의 우리들의 시각은 이렇게 달랐고 아마도 그 사이에는 손님노동자로 독일로 향했넌 그 시기와 이제 이주민의 입장으로 그 사회에 살아가고 있는 지금의 시기가 만든 변화가 일정부분 작용하고 있으리라 판단된다.

하지만 한 국민국가의 구성원으로서 국경을 넘어 다른 국민국가의 고용주에 고용되는 일은 그들을 보내는 국가적인 강제적인 조치나 개인적인 선택만으로는 어려운 일이다. 더구나 손님노동자로 가서 눈물과 긴장으로 그 곳 생활을 익힌 사람들을 일정기간 이후에 본국으로 귀환시키고 다시 새로운 손님노동자를 받을 정도로 외부인에 대한 경계가 심했던 당시의 독일의 상황에서 노동시장에 대한 철저한 조절정책을 시행하고 있던 독일의 시장을 밟는 것은 가족의 생계와 오빠나 동생의 교육을 위해 기꺼이 스스로를 희생하고자 하는 여성들의 의지만으로 불가능하다. 거기에 작동했을 여러 가능성은 다음과 같이 정리할 수 있을 것 같다.

우선 농업사회에서 산업사회로 넘어가는 국가들이 흔히 겪는 사회적 분화와 실업문제가 당시의 한국의 현실이었고 상황은 분단으로 더 심화되었다. 모자라는 일자리와 남아도는 인력을 해외로 보내는 일은 국가적인 과제였고 그 와중에 한국으로 들어오는 외화는 사회적인 차원의 금전을 풍성하게 하는 데에 기여하였다.

그러나 이에 못지않은 혜택은 독일에도 있었다. 사회적 자본의 확층을 위한 근로인력과 사회적 서비스를 위한 하층노동자의 확보는 그들의 사회적 시장경제의 지속적인 발전을 위하여 필수적인 것이었고 이 조건의 위기적인 상황은 남아도는 인력이 있는 나라의 여성들로 충당할 수 있었다.

하지만 이 두 국민국가의 조건들을 연결하는 것은 무엇이었을까? 그것은 패전 후 원조, 경제발전에 도움이 되었던 미국의 지원과 한국전쟁 등으로 경제적 급성장을 한 독일이 개발원조의 필요라는 조건에 처한 한국과 연결된 국제적인 관계의 망이었다. 더구나 개발원조는 본국의 긴급한 노동력을 먼 극동의 나라로부터 공급받을 수 있는 좋은 명분이었다. 결과적으로 그 원조는 적어도 의료서비스 업종에서는 한국의 원조를 받은 결과가 된 것이다.

문화적인 요인 역시 간과할 수 없다. 역사적, 사회적으로 양 국가는 간호에 대한 평가가 달랐다. 이 차이는 자연스럽게 개발원조의 진행과정에서 선교를 목적하는 한국의 기독교 단체들을 통하여 기독교적인 심성을 가지고 있거나 그런 가정적인 토대를 가지고 있던 가난한 집안의 여아들에게 독일 행 일종의 종교적인 사명을 수행하는 수단으로 인식하는 것으로 이어졌다. 동시에 가난으로부터 해방되는 일과 가족에 대한 희생의식에 쌓여있던 한국의 여아들에게 “간호유학”은 이 모두를 해결하는 기회로 인식되었다. 따라서 독일에서의 많은 고생스러운 경험들은 이 여러 가지 의미의 해방감과 겹치면서 이들에게 파독 간호사의 역사를 기억하게 한다. 이는 우리가 역사 속에서 찾아내고 분석한 파독의 원인 및 계기 등과 다를 수 있다. 비록 본고의 목적과 일정한 거리가 있지만 그 기억 속의 역사는 간과되어서는 안 될 것이기에 이 문제는 다음의 숙제로 남겨두고자 한다.

참고문헌

1. 기초자료 및 사료

『高麗史』, 『益齋亂藁』, 『朝鮮王朝實錄』, 『備邊司謄錄』, 『增補文獻備考』, 『燃藜室記述』, 『海東聖蹟誌』, 『朝野會通』, 『四留齋集』, 『朝鮮創建漢前將軍關公廟記』, 『甲辰漫錄』, 『惺所覆瓿藁』, 『永嘉誌』, 『太村先生文集』, 『玄谷集』, 『星州牧邑誌』, 『康津郡誌』, 『南原(龍城)誌』, 『國朝五禮儀』, 『國朝續五禮儀』, 『太學志』, 『明史』, 『通鑑綱目』, 『西厓文集』, 『朝野會通』, 『五洲衍文長箋散稿』, 『大明會典』, 『國朝寶鑑』, 『武聖關壯繆遺蹟圖誌』, 『續資治通鑑』, 『文獻備考』, 『大東野乘』, 『春官志』, 『林下筆記』, 『明神宗實錄』, 『悠然堂先生文集』, 『栗谷全書』, 『黨議通略』, 『明齋遺稿』, 『南溪先生文集』, 「四朝御題御筆東南關王墓碑」, 奎 10086, 10087,

「佛說觀無量壽佛經」, 『新修大藏經』 12(T.no.365)

「維摩詰所說經」, 『新修大藏經』 14(T.no.475).

『三國史記』 권32, 雜志1, 樂.

『三國遺事』 권1, 桃花女 鼻荊郎條; 권2, 萬波息笛條; 권3, 原宗興法 猒髑滅身條; 권4 四佛山 掘佛山 萬佛山條; 권4, 皇龍寺鐘 芬皇寺藥師 奉德寺鐘條.

『望月佛教大辭典』 四, 東京, 世界聖典刊行協會, 1935.

『尙書正義』, 『論語注疏』,

『孟子注疏』, 孔穎達, 『十三經注疏』上冊, 中華書局, 1994.

『荀子』 王制편, 蔣南華 등 注譯, 『荀子全譯』, 貴州人民出版社, 1995.

2. 국내 논저

19세기 정치사 연구반, 「『조선왕조실록』인사기록의 사료적 가치」, 한국역사연구회, 『역사와 현실』 창간호, 1989.

강길운, 『고대사의 비교언어학적 연구: 가야어와 드라비다어의 비교』, 새문사, 1990.

강진구, 「다문화교육이 대학생들의 다문화 인식에 미친 영향 조사」, 『다문화연구』 통권1호, 2008.

고준환, 『신비왕국 가야』, 우리출판사, 1993.

곽동해 글, 안장헌 사진, 『범종: 생명의 소리를 담는 장엄』, 한길아트, 2006.
권인호, 「『明夷待訪錄』을 통해 본 儒敎政治思想硏究」, 『東洋哲學硏究』 제8집, 1987.
金理那, 『韓國古代佛敎彫刻史硏究』, 一潮閣, 1989.
金永培, 「청주운천동출토 금동보살입상과 동종」, 『考古美術』 105, 1970.3.
금장태, 『유교의 사상과 의례』, 예문서원, 2000.
金禧庚, 「聖德大王神鐘銘의 解析」, 『梵鐘』 10, 1987.
金禧庚, 「韓國梵鍾小考」, 『考古美術』 136·137, 1978.3.
김경식 외, 『다문화사회와 다문화교육』, 신정, 2012.
김기봉, 「세계화시대 다문화사회를 위한 역사교육」, 『철학과 현실』 89, 2011.
김기순, 「자유주의와 민족주의」, 배영수 편, 『서양사강의』, 한울아카데미, 1992.
김병모, 「고대 한국과 서역관계: 아유타국고 Ⅱ」, 『한국학논집』 14, 1988a.
———, 「신라금관을 통해 본 신조사상과 신수사상」, 『한국민속학보』 4, 1994.
———, 「제주문화의 고고학적 성격 고찰」, 『제주도연구』 5, 1988b.
———, 「김수로왕 연구」, 『민족과 문화』 6, 1997.
———, 『고고학여행』 1, 고래실, 2006.
———, 『한국인의 발자취』, 정음사, 1985.
———, 『허황옥 루트: 인도에서 가야까지』, 역사의 아침, 2008.
김선미, 「중등사회과교과에 나타난 한중일 관계분석: 다문화교육의 관점에서」, 『사회과교육』 42-1.
김순자, 「고려시대의 전쟁, 전염병과 인구」, 『이화사학연구』 제34집, 2005.
김연진, 「차별의 시정인가, 우대인가: 소수세력차별시정정책(affirmative action)과 그에 대한 논쟁」, 『미국사연구』 18집, 2003.
김연학, 『한국상고사연구』, 범우사, 1990.
김영명, 「다문화 담론 및 정책의 문제점과 개선 방향」, 한국학중앙연구원 한민족공동체연구소, 『한민족학회 공동학술대회 자료집』, 2012b.
———, 「다문화 담론의 문제점」, 『제17회 한글문화토론회 자료집』, 2012a.
김영신, 『대만의 역사』, 지영사, 2001.
김용선, 「족보 이전의 가계기록」, 한국사 시민강좌 24, 1999.
김용운, 『한·일민족의 원형: 같은 씨에서 다른꽃이 핀다」, 평민사, 1987.
김용출, 『독일아리랑』, 에세이, 2004.
김욱동, 「다문화주의의 도전과 응전」, 『미국학논집』 30호, 1998.
김원룡, 『조선고고학개설』 제3판, 일지사, 1986.
김장수, 「프란치첵 팔라츠키(František Palacký)의 오스트리아제국 개편안」, 『관동사학』 4집, 1989.

김정현, 『우리겨레 성씨이야기』, 지식산업사, 2009.
김종래, 『유목민이야기』 개정판, 꿈엔들, 2008.
김창호, 「문무왕릉비에 보이는 신라인의 조상인식: 태조성한의 첨보(添補)」, 『한국사연구』 53, 1986.
김철준, 『한국고대사연구』, 서울대학교출판부, 1990.
김태국, 「'만주국'에서 일제의 식민지배 논리」, 『한국근현대사연구』 35, 2005.
김필래, 「관우설화연구」, 『漢城語文學』 17, 1998.
김한종, 「다원적 관점의 역사이해와 역사교육」, 『역사교육연구』 8, 2008.
______, 「다문화사회의 역사교육: 캐나다 BC주의 경우」, 『역사교육연구』 4, 2006.
김항수, 「16c사림의 성리학 이해」, 『韓國史論』, 서울대국사학과, 1981.
나혜심, 「파독 한인여성간호노동자들의 증언자료」, 2008년도 국사편찬위원회 구술자료 수집사업.
______, 「탈국경화 시대의 역사교육」, 『사회과교육』 49-3, 2010.
노태돈, 「역사적 실체로서의 단군」, 한국사 시민강좌, 27: 1-20, 2000.
문경현, 「신라건국설화의 연구」, 『대구사학』 4, 1972.
文明大, 「新羅梵鐘 飛天像의 考察」, 『梵鐘』 10, 1987.
문정창, 『가야사』, 백문당, 1978.
민두기, 「臺灣史의 素描: 그 민주화 역정」, 『시간과의 경쟁: 동아시아근현대사논집』, 연세대학교출판부, 2001.
______, 『중국근대사연구』, 一潮閣, 1973.
박대남, 「부여 규암면 외리출토 백제문양전 고찰」, 『新羅史學報』 14, 2008.12.
박래영·정해본 외, 『한국의 해외취업』, 아산사회복지재단, 1988.
박선영, 「기억·만주성위·만주국: 만주성위 기억과 기록의 합주곡에 보는 만주국의 외관」, 『만주연구』 3, 2005.
박성혁, 「다문화 교육정책 국제비교를 통한 우리나라 다문화 교육정책의 방향모색」, 『시민교육연구』 41-2, 2009.
박순호, 「다문화교육에 대한 의식과 정책적 함의」, 『한국지역지리학회지』 15-4, 2009.
박영규, 『한권으로 읽는 신라왕조실록』, 웅진지식하우스, 2010.
박옥걸, 「고려시대 귀화인의 역할과 영향」, 『白山學報』 70, 2004.
______, 『고려시대의 귀화인 연구』, 국학자료원, 1996.
박진빈, 『백색국가건설사: 미국 혁신주의의 빛과 그림자』, 엘피, 2006.
박찬경·글라우스 펠링, 『독일로 간 사람들』, 눈빛, 2003.
배영수, 「미국 예외론의 맹점」, 『미국학』 27, 2004.
백승종, 「위조 족보의 유행」, 『한국사 시민강좌』 24, 1999.

서영대, 「신화 속의 단군」, 『한국사 시민강좌』 27, 2000.
成樂胄, 「'新羅鐘' 양식의 '용종기원설' 비판: '新羅鐘' 양식 확립에 대한 史的 고찰 (1)」 『新羅史學報』 7, 2006.8.
______, 「'新羅鐘' 양식의 기호학적 해석: '新羅鐘' 양식 확립에 대한 史的 고찰 (2)」, 『新羅史學報』 9, 2007.4.
손종성, 「임진왜란시 대명외교: 청병외교를 중심으로」, 『국사관논총』 14, 국사편찬위원회, 1990.
손준식, 「동화와 개화의 상흔: 식민지 타이완의 일어」, 『식민주의와 언어』, 아름나무, 2007.
______, 「일본의 대만 식민지 지배: 통치정책의 변화를 중심으로」, 『아시아문화』 18, 2002.
______, 「황민화운동 이전(1895~1936) 대만의 식민통치 협력자」, 『역사문화연구』 31, 2008.
손춘일, 『「滿洲國」의 在滿韓人에 대한 土地政策史硏究』, 白山資料院, 1999.
송기호, 『동아시아의 역사분쟁』, 솔, 2007.
송인서 외, 『역사 속의 동서문화교류』, 강원대학교출판부, 2009.
신형식, 『백제사』, 이화여자대학교 출판부, 1992.
______, 『신라사』, 이화여자대학교 출판부, 1985.
안병주, 「유교민본사상의 현대적 의의」, 『동양철학연구』 제7집, 1986.
여혜경, 「다문화교육을 위한 역사교육 방안: 한국사의 '대외관계 및 교류'를 중심으로」, 한국교원대 석사 논문, 2011.
廉永夏, 「韓國梵鐘에 관한 硏究: 奉德寺鐘」, 『梵鐘』 6, 1983.
______, 「韓國梵鐘에 관한 硏究: 上院寺鐘」, 『梵鐘』 1, 1978.
______, 「韓國梵鐘에 관한 硏究: 禪林院鐘」, 『梵鐘』 6, 1983.
______, 「韓國梵鐘에 관한 硏究: 實相寺出土新羅鐘」, 『梵鐘』 6, 1983.
______, 『韓國의 鐘』, 서울대학교 출판부, 1991.
우실하, 「요하문화권 연구의 어제와 오늘」, 국제교과서연구소 편, 『고대 동북아 연구: 어제와 오늘』, 백산자료원, 2008.
______, 『동북공정 너머 요하문명론』, 소나무, 2007.
유문무, 「다문화사회로의 전환과 다문화 담론 모색」, 『아시아연구』, 2010.
유봉학, 「18세기 南人分裂과 畿湖學派의 成立」, 『한신대논문집』 1, 1983.
______, 『연암일파 북학사상연구』, 일지사, 1995.
윤병섭, 『간도역사의 연구』, 國學資料院, 2003.
윤 비, 「중세 독일 민족의식의 발전」, 곽준혁·조홍식 엮음, 『아직도 민족주의인가: 우리시대 애국심의 지성사』 한길사, 2012.

윤천근, 「유학에서 민주는 가능한가: 현대중국의 선택을 어떻게 볼 것인가」, 『退溪學』 제12집, 2001.
윤휘탁, 「滿洲國軍 내 現地人의 協力과 葛藤」, 『동양사학연구』 99, 2007.
______, 「'만주국'의 통치체제 구축과 현지인 협력자」, 『아세아연구』 126, 2006.
이기백, 「중원고구려비의 몇 가지 문제점」, 『한국문화』 1, 1979.
이난영, 『韓國의 鐘』, 서울대학교 출판부, 2000.
이병도·최태영, 『한국상고사입문』, 고려원, 1989.
이선복, 「민족 단혈성기원론의 검토」, 역사학회 편, 『북한의 고대사연구』, 일조각, 1991.
이수길, 『한강과 라인강 위에 무지개다리를 놓다』, 지식산업사, 1997.
이승렬, 「21세기 교회사회봉사의 전망과 대책」, 성내선교교육원 2000년 2월 24일 세미나 자료.
이용승, 「다문화주의의 이론적 검토와 정당화」, 『민족연구』 Vol 41, 2010.
이원균, 「英祖戊申亂에 對하여」, 『釜大史學』 2, 1971.
이장희, 「임진왜란 중 민간반란에 대하여」, 『鄕土서울』 32, 1968.
이종욱, 「쯔다 소우키치(律田左右吉)의 망령이 만들어낸 민족」, 2009년 신라사학회 추계학술대회 발표자료집, 2009.
이지영, 「다문화교육을 통한 세계사학습의 현장사례연구」, 『사회과교육』 41-3, 2002.
이춘복, 「서구 議會制度에 대한 중국 근대 지식인들의 認識과 그 意義」 제34집, 2007.
이현혜, 「한국 고대 농업기술의 연구 현황과 과제」, 한국상고사학회, 『한국상고사』, 민음사, 1991.
이형구·이기환, 『코리안루트를 찾아서』, 성안당, 2009.
이호관, 「新羅梵鐘의 各部 紋樣小考」, 『文化財』 10, 1976.
이홍직, 「貞元二十年在銘 新羅梵鐘: 襄陽雪山出土品」, 『白樂濬博士回甲紀念國學論叢』, 1955(『韓國古代史의 硏究』, 신구문화사, 1977 재수록).
이희근, 『우리안의 그들 역사의 이방인들』, 너머북스, 2008.
이희수, 『한·이슬람 교류사』, 문덕사, 1991.
______, 「종교에서의 다문화 정신: 이슬람을 중심으로」, 오경석 외 지음, 『한국에서의 다문화주의』, 한울아카데미, 2007.
임성모, 「滿洲國協和會의 對民支配政策과 그 실태: 東邊道治本工作과 관련하여」, 『동양사학연구』 42집, 1993.
임지현, 임지현·이성시 엮음, 「국사의 안과 밖: 헤게모니와 '국사'의 대연쇄」, 『국사의 신화를 넘어서』, 휴머니스트, 2004.

임채완·전형권, 「재외한인과 글로벌 네트워크」, 한울아카데미, 2006.

임철호, 『설화와 민중의 역사의식: 임진왜란 설화를 중심으로』, 集文堂, 1989.

임형백, 「한국인의 정체성의 다문화적 요소: 역사-인류학적 해석」, 『다문화와 평화』 4(2), 2010a.

______, 「유럽 다인종사회의 빛과 그림자: 영국, 프랑스, 독일의 경험과 갈등」, 한국학중앙연구원 한민족공동체연구소, 『한민족학회 공동학술대회 자료집』, 2012c.

______, 「한국의 도시지역과 농촌지역 다문화사회의 차이와 정책 차별화 연구」, 『한국지역개발학회지』 21(1), 2009b.

______, 「한국농촌의 다문화사회의 특징」, 김태명 외 6인, 『농촌활력론』, 서울대학교 출판문화원, 2010b.

______, 「중국의 패권주의와 對한반도 전략: 역사 분쟁, 영토 분쟁, 對북한투자의 함의」, 『한국정책연구』 12(1), 2012a.

______, 「한국과 서구의 다문화사회의 차이와 정책 비교」, 『다문화사회연구』 2(1), 2009a.

______, 「한국인의 '민족'개념 형성에서 중화사상의 수용과 변형」, 『다문화와 평화』 6(1), 2012b.

장 베르동, 『중세는 살아있다』, 길, 2008.

장인용, 『食傳』, 뿌리와이파리, 2010.

장혜영, 『한국의 고대사를 해부한다』, 어문학사, 2008.

전영준, 「高麗時代 '編戶'의 行刑體系 적용과 사회적 활용」, 『인문학연구』 13, 제주대학교 인문과학연구소, 2012.

______, 「한국의 다문화연구 현황」, 『다문화콘텐츠연구』 1호, 2009.

전진성, 『역사가 기억을 말하다』, 휴머니스트, 2005.

정선경, 「지구적 시각에 기초한 세계사 교육에의 접근 방안」, 『역사교육』 85, 2003.

정수일, 『고대문명교류사』, 사계절, 2009.

______, 『문명교류사연구』, 사계절, 2002.

鄭汝中 外, 『中國飛天藝術』, 安徽美術出版社, 安徽, 2000.

정영근, 「한국사회의 다문화화에 대한 교육학적 성찰」, 『교육철학』 44, 2009.

정영호, 「梁山 龍華寺의 石造如來坐像」, 『考古美術』 5卷 3號(通卷47·48), 1964(『考古美術』 上卷, 531쪽).

정재서, 『앙띠 오이디푸스의 신화학』, 창비, 2010.

조갑제, 「기마흉노국가 신라 연구, 조갑제의 심층취재」, 월간조선 2004년 3월호, 2004.

조범환, 「신라 하대 洪陟선사의 實相山門 개창과 鐵佛 조성」, 신라사학회, 『新羅史

學報』 6, 2006.4.
『조선유물유적도감』 5·6, 사회과학원출판부, 1988.
조재송, 「三國志演義 關羽形象에 대한 사상사적 고찰」, 『中國學硏究』 16-1, 중국학연구회, 1999.
조정남, 「백화제방의 다문화사회로 …」, 『제3회 충남여성정책개발원·현대민족학회 공동학술회의 발제 강연』, 2010.
주영하, 『음식 인문학: 음식으로 본 한국의 역사와 문화』, 휴머니스트, 2011.
_____, 『차폰, 잔폰, 짬뽕』, 사계절, 2009.
주완요, 손준식 외역, 『대만 아름다운 섬 슬픈 역사』, 신구문화사, 2003.
천선영, 「'다문화사회' 담론의 한계와 역설」, 『한·독사회과학논총』 14-2, 2004.
최선일, 「統一新羅時代 天人像 硏究」, 홍익대학교 석사청구논문, 1994.12.
최소자, 『명·청시대 중한관계사 연구』, 이화여자대학교 출판부, 1997.
최영희, 『임진왜란중의 사회동태』, 한국연구원, 1975.
최완기, 「英祖朝 蕩平策의 贊反論 檢討」, 『震壇學報』 56, 1983.
최용규·이광원, 「초등학교 다문화 역사교육의 방안 탐색」, 『사회과교육연구』 18-1, 2011.
최응천·김연수, 『금속공예』, 솔, 2003.
최혜영, 『그리스 문명』, 살림, 2004.
하세봉, 「대만의 식민지경험과 정체성」, 『비교문화연구』 16, 2004.
한국역사연구회 고대사분과, 『한국고대사 산책』, 역사비평사, 1994.
한명기, 「임진왜란 시기 명군 참전의 사회·문화적 영향」, 『군사』 35호, 국방군사연구소, 1997.
한석정, 『만주국건국의 재해석』, 동아대학교출판부, 1999.
한우근·이태진, 『한국문화사』, 일지사, 1993.
한종수, 「朝鮮後期 肅宗代 關王廟致祭의 性格」, 『역사민속학』 제21호, 2005.
홍사준, 「奉德寺梵鍾考」, 『梵鐘』 1, 1978.
洪思俊, 「新羅鐘形考」, 『李弘植回甲記念論叢 韓國私學論叢』, 韓國史學會, 1969.
홍성식, 「한국 사회의 다문화주의와 그를 둘러싼 환상」, 『새국어교육』 85, 2010.
黃壽永, 「新羅·高麗 梵鐘의 新例 12」, 『考古美術』 113·114, 1972.6.
_____, 「新羅梵鐘의 新例: 智異山實相寺出土」, 『歷史學報』 34, 1967.
_____, 『新羅의 神鍾』, 通度寺聖寶博物館, 1994.
_____·金吉雄, 『慶州 南山 塔谷의 四方佛巖』, 通度寺聖寶博物館, 1994.
황정미, 「다문화시민 없는 다문화교육: 한국의 다문화교육 아젠다에 대한 고찰」, 『담론 201』 13-2, 2010.
황혜성, 「다채로워진 미국 이민사 연구: '용광로'에서 탈 소수민족의식으로」, 『서양사론』 93호, 2007.
Wolf Oschlies, 「불가리아·유고슬라비아 관계에 비추어 본 발칸반도의 민족문제」 『동구연구』 5, 1991.

3. 국외 논저

[德]蘇福根著 徐建寅譯：《德國議院章程》(影印本)，收入《叢書集成新編》第26冊，(台)新文豐出版公司, 1985.
姜念東 外, 『僞滿洲國史』, 吉林人民出版社, 1980.
江頭幸 編, 『滿洲國軍憲兵の懷古』, 滿憲會記錄刊行事務局, 1984.
江丙坤, 『臺灣田賦改革事業之硏究』, 臺北, 臺灣銀行經濟硏究室, 1972.
岡部牧夫, 「日本帝國主義と滿鐵」, 『日本史硏究』 195, 1978.
________, 『滿州國』, 三省堂, 1978.
姜性文, 「高麗初期의 北界開拓에 대한 硏究」, 『白山學報』 27, 白山學會, 1983.
康有為, 『意大利遊記』, 上海廣智書局鉛字排印本, 1905.
康有為, 『孔子改制考』, 『康有為全集』第三集, 上海古籍出版社, 1992.
姜晋哲, 『高麗土地制度史硏究』, 一潮閣, 1980(『改正高麗土地制度史硏究』, 1991).
顧炎武, 『日知錄』 卷19, 淸乾隆刻本.
郭嵩燾, 『郭嵩燾日記』第三卷 湖南人民出版社, 1982.
關文榜, 「關氏家譜」, 魯愚等編 『關帝文獻彙編』, 8冊, 北京, 國際文化出版公司, 1995.
駒込武, 『植民地帝國日本の文化統合』, 岩波書店, 1996.
權兌遠, 「高麗初期社會에 미친 歸化人의 影響에 관한 小考」, 『忠南大學校 人文科學論文集』 제VII권 제2호, 1981.
近藤一編, 『太平洋戰下の朝鮮及臺灣』, 友邦協會, 1960.
近藤正己, 『總力戰と臺灣: 日本植民地崩壞の硏究』, 刀水書房, 1996.
金琪燮, 「新羅 統一期의 戶等制와 孔烟」, 『釜大史學』 17, 1993.
金成潤, 『朝鮮後期 蕩平政治 硏究』, 지식산업사, 1997.
金龍國, 「關王廟建置考」, 『鄕土서울』 25, 서울시편찬위원회, 1965
金載名, 「高麗時代 役의 收取와 戶等制」, 『靑溪史學』 12, 韓國精神文化硏究院, 1996.
金靜美, 『中國東北部における抗日朝鮮·中國民衆史硏究序說』, 現代企劃室, 1992.
長廣敏雄, 『飛天の 藝術』, 東京, 朝日新聞社, 1949.

藍博洲, 「대만: 2.28에서 50년대로 이어지는 백색테러」, 『역사비평』, 1998년 봄호.
南仁國, 「高麗前期의 投化人과 그 同化政策」, 『歷史教育論集』 8, 역사교육학회, 1986.
譚嗣同, 『譚嗣同全集』, 中華書局, 1998.
談火生, 「'民主'一詞在近代中國的再生」, 『淸史硏究』 제2기, 2004.
唐才常, 『唐才常集,』, 中華書局, 1982.
戴國煇, 『臺灣史對話錄』, 臺北, 南天書局, 2002.
______, 魏廷朝 譯, 『臺灣總體相』, 臺北, 遠流出版公司, 1992.
臺灣省行政長官公署統計室編, 『臺灣省五十一年來統計提要』, 臺北, 1946.
『敦煌飛天』, 中國旅行出版社, 北京, 1993.
同編寫組, 『東北抗日聯軍鬪爭史』, 人民出版社, 1991.
藤井誠一, 「李夢鶴の亂について」, 『靑丘學叢』 22, 1935.
藤井志津枝, 『日治時期臺灣總督府理蕃政策』, 臺北, 文英堂, 1997.
鈴木隆史, 『日本帝國主義と滿州』, 塙書房, 1992.
廖平, 『知聖篇』 卷上, 淸光緖刻本.
劉義裳, 『邊疆民族史』, 臺灣: 中華書局印行, 1969.
馬建忠, 『采西學議-馮桂芬.馬建忠集』, 遼寧人民出版社, 1994.
馬君武, 『法蘭西今世史』, 出洋編輯所, 明治三十五年八月一日(1903.8.1)印行.
幕內滿雄, 『滿州國警察外史』, 三一書房, 1996.
滿洲國軍刊行委員會 編, 『滿洲國軍』, 蘭星會, 1970.
滿州史硏究會, 『日本帝國主義下の滿州』, 御茶の水書房, 1972.
文炯萬, 「麗代「歸鄕」考」, 『歷史學報』 23, 歷史學會, 1964.
朴京夏, 「朝鮮傳來的關羽崇拜背景和傳存現況」, 『現代社會與民俗文化傳統』, 中山大學民俗叢書, 中國民俗學硏究所前沿論叢, 黑龍江人民出社, 2002.
朴光用, 「李重煥의 政治的 位置와 『擇里志』 敍述」, 『震壇學會』 69, 1990.
______, 「朝鮮後期 政治史의 時期區分問題」, 『성심여대 논문집』 23, 성심여자대학, 1991.
______, 「朝鮮後期 政治勢力 硏究現況」, 근대사연구회 엮음, 『朝鮮中世社會解體期의 諸問題』 上, 한울, 1987.
______, 「朝鮮後期 政治勢力 硏究現況」, 근대사연구회 연구회 엮음, 『朝鮮中 世社會解體其의 諸問題』 上, 1987.
______, 「蕩平論과 政局의 變化」, 『韓國史論』 10, 1984.
______, 「蕩平論의 展開와 政局의 變化」, 『朝鮮政治의 再照明』, 범조사, 1988.
朴恩卿, 「高麗前期의 移住」, 『高麗時代 鄕村社會硏究』, 一潮閣, 1996.
朴 珠, 「朝鮮 肅宗朝의 祠宇濫設에 대한 考察」, 『한국사론』 6, 서울대 국사학과,

1980.
潘喜廷等, 『東北抗日義勇軍史』, 遼寧人民出版社, 1985.
『法隆寺金堂壁畵 飛天』, 奈良國立文化財硏究所, 京都, 1988.
北村秀人, 「高麗時代の歸鄕刑·充常戶刑について」, 『朝鮮學報』 81, 1976.
浜口裕子, 『日本統治と東アジア社會』, 勁草書房, 1996.
山本有造 編, 『「滿洲國」の硏究』, 京都大學人文科學硏究所, 1993.
________ 編著, 『滿洲 記憶と歷史』, 京都大學學術出版會, 2007.
________, 『「滿洲國」經濟史硏究』, 名古屋大學出版會, 2003.
山室信一, 「『滿洲國』の法と政治 序說」, 『人文學報』 68, 京都大學人文科學硏究所, 1991.
________, 『キメラ 滿洲國の肖像』, 中央公論社, 1993.
尙秉和, 『辛壬春秋』, 民國十三年刻本, 1924.
徐繼畬, 『瀛寰志略』, 上海書店出版社, 2001.
西村茂雄, 『中國近代東北地域史硏究』, 法律文化社, 1984.
薛福成, 『籌洋芻議』 —薛福成集(中國啟蒙思想文庫), 遼寧人民出版社, 1994.
小林英夫, 『「大東亞共榮圈」の形成と崩壞』, 御茶の水書房, 1975.
________·張志强 共編, 『檢閱された手紙が語る 滿洲國の實態』, 小學館, 2006.
蘇崇民, 『滿鐵史』, 中華書局, 1990.
蘇 輿, 『異敎叢編』, 上海書店出版社, 2002.
孫廣德, 『淸末民初的民主思想論集』, 臺北桂冠圖書股分有限公司, 1999.
孫寶瑄, 『忘山廬日記』 上卷, (『中華文史論從』 增刊), 上海古籍出版社, 1983.
孫中山, 『孫中山全集』第1券, 中華書局, 1985.
松本俊郎, 『「滿洲國」から新中國へ』, 名古屋大學出版會, 2000.
________, 『侵略と開發 日本資本主義と中國植民地化』, 御茶の水書房, 1992.
水野直樹, 「國籍をめぐる東アジア關係 植民地朝鮮人國籍問題の位相」, 古屋哲夫, 山室信一 編, 『近代日本における東アジア問題』, 吉川弘文館, 2001.
勝利貴, 『僞滿經濟統治』, 吉林敎育出版社, 1992.
施哲雄, 「從臺北行天宮看關公在臺灣民間社會的影響」, 以上, 『"中國歷史文化上的關羽"學術硏討會稿本』, 2001.
安藤彦太郎, 『滿鐵』, 御茶の水書房, 1965.
安富步, 『「滿洲國」の金融』, 創文社, 1997.
林 溫, 『日本の美術 330: 飛天と神仙』, 東京, 至文堂, 1993.
若林正丈, 許佩賢 譯, 「試論如何建立日治時期臺灣政治史的硏究」, 『臺灣史硏究一百年』, 臺北, 中央硏究院臺灣史硏究所籌備處, 1997.
________, 許佩賢 譯, 「日本的臺灣殖民地支配史硏究的成果」, 『當代』 87, 1993.

梁啓超,『飮冰食合集』, 中華書局, 1994.
______,『淸代學術槪論』, 臺灣商務印書館, 1994.

楊永彬,「臺灣紳商與早期日本殖民政權的關係」, 國立臺灣大學歷史學硏究所碩士論文, 1996.
梁廷枏,『海國四說』(近代史料筆記叢刊), 中華書局, 1997.
梁惠錦,「臺灣近代民族運動的背景」,『臺灣文獻』24-3, 1973.
嚴　復,「政治講義」,『嚴復集』第5冊, 中華書局, 1986.
葉德輝,『覺迷要錄』卷4(貳集), 光緖三十一年刊本, 1905.
吳文星,「日據時期臺灣總督府推廣日語運動初探」,『臺灣風物』37-1,4, 1987.
______,「日據時代臺灣書房之硏究」,『思與言』16-3, 1978.
______,『日據時期臺灣社會領導階層之硏究』, 臺北, 正中書局, 1992.
吳密察,「臺灣人的夢與二二八事件」,『當代』87, 1993.7.
______,『臺灣近代史硏究』, 臺北, 稻鄕出版社, 1994,
吳洙彰,「仁祖代 政治勢力의 動向」,『韓國史論』13, 서울대국사학과, 1985.
______,「朝鮮後期 政治運營 硏究의 現況과 課題」,『歷史敎育』21, 1977.
______,「朝鮮後期 政治運營 硏究의 現況과 課題」,『歷史敎育』21, 1977.
吳熙釗, 鄧中好校點,『南海康先生口說』, 中山大學出版社, 1985.
翁佳音,『臺灣漢人武裝抗日史硏究(1895~1902)』, 臺北, 國立臺灣大學出版委員會, 1986.
渡邊素舟,『東洋文樣史』, 東京, 富山房, 1971.
王家英,「대만 내셔널리즘의 발흥과 변천」,『민족연구』5, 한국민족연구원, 2000.
汪康年,「論中國參用民權之利益」,『淸經世文三編』淸光緖石印本.
王魁喜外,『近代東北人民革命鬪爭史』, 吉林人民出版社, 1988.
王　韜,『弢園外篇』, 中州古籍出版社, 1998.
王人博,「民權詞義考論」,『比較法硏究』제1기, 2003.
王學泰,「關羽崇拜的形成」, 盧曉衡 主編『關羽·關公和關聖』, 北京, 社會科學文獻出版社, 2002.
王曉波編,『臺灣的殖民地傷痕』, 臺北, 帕米爾書店, 1985.
王希亮,『日本對中國東北的政治統治』, 黑龍江人民出版社, 1991.
熊月之,『中國近代民主思想史』, 上海人民出版社, 1897.
吉村怜,「南朝的天人の日本への傳播」『日本美術全集 2: 法隆寺から藥師寺』, 東京, 講談社, 1990.6.
______,『中國佛敎圖像·の硏究』, 東京, 東方書店, 1983.
原　朗,「『滿洲における經濟統制政策の展開』」, 安藤良雄編,『日本經濟政策史論』

下, 東京大學出版會, 1976.
魏源,『海國圖志』, 岳麓書社, 1998.
劉師培,『中國民約精義』, 錢玄同 編,『劉申叔遺書』(影印本), 江蘇古籍出版社, 1997.
尹南漢,「宣·人間의 陽明學의 諸問題」,『朝鮮時代의 陽明學硏究』, 集文堂, 1982.
尹輝鐸,『日帝下「滿洲國」硏究: 抗日武裝鬪爭과 治安肅正工作』, 一潮閣, 1996.
李慶善,「關羽信仰에 대한 考察」,『한양대 논문집』8, 1974.
李　理,『日據臺灣時期警察制度硏究』, 臺北, 海峽學術出版社, 2007.
李範稷,『韓國中世禮思想硏究』, 一潮閣, 1991.
李筱峯, 김철수 등 역,『대만민주운동40년』, 성균관대학교출판부, 1990.
李迎春,「服制禮訟과 政局變動: 第2次 禮訟을 中心으로」,『國史館論叢』22, 국사편찬위원회, 1991.
______,「第1次 禮訟과 尹善道 禮論」,『淸溪史學』6, 1989.
______,『朝鮮後期 王位繼承 硏究』, 集文堂, 1998.
李銀順,「18c 老論 一黨專制의 成立過程」,『歷史學報』110, 1986.
______,「朝鮮後期 黨爭史硏究: 老少黨論을 中心으로」,『한국외국어대학교 논문집』16, 1983.
______,『士禍·黨爭의 硏究史的 檢討』, 韓國硏究叢書 53, 韓國硏究院, 1985.
______,『朝鮮時代政治史의 再照明』, 汎潮社, 1985.
______,『朝鮮儒教社會史論』, 지식산업사, 1989.
______,『朝鮮後期 黨爭史 硏究』, 一潮閣, 1988.
______,『朝鮮後期의 政治와 軍營制變遷』, 韓國硏究叢書 53, 韓國硏究院, 1985.
李仁哲,「新羅 統一期의 村落支配와 計烟」,『韓國史硏究』54, 韓國史硏究會, 1986.
李在崑,『서울의 民間信仰』, 白山出版社, 1996.
李廷植,「關羽의 瞼譜와 그 系譜에 관한 小考」,『中國學論叢』7-1, 한국중국문화학회, 1998.
李泰鎭,「17세기 朋黨政治와 中央軍營의 兵權」,『朝鮮後期 黨爭의 綜合的檢討』, 韓國精神文化硏究院, 1991.
______,「黨爭을 어떻게 볼 것인가?」,『朝鮮時代政治史의 再照明』, 汎潮社, 1985.
______,「朝鮮時代의 政治的 葛藤과 그 解決」,『朝鮮時代政治史의 再照明』, 汎潮社, 1985.
______,「朝鮮王朝의 儒教政治와 王權」,『韓國史論』23, 1990.
______,「中央五軍營制의 成立過程」,『韓國軍制史』(近世朝鮮後期篇), 육군사관학교, 1977.

李和承, 「明淸傳統商人과 民間信仰」, 『明淸史硏究』 제15집, 1997.
李勛相, 「안동향손사적통록의 간해오가 朝鮮後期의 안동향리」, 『韓國史硏究』 60, 한국사연구회. 1988.
______, 「朝鮮後期 邑治社會의 構造와 祭儀」, 『歷史學報』 제147집, 역사학회, 1995.
______, 「朝鮮後期 吏胥集團과 武任集團의 조직운영과 그 특성: 全羅道 南原의 各種 先生案」, 『한국학논집』 17, 계명대 한국학연구원, 1990.
李熙煥, 「甲戌換局과 肅宗」, 『全北史學』 11·12, 1989.
______, 「庚申換局과 金錫胄」, 『全北史學』 10, 1986.
日本植民地教育史硏究會, 『植民地教育史像の再構成』, 皓星社, 1998.
林茂生, 林詠梅 譯, 『日本統治下臺灣的學校教育』, 臺北, 新自然主義公司, 2000.
張國權主編, 『臺灣兵影像故事』, 臺北, 前衛出版社, 1997.
章太炎, 『代議然否論』, 『民報』 第24號. 1908.
傳大中, 『關東憲兵隊』, 吉林教育出版社, 1991.
______, 『僞滿洲國軍簡史』, 吉林文忠出版社, 1999.
田中隆一, 『滿洲國と日本の帝國支配』, 有志舍, 2007.
田中恒次郎, 『「滿州」における反滿抗日運動の硏究』, 綠蔭書房, 1997.
全海宗, 「귀족정권의 대외관계」, 『한국사』 4, 1981.
錢玄同 編, 『劉申叔遺書』(影印本), 江蘇古籍出版社, 1997.
鄭觀應, 『盛世危言』, 中州古籍出版社, 1998.
______, 『鄭觀應集』 上冊, 上海人民出版社, 1982.
鄭 軍, 「康有爲對傳統儒學的改造與維新變法理論的構建」, 『煙臺大學學報』 제4기, 2004.
鄭麗玲, 「日本殖民地高等教育政策之轉折與發展」, 『臺灣風物』 51-2, 2001.
鄭萬祚, 「16세기 士林系 官僚의 朋黨論」, 『韓國學論叢』 12, 국민대학교 한국학연구소, 1989.
______, 「英祖朝 初半의 蕩平策과 蕩平派의 活動」, 『진단학보』 56, 1983.
______, 「朝鮮朝 書院의 政治·社會的 役割」, 『韓國史學』 10, 1988.
井上聰, 「臺灣第七代總督明石元二郎與同化政策」, 『臺灣風物』 37-1, 1987.
鄭奭鍾, 「肅宗朝의 甲戌換局과 中人·商人·庶孼의 動向」, 『朝鮮後期社會變動硏究』, 一潮閣, 1983.
______, 『朝鮮後期 社會變動硏究』, 一潮閣, 1983.
鄭玉子, 「17세기 思想界의 再編과 禮論」, 『韓國文化』 10, 1989.
______, 「大報壇의 創設」, 『朝鮮後期 文化運動史』, 一潮閣, 1988.
______, 『朝鮮後期知性史』, 一志社, 1991.

井出季和太,『臺灣治績誌』, 臺北, 臺灣日日新報社, 1933.
鄭太玟,「壬辰亂中의 農民蜂起」,『新天地』, 1948.
鍾叔河主編,『歐洲十一國游記』,『走向世界叢書』第一輯, 第十冊, 岳麓書社, 1985.
朱浤源,「"關公"在政治思想上的地位」,『關羽·關公和關聖』, 北京, 社會科學文獻出版社, 2002.
朱大渭,「武將群中獨一人」, 盧曉衡,『關羽·關公和關聖』.
周婉窈,「臺灣人第一次的'國語'經驗: 析論日治末期的日語運動及其問題」,『新史學』6-2, 1995.
______,「從比較的觀點看臺灣與韓國的皇民化運動(1937~1945)」,『新史學』5-2, 1994.
______,『日據時代的臺灣議會設置請願運動』, 臺北, 自立晩報社, 1989.
______,『海行兮的年代: 日本殖民統治末期臺灣史論集』, 臺北, 允晨文化出版, 2003.
竹內弘行,『中国の儒教的近代化論』(単行本), 研文出版, 1995.
中央研究院近代史研究所編,『中國現代化論文集』, 中央研究院近代史研究所, 1991.
中村榮孝,「朝鮮における關羽の祠廟について」,『天理大學報』, 1977.
池斗煥,「朝鮮後期 禮訟 硏究」,『釜大史學』11, 1987.
陳君愷,「光復之疫: 臺灣光復初期衛生與文化問題的鉅視性觀察」,『思與言』31-1. 1993.
______,『日治時期臺灣醫生社會地位之研究』, 臺北, 國立臺灣師範大學歷史研究所, 1992.
震檀學會 編,『韓國史』(近世前期編), 乙酉文化社, 1962.
陳勝粦,「民本主義論講」,『學術研究』第3期, 1991.
陳翠蓮,『臺灣人的抵抗與認同』, 臺北, 遠流出版社, 2008.
秦弘燮 編,『韓國美術史資料集成』1, 一志社, 1987.
坪井良平,「無銘朝鮮鐘資料」『朝鮮學報』21·22, 1961.
________,『朝鮮鐘』, 東京, 角川書店, 1974.
馮桂芬,『校邠廬抗議』, 中州古籍出版社, 1998.
何 啓, 胡禮垣,『新政眞詮』, 遼寧人民出版社, 1994.
賀長齡, 魏源,『淸經世文編』, 中華書局, 1992.
車文燮,『朝鮮時代 軍制硏究』, 단국대출판부, 1973.
蔡培火外,『臺灣民族運動史』, 臺北, 自立晩報, 1987.
蔡雄錫,「高麗時代 歸鄕刑과 充常戶刑」,『韓國史論』9, 서울대, 1983.
蔡慧玉編,『走過兩個時代的人: 臺籍日本兵』, 臺北, 中央研究院臺灣史研究所籌備處, 1997.

塚瀨進,「中國における滿洲國硏究の狀況」,『近代中國硏究彙報』21, 1999.
______,『滿洲國「民族協和」の實像』, 吉川弘文館, 1998.
崔國因,『出使美日秘國日記』卷六, 淸光緖二十年鉛印本, 1894.
崔韶子,「임진란시 명의 파병에 대한 논고」,『東洋史學硏究』, 1997.
______,「임진왜란시기 명군 참전의 사회, 문화적 영향」,『군사』35, 국방군사연구소, 1997.
崔永禧,「壬辰倭亂中의 對明事大에 對하여」,『史學硏究』제18집, 1964.
崔完秀,「謙齋 眞景山水畵考」,『澗松文華』21, 1981.
______,「秋史書派考」,『澗松文華』19, 1980.
崔弘基,「高麗時代의 戶籍制」,『韓國戶籍制度史硏究』, 博士學位論文, 서울대, 1973.
鐸木昌之,「滿州共産主義運動における國際的連繫」,『アジア硏究』33-3·4, 1987.
林 溫,『日本の美術 330: 飛天と神仙』, 東京, 至文堂, 1993.
林則徐,『四洲志』, 華夏出版社, 2002.
張小苑, 「19世紀後半から20世紀転換期における中国の近代化に関する一観察--政治思想の近代化を目指す動きを中心にして」,『神戸市外国語大学硏究科論集』第3集, 2000.
韓圭哲,「後三國時代 高麗와 契丹關係」,『釜山史叢』1, 1985.
解學詩,『僞滿洲國史新編』, 人民出版社, 1995.
許雪姬,「臺灣光復初期的語文問題: 以二二八前後爲例」,『史聯雜誌』19, 1991.
______,「日治時期台灣人的海外活動: 在滿洲的台灣醫生」,『台灣史硏究』11-2, 2004.
許世楷,『日本統治下の臺灣』, 東京大學出版社, 1972.
荊子馨, 鄭力軒 譯,『成爲日本人: 殖民地臺灣與認同政治』, 臺北, 麥田出版, 2006.
惠頓撰·丁韙良譯,『萬國公法』, 上海書店出版社, 2002.
洪順敏,「肅宗初期의 政治構造와 換局」,『韓國史論』, 1986.
______,「朝鮮後期 王室의 構成과 璿源錄」,『韓國文化』11, 1990.
洪祖顯,「中国における近代化と儒教思想」,『教育学雑誌』(3), 1970.
洪秋芬,「1920年代臺灣保甲制度和社會運動關係初探」,『中國歷史學會史學集刊』26, 1994.
______,「日據初期臺灣的保甲制度(1895~1903)」,『中央硏究院近代史硏究所集刊』21, 1992.
______,「台灣保甲和生活改善運動(1937~1945)」,『思與言』29-4, 1991.
和田春樹,『金日成と滿州抗日戰爭』, 平凡社, 1992.
黃克武,「淸末民初的民主思想: 意義與淵源」, 中央硏究院近代史硏究所編,『中國現代化論文集』, 中央硏究院近代史硏究所, 1991.
黃昭堂, 『臺灣民主國の硏究』, 東京大學出版會, 1970.
______, 黃英哲 譯, 『臺灣總督府』, 臺北, 前衛出版社, 1994.
黃元九, 「己亥服制論案始末」, 『東亞世亞史硏究』, 一潮閣, 1976.
黃靜嘉, 「日據下臺灣之殖民地法制與殖民統治」, 『臺灣文獻』 10-1, 1959.
黃宗羲, 『明夷待訪錄』, 沈善洪 主編, 『黃宗羲全集』 第1冊, 浙江古籍出版社, 1986.
黃遵憲, 『人境廬時草』, 民國鉛印本.
侯外廬, 『中國思想通史』 第5卷, 人民出版社, 1992.
浅田喬二, 小林英夫 編, 『日本帝國主義の滿州支配』, 時潮社, 1986.
________, 『日本帝國主義下の民族革命運動』, 未來社, 1973.
________, 『日本帝國主義と舊植民地地主制』, 御茶の水書房, 1968.
清水秀子, 「對滿機構の變遷」, 『國際政治』 37, 1968.
Mary C. Wrigh, 房德隣 等譯, 『同治中興-中國保守主義的最後抵抗(1862~1874)』, 中國社會科學出版社, 2002.
『黃河文明展』, 中日新聞社, 1986.
A. Sked, *The Survival of the Habsburg Empire, Radetzky, the Imperial Army and the Class War*, London: New York, 1979.
Alexander Novotny, Franz Joseph I., *Musterschmidt Verlag*, Goettingen, 1968.
Anderson, B., *Theory of Nationalism an Imagined Communities*, London: Verso, 1983.
András Gergely, "Ungarns staatsrechtliche Stellung in der Habsburwermonarchie in den Aprilgesetzen von 1848", in: Glatz, Fereng u. Melville, *RalphGesellschaft, Politik und Verwaltung in der Habsburgermonaechie 1830~1918*, Stuttgart, 1987.
Angenendt, Steffen, *Deutsche Migrationspolitik im neuen Europa*, Oplade, 1997.
Arther J. May, *The Habsburg Monarchy 1867~1914*, New York, 1968.
Arthur M. Schlesinger, Jr., *The Disuniting of America: Reflections on a Multicultural Society*, New York, 1998.
Boehme, Gernot eds., *Migration und Auslaenderfeindlichkeit*, Darmstadt, 1994.
Bundesamt fuer Migration und Fluechtlinge, *The Impact of Immigration on Germany and Society*, Nuernberg, 2005.
Byung-Wook Choi, "The Lack of Communication in a Multicultural Society, its Preventive History Therapy", *Journal of Humanities Therapy*, Vol. 2, 2011.
C. A. Macartney, *The Habsburg Empire 1790~1918*, London, 1971.
Charles Taylor, *Multiculturalism: Examining the Politics of Recognition*, Princeton,

1994.

Chicago Cultural Studies Group, "Critical Multiculturalism", in D. T. Goldberg, ed., *Multiculturalism: A Critical Reader,* Cambridge, 1994.

Choe, Jae-Hyeon·Daheim, Hansjuergen, *Rueckkehr-und Bleibeperspektiven koreanischer Arbeitsmigration in der Bundesrepublik Deutschland,* Frankfurt a. M., 1987.

Choi, Sun-Ju·Lee, You-Jae, *Umgekehrte Entwicklungshilfe, Die koreanische Arbeitsmigration in Deutschland*, in Koelischer Kunstverein u.a., ed. Projekt Migration, Koeln, 2005.

David Hollinger, *Postethnic America: Beyond Multiculturalism,* New York, 1995.

Dennis J. Downey, "From Americanization to Multiculturalism: Political Symbols and Struggles for Cultural Diversity in Twentieth-Century American Race Relations", *Sociological Perspectives 42,* Summer, 1999.

Dorothy G. McGuigab, *Familie Habsburg 1273~1918,* Köln, 1988.

E. J. Goerlich, Grundzuege, *der Geschichte der Habsburger-monarchie und Oesterreichs,* Darmstadt, 1980.

Eric Foner, *The Story of American Freedom,* New York, 1998.

Eva Philippoff(Hg.), *Die Doppelmonarchie Österreich-Ungarn-Ein politisches Lesebuch 1867~1918,* Presses universitaires du Septentrion, 2001.

Fairbank, J. K., Reischauer, E. O. and A. M. Craig, *East Asia: Tradition & Transformation,* Massachusetts: Harvard University, 1990.

Ferenc Glatz u. Ralp Melville, *Gesellschaft, Politik und Verwaltung in der Habsburgermonarchie 1830~1918,* Budapest, 1987.

Franke, H., "Chinese Texts on the Jürchen", in *Tractata Altaica,* Wiesbaden, 1976.

Galantai, Josezef, *Der Osterreichsch-Ungarische Dualismus-1918*, Crvina/OBV, Budapest, 1985.

Grauhan, Antje, "Krankenpflege-ein Beruf mit offenen Grenzen", *Deutsche Krankenpflege-Zeitschrift*, 1992.

Hans Henning Hahn, *Nationale Minderheiten und staatliche Minderheitenpolitik in Deutschland im 19,* Jahrhundert, Berlin, 1999.

Helmut u. Urbanitsch Rumpler(Hg.), *Verfassung und Parlamentarismus,* I. Teilband, Wien, 2000.

Henry Kissenger, *Diplomacy*, New York, 1994.

Hobsbawn, E., *Nations and nationalism since 1780: programme, myth, reality,* Cambridge University Press, 1991.

Horace Kallen, *Culture and Democracy in the United States,* New York, 1970.

Hugo Hantsch, *Die Nationalitaetenfrage im alten Oesterreich-Das Problem der konstruktiven Reichsgestaltung,* Band 1, Wien, 1953.

Hyams, C. Barry ed., *Arbeitsmigration,* Marburg, 1975.

Deak, I., *Die rechtmassige Revolution: Lajos Kossuth und die Ungarn 1848～1849,* Budapest, 1983.

Jahyun Kim Haboush, *A Heritage of Kings*, Columbia University Press, 1988.

John Hignam, "Multiculturalism and Universalism: A History and Critique", *American Quarterly* vol. 45, no. 2, (June 1993).

John K. Fairbank, *China's Response to the West- A DOCUMENTARY SURVEY, 1839～1923*, Harvard University Press, 1979.

Kurakichi Shiratori, "On the Territory of the Hsiung-nu Prince Hsiu-t'u Wang and his Metal Statues for Heaven Worship", *Memoirs of the Research Department of the Toyo Bunko,* I, 5, 1930.

Legge, J., *The Chinese Classics,* Vol. 3: *The Shoo King or the Book of Historical Documents* (2nd ed.), Oxford: Clarendon, 1985, rpt. Hong Kong: Hong Kong University Press, 1960a.

______, *The Chinese Classics,* Vol. 5: *The Ch'un Ts'ew with the Tso Chuen,* London: Tübner, 1872; rpt. Hong Kong: Hong Kong University Press, 1960b. Roberts, J. A. G., *A History of China* (2nd ed.), New York: Palgrave Macmillan, 2006.

Malcolm X., *Malcolm X on Afro-American History,* New York: Pathfinder Press, 1970.

Manfrass, Klaus, "Reichtum und Armut", Gernot Boehme eds., *Migration und Auslaenderfeindlichkei*, Darmstadt, 1994.

Martin, W. C., "Slavery in China under the Former Han Dynasty, 206 B.C.~A.D. 25" Chicago: Field Museum of Natural History, 1943.

Mary L. Dudziak, "Josephine Baker, Racial Protest, and the Cold War", *Journal of American History*, vol. 81, 1994.

Mattes, Monika, *Gastarbeiterinnen in der Bundesrepublik*, Campus, 2005.

Matthias Weber, "Ein Model für Europa?", *Geschichte in Wissenschaft und Unterricht*, Vol.11, 1996.

Michael Katz, *The Underlass Debate,* Princeton, 1992.

Nathan Glazer, "Is Assimilation Dead?", *Annals of the American Academy of Political and Social Science 530,* 1993.

Peter B. Levy, "Blacks and the Vietnam War", in D. Michael Shafter, ed., *The*

Legacy: Vietnam War in the American Imagination, Boston, 1990.
Pries, Ludger, *Internationale Migration*, Bielefeld, 2001.
Randolph Bourne, "Trans-national America", *Atlantic Monthly 118,* 1916.
Richard Alba, "Immigration and the American Realities of Assimilation and Multiculturalism", *Sociological Forum* vol. 14, no. 1(1999),
Richard Reifenscheid, *Die Habsburger von Rudolf I. bis Karl I.,* Graz/ Wien/Köln, 1982.
Robert A. Kann, *Das Nationalitaetenproblem der Habsburgermonarchie,* Band 2., 1964.
Robert A. Kann, *Das Nationalitätenpr oblem der Habsburgermonarchie -Geschichte und Ideengehalt der natio nalen Bestrebungen vom Vormärz bis zur Auflösung des Reiches im Jahre 1918,* 1. Bd.(Das Reich und die Völker), Graz-Köln, 1964.
Robert A. Kann, *Geschichte des Habsburgerreiches 1526~1918,* Wien/Köln/Graz, 1982.
____________, *Werden und Zerfall des Habsburgerreiches*, Styria, 1962.
Russelll Jacoby, "The Myth of Multiculturalism", *New Left Review*, vol. 208, 1994.
Sahoo, S., Singh, A., Himabindu, G., Banerjee, J., Sitalaximi, T., Gaikwad, S., Trived, R., Endicott, P., Kivisild, T., Metspalu, M., Villems, R. and V. K. Kashyap, "A prehistory of Indian Y chromosomes: Evaluation demic diffusion scenarios", *Proceedings of National Academy of Sciences of United States of America, 103(4),* 2006.
Schnapper, D., *La relation à l'autre, Au coeur de la pensée sociologique*, Paris: Galimard, 1998.
Sengupta, Setal., "Polarity and temporality of high-resolution y-chromosome distributions in India identify both indigenous and exogenous expansions and reveal minor genetic influence of Central Asian pastoralists", *American Journal of Human Genetics, 78(2)*, 2006.
Sesselmeier, Werner, "Oekonomische Wirkungen von Migration", *Migration und Auslaenderfeindlichkeit*, Darmstadt, 1994.
Sharma, S., Saha, A., Rai, E., Bhat, A. and R. Bamezai, "Human mtDNA hypervariable regions", *American Journal of Human Genetics, 50(10),* 2005.
Silke u. Hartmut Lehmann, *Das Nationalitaetenproblem in Oesterreich 1848~1918*, Goettingen, 1973.

Stephan F. Brumberg, *Going to America, Going to School: The Jewish Immigrant Public School Encounter in Turn-of-the-Century New York City,* New York: Praeger, 1986.
Stokely Carmichael and Charles V. Hamilton, *Black Power: The Politics of Liberation,* New York, 1967.
Stuart Miller, Mastering, *Modern European History,* vol. 2, England, 1997.
Theothor Mayer(Hrsg.), "Der Österreichisch-ungarische Ausgleich: Seine Grundlagen und Auswirkungen", *Buchreihe der Südostdeutschen Historischen Kommission,* Bd. 20, München, 1968.
William L. Van Deburg, *New Day in Babylon: The Black Power Movement and American Culture, 1965～1975,* Chicago, 1992.
Yoo, Do-Jin, *Die Situation koreanischer Krankenpflegekraefte in der Bundesrepublik Deutschland und Ihre sozialpaedagogischen Probleme,* Kiel, 1975.

4. 국내 번역

가이 리차드 외(Guy Richard et al.), 전혜정 역, 『인류의 이민 2만년사: 사람은 왜 옮겨 다니며 살았나』, 에디터, 2004.
고마츠 히사오(小松 久男) 외, 이평래 역, 『중앙유라시아의 역사』, 소나무, 2005.
네이선 글레이저(Nathan Glazer), 서종남·최현미 역, 『우리는 이제 모두 다문화인이다』, 미래를소유한사람들, 2009.
니콜라 디 코스모(Nicola Di Cosmo), 이재정 역, 『오랑캐의 탄생』, 황금가지, 2005.
르네 그루세(René Grousset), 김호동·유원수·정재훈 역, 『유라시아 유목제국사』, 사계절, 1998.
버락 H. 오바마(Barack H. Obama), 이경식 역, 『내 아버지로부터의 꿈』, 랜덤하우스, 2007.
브라이언 젠킨스(Brian Jenkins), 김인중·마은지 역, 『프랑스 민족주의: 1789년 이후의 계급과 민족』, 나남, 2011.
브루노 레온(Bruno Leone), 김호성 역, 『민족주의』, 인간사랑, 1993.
사와다 이사오(澤田 勳), 김숙경 역, 『흉노』, 아이필드, 2007.
새비지 랜도어(A. H. Savage Landor), 신복룡·장우영 역, 『고요한 아침의 나라』, 집문당, 1999.
엔닌(圓仁), 김문경 역, 『엔닌의 입당구법순례행기』, 중심, 2001.
————, 신복룡 역, 『入唐求法巡禮行記』, 정신세계사, 1991.

이마이즈미 준노스케, 이만옥 역, 『관우: 삼국지의 영웅에서 의리와 부의 신이 되기까지』, 예담, 2002.
이성시, 박경희 역, 『만들어진 고대: 근대 국민 국가의 동아시아 이야기』, 삼인, 2001.
장진퀘이(張金奎), 남은숙 역, 흉노 제국 이야기, 아이필드, 2010.
한스 울리히 벨러(Hans-Urlich Wehler), 이용일 역, 허구의 민족주의, 푸른역사, 2007.
E.J. 홉스봄, 강명세 역, 『1780년 이후의 민족과 민족주의』, 창작과 비평사, 1996.
James A. Banks, 모경환 외 공역, 『다문화교육입문』, 아카데미프레스, 2008.
P. 앤더슨, 김현일 외 역, 『절대주의 국가의 역사』, 소나무, 1996.

5. 기타

"20 Koreanerinnen fuer die Aelterpflege" 『Koelische Rundschau』1965년 5월 29일자.
Bundesarchiv in Koblenz B. 189. 문서철 10833.
Bundesarchiv in Koblenz, B. 149. 문서철 6246/22407/22432/22428.
"Koreanerinnen werden alte Leute pflegen" 『Duesseldorfer Nachrichten』1965년 5월 24일자.
"Welt der Wandernden", 『Der Spiegel』, 26/2006.
최응천, 일본에 있는 한국문화재 12, 박물관신문 252, 1991.8.1.
______, 일본에 있는 한국문화재 13, 박물관신문 256, 1992.12.1.
馮天瑜, 「淸人對'封建'的兩種評議」, 『光明日報』, 2006.02.14.

발표지면

제1부 한국 전통 사회에 나타난 다문화 전개 양상

선택적 포용과 배제를 통한 한국인의 정체성 형성 (임형백)

발표지면: 「한국인의 정체성의 다문화적 요소: 역사-인류학적 해석」, 『다문화와 평화』 제4권 제2호, 2010, pp.10~43.

통일신라시대 梵鐘에 표현된 天人像 연구 (최선일)

발표지면: 「통일신라시대 梵鐘에 표현된 天人像 연구」, 『신라사학보』 제15집, 2009.04, pp.256~279.

고려시대 異民族의 귀화 유형과 諸정책 (전영준)

발표지면: 「고려시대 이민족의 귀화유형과 제정책」, 『다문화콘텐츠연구』 제13집, 2012.10, pp.407~434.

關羽信仰의 朝鮮 傳來와 關王廟 建置 (박경하·한종수)

발표지면: 없음

제2부 동양사 속의 다문화적 문화변동과 식민지 반응 양상

다문화사회에서 문화교류사의 사회 치유적 역할 (최병욱)

발표지면: 「다문화사회에서 문화교류사의 사회 치유적 역할」, 『다문화콘텐츠연구』 제13집, 2012.10, pp.435~465.

중국 근대 다문화의 유입과 정치사상의 중서융합 (이춘복)

발표지면: 「淸末 정치사상의 中西融合과 儒家 정치사상의 近代化」, 『동양사학연구』 제111집, 2010.6, pp.63~98

일본 제국주의의 대만, 만주 지배의 특징과 그 영향 (손준식)

발표지면: 없음

제3부 서구 근대 다문화사회의 형성과 재현 양상

다민족국가 오스트리아-헝가리 二重帝國의 成立 (박재영)

발표지면: 「오스트리아-헝가리 二重帝國의 成立에 關한 小考」, 『慶州史學』 25·26 합집, 2006.08, pp.79~112.

미국 다문화주의의 역사적 배경 (최재인)

발표지면: 「미국 다문화주의의 역사적 배경」, 『e-Journal Homo Migrans』 Vol. 1, Nov. 2009, pp.75~96.

파독 한인여성 이주노동자의 역사 (나혜심)

발표지면: 「파독 한인여성 이주노동자의 역사: 1960~1970년대 한인 간호인력 독일행의 원인」, 『서양사론』 Vol. 100, 2009, pp.255~285.

지은이 소개

나혜심 성균관대학교 문과대학 인문학연구원 연구교수
박경하 중앙대학교 역사학과 교수
박재영 중앙대학교 문화콘텐츠기술연구원 연구교수
손준식 중앙대학교 역사학과 교수
이춘복 중앙대학교 문화콘텐츠기술연구원 연구교수
임형백 성결대학교 지역사회과학부 교수
전영준 제주대학교 사학과 교수
최병욱 강원대학교 인문과학연구소 HK연구교수
최선일 문화재청 문화재감정위원
최재인 아주대학교 여성센터 연구원
한종수 중앙대학교 교양학부 강사

다문화총서 4

동서양 역사 속의 다문화적 전개 양상

Evolvemental Aspects of Multi-Culture in Eastern and Western History

1판 1쇄 인쇄_2012년 11월 20일
1판 1쇄 발행_2012년 11월 30일

엮은이_문화콘텐츠기술연구원 다문화콘텐츠연구사업단
펴낸이_양 정 섭

펴낸곳_도서출판경진
등　록_제2010-000013호
주　소_경기도 광명시 소하동 1272번지 우림필유 101-212
블로그_http://wekorea.tistory.com
이메일_mykorea01@naver.com

공급처_(주)글로벌콘텐츠출판그룹
대　표_홍정표
기획·마케팅_노경민 배정일
편　집_배소정
편집디자인_김미미
경영지원_안선영
주　소_서울특별시 강동구 길동 349-6 정일빌딩 401호
전　화_02-488-3280
팩　스_02-488-3281
홈페이지_http://www.gcbook.co.kr

값 20,000원
ISBN 978-89-5996-185-6 93300